PARTIR
ou
RESTER?

Données de catalogage avant publication (Canada)

Kramer, Peter D.

Partir ou rester? Sachez prendre les décisions qui vont changer votre vie

Traduction de *Should you leave?*

1. Thérapie conjugale. 2. Conflits conjugaux. 3. Relations entre hommes et femmes. I. Titre.

RC488.5.K7614 1998 616.89'156 C98-941135-4

DISTRIBUTEURS EXCLUSIFS:

• Pour le Canada
et les États-Unis:
MESSAGERIES ADP*
955, rue Amherst,
Montréal, Québec
H2L 3K4
Tél.: (514) 523-1182
Télécopieur: (514) 939-0406
* Filiale de Sogides ltée

• Pour la France et les autres pays:
INTER FORUM
Immeuble Paryseine, 3, Allée de la Seine
94854 Ivry Cedex
Tél.: 01 49 59 11 89/91
Télécopieur: 01 49 59 11 96
Commandes: Tél.: 02 38 32 71 00
Télécopieur: 02 38 32 71 28

• Pour la Suisse:
DIFFUSION: ACCES-DIRECT SA
Case postale 69 - 1701 Fribourg - Suisse
Tél.: (41-26) 460-80-60
Télécopieur: (41-26) 460-80-68
DISTRIBUTION: OLF SA
Z.I. 3, Corminbœuf
Case postale 1061
CH-1701 FRIBOURG
Commandes: Tél.: (41-26) 467-53-33
Télécopieur: (41-26) 467-54-66

• Pour la Belgique et
le Luxembourg:
PRESSES DE BELGIQUE S.A.
Boulevard de l'Europe 117
B-1301 Wavre
Tél.: (010) 42-03-20
Télécopieur: (010) 41-20-24

Pour en savoir davantage sur nos publications,
visitez notre site: **www.edhomme.com**
Autres sites à visiter: www.edjour.com • www.edtypo.com • www.edvlb.com
www.edhexagone.com • www.edutilis.com

L'ouvrage original américain a été publié par Scribner,
une division de Simon & Schuster Inc.,
sous le titre *Should You Leave?*

Dépôt légal: 4e trimestre 1998
Bibliothèque nationale du Québec

ISBN 2-7619-1444-9

PETER D. KRAMER

PARTIR ou RESTER?

Sachez prendre les décisions qui vont changer votre vie

Traduit de l'américain par Jacques Vaillancourt

LES ÉDITIONS DE L'HOMME

Pourquoi les gens s'attendent-ils à être heureux en ménage quand ils ne le sont pas individuellement? En Amérique, on ne parle que de bonheur conjugal; les magazines proposent tous leurs «neuf clés» ou leurs «sept étapes» pour y parvenir, comme si cette recherche du bonheur conjugal n'était pas moins insensée, ou avait plus de chances de réussir, que la quête de l'Eldorado. Nulle part ailleurs on ne croit plus naïvement à cet idéal juvénile — et on ne connaît si cuisant échec! Comment croire que les hommes et les femmes puissent être heureux en couples lorsqu'ils sont si malheureux individuellement.

Peter De Vries, *Reuben*, *Reuben*

Tu es venue parce que tu as l'impression que je me situe quelque part à l'extérieur de ton monde et que tu penses que, de mon avant-poste, on peut discerner un troisième membre à la banale alternative: je l'aime, je ne l'aime pas... Tu fais face à une décision qui engagera toute ta vie: tu ne peux te contenter de te réfugier dans les conventions.

Hermann Broch, *Les Somnambules*

1

Un conseil

VOUS NE voulez rien de plus qu'un simple conseil.

Vous avez une décision à prendre: partir ou rester? Il s'agit d'une affaire de cœur. Vous ne voulez pas d'une psychothérapie; vous avez déjà emprunté cette route ou bien vous vous méfiez de la psychothérapie. Il ne s'agit pas du désir de changer, de vous développer ou de comprendre, mais de la nécessité de faire un choix. Les psychiatres connaissent bien les dilemmes que présente la relation amoureuse, puisqu'ils en ont été souvent témoins et qu'ils savent à quoi ils aboutissent. De nos jours, on peut trouver une aide professionnelle pour à peu près n'importe quoi. Dans l'affaire qui vous concerne, les psychiatres sont des experts, et c'est l'opinion d'un expert que vous recherchez.

Un après-midi chaud et brumeux, typique de la Nouvelle-Angleterre. Je discute avec Lou Adler, psychiatre chevronné. Nous sommes attablés, seul à seul, dans mon jardin urbain, autour d'un verre de thé glacé que la condensation fait ruisseler. Je demande à Lou, que je considère comme mon mentor, si je devrais rédiger un guide ou plutôt m'en abstenir. Je suis l'auteur d'un best-seller... et chaque fois qu'un psychiatre pond un best-seller, on le presse ensuite d'écrire un guide.

Ma question est provocante et, je le crains, blessante pour Lou. Esprit indépendant à l'époque de notre première rencontre, il est devenu plus rigide encore et défend loyalement la psychanalyse. Mais, même autrefois, Lou enseignait à ses étudiants que nous, psychothérapeutes, avons toujours tendance à sous-estimer l'altérité des autres. Nous ignorons ce qui est dans l'intérêt de l'étranger qui est là devant nous. Lou risque de considérer comme une trahison le fait que moi, qui apprécie tant l'enseignement que j'ai reçu de lui, je songe à rédiger un guide.

J'aborde le sujet avec prudence, en évoquant les doutes que j'entretiens au sujet de tels guides. Je me méfie de la forme qui leur est propre — un enchaînement d'exemples, trop commodes pour être vrais, trop prévisibles pour être de la bonne fiction. Je m'imagine mal en train d'écrire à la deuxième personne, comme on le fait toujours dans les guides: vous avez tel problème ou tel autre. Et surtout, j'éprouve une grande difficulté à déterminer quelles sont les connaissances que je possède et que je pourrais transmettre.

Pourtant, depuis quelque temps (je commence ici à plaider ma cause devant Lou), quelque chose m'intrigue: le bien-fondé des conseils. Il y a une quinzaine d'années, à mon arrivée à Providence, les organisateurs d'une vente de charité m'ont demandé de leur faire don de quelque chose qui ait rapport à mes activités professionnelles. Nous étions encore à l'époque où les «bons» thérapeutes, ceux que les gens bien informés allaient consulter, restaient silencieux et réservés. J'ai présumé que, parmi les participants à de telles enchères, il y en aurait bien quelques-uns qui, ayant eu leur compte de psychothérapie, accepteraient d'enchérir pour obtenir ce que j'avais à offrir: un conseil de psychothérapeute. Dès mon arrivée dans la salle, j'ai vu le carton rectangulaire beige, plié en deux et posé sur la table comme une tente, qui proposait le conseil d'un psychothérapeute et sur lequel était écrit: «Il ne s'agit pas du traitement médical d'une maladie mentale». Quelques participants ont fait des offres, mais je n'ai jamais eu à donner le conseil en question.

La femme qui a enchéri sur tous les autres m'a dit que son mari entrerait en contact avec moi, qu'il s'agissait de sa relation de père avec son fils. Le mari est en quelque sorte mon collègue, puisqu'il est chirurgien. Je doutais qu'il me téléphone; les médecins ne téléphonent pas à des médecins inconnus pour leur demander conseil sur des affaires de famille. J'étais cependant intrigué: j'avais tout juste aperçu un problème familial par la porte que cette femme avait à peine entrouverte. Cette histoire a perdu le peu de fantaisie qu'elle avait peut-être; j'ai dû me contenter de me demander si j'aurais pu effectivement être utile à ce père. Peut-on aider les autres d'une manière directe? Le fait est que l'idée de donner des conseils faisait déjà son chemin en moi. Peu de temps après, j'ai eu l'occasion d'en donner un dans des circonstances graves.

Assis confortablement, alangui par la chaleur, je commence à raconter à Lou ce qui m'est arrivé la nuit où j'ai été réveillé par le coup de téléphone d'un voisin qui m'apprenait la mort subite de sa femme et me demandait si je pouvais répondre à une question. L'esprit plutôt assoupi, j'ai cru un instant que je faisais un cauchemar. Je lui ai sans doute exprimé mes condoléances, lui disant que j'accourais. Sa question: Devait-il emmener ses jeunes enfants aux funérailles?

Je me suis habillé en vitesse et me suis précipité chez mon voisin. Je me souviens d'avoir été troublé, comme on l'est souvent dans des moments pareils, par le contraste entre l'ordre, l'optimisme du monde physique que nous nous sommes construit — rues, maisons, pelouses — et le caractère arbitraire de la plupart des choses de la vie.

J'ai trouvé la maison de mon voisin bondée de parents et d'amis. Il y a tant à faire après un décès: les arrangements avec l'hôpital et le salon funéraire, la planification du service religieux, la réception. Au centre du tourbillon, le pauvre homme, le visage pâle et défait, épuisé, semblait en état de choc. Je ne le connaissais que peu, mais de toute évidence, il avait choisi d'aller au-delà des sources d'aide qui l'entouraient ce soir-là pour me téléphoner, à moi, un expert qui saurait peut-être répondre à la question qui le préoccupait.

Il m'a pris à part, écoutant à peine l'expression de mes condoléances. Il se faisait insistant; il avait besoin de savoir. Les enfants devaient-ils assister aux funérailles? Je voulais dire ce qu'il fallait dire, lui rendre service. J'ai répondu: «Les deux réponses possibles à cette question sont fausses. Ce n'est ni bon ni mauvais d'assister à des funérailles. Ce qui est mauvais, c'est de perdre sa mère quand on est si jeune.»

Je connaissais bien la documentation spécialisée sur le sujet, les anciennes recherches qui faisaient état d'enfants traumatisés par des funérailles, les études plus récentes qui constatent que les enfants s'en tirent bien, qu'ils devraient assister aux funérailles s'ils le souhaitent. Mais je n'ai rien pu lui répondre d'autre que ce que je lui ai dit. L'homme m'a paru reconnaissant; quelques jours plus tard, il a fait un effort particulier pour me remercier, sans insistance mais avec chaleur, d'une façon qui m'a semblé confirmer que j'avais fait vibrer la bonne corde.

En rentrant chez moi — mes vêtements me collaient à la peau; la ville m'apparaissait désormais oppressante et sale —, j'ai essayé de comprendre pourquoi je lui avais répondu comme je l'avais fait. Ce n'était certes pas pour lui laisser croire que, quelle que soit sa décision, tout irait bien, mais plutôt pour jeter un éclairage négatif sur l'incertitude. J'ai compris que le fait de lui dire qu'en l'occurrence il ne pouvait pas prendre la bonne décision replaçait cette décision au rang des décisions ordinaires que prennent les parents et lui rappelait ce que tout le monde dit: qu'on ne peut jamais gagner lorsqu'il s'agit de faire plaisir aux enfants. En outre, mon conseil l'absolvait d'avance de tout blâme que ses enfants pourraient plus tard jeter sur lui. Ayant apaisé en moi un sentiment de culpabilité inexprimé, j'ai pu lui dire ce qui avait plus d'importance que tout: «Il est compréhensible que cette décision vous semble lourde; ce qui est arrivé est bien plus grave que le laisse penser toute l'agitation qui règne autour de vous.» L'homme l'avait senti; en confirmant son intuition, je l'ai calmé. Je me suis dit qu'il est rare que l'on réponde aux autres d'une façon qui leur soit si utile, peut-être justement parce qu'on nous a appris, en tant que psychothérapeutes, à ne jamais répondre immédiatement ni directement aux questions qui nous sont posées.

Je confie à Lou que, depuis ce temps, je songe à donner des conseils, ce qui explique peut-être que j'envisage de rédiger un guide.

Lou marmonne: «Rien ne m'est plus pénible...»

Je connais la citation; je l'ai moi-même souvent répétée lorsque j'enseignais la psychothérapie. Harry Stack Sullivan, sans doute le plus grand psychiatre américain, met les thérapeutes en garde contre l'expression de leur opinion: «Rien ne m'est plus pénible que le psychiatre qui sait tout sur le bien et sur le mal...»

Je surprends l'esquisse d'un sourire ironique sur les lèvres de Lou — reconnaissance peut-être du conseil de Sullivan ou compréhension du fait que nous ne choisissons pas nos tâches, que ce sont elles qui nous choisissent. Lou me demande si je donne beaucoup de conseils à mes patients; je suis en mesure de lui répondre que non. Je me conforme à la plupart des conventions: j'essaie le plus possible de ne pas gêner la démarche de mes patients, d'être le catalyseur qui leur permettra de découvrir ce qu'ils veulent vraiment et les moyens de l'obtenir. Souvent, toutefois, les patients devinent ce que nous pensons. Nos opinions ont tendance à déteindre sur la thérapie. Autrefois, dans ses cours, Lou a beaucoup traité de ce phénomène. Même si le thérapeute s'efforce de rester effacé, il est fréquent que le patient arrive à connaître son thérapeute avec autant de profondeur et de justesse que le thérapeute arrive à connaître son patient. Disons plutôt qu'il existe une tension entre la précision de la connaissance que chacun a de l'autre et la zone d'invisible et d'isolement qui subsiste.

Je raconte à Lou l'histoire d'un résident que je supervise. Au cours d'une psychothérapie, une patiente lui a demandé si elle devrait ou non quitter son amoureux. Le résident s'est dit que l'amoureux ne valait sans doute pas le coup, mais que la rupture était peut-être une solution excessive au problème de sa patiente. Il a refusé de se prononcer, demandant plutôt à sa patiente de lui décrire plus en détail sa perception de sa relation amoureuse. Vers la fin de la séance, la patiente a fait remarquer au résident qu'il avait commencé à parler de l'amoureux au passé.

L'anecdote fait sourire mon mentor: «Des oreilles pour entendre.» Lou fait référence — je le sais pour avoir passé des années à interpréter sa sténographie verbale — au cas de la Dora de Freud: «Celui qui a des yeux pour voir et des oreilles pour entendre comprend vite que les mortels ne peuvent avoir de secrets. Si leurs lèvres sont scellées et silencieuses, leurs doigts bavardent; la trahison du secret s'opère par tous les pores de la peau.» Pour Freud, les mortels sont les patients, mais Lou a toujours appliqué le terme aux thérapeutes.

Lou poursuit: «Je suppose que nous avons toujours donné des conseils.» Il y a du regret dans sa voix. Le pichet de thé glacé est vide. L'ombre du grand arbre de mon jardin s'est allongée.

Vous ne voulez rien de plus qu'un conseil dans une affaire de cœur.

Voici comment (j'imagine) nous nous rencontrons. Vous communiquez avec un psychiatre très expérimenté. Heureusement, celui-ci vient juste de passer avec moi un après-midi durant lequel, en buvant un thé glacé fort singulier, agrémenté de menthe et de quartiers de citron, un peu trop sucré, il a appris que je caressais l'idée de donner des conseils, et que j'allais même rédiger un guide. Vous demandez à ce psychiatre de vous envoyer chez quelqu'un qui vous donnera des réponses simples, directes et franches. Bientôt, mon téléphone sonne: c'est Lou qui me parle de votre demande.

Je comprends le raisonnement de Lou. Dans ma vie professionnelle, je ne rencontrerai sans doute jamais situation plus semblable à celle dont traitent les guides. Une personne inconnue de moi veut que je lui consacre une heure ou deux pour l'aider à prendre une décision. Je devine laquelle: Partir ou rester? Après avoir investi tant d'efforts dans une relation, tant d'imagination dans des rêves que la relation ne réalise pas, le moment de vérité est arrivé. Il faut prendre une décision. Le moment est douloureux et troublant.

Lou confirme: Oui, partir ou rester?

Je demande à Lou s'il s'agit d'un homme ou d'une femme. Lou me répond par une question: «Ne vaut-il pas mieux que j'en sache le moins possible?» Est-ce que je consacre encore mes matinées à l'écriture? Lou peut envoyer à mon bureau la personne en question mercredi prochain à 10 heures.

Je fais «Ah!» J'ai enfin trouvé mon «vous». Lou s'est engagé à me fournir ce que je ne croyais pas pouvoir trouver: une «deuxième personne». Je lis sur la note que Lou m'envoie: «Sentez-vous libre d'ignorer mes doutes. Rédigez un guide si vous ne pouvez résister à l'idée.» Ce cher Lou m'aide ainsi à lancer mon projet. J'ai toute liberté de vous faire apparaître, de vous imaginer sous diverses apparences, de faire de vous un sujet tandis que j'examine telle ou telle théorie, de vous sentir regarder par-dessus mon épaule ce que j'écris. Le geste charmant et généreux de Lou fait lui aussi office de conseil. Lou m'invite à aborder mon sujet du point de vue du clinicien — à prévoir une rencontre avec une certaine personne inconnue, vous, qui se trouvera bientôt face à un dilemme dans une affaire de cœur.

Rencontres

2

Al fresco

On sonne. Au lieu de me servir du portier électrique, je traverse la salle d'attente et j'ouvre la porte. «Anne!», dis-je, sans cacher ma surprise. Je vous reconnais; je sais déjà beaucoup de choses sur vous.

Vous vous excusez; vous n'avez pas respecté la règle. Mais vous voulez un conseil. Lorsque Lou vous a donné mon nom, vous avez décidé de jouer quand même le jeu. Vous insistez, pour le cas où je craindrais que la rencontre se prolonge, vous n'êtes pas en quête d'une psychothérapie. Vous voulez que je vous aide à sortir d'une situation difficile.

J'hésite. Durant votre procédure de divorce et après, j'ai traité deux personnes que vous connaissez bien. À leurs yeux, et sans doute aux yeux de bon nombre de concitoyens de notre petite ville, vous êtes un symbole; l'histoire de votre mariage est une fable édifiante sur la méchanceté des hommes et sur la vulnérabilité des femmes, même les plus fortes. De temps à autre, je vous ai rencontrée par hasard, à l'époque où votre union se désintégrait. Ma fille faisait partie de la même équipe de football que votre neveu. Vous accompagniez ce dernier lorsque ses parents en étaient empêchés; je me souviens d'avoir admiré votre courage durant ce que je savais être une période difficile pour vous.

Vous étiez une véritable légende dans votre profession; à peine dans la trentaine, vous étiez l'éditrice d'un magazine régional au succès phénoménal. Votre apparence physique était également impressionnante. Bien charpentée, le visage anguleux, vos cheveux presque ras mettant en valeur un regard franc, vous aviez un petit air un peu masculin. L'homme d'affaires qui croyait en vous, qui vous finançait, qui avait toujours su que vous alliez réussir, a décidé, après votre réussite, de vous faire la cour. Il est devenu votre amant, puis votre mari. Puis ç'a été l'humiliation publique — son aventure avec une femme plus jeune, maigre, folle de lui, maîtrisant à la perfection l'art de faire la moue... une personne tout à fait à l'opposé de vous. Vous avez enduré la situation plus longtemps que vous n'auriez dû. La dernière fois que vous vous êtes insurgée, il vous a écartée et a donné à sa maîtresse non seulement son lit, mais aussi votre travail, la direction du magazine qui était le fruit de votre ambition et de votre vision.

Il y avait plus encore. Vous aviez été distraite par des histoires de famille. Votre sœur, la mère de l'enfant que vous accompagniez au football, était atteinte d'un lymphome; vous assuriez les soins médicaux qu'elle requérait, il vous fallait harceler médecins et administrateurs. Et, bien entendu, il y a eu avant cela d'autres chagrins, d'autres trahisons. Le perfide choisit toujours ses victimes avec soin.

Lorsque tout a été fini, que votre sœur a été enterrée, que votre magazine est devenu banal, que les avocats ont été payés, et votre compte en banque vidé, vous avez été prise d'un sentiment de rage et vous vous êtes sentie seule. Il y a eu de petits projets d'édition, quelques périodes d'écriture à la pige. Même si vous deviez consacrer beaucoup de temps à retrouver votre équilibre, vous estimiez que cela ne regardait que vous. Mes patients — vos amis — vous ont trouvée difficile à aider. Vous repoussiez leurs tentatives de sympathiser avec vous, vous leur cherchiez querelle pour des riens, vous vous repliiez sur vous-même. Dernièrement, vous avez repris pied: un autre magazine à succès et une tribune téléphonique. Dans ma voiture, j'ai souvent été heureux de vous entendre à l'émission du midi.

Vous voilà maintenant devant la porte de mon cabinet. Vous insistez pour que je vous écoute. Vous comprenez mes hésitations, vous les avez même prévues. Vous exposez vos arguments: vous ne souhaitez pas raconter votre histoire à un étranger, vous ne voulez pas discuter avec des professionnels étroits d'esprit à propos de la psychothérapie qui vous a déçue dans le passé. Vous comptez sur votre indépendance d'esprit, qualité qui vous a soutenue lorsque vous ne pouviez vous appuyer que sur bien peu de choses. Vous êtes disposée à me parler — vous présentez votre requête comme si vous demandiez un privilège — en raison d'un tout petit détail: mon comportement près du terrain de football, il y a quelques années. Il semble que je ne vous aie alors ni harcelée ni ignorée.

Si je vous disais ce que je pense, je dirais que mon attitude était fortuite. Je réfléchissais au dilemme auquel fait face le thérapeute dans une petite collectivité; il souhaite que ses rencontres ordinaires et banales restent ordinaires et banales. Mais je comprends très bien ce que vous me dites. Cette visite à mon cabinet, c'est une offre que vous faites à la profession tout entière, à prendre ou à laisser. Si vous étiez une inconnue, je ne céderais jamais à votre chantage. Mais je me sens déjà engagé envers vous, parce que je respecte les amitiés que vous avez tissées et que je respecte aussi l'attitude que vous avez manifestée sur ce même terrain de football.

Je vous propose un compromis. Il y a un terrain de baseball près de mon cabinet. Lorsqu'il fait beau, je m'y rends à pied avec certains de mes patients qui semblent inhibés dans mon cabinet ou trop agités pour rester tranquillement assis. Gardons à nos rencontres un caractère informel. Nous marcherons jusqu'au terrain de baseball, nous nous assoirons dans les gradins. Qu'il s'agisse de rencontres d'ordre professionnel ou de rencontres entre voisins, cela restera ambigu.

Ce matin, le terrain est utilisé pour un camp d'été. On s'y exerce au botté; l'action est intermittente. Pourtant, dans le tapage des enfants, dans les coups de sifflet des moniteurs, dans la manifestation publique de tâches développementales privées, beaucoup de choses me rappellent le décor de nos rencontres passées.

Aujourd'hui, vous êtes légèrement masquée: votre crâne, aux cheveux toujours ras, est caché sous un chapeau de paille au large bord; vos pommettes sont adoucies par des lunettes de soleil géantes. Vous commencez à parler en vous montrant assurée. Les hauts et les bas de la vie professionnelle ne vous ont jamais inquiétée. Dans le monde de l'édition, la situation est précaire pour tout le monde. Comparés à la mort de votre sœur et à la souffrance qu'elle a causée à toute la famille, les problèmes professionnels paraissent insignifiants. C'est autre chose qui vous préoccupe. Vous avez envie d'avoir une famille; les hommes ne vous ont pas réussi. Ils ne sont pas fiables. Votre envergure, qu'ils appellent votre férocité, les effraie. Les quelques hommes qui sont attirés par les femmes solides ne vous accordent pas leur soutien lorsque vous en avez besoin, méprisent votre chagrin prolongé pour la mort de votre sœur, détestent tout signe de vulnérabilité — ou sont franchement sadiques. Des poltrons et des sadiques, qui vous rappellent votre ex.

Votre franchise me plaît. Harry Stack Sullivan insistait beaucoup sur l'importance de savoir comment les autres nous perçoivent. Vous êtes stoïque. Je m'inquiète seulement de vos généralisations au sujet des hommes, des clichés bien sûr, mais qui me poussent tout de même à me demander pourquoi vous n'avez connu avec eux aucune expérience qui vous convainque d'autre chose que du fait qu'on ne peut jamais compter sur eux.

Mathieu, dites-vous, a semblé être la seule exception. Vous aviez commandé un article sur lui. À sa parution, Mathieu vous a téléphoné pour vous remercier. Par la suite, vous avez souvent déjeuné ou dîné avec lui. Vous vivez plus ou moins ensemble depuis deux ans, vous-même campant chez lui ou lui, chez vous. Il travaille auprès de jeunes en difficulté. Séparé, en route vers le divorce, il n'a pas d'enfants. Vertu rare chez les hommes de son âge.

Au moment où je vous dis avoir entendu parler de Mathieu, mais ne l'avoir jamais rencontré, un cri provenant du terrain me distrait. Un enfant a frappé le ballon presque à la verticale, à une hauteur impossible, provoquant de ce fait un petit moment irréel qui interrompt le passage du temps. Le ballon atterrit enfin, les enfants poussent des cris aigus avant de se disperser. Vous poursuivez le récit de votre relation avec Mathieu. Pour moi, le charme de votre discours s'est brisé. Je prends conscience d'une tentative qui ne vous ressemble pas: vous essayez de me convaincre par le biais de votre nature raisonnable. Je connais cette forme d'introduction. Elle cache et révèle à la fois la supplication: «Dites-moi que je ne suis pas folle», coïncidant souvent avec la question: «Devrais-je le quitter?»

Mathieu vous a fait une cour acharnée, a tenté de vous rendre folle de lui. Il a grandi au sein d'une famille difficile, dans un quartier qui ne ménage pas ses enfants. Il est le type d'homme qui surmonte toutes les crises. Vous appréciez le fait qu'il n'ait pas fui ses origines. Il est assez sûr de lui pour aimer les femmes directes et assez conscient de ses propres blessures pour montrer sa fragilité. Ce que vous voulez dire — votre rire me semble assez naturel —, c'est qu'il possède la qualité parfois défaut ou le défaut parfois qualité d'être rempli de lui-même. Vous aimez le fait qu'il exerce une profession d'aide aux autres. Son travail est florissant depuis que vous êtes ensemble, peut-être parce que, grâce à vous, il a gagné un peu d'échine dans ses affaires. Il a une beauté attachante, et mieux encore, il n'aime que vous. C'est votre argument: il vous a donné les deux années les plus heureuses de votre vie.

Je ne ferais que vous embarrasser si je vous disais que ma formation m'a appris à me méfier des prétentions de bonheur. Trop souvent, elles servent d'arguments de négociation destinés à cacher la cruauté de son partenaire dans une relation dont on ne croit pas pouvoir se passer. Et puis on peut se tromper sur le bonheur; celui qui vit dans le brouillard a vite oublié la vraie sensation du soleil sur sa peau.

Sans que j'aie protesté, vous insistez: vous avez été heureuse. Il vous est tout conquis. Du moins, c'est ce que vous pensiez jusqu'au moment où la situation a commencé à changer. Le divorce de Mathieu ne se réglait pas. Ce qu'il disait était vrai: la cause avait été transférée à un juge connu pour favoriser les ex-épouses et d'un point de vue financier, il valait sans doute mieux ne pas se précipiter.

Soudainement, vous enlevez vos lunettes soleil et me regardez droit dans les yeux. Vous me dites que vous avez un jour interviewé un sociologue qui a déclaré que les gens feraient n'importe quoi plutôt que d'accepter la vérité sur une personne aimée.

Étrange. Une corneille s'est mise à croasser dans le bosquet situé derrière le terrain. J'essaie de me rappeler les vers de T. S. Elliot sur les enfants dans le feuillage, sur le petit oiseau qui crie «Envole-toi», sur l'être humain incapable de regarder la réalité en face. Je secoue la tête comme pour chasser ces pensées. M'avez-vous vraiment regardé dans les yeux et dit ce que vous m'avez dit? Heureusement que nous sommes dehors. Dans mon cabinet, le fait que vous interrompiez vous-même votre monologue m'aurait paru positif dans le travail psychanalytique, une espèce de libre association d'idées que j'aurais interprétée et dont j'aurais pris note. Ici, dans les gradins, ce n'est que ce que c'est, un cri du cœur. Même si vous tentez d'en nier l'impact en remettant vos lunettes et en passant vite à autre chose, nous sommes tous deux conscients que l'honnêteté a percé la chape de votre récit.

Il y a, dites-vous, le cas de Shatzi, un chien de montagne qui perd ses poils partout, un aboyeur qui mâchouille les meubles. Mathieu prenait soin de Shatzi, le chien de Lucie, collègue et amie de longue date. Selon Mathieu, celle-ci était une figue de Barbarie, piquante à l'extérieur et tendre à l'intérieur. Même à cette époque, le cliché vous avait gênée. Vous l'avez rencontrée une fois, cette Lucie, que vous avez trouvée un peu rosse et névrosée d'une manière dont vous savez qu'elle attire certains hommes. Lucie a déménagé à San Francisco, où elle travaille à un projet subventionné de prévention du sida chez les adolescents. Elle vit dans une résidence de groupe; impossible pour elle de garder son chien, impossible aussi d'envisager de le confier à un inconnu. C'est un chien qui a été entraîné à l'obéissance pendant une semaine dans une école spécialisée et qui, dès son retour à la maison, s'est mis à ronger tous les tapis orientaux de la maison.

Je fais: «Ah, oui?» En vous plaignant au sujet d'un chien — le fameux dilemme du chien dans lequel se retrouvent toutes les familles et tous les couples —, vous piétinez, vous repoussez le moment de la honte.

Le syndicat des propriétaires de l'immeuble de Mathieu lui a demandé de se débarrasser de l'animal, et vous avez accepté de le recueillir à condition que Mathieu vienne chaque jour le promener. Vous le dites rapidement, comme si vous espériez que je ne vous entende pas, puis, sans doute en réaction à la petite irritation que vous avez perçue chez moi, vous en venez aux faits.

Il y a deux semaines, lorsque vous avez lu votre courrier électronique, vous avez constaté la présence d'une vingtaine de messages, provenant tous de la même adresse, «marie@univ.edu». Vous saviez qui était Marie, une travailleuse sociale qui dirige une clinique dans une ville voisine et où Mathieu donne des consultations une fois par mois. Une femme qui aime bien toucher de la main les personnes à qui elle parle, pas très attirante, avez-vous pensé, mais contrairement à vous, pleine de déférence. Vous saviez ce que contenaient les messages de Marie. C'était l'équivalent moderne de la petite pile de lettres enroulées de ruban et déposées sur la coiffeuse de l'épouse légitime.

Les lettres, dites-vous avec un certain contrôle de vous-même, étaient à la fois plus et moins que vous ne l'aviez craint. Mathieu n'avait pas couché avec Marie, du moins n'y avait-il rien dans les lettres qui suggérât une telle liaison. Mais, dans ses missives à Marie, Mathieu faisait toujours référence à la figue de Barbarie. Pourquoi, vous êtes-vous demandé, écrirait-il à Marie au sujet de Lucie? Vous avez ensuite compris que la figue de Barbarie, c'était vous et pas Lucie.

Vous ne pouvez rester avec cet homme, je pense. L'humiliation est trop grande, la cruauté trop précise. Ajoutez ce que vous voulez, mon travail est terminé.

Vous parlez du courrier électronique, électron sur électron de trahison platonique. Dure et fragile, impossible à vivre et trop susceptible; tout ce que Mathieu vous disait de Lucie, il l'écrivait à Marie à votre sujet. Cette Marie devait être une garce qui essayait de vous écarter de son chemin en vous faisant suivre les messages électroniques. Vous comprenez maintenant le *modus operandi* de Mathieu: s'engager envers une seule femme, puis la dénigrer aux yeux d'une autre. Il doit vous haïr et vous craindre. Les implications possibles du fait qu'il utilise avec vous le même petit nom qu'avec Lucie ne vous échappe pas non plus.

Dans ce courrier électronique, Mathieu n'a révélé que quelques-uns de vos secrets intimes, mais cela a plus que suffi pour que cette violation vous soulève le cœur et vous fasse vomir. Après vous être ressaisie, vous avez quitté le bureau et êtes rentrée chez vous pour aller chercher Shatzi. Vous l'avez fait monter dans votre voiture, avez fait un arrêt chez le fleuriste, puis vous êtes dirigée vers l'appartement de Mathieu. Une fois chez lui, vous avez fourré votre achat, un cactus, dans le lecteur de disque de son ordinateur. Pour faire bonne mesure, vous avez effacé son disque rigide et jeté son modem dans le four, que vous avez réglé à autonettoyage. Vous avez rassemblé et mis dans une valise tous vos vêtements, tous vos produits de beauté. Vous avez ensuite aspergé de sauce tomate le tapis préféré de Mathieu puis quitté l'appartement, en laissant Shatzi y faire son œuvre.

Sur le chemin du retour, vous vous êtes sentie accablée, consciente que vous aimez Mathieu comme aucun autre homme auparavant, que vous l'aimez malgré son attirance pour les femmes vulnérables et que vous comprenez ce besoin qu'il a, vu tous les chagrins et les trahisons subis durant son enfance, de toujours garder un atout ou deux en réserve. Et vous vous rendez compte que tout ce que vous venez de faire pour rompre avec lui pourrait n'être que le pas d'une parade amoureuse bizarre, une façon de vous battre pour l'arracher à toutes les figues de Barbarie — à Lucie, à Marie et à toutes les femmes qu'il a connues avant vous, ainsi sans doute qu'à sa mère, qui toutes représentent ce type de femme dans son imaginaire.

Quelle idée de vouloir affronter ce gâchis loin de la sécurité de mon cabinet! Les jeux des enfants ont perdu leur charme. Une litanie de taquineries entraîne une poursuite: un enfant en poursuit un autre, un adulte crie, un sifflet retentit, la discipline s'est relâchée. Le désordre qui règne sur le terrain semble refléter celui qui, dans ma tête, m'empêche de me remettre les idées en place.

Vous me dites que vous avez mis votre problème en perspective. Mathieu a fait ce qu'il devait faire. Il a coupé tous les ponts avec Marie et ne travaille plus dans sa clinique. Il a averti Lucie qu'il lui rendait Shatzi. Il a téléphoné à son avocat pour lui demander d'accélérer la procédure de divorce. Il vous a envoyé des champs entiers de fleurs. Il a repris son traitement chez son thérapeute et vous a invitée à des séances à deux. Cette réaction parfaite et entière de sa part a soulevé en vous une autre interrogation: même si tout va exactement comme vous le souhaitez, devriez-vous le quitter?

Vous vous trouvez dans l'une de ces fâcheuses situations classiques qui existent entre amants. Mathieu se comporte comme un méchant petit garçon qui présente ses excuses et qui s'enveloppe dans les jupes de la mère qu'il a blessée. Une cruelle oscillation risque de subsister à tout jamais: Mathieu a besoin de votre force, ce qui l'amène à vous en vouloir, il commet des infidélités, se dégoûte de vous avoir fait du mal, puis crie ses regrets jusqu'à son retour dans le giron. C'est ainsi qu'on traite avec une figue de Barbarie. Avec le recul, vous comprenez que même le saccage de son appartement n'était qu'une représentation de son fantasme, la femme en tant que vengeresse. Comment pouvez-vous rester avec un homme qui vous perçoit ainsi?

Pourtant, vous êtes tentée de rester. Le fait que quelque chose soit imparfait en Mathieu semble le rendre plus accessible, moins incompréhensible, plus complet. Voici ce qui est étrange: maintenant que ses imperfections sont étalées au grand jour, vous vous sentez particulièrement bien assortie à lui. Avant l'épisode du courrier électronique, vous ne compreniez pas tout à fait pourquoi il vous avait choisie vous; vous craigniez que vos réussites ne l'aient rendu aveugle à votre insécurité. Après la chute, il semble vous appartenir davantage. Vous vous sentez vivante en présence de Mathieu. Vous vous sentiez également vivante lorsque vous viviez avec votre mari, et voyez où cela vous a menée. Il reste que c'est merveilleux de se sentir vivant. Les années vécues après le divorce et avant Mathieu ont été éprouvantes; seule, vous étiez maussade, fantasque, perdue.

Vos amis vous conseillent de vous débarrasser de Mathieu le plus vite possible. (Seule exception: le cynique qui croit que le degré d'imperfection de Mathieu correspond à peu près à celui de tous les hommes.) Ils croient que vous méritez mieux que lui; ils ne comprennent pas pourquoi vous vous contenteriez de moins bien que vous. Ils vous disent que Mathieu a manifesté un manque total d'intégrité. Vous connaissez bien ce mot, intégrité, pour avoir publié un grand nombre d'articles sur la croissance personnelle qui se fondaient sur ce trait. Sans intégrité, il n'y a pas de confiance possible. Dès qu'un homme montre qu'il manque d'intégrité, le moment est venu de le quitter.

Mathieu est intègre, dites-vous à vos amis. Aujourd'hui, vous me le dites à moi aussi et, pour la première fois dans cette justification de vous-même et de Mathieu, je perçois des accents de supplication. Voici votre argument: vous êtes encore en mesure de jauger le caractère d'un homme et vous estimez que la qualité principale de Mathieu est précisément l'intégrité. L'intégrité est-elle un trait qui est visible chez un homme à tout moment, sous tous les angles, comme un menton volontaire? Un homme intègre ne peut-il pas trébucher? Lord Jim était-il intègre? Quant au mari si spirituel de votre amie, celui qui achète des emplacements publicitaires pour les fabricants de cigarettes, qu'est-ce qui lui donne le droit de se prétendre intègre? L'humour, l'intelligence, la vigueur, le bon sens, l'empathie, la chaleur et, oui, le sex-appeal compteraient-ils désormais pour rien? Qui a mis l'intégrité au premier rang du palmarès?

Lorsque vos amis vous entendent parler ainsi, ils s'inquiètent, persuadés que vous commettez la même erreur qu'avec votre mari, mais que vous le faites avec un homme qui a moins à vous offrir que votre ex. Rester avec Mathieu, c'est lui donner la permission de vous blesser. Vos amis insistent: le moment est venu de le quitter. Lorsque vous avez vu Mathieu rompre avec les autres femmes qui ont traversé sa vie, lorsque vous l'avez vu se comporter comme s'il était écrasé (il l'a fait pendant des semaines, ce qui vous a incitée à le consoler), vous avez retrouvé assez de dignité pour partir. Rester, c'est s'exposer à la souffrance. Pourtant, vous hésitez.

Vous hésitez en partie parce que vous avez du mal à vivre les ruptures et à vous en sortir. Personne ne sait à quel point votre divorce vous a éprouvée, bien plus douloureusement, vous en êtes certaine, que cela n'a été le cas pour toutes les autres divorcées, même si vous avez donné l'impression de vous en tirer sans problème. À cette terrible situation, il faudrait maintenant ajouter le désespoir de la femme qui n'est plus jeune, car c'est ainsi que vous vous voyez. Sans Mathieu, vous reste-t-il un quelconque avenir? En outre, vous voulez continuer de nourrir cette relation intime et complexe que vous avez forgée avec tant d'efforts. Lorsque vos amis vous conseillent la rupture, vous vous demandez s'ils savent ce que c'est qu'une relation — que chacune possède sa propre vie, son propre caractère. Ce sont là des pensées de personnes faibles; vous regrettez leur emprise sur votre esprit. Mais, vous voulez que je le sache, ce ne sont pas ces pensées-là qui font pencher la balance et vous incitent à rester.

C'est que vous faites confiance à Mathieu, que vous l'admirez. Avez-vous perdu l'esprit? Une relation de ce genre peut-elle jamais survivre? Vous êtes tellement prise par le sentiment que vous n'arrivez pas à rendre jugement. Quelqu'un peut-il vous faire signe de l'extérieur?

Chiens, petits noms, tribunes téléphoniques, vengeance, intégrité, relations — je vois le type de comédie qui se joue, la comédie humaine. Les moniteurs ont rassemblé les enfants pour le repas; nous sommes seuls. Je suis touché par la force de votre envie de vous accrocher à de vieilles illusions, de votre désir de ne pas savoir maintenant ce que vous ignoriez naguère. Je ne me méfie pas entièrement de votre défense de Mathieu. Formuler l'évidence — que vous devez quitter un homme maniaque, malhonnête, méprisant, égocentrique et incapable d'engagement — semble ne plus suffire.

Je suis frappé de plein fouet par la question qui préside à toute volonté de donner un conseil: ai-je quelque chose à offrir? quelque chose de particulier à ma profession ou à mon expérience de cette profession? Vos amis savent ce que vous devez faire: partir maintenant. Sauf celui qui croit à l'autre cliché, selon lequel les hommes relativement décents sont difficiles à trouver. Peut-on faire mieux que les clichés? C'est peu probable. Ils contiennent toute la sagesse de l'âge.

Mon incertitude perverse se fonde sur la notion d'ignorance de l'altérité que Lou m'a fait comprendre. J'en sais trop peu sur vous, pas assez pour répondre à votre question, qui n'est pas de savoir si la plupart des femmes quitteraient Mathieu en pareilles circonstances (elles le devraient), mais bien si vous, vous et Mathieu, constituez une exception.

Comme vos amis, je vois l'urgence de prévenir une aggravation du mal. Je m'efforcerais par tous les moyens de vous protéger, si je n'avais le sentiment que votre histoire se déroule logiquement. Je relève çà et là des détails qui me poussent à croire que vous vous sentez mieux avec Mathieu après la chute; pour vous, c'est un soulagement de savoir que, si gentil soit-il, il est aussi fou que vous. J'en déduis que vous avez le sentiment de former un couple bien assorti, pour ce qui est de la maturité (si seulement nous savions en quoi elle consiste), de l'impulsivité, de l'orgueil et de la douleur. Vous répondez l'un et l'autre à chacun de vos mouvements, satisfaisant réciproquement vos fantasmes et vos cauchemars, situation que bien des gens trouvent inquiétante mais qui m'apparaît parfois prometteuse. J'aime bien votre argument au sujet de l'intégrité même s'il est défensif. Même après la trahison, il reste dans vos livres un crédit de confiance pour Mathieu. Je trouve ce point positif, à moins qu'il ne relève de l'aveuglement, à moins que vous ne soyez, ce dont je doute, tout à fait possédée plutôt que d'être tout à fait en possession de vos moyens.

Presque tout repose sur la manière dont la question est posée. Si vous me demandiez, ennuyée, si vous devriez rester avec cet homme, je vous répondrais non, absolument pas. Mais comme vous m'indiquez (c'est ainsi que je vous entends, même si vous parlez du bon moment pour le quitter) que vous avez l'intention de laisser la relation se poursuivre, je ne vois aucun motif pour que je me place en travers de votre chemin. Vous pariez sur le mauvais cheval, mais j'ai vu pire pari réussir.

Je dis: «Bravo pour le modem cuit au four.»

Vous souriez. Vous avez le nez rouge. Vous détestez les compromis qu'exige la vie. Vous aimeriez que les autres, que les relations, que votre moi soient plus transparents. Vous souhaiteriez que les histoires d'amour soient possibles, que vous n'ayez pas à appliquer à l'amour les techniques du monde du travail — menaces, lignes de démarcation claires, négociations ouvertes. Vous le faites, bien entendu. J'insiste sur ce point. «Poursuivre cette relation fera appel à toutes vos habiletés.» C'est la seule bénédiction que je puisse vous donner.

Comprenez-vous à quelles habiletés je fais allusion? Habiletés en affaires, en gestion de personne, en rédaction et révision, bref, toutes les habiletés que vous possédez. Cette histoire pleine de menaces ne peut plus être traitée comme une banale histoire d'amour. Vous pouvez prendre le risque de poursuivre cette relation si vous faites de ce risque une occasion pour vous de mûrir, d'atteindre quelque chose qui subsistera si la relation en venait à faillir, comme ce sera probablement le cas. N'y a-t-il pas plus d'espoir que cela? Si vous pouvez faire preuve de détermination en ce qui concerne vos besoins, non pas en menaçant Mathieu mais en assurant votre propre satisfaction; si vous le laissez être ce qu'il est, sans le forcer à acquérir de l'échine, eh bien, dans ce petit recul de votre part, dans cette délicate combinaison d'affirmation de soi, d'affection et de désengagement, réside l'espoir que vous grandirez et que lui aussi grandira pour être à votre hauteur. J'apprécie la crise de colère que vous avez piquée en ce qu'elle était un moment de lucidité, fût-il fugace.

Notre conversation semble terminée. Vous avez pris les attitudes d'une éditrice, d'une animatrice de radio, l'air impérieux même lorsque vous vous glissez de côté pour descendre les gradins. Je vous propose de me laisser savoir comment évolue votre situation, bien que je doute que vous le fassiez. Vous vous débattrez seule contre la confusion lorsque vous vous demanderez si vous devez vous accrocher ou laisser tomber, quand choisir le rapport et quand choisir l'autonomie.

3

Vous cerner

Mais peut-être n'avez-vous que peu de choses en commun avec Anne. Votre histoire est plus simple, moins tapageuse, moins manifestement désespérée. Vous ne connaissez pas la même réussite professionnelle qu'Anne; vous n'avez pas son extravagance autodestructrice. En l'imaginant ainsi, je me suis trompé sur votre compte.

Le cas d'Anne, tout à fait plausible, en révèle plus long sur moi que sur vous. Après le coup de fil de Lou, j'ai commencé à me demander qui vous pouviez bien être. Cette interrogation m'a conduit à rêver et, sous l'action des mécanismes qui guident nos pensées lorsque celles-ci ne sont pas autrement canalisées, Anne est apparue à ma porte. Le fait d'avoir imaginé une femme impérieuse, imprudente, désespérée, vulnérable et, comme pour empirer les choses, une connaissance à moi, amie de mes patients — une personne dont on pourrait dire que je ne devrais pas la recevoir en consultation —, ce fait-là trahit un grand malaise chez moi. Malgré tous les «psy-jockeys» de la radio, malgré l'acceptation par les systèmes de soins de santé de thérapies qui se limitent à peu près à donner de rapides avis, malgré mon inlassable curiosité en la matière, il semble que je trouve encore quelque peu illicite l'idée de donner des conseils.

Mon malaise tient en partie à la conscience que j'ai que vous serez difficile à cerner. Nous ne nous sommes jamais rencontrés et, même si c'était le cas, il ne me serait pas aisé de vous cerner. Selon la psychothérapie traditionnelle, le moi est souterrain, il se cache à lui-même et demeure délibérément caché aux autres. C'est précisément parce que l'être humain ne peut supporter la réalité que les gens faussent leur identité, et nient leurs craintes et leurs envies. Il arrive souvent qu'un patient que je connais depuis longtemps me surprenne tout à coup, ce qui en soi n'a rien de très surprenant.

Dans notre culture, dire que les apparences sont souvent trompeuses relève du lieu commun. Les aspects inattendus du moi sont tous fascinants: la ménagère de banlieue qui a été terroriste durant les années soixante; le mari modèle qui est espion; le héros sportif si sympathique qui bat sa femme. À ces exemples extrêmes s'en ajoutent de plus courants: des hommes qui ont deux familles; des femmes dont les enfants ne sont pas de leur mari. Et ces exemples moins spectaculaires représentent, en caractères gras, les petits secrets endémiques dans les relations, si confiantes et intimes soient-elles.

Dans la littérature, on assiste souvent à la révélation de ces aspects cachés au moment où le héros apprend qu'il s'est royalement trompé au sujet de la personne aimée. Dans le dénouement de la nouvelle de James Joyce, *The Dead*, Gabriel Conroy découvre que les pensées de sa femme ne concernent pas sa réussite à lui, mais plutôt la passion d'une ancienne histoire d'amour en comparaison de laquelle son mariage conventionnel lui semble terne. Sur le plan du réel, songez à toutes ces vedettes, toutes ces personnalités, tous ces héros modernes qui avaient tout pour eux et dont vous enviiez la beauté, la richesse, la gloire ou la jeunesse et qui, un beau jour, sans crier gare, se sont donné la mort. Ce thème est omniprésent dans notre culture: le moi est en réalité secret, clandestin.

Dans cette recherche de vous-même, la psychothérapie a tous les avantages par rapport à une consultation rapide. Thérapeute et patient se cernent l'un l'autre à force d'approximations successives. Le thérapeute lance une affirmation erronée, son patient lui répond d'une façon qui en dit long sur lui-même. Le thérapeute révise alors la compréhension qu'il a de son patient, tandis que ce dernier, ayant pris note de l'erreur de son vis-à-vis, révise la compréhension qu'il a de lui. Thérapeute et patient sont comme deux sous-marins immergés qui, se cherchant l'un l'autre, émettent des ondes de sonar révélant leurs positions respectives.

Nous n'en aurons guère le temps, mais je voudrai quand même recourir à certains outils de la psychothérapie. Vous voulez de l'expertise et, dans cette nécessité d'aller au-delà des apparences pour vous cerner, l'expertise que je possède est celle de l'attitude psychothérapique. Cette attitude a été comparée à la «capacité négative» que Keats admirait chez Shakespeare, «lorsqu'un homme est capable de nager dans l'incertitude, dans le mystère, dans le doute, sans en rechercher, de façon irritante, les faits et la raison». Cette comparaison illustre l'ouverture à la surprise, la tolérance à l'ambiguïté et l'aversion pour les conclusions forcées qui permettent à une personne d'en cerner une autre. Mais la «capacité négative» est une description incomplète de l'attitude du psychothérapeute, qui ne rend pas compte des qualités inhérentes à une bonne thérapie comme, sans doute, à une bonne pièce de théâtre.

Dans sa description de l'œuvre de Harry Stack Sullivan, Leston Havens, mon ancien professeur et collègue de Lou, a inventé l'expression «attitude fictive». «Fictive» fait référence à la manière, agnostique plutôt que cynique, dont le thérapeute se méfie de ce que les gens disent, explicitement ou implicitement, sur eux-mêmes. L'attitude fictive commence par le scepticisme, au sens philosophique du terme, sans connotation de défiance. Mais «fictive», qui signifie aussi inventive, implique la nécessité pour le thérapeute de créer des scénarios. Pour vous connaître, il doit aussi se libérer des présomptions — ne pas tenir compte de votre nervosité, de votre habit d'excuses, de votre masque de rectitude, de vos gestes trop familiers et embarrassants, de vos anecdotes défraîchies — justement pour ne pas commettre les mêmes erreurs automatiques que la plupart des gens font. Il doit inventer une autre histoire, une histoire qui vous convienne mieux.

De toute façon, je dois finir par vous connaître, faute de quoi je devrai me limiter à quelque chose qui n'est pas vraiment un conseil, peut-être la transmission de valeurs, parce que ce qui passe pour un conseil en dehors de la consultation individuelle n'est souvent qu'une simple transmission de valeurs.

J'ai pris conscience de ce problème avec plus d'acuité récemment, lorsqu'une nouvelle patiente, Mia, m'a apporté un courrier du cœur qu'elle avait découpé dans un journal. Durant son enfance, Mia avait fait la douloureuse constatation que les gens ne sont pas toujours ce qu'ils prétendent être. Cette expérience lui avait enseigné à toujours rester à l'affût des petits indices d'hypocrisie dans la vie quotidienne. Ce jour-là, Mia était préoccupée par la chronique d'Ann Landers.

C'était l'une de ces chroniques qu'Ann Landers publie occasionnellement et dans lesquelles elle laisse ses lecteurs la réprimander. Il semble qu'«Une épouse d'Iowa» lui ait écrit pour lui demander ce qu'elle devrait faire au sujet de l'habitude qu'avait prise son mari, après 30 ans de mariage, de lire des magazines ou de faire des mots croisés pendant le repas, lorsque le couple allait au restaurant. Ann avait conseillé à cette femme de faire des lectures sur des sujets intéressant son mari afin de pouvoir amorcer des conversations avec lui à table. Dans une chronique subséquente, celle que m'avait apportée Mia, des lecteurs de tout le pays protestaient.

Les correspondants rappelaient à Ann Landers que l'époque où les femmes se comportaient comme des «clones de Donna Reed» était depuis longtemps révolue. Une «Adolescente de 14 ans de Pennsylvanie» cristallisait toutes les objections ainsi: «Vous avez conseillé à cette épouse de se renseigner sur les sports ou sur le monde des affaires, bref, sur ce qui intéresse son mari, même si ces sujets l'ennuient elle. Cela ne va-t-il pas à l'encontre du principe selon lequel on doit rester ce qu'on est?» Devant toutes ces réprimandes, Ann Landers a reconnu avoir eu tort. Allant plus loin, elle a écrit: «Lire à table est un acte hostile, voire un motif de divorce.»

Mia se plaignait en fait de ceci: personne ne tenait compte de l'«épouse d'Iowa». Ann Landers ne comprenait-elle pas que tout ce que voulait cette pauvre femme, c'était que son mari lui accorde un peu d'attention pendant les repas? Mais Ann Landers a profité du cas de cette femme et s'est servie de l'inquiétude tout à fait légitime de celle-ci, de son désir de susciter plus d'attention de la part de son mari, comme prétexte pour faire un sermon sur l'affirmation de soi en tant que vertu.

J'ai compris que Mia me demandait de voir le monde comme elle le voit, comme un endroit où l'on en demande trop à des femmes qui n'exigent rien, et d'éviter de l'inciter à devenir le type de femme que le monde honore. Je me suis demandé si cette coupure de journal n'était pas pour Mia une façon de se plaindre de ce que, comme le mari d'Iowa, j'étais inattentif — peut-être en essayant aussi de me faire comprendre qu'elle était trop polie pour me le dire directement. Mis à part ces sous-entendus, je comprenais ce que Mia voulait dire au sujet de la coupure de journal. De la même façon que de petites exceptions viennent parfois mettre en relief les limites des théories scientifiques, l'erreur d'Ann Landers (conseiller à l'épouse d'Iowa de lire la section des sports) et l'aveu qu'elle a fait à propos de celle-ci mettent en relief la vraie nature des chroniques du cœur. Leur but n'est pas tant d'aider le correspondant dans la situation qui le préoccupe que de disséminer de l'information sur les normes contemporaines.

Dans sa réponse initiale, Ann Landers avait oublié que les chroniques du cœur sont censées signaler constamment à leurs lecteurs que notre culture a fait sienne la devise de Søren Kierkegaard: «Être celui que l'on est vraiment». Les lecteurs ont alors eu le loisir de fustiger Ann Landers, de lui rappeler la règle voulant que, dans une relation amoureuse, chacun défende et élargisse son individualité. Comme le laisse entendre la référence au personnage de Donna Reed de l'ancienne série télévisée *La Famille Stone*, les décennies antérieures avaient d'autres idéaux pour les femmes. Elles devaient s'adapter à leur mari ou les manipuler discrètement: une femme demande un conseil — comment devrais-je m'y prendre pour que mon mari cesse de lire à table, au restaurant? — et reçoit plutôt de l'information. La femme d'aujourd'hui recherche moins à s'adapter qu'à valoriser son individualité. Dans une union conflictuelle, sa première priorité est de protéger sa dignité personnelle.

Ces platitudes euphorisantes sont tellement répandues que ce n'est qu'une lectrice critique comme Mia qui comprendra que l'épouse d'Iowa n'a pas obtenu de réponse à ce qu'elle a demandé. Comment cette dernière, étant ce qu'elle est (une Donna Reed incompétente), arrivera-t-elle à susciter un comportement attentif chez son mari? La réponse qu'elle a reçue — qu'elle n'est pas encore elle-même (une nouvelle femme qui s'affirme, tout à fait différente de Donna Reed) — répond à une question différente. Pour aider l'épouse d'Iowa comme celle-ci voulait qu'on l'aide, un conseiller aurait besoin d'en savoir davantage sur elle, sur ce qu'elle trouve important et sur les mécanismes de sa relation conjugale. Il pourrait sembler que la seule nature de sa question révèle tout ce que l'on aurait besoin de savoir sur son caractère: elle est trop complaisante. Mais la croyance opposée — elle ne l'est pas assez — est également plausible et elle était implicite dans la première réponse d'Ann Landers, qui voulait qu'elle se renseigne sur les champs d'intérêt de son mari.

Même connaître l'épouse d'Iowa risque de ne pas être suffisant. La correspondance pose un problème épineux: un conseiller devrait-il concentrer son attention sur l'épouse telle qu'elle est maintenant ou sur celle qu'elle pourrait être si elle se «développait» dans une certaine direction? Nous pouvons imaginer deux épouses d'Iowa: l'actuelle, avec ses valeurs démodées, et la potentielle, avec des valeurs plus susceptibles de porter fruits dans la vie contemporaine. À laquelle de ces deux femmes le conseil s'adresse-t-il?

Les chroniqueurs n'ont pas à faire face à ce problème d'identité. Ann Landers ne prodigue pas vraiment de conseils à une certaine épouse d'Iowa; elle en sait trop peu sur elle. Mais un chroniqueur futé peut signaler à cette correspondante, ainsi qu'à un auditoire plus vaste, qu'il existe un consensus en matière d'idéaux culturels. Même l'admonestation initiale de Landers — lire la section des sports — tenait moins du conseil que de l'information sur les normes. L'erreur n'était pas que le conseil initial de Landers était voué à l'échec — on peut imaginer un mari qui réagirait à de tels efforts de la part de sa femme —, mais que l'information transmise était obsolète.

Un conseiller ne peut esquiver la question de l'identité de la personne à qui il s'adresse: celle que vous êtes maintenant, avec ses valeurs actuelles, ou une quelconque personne future transformée par d'autres valeurs, peut-être les miennes, peut-être celles de la société, peut-être les siennes, mais qui se sont développées dans une certaine direction. Stanley Cavell, philosophe dont j'ai suivi les cours à l'université et dont l'œuvre a marqué mon point de vue en psychiatrie, écrit que l'«atteinte du bonheur humain requiert non pas une satisfaction permanente et plus complète de nos besoins actuels, mais l'examen et la transformation de ceux-ci». Après avoir relevé cette pensée dans Platon, Rousseau, Thoreau et Freud, Cavell l'applique à la comédie du remariage hollywoodien, telle qu'on la voit dans des films comme *Indiscrétions* (Cukor, 1940), dans lequel deux personnes font (ou plutôt refont) le bon choix dans une affaire de cœur. Cavell fait référence à une morale qui relève à la fois de la philosophie et de la culture populaire. Dans la mesure où cette pensée, ancienne et moderne, est juste, donner un conseil requiert une vision double de la part du thérapeute, celle de cerner la personne que vous êtes et celle d'entrevoir la personne que vous pouvez devenir.

Vous pouvez refuser ce type de sagesse, comme trop exigeant. Vous ne souhaitez pas de transformation. Vous voulez ce qui apportera le bonheur à la personne que vous êtes maintenant. C'était ce que Mia espérait, être heureuse grâce à un changement de la situation, ou peut-être à une modeste amélioration de ses aptitudes sociales, mais pas au prix d'une transformation de soi. (C'est ce désir qu'elle attribuait à l'épouse d'Iowa.) Il est possible que, malgré la conclusion de Cavell, votre souhait ou celui de Mia puisse être exaucé.

Le devrait-il? En tant que conseiller, il m'incombe d'évaluer ce qui, au fond de vous-même, est représenté par les valeurs que vous dites vôtres. Lorsque Mia insiste sur son droit de refuser l'obligation, comme elle le formule, pour les femmes modernes de se comporter comme les hommes des années cinquante, je me rends compte à quel point il me sera difficile de ne pas confondre valeurs et désespoir. Peut-être que Mia, ayant été une quelconque victime, a adopté l'opinion désobligeante de son agresseur sur ses propres capacités. Conforter Mia dans l'espoir qu'elle a de ne pas avoir besoin de changer, c'est peut-être trahir une dimension étouffée mais essentielle de son moi. Mia estime que s'affirmer reviendrait à conquérir le monde mais à perdre son âme. Son appréhension est-elle fondée ou est-elle de l'aveuglement? Il est essentiel de cerner Mia.

Pour ce qui est des règles, je comprends que, aux yeux de Mia, j'ai peu d'espoir de réussir mieux qu'Ann Landers; les règles régissant les chroniques du cœur prévalent également dans notre culture. Mais le fait de reconnaître que le conseil traditionnel est relié à la culture ne signifie pas qu'une personne peut en faire fi. Lorsque les femmes dépendaient davantage de leur mari sur le plan financier, les chroniqueurs du cœur prêchaient l'obéissance; à présent que les femmes ont besoin de travailler, les chroniqueurs prêchent l'autonomie. La situation a changé. Naguère, l'assentiment était une stratégie prometteuse; aujourd'hui, c'est l'affirmation de soi qui permettra aux femmes de s'épanouir. Même lorsque les conseils n'en sont pas vraiment, vous ne pouvez les ignorer, puisque tout le monde en tient compte. De nos jours, si vous vous montrez obéissant, si vous acceptez les remontrances ou si vous fermez les yeux sur le vice du jeu de votre partenaire (ou si vous vous montrez dominateur, si vous agressez verbalement votre partenaire ou encore si vous vous adonnez aux jeux de hasard), vous transmettez à votre partenaire un message beaucoup plus extrême que vous l'auriez aussi fait il y a une quinzaine d'années. Si Mia choisit de rester différente du type de femme qu'admirent les correspondants d'Ann Landers, elle devra sans doute en payer le prix sur le plan social.

L'une des raisons qui font qu'il est difficile pour le thérapeute d'améliorer les règles acceptées, c'est que ces dernières sont déjà fondées sur les principes de la psychothérapie. Les chroniqueurs du cœur, les romanciers et les scénaristes ont été exposés à la psychothérapie et intègrent dans leurs œuvres les valeurs et les techniques de cette discipline. Si l'on en croit la télévision, il semble que les cabinets d'avocats, les postes de police, les salles des hôpitaux et les foyers d'accueil sont plus harmonieux lorsque les conventions de la psychothérapie y sont respectées: écoutez avec empathie, envisagez divers points de vue, tenez fermement au sentiment d'être vous-même, renvoyez aux autres leur propre perspective et laissez-les s'y débattre, dites aux gens ce qu'ils sont capables d'entendre puis un peu plus, considérez les crises émotionnelles comme des occasions de développement, et ainsi de suite. Les personnages de la télévision se donnent continuellement des conseils: quitte ton agresseur, ne t'imagine pas pouvoir réformer un alcoolique, communique, assaisonne ton quotidien d'un peu de nouveauté, fais des compromis dans les affaires terre-à-terre, attends-toi à l'imperfection et accepte-la.

Les guides de croissance personnelle qui traitent des relations interpersonnelles enseignent même aux conjoints de se comporter comme des thérapeutes au foyer, en visant l'équilibre optimal entre la distance et l'intimité, en essayant de comprendre les obstacles actuels à la lumière des traumatismes passés, et ainsi de suite. Il faut écouter sans blâmer, ne pas réagir à des plaintes émotionnelles en proposant des remèdes concrets, laisser au conjoint un peu d'espace et le laisser venir à vous — ces règles, répétées à satiété dans tous les guides sur les relations humaines, seraient tout à fait à leur place dans un manuel de psychothérapie pour débutants.

Personne n'ignore ces lieux communs. Je travaille souvent auprès de patients démoralisés, esseulés, maladroits et peu expérimentés sur le plan des relations sociales. Les antidépresseurs ont parfois un effet sur eux. Lorsque c'est le cas, ces personnes manifestent de remarquables aptitudes à la communication interpersonnelle. Si je demande à l'une d'elles, une femme, comment il se fait qu'après tant d'années d'isolement elle ait si rapidement appris à faire face à un prétendant importun, elle exprimera son irritation: tout le monde sait comment s'y prendre. Pendant des années, elle n'a fréquenté que les tribunes téléphoniques de fin de soirée, la littérature romantique populaire, les séries télévisées, ce qui, précisément, l'a exposée à la «sagesse» moderne de tout acabit, incluant notamment le principe selon lequel il faut y aller lentement avec les hommes trop pressés.

■ ■ ■

Les normes régissant les choix que l'on fait sur le plan social sont fiables, bien ancrées dans les principes de la psychothérapie et comprises de tous. Tout conseil qui va à l'encontre de ces lieux communs doit être suscité par une quelconque analyse complexe de votre identité et de vos valeurs; mais vous serez difficile à cerner. Pour ce qui est d'envisager de donner des conseils, cette analyse préliminaire serait décourageante, si ce n'était qu'elle recèle peut-être des indices sur votre identité.

Après tout, si les règles sont comprises de tous — si des patients dénués d'expérience sur le plan social les connaissent —, on peut supposer que vous, qui entretenez une relation assez importante à vos yeux pour justifier une consultation avec moi, connaissez aussi la sagesse conventionnelle. Cette première hypothèse mène directement à cette autre hypothèse. Comme Mia et Anne, vous espérez être une exception. Du moins, cet espoir est-il, pour une personne qui connaît les règles, un motif probable de consultation. Vous avez votre cas à exposer. Votre relation semble abusive, mais elle ne l'est pas. Ou elle l'est, mais il y a des raisons de croire qu'elle changera et que, par conséquent, vous la poursuivrez. C'est ce que vous vous êtes dit, et vous espérez qu'un observateur neutre sera d'accord avec vous. Vous souhaitez recevoir le conseil suivant: vous n'êtes pas obligé de gober quelque platitude euphorisante que ce soit.

À ce portrait, j'ajouterai que vous avez un bon sens de la perspective. Pourquoi rechercher l'avis d'un expert, lorsque le conseil imprègne toute notre culture? Vous voulez savoir à quoi ressemble votre relation troublée, vue de l'extérieur. Votre partenaire est-il un être impossible, ou faites-vous ressortir ce qu'il y a de pire chez les autres? Êtes-vous trop tolérant ou trop exigeant? Vous êtes cruellement conscient d'être prisonnier de votre point de vue personnel. Si vous arriviez à déterminer laquelle des visions de la situation accepter, vous sauriez exactement quel comportement adopter. Vous vous demandez peut-être si votre façon de jauger les gens est imparfaite; vous commettez sans cesse la même erreur. L'apparente limite de votre perception ou de votre imagination vous frustre dans vos efforts.

Cette dimension de l'image de vous qui se développe devant moi me donne espoir. Même dans les moments où je ne suis pas certain de fournir à notre rencontre la contribution d'une certaine sagesse, j'imagine que j'y apporte au moins ma propre perspective. Cette perspective est moulée par la théorie, c'est-à-dire par les manières dont les psychothérapeutes ont compris les dilemmes du cœur. Et s'il est vrai que la théorie psychanalytique s'est infiltrée dans la vie quotidienne, il pourrait tout de même être utile de démêler ces hypothèses, afin que vous et moi comprenions mieux les fondements du conseil que vous avez envie d'ignorer.

■ ■ ■

Vous connaissez les règles, vous espérez en être exempté et vous avez très envie de perspective. En demandant un conseil et non une psychothérapie, vous révélez peut-être quelque chose de plus: vous voulez que je vous fasse face d'une manière simple et franche. Je suis sympathique à votre désir d'entendre des propos immédiats et sans équivoque, et c'est également le mien. Si l'idée de donner des conseils m'attire, c'est en partie parce que j'ai espoir de parler sans détour à la personne qui les sollicite: voici comment je vois votre situation. Mais est-ce possible?

Au cours de mes études médicales, durant mes conversations avec Lou, j'ai soulevé la question: pourquoi les thérapeutes ne disent-ils pas ce qu'ils pensent? Lou m'a d'abord répondu en m'invitant à lire quelques articles d'un obscur théoricien de la psychanalyse, Hellmuth Kaiser. Avant d'être invité à Topeka par Karl Menninger en 1949, cet analyste profane, né en Allemagne, avait passé la majeure partie de sa vie, 17 ans, comme réfugié à Majorque, en Suisse, en France et en Israël, gagnant sa vie comme ébéniste. Juste avant sa mort, en 1962, Kaiser a écrit en anglais deux textes curieux qui ont la puissance qu'a la parole après un long silence.

Dans le plus curieux des deux, une courte pièce, se produit une thérapie fort singulière. Une femme, Mme Porfiri, s'inquiète de ce que son mari psychanalyste soit déprimé et qu'il refuse toute aide. Elle convainc un autre psychanalyste, le docteur Terwin, de se présenter au cabinet de son mari en tant que patient et de traiter ce dernier à partir de ce rôle. Libre de dire tout ce qu'il pensait, Terwin fait remarquer que l'attitude de thérapeute de Porfiri fait que ce dernier garde une certaine distance par rapport à ce que lui disent ses patients, qu'il ne peut absorber leurs propos comme il absorberait un message téléphonique banal ou la question d'un voisin qui lui demanderait si sa résidence est privée d'électricité. Terwin est un patient si difficile que Porfiri s'emporte et, dans son irritation, se met à dire tout ce qu'il a envie de dire au lieu de ce qu'il «devrait» dire. C'est là une sorte de thérapie pour Porfiri. C'était la distance qu'il gardait par rapport aux propos sans équivoque qui l'empêchait d'aller mieux.

Les idées de Kaiser sont explicitées dans son deuxième texte, un assemblage de notes de journal personnel et d'histoires de cas, où il mélange les genres: autobiographie, fiction et monographie professionnelle, l'ensemble faisant penser à un pastiche de Kierkegaard. Un psychiatre en détresse, approchant de la quarantaine, se rend compte que ses schèmes de discours et ceux de ses patients sont dignes d'attention. Ces schèmes témoignent d'une certaine «dualité», terme englobant toute une gamme de façons de parler qui sèment la confusion et qui servent au locuteur à assurer sa propre protection: expressions du doute de soi-même, parenthèses qui font dévier le propos, rectifications et excuses. Mais on se trouve aussi face à une dualité lorsqu'une personne fait un récit très structuré et trop convaincant, lequel contraint l'auditeur et ne laisse aucune place au dialogue. Ou lorsque le discours de quelqu'un n'est qu'une enfilade de citations, comme si cette personne ne parlait pas à l'auditeur, mais devant lui. Le double discours contient des messages importants qui ne font pas partie du texte et qui échappent à la discussion.

Kaiser voyait dans le discours défensif une tentative d'échapper à l'expérience de soi en tant qu'individu, d'éviter l'angoisse existentielle de Kierkegaard. Les gens sont disposés à se soumettre aux autres ou à les dominer, mais jamais à énoncer ni à accepter leurs propres besoins et désirs. Parler intimement et clairement — sans essayer de plaire à l'autre ou de l'intimider, sans essayer d'exagérer le degré de sa propre certitude ou incertitude —, c'est faire l'expérience de son individualité, de sa séparation des autres, étape effrayante mais cruciale sur le chemin de la santé mentale. À partir de l'observation de son propre discours et de celui de ses patients, Kaiser a mis au point une version particulière de la psychanalyse fondée sur la tentative par le thérapeute de parler clair et net, tout en s'interrogeant constamment sur le double discours du patient.

C'est sans doute le discours franc que vous recherchez dans une consultation. Mais qu'est-ce que le discours franc? Se contenter de dire ce que l'on pense peut semer la confusion ou susciter de vaines attentes. Le discours de tous les jours, aussi banal que lorsque vous demandez à votre voisin si sa résidence est privée de courant, a tendance à être fortement modulé, parce que les messages secondaires qu'il contient sont très importants. Songez à ce moment délicat d'une psychothérapie: un patient paranoïaque commence à dire que tous ses voisins complotent contre lui; la thérapeute se rend compte que les fantasmes de l'homme prennent de l'ampleur et que, très bientôt, elle fera sans doute partie elle aussi du complot imaginaire. Pour détourner son patient, la thérapeute l'écoute attentivement démasquer un à un ses voisins, puis elle s'exclame: «Les salauds!» Cette puissante prise de parti par la thérapeute a un certain nombre d'effets, dont le plus important, pour elle, est de bloquer l'impulsion qu'a le patient de projeter sur elle son fantasme paranoïaque. Et pour elle, prendre parti est beaucoup plus efficace que la simple expression non calculée et directe de ce qu'elle pense — plus efficace que si elle avait dit: «Oh! mais vous pouvez me faire confiance.»

Cette puissante technique était le sujet d'une deuxième série de tirés à part que Lou m'a invité à lire, des essais sur la «contre-projection» rédigés par Leston Havens, l'interprète de Sullivan qui a inventé le terme «attitude fictive». La contre-projection requiert une représentation active de la perspective de l'autre ainsi que la préparation d'une réponse adaptée. Le discours de tous les jours tient largement de la contre-projection. Lorsqu'un ami menace de devenir trop dépendant, vous constatez que votre voix se raffermit, comme si vous vouliez lui dire que vous n'êtes pas spécialement «maternelle». Vous bloquez la projection de qualités maternelles que fait sur vous votre ami. Votre attitude de contre-projection aide votre ami à mieux vous cerner, afin que son amitié vous ait vous comme objet plutôt que ce personnage imaginé qui possède quelques-uns de vos traits. Souvent, le discours le plus communicationnel contient des messages qui ne font pas partie du texte.

Ainsi, l'une de mes premières leçons sur la théorie psychothérapique a porté sur les difficultés du discours sans équivoque, et cela de deux façons: un discours clair et net n'est pas facile à produire et, s'il ne prend pas en compte la contre-projection, il risque de créer des difficultés dans la conversation. Malgré la quête d'unité de sens de Kaiser, c'est souvent le sujet sous-jacent du discours qui recèle le message le plus important: je ne suis pas qui vous croyez. Le problème du discours sans équivoque fait écho aux problèmes capitaux de la relation. Dans quelle mesure le calcul est-il nécessaire? L'autre doit-il être accepté tel quel ou transformé? Quelle est la meilleure façon de révéler son moi?

Lorsque vous me dites que vous ne voulez pas d'une psychothérapie, je comprends que cela signifie que vous ne souhaitez pas qu'on vous encourage passivement à en arriver à vos propres conclusions. Vous ne voulez pas non plus de petits jeux. Vous voulez une réponse directe. Mais il m'est difficile de m'attaquer à votre cas sans vous connaître. Pour qu'elles produisent l'effet escompté, mes remarques même les plus banales doivent comporter des éléments de psychothérapie, comme la contre-projection. Les perspectives sur l'humain sont tellement nombreuses qu'un conseil utile doit nécessairement indiquer qui je suis et tenir compte de la personne que je crois que vous êtes.

■ ■ ■

En gardant à l'esprit le principe du double discours et en appliquant celui de l'attitude fictive, il me vient l'idée de me demander si vous voulez vraiment ce que vous dites vouloir, un conseil. Il se pourrait bien que vous cherchiez autre chose, par exemple la bagarre. Souvent, ceux qui demandent un conseil cherchent en réalité quelqu'un contre qui se fâcher, disons parce qu'ils sont furieux de ce que les règles leur indiquent qu'ils doivent rompre alors qu'ils voudraient tellement poursuivre la relation. La bagarre permet aux gens d'éviter de reconnaître leur isolement. Ou peut-être comptez-vous parmi les patients en psychothérapie qui, lorsqu'ils demandent conseil, recherchent en fait la permission, l'assentiment, voire la volonté de faire ce qu'ils ont envie de faire.

Une femme sait qu'elle doit mettre fin à une relation stagnante avec un homme devenu dépendant et exigeant. Mais elle ne le fera que si elle peut éprouver sa part du sentiment de culpabilité qu'entraînerait la rupture. Elle demande un conseil, alors qu'elle veut l'absolution. Le thérapeute pourra refuser de donner son avis. Ou bien — c'est là le cas qui nous intéresse — le thérapeute pourrait faire ce qui lui est demandé, confirmer les conclusions de sa patiente, qui correspondent aux conclusions évidentes dictées par les normes sociales généralement acceptées. La patiente se sentira assez forte pour quitter l'homme. Le fait qu'elle reçoive un conseil semble moins important que le «prêt» de force que lui fait son thérapeute.

Certains théoriciens voient ainsi cette situation: le thérapeute devient la fonction interne du patient, sa conscience, disons, ou son cœur. L'analogie habituelle est celle de l'enfant qui ne peut patiner que lorsque son père est à côté de lui, sur la glace; ce père est le cran ou le courage de l'enfant, voire la force de ses jeunes chevilles. Vous pourriez avoir besoin de la même chose que le petit patineur: un second moi. Nous en aurions tous besoin. (Hors du cadre d'une thérapie, les gens amorcent souvent une relation dans le but d'obtenir une partie du moi des autres, puis se plaignent ensuite de ce qu'ils n'ont reçu d'eux rien d'autre, l'amour par exemple. Faire état de cette distinction peut les aider à évaluer leur relation.) Nous empruntons régulièrement de petites parties des autres. Si vous avez besoin d'une partie de mon moi, mon travail de conseiller sera facile. Vous me direz ce que vous savez déjà, et je confirmerai vos conclusions.

Je n'imagine pas que je puisse rejeter ce type de motivation. La plupart des demandes de conseils contiennent d'autres espoirs — celui d'exprimer des sentiments, celui de recevoir un soutien. Ce qui modère mon scepticisme, c'est le fait que Lou vous ait dirigé vers moi pour me donner l'occasion de donner des conseils pratiques dans une affaire de cœur. Je suppose que, de l'avis de Lou, vous disposez d'un moi raisonnablement adéquat, d'une certaine autosuffisance. Et si votre moi est adéquat, le choix auquel vous faites face doit être difficile, sinon vous auriez déjà pris une décision.

Si j'ai bien compris, vous êtes amoureux, l'avez été ou croyez que vous le serez. C'est là le type de relation en difficulté qui vaut la peine d'une consultation, lorsque l'amour est en vue. L'amour, pas une passion d'opéra. Ceux qui ont un coup de foudre posent rarement des questions. Si vous êtes pris par une passion, elle est au mieux enrobée de doutes sérieux. La relation vous semblait ce qu'il y avait de mieux, mais vous n'en êtes plus aussi sûr. Peut-on faire confiance à cette personne, à long terme? Vous éprouvez peut-être de l'amour, mais vous vous interrogez sur la compatibilité.

Puisque vous avez pris la peine de demander l'avis d'un expert, les relations doivent vous poser problème. Vous attachez peut-être beaucoup d'importance à la vie de famille ou bien vous vous sentez ambivalente. L'intimité, les expériences partagées, les heures passées à deux, tout cela compte à vos yeux. L'entropie vous désole. Vous accordez de la valeur à l'investissement émotionnel, à l'effort créatif que vous avez consenti pour votre relation. Le fait que la relation ait duré et qu'elle soit devenue plus complexe vous la rend encore plus précieuse.

Pourtant, même parmi ceux qui accordent de l'importance aux relations, il y en a qui ne s'en soucient guère. S'ils sont malheureux, ils rompent, ou ils poursuivent la relation sans se faire de mauvais sang, préférant tolérer une relation imparfaite stable plutôt que de se donner la peine de changer leur vie. Ou encore, ils laissent toute la question dans les mains de leur partenaire, ou s'en remettent au sort, puisqu'ils croient que l'être humain a peu d'emprise sur son destin.

Le fait que vous vous fassiez du mauvais sang en dit long sur vous. Vous imaginez que les gens devraient et peuvent exercer un contrôle sur les affaires de cœur. Ou encore, vous êtes un perfectionniste. Vous exigez de maîtriser votre environnement social ou vous abordez les décisions à prendre d'une manière qui tient de l'obsession. Je ne veux pas dire par là que vous souffrez d'une maladie mentale; dans ce cas, on vous aurait dirigé vers un centre de traitement et non vers un conseiller. Mais ce désir d'être l'exception doit venir d'ailleurs.

Peut-être vous pensez-vous au-dessus du troupeau humain, ou peut-être avez-vous une mauvaise opinion de vous-même. Vous souffrez d'un handicap caché dont vous êtes cruellement conscient. Vous craignez d'être nul lorsqu'il s'agit de juger vos partenaires et que, lorsque vient pour les autres le moment de partir, vous devriez rester puisque vous ne réussirez pas mieux la prochaine fois. Ou bien vous êtes plus vulnérable que les autres, moins capable de supporter les transitions. Que cela signifie que vous devriez rester ou partir est incertain, mais vous savez que les conseils conventionnels ne tiennent pas compte de vos besoins particuliers. Vous savez que cette question d'autosuffisance est relative — vous êtes fort mais une partie de vous est faible —, et il nous faudra penser à deux à ce qui constitue un handicap dans les affaires de cœur.

Ce processus de construction mentale aboutit à un portrait détaillé. Vous vivez une relation difficile, qu'il est pénible de rompre ou de poursuivre. La décision est risquée, parce que vous accordez du prix à l'intimité, parce que vous croyez que les gens devraient pouvoir façonner leur vie privée. Vous possédez une certaine indépendance, assez pour demander directement conseil, sans que ce soit un prétexte pour obtenir un soutien ou pour vous quereller. Vous connaissez les règles habituelles, mais vous vous sentez suffisamment différent pour demander si elles jettent ou non un éclairage utile sur votre situation difficile. Vous imaginez que le psychanalyste a quelque chose de particulier à offrir, peut-être une perspective fraîche. Vous en avez assez du processus lent et orienté vers soi de la psychothérapie; vous voulez des réponses immédiates, claires et nettes. Vous prenez le risque des sentiments déchirants que suscite la fin d'une relation longue et imparfaite ou le désespoir et l'appréhension qu'entraînerait sa survie. Ce qui est en jeu, c'est votre bonheur, votre relation la plus intime, votre avenir — peu de choses si on les regarde de l'extérieur, mais choses cruciales pour vous.

Il semble que vous soyez, dans une large mesure, connaissable avant même que nous nous rencontrions. En même temps, malgré un entretien très approfondi, il se peut que vous restiez inconnu sous bien des angles importants. C'est le dilemme du conseiller. Comme le partenaire dans une relation troublée, le conseiller fait face à quelqu'un qui est à la fois opaque et transparent.

4

Bienvenue au Club!

L'IDÉE ME vient que j'ai peut-être un indice assez concret sur votre identité. Le soir de sa visite chez moi, Lou devait assister au lancement d'un livre. Dix ans plus tôt, il avait rédigé en vitesse une histoire pour enfants sur les relations entre les grands-parents et les petits-enfants d'une famille reconstituée. L'illustratrice de l'ouvrage, Maëlle, habitait notre petite ville. Maëlle et son mari, Yves, lançaient un nouveau livre destiné aux enfants, illustré par elle et rédigé par lui. Lou avait été invité au lancement à titre d'ancien collaborateur de Maëlle. Et vu son rôle éminent dans le monde local de l'édition, Anne y aura probablement été invitée elle aussi — c'est sans doute une autre raison qui me fait penser à elle. Il est facile d'imaginer Lou et Anne, tous deux pleins de magnétisme, s'entendant comme larrons en foire. En pensée, je vois Anne, les lunettes de soleil remontées dans les cheveux, verre de vin en main, en train d'inonder de paroles l'impénétrable professeur de psychiatrie.

Vous pourriez être n'importe lequel des invités. Vous êtes une voisine qui habite dans la modeste rue de Maëlle et Yves, un diplômé de l'école des beaux arts locale, une bibliothécaire, une libraire ou une journaliste, le père d'un enfant appartenant à la petite ligue, l'un des enseignants préférés des enfants du couple, un ami de la mère de Maëlle, la dactylo qui tape les manuscrits d'Yves, une étudiante qui garde les enfants du couple, le principal de l'école primaire qui a invité Maëlle à y passer un mois à titre d'«artiste résidente», un ancien copain d'Yves du temps qu'il était célibataire, un bénévole travaillant pour le même organisme de charité que lui, un membre du club littéraire auquel Maëlle participe occasionnellement, le pasteur de l'église ou l'entrepreneur qui a rénové l'escalier de la maison. Vous avez rencontré Lou, amorcé une conversation avec lui et plaidé votre cause.

Il se fait que, par l'intermédiaire de Lou, j'ai déjà vu Maëlle. À l'époque où elle travaillait au livre de Lou, sa relation conjugale ayant commencé à s'effilocher, elle a demandé à Lou de lui recommander quelqu'un à qui parler. Lou ne connaissait que moi. Mon agenda était complet, mais j'ai accepté de recevoir Maëlle pour la diriger vers quelqu'un d'autre.

Je dis «vu» au lieu de «rencontré» non sans raison. J'avais remarqué Maëlle ici et là. C'était une femme timide au visage extrêmement ingrat mais au corps superbe, un peu comme si le Créateur s'était trompé de tête pour ce corps. Je me souviens d'avoir spéculé sur l'effet de son apparence sur sa vie sociale. Une cible pour les vieux beaux, ai-je pensé, et — ce qui est plus dangereux, vu la difficulté d'évaluer leurs motifs et intentions — des hommes sentimentaux et anxieux qui ont envie de se dire qu'ils fréquentent une femme réservée et sans beauté parce qu'ils acceptent mal leurs vraies pulsions.

Je songeais à tout cela lorsque Maëlle est arrivée à mon cabinet. Elle m'a dit que depuis l'adolescence elle avait l'impression d'être une étrangère dans son milieu mondain d'«aristocrates» de Nouvelle-Angleterre; quelque chose en elle semblait inacceptable. Elle avait trouvé du réconfort dans son travail d'artiste, surtout durant la désintégration du couple que formaient ses parents. La vie sociale de Maëlle avait été troublée plus ou moins de la façon que j'avais imaginée; elle s'était mariée jeune, en partie, semble-t-il, pour échapper aux hommes.

Yves était juif, écrivain en herbe de huit ans l'aîné de Maëlle, un personnage stable et rassurant, bien qu'un peu bourru et d'humeur changeante. Grassouillet, gauche mais plein de bonne volonté, il était pour elle un protecteur dévoué contre les forces cruelles et déroutantes de la société. Maëlle avait également choisi Yves — cela elle le savait — parce qu'il était exactement l'opposé de son défunt père. Yves était honnête, inélégant, engagé dans sa «vocation», et un raté sur le plan social et professionnel.

Personne ne s'étonne lorsque les unions de ce type commencent à chanceler, les unions qui jouent un rôle discret ou qui règlent un problème particulier à une étape de la vie. Peu après la lune de miel, le couple doit commencer à mettre au point des raisons intérieures durables pour justifier la collaboration et l'intimité. J'ignore si Maëlle et Yves avaient fait beaucoup de chemin dans cette direction. Les œuvres d'Yves — littéraires et ambitieuses — ne trouvaient pas de lecteur. Avec les agents et les éditeurs, il se montrait autoritaire, inflexible, difficile et autodestructeur. Maëlle, elle, avait visé moins haut et réussissait mieux. Elle s'est bientôt sentie protectrice envers Yves, et s'est montrée tendre mais sans ardeur.

Maëlle, déchirée, n'arrivait pas à décider si elle devrait ou non voir Yves comme le reste du monde le voyait, bourré de talent mais impossible, ou comme elle l'avait vu au début, admirable dans son adhésion inébranlable à des normes intérieures. Lorsqu'elle examinait la situation sous un jour favorable, il lui semblait que le caractère borné d'Yves était le complément de sa fragilité à elle, et qu'ainsi ils se protégeaient l'un l'autre. Mais l'homme et la femme finissent par s'éloigner l'un de l'autre. Un autre homme était apparu dans le paysage, un ancien camarade de classe de Maëlle, du même âge et de la même classe sociale qu'elle, un homme dégrisé par un mariage raté et disposé (m'a-t-il semblé) à se contenter d'elle. Maëlle était déchirée entre ces deux hommes, entre deux vies possibles. Elle est retournée vivre chez sa mère pour se donner un peu de recul, m'a-t-elle dit, mais c'était tomber de Charybde en Scylla. Elle a commencé à avoir mal à l'estomac et à devenir incapable de se concentrer sur son travail tant elle était obsédée par la décision à prendre.

Le secret, pour aborder un tel cas, consiste à prendre appui sur quelque chose. Le détail qui a attiré mon attention, c'est l'apparent catalyseur de la crise conjugale, une déception insignifiante. La mère de Maëlle avait fait au jeune couple un singulier cadeau pour son troisième anniversaire de mariage: le prix de l'adhésion au club de natation auquel avait appartenu la famille de Maëlle durant l'enfance de celle-ci. Maëlle a apprécié la saison d'essai précédant l'adhésion; elle était beaucoup mieux acceptée au club que quelques années auparavant. Mais lorsque le moment de l'adhésion est venu, le couple a été blackboulé.

De toute évidence, l'os, c'était Yves. Pourquoi ne pouvait-il pas faire un petit effort pour le bonheur de sa femme? En réalité, il semble qu'il ait essayé de se montrer sociable, mais que ses efforts n'aient réussi qu'à faire ressortir sa gaucherie. Yves n'appréciait pas du tout la critique de Maëlle. À une certaine époque, le club avait été reconnu pour son antisémitisme. Malgré la poignée de Juifs que Maëlle pouvait lui énumérer, Yves était d'avis que le club restait antisémite. Il se sentait la victime d'un coup monté par sa belle-mère. Tandis que Maëlle fulminait, Yves s'est hérissé, tombant dans le pathos et le délire de la persécution.

Ce genre de conflit — où mère et mari tirent chacun sur la corde — semble résoluble, sauf que, dans ce cas, le mari a refusé de tirer. J'ai dressé pour Maëlle la liste des préoccupations qu'elle avait soulevées au sujet de son union, puis je lui ai recommandé un conseiller de couple ainsi qu'un thérapeute pour le cas où elle préférerait une thérapie individuelle. Tout en notant consciencieusement les noms, elle avait l'air insatisfaite. Elle se sentait flouée, après s'être vidé le cœur, de se faire donner le nom d'un thérapeute au lieu d'une réponse à sa question. Ne pouvais-je pas lui donner mon avis sur sa situation? Elle avait déduit de l'expression de mon visage, lorsqu'elle m'avait parlé du club de natation, que j'avais une opinion à ce sujet.

«Pourquoi me choisir, moi?», demandait Harry Stack Sullivan. «Lorsque des patients veulent que je leur donne un conseil, disait-il, je suis généralement enclin à faire de l'esprit. Je leur demande: "Pourquoi me choisir, moi? Vous pouvez demander un conseil à n'importe qui, n'importe où, et l'obtenir. Pourquoi perdre votre temps avec un psychiatre en lui demandant un conseil?"»

Il y avait peut-être des raisons qui faisaient que Maëlle me choisissait, moi. Une certaine expression était apparue fugacement sur mon visage et Maëlle avait «des yeux pour voir», comme disait Freud. Dès lors que nous ne nous engagerions pas dans une thérapie ensemble, pourquoi hésiterais-je à exprimer mon opinion?

Maëlle avait raison. Des opinions, j'en avais.

Au sujet du club, par exemple. Pour des motifs qui lui étaient propres, l'un de mes patients, un homme acerbe, enclin aux analyses exhaustives de l'hypocrisie sociale, avait un jour consacré une bonne partie de la séance à critiquer ce club-là et ses normes d'adhésion. Il en était arrivé à la conclusion que, selon l'anthropologie locale, un couple formé d'un protestant et d'une juive était acceptable, les hommes riches ayant le droit de s'accoutrer des accessoires exotiques qui leur plaisent, mais pas l'inverse. (L'idée que le psychothérapeute se fait d'une petite ville est étrange; elle est fondée sur des données qui se recoupent et qui sont filtrées au sas de sentiments délibérés; c'est un monde tel que le voient ceux qui n'y sont pas heureux.) J'ai trouvé l'analyse de mon patient acerbe plutôt convaincante, sinon dans ses détails du moins dans son sens général. J'étais d'avis que la meilleure note à un cours de maintien n'aurait pas ouvert à Yves les portes de ce club, et que ce club était un endroit dangereux pour les innocents.

En même temps, je me demandais comment il se faisait que Maëlle s'y sentait beaucoup plus à l'aise qu'autrefois, qu'elle y était mieux acceptée malgré le handicap que constituait son mari. Peut-être manifestait-elle une plus grande assurance. Il semblait qu'Yves était disposé à changer; Maëlle elle-même le reconnaissait. Yves avait agi d'une manière atypique en acceptant le cadeau offert par sa belle-mère. Yves avait pris un risque (du moins peut-on interpréter la situation de cette façon) afin de permettre à Maëlle de réaliser un petit rêve. Quelles qu'aient été les habiletés sociales d'Yves, celui-ci s'est montré heureux d'accompagner Maëlle, même si elle n'a pas pris le parti de son mari dans une affaire qui aurait pu être blessante pour lui: une injure faite à son identité. Bref, Maëlle et Yves semblaient tous deux gagner en assurance et en souplesse. Les thérapeutes sont plus enclins à considérer une union réussie lorsqu'ils perçoivent de tels signes de croissance et de tolérance envers les efforts de croissance de l'autre.

L'autre point de vue — Maëlle aurait déjà dépassé le stade de développement d'Yves et ne pourrait plus s'intéresser à lui — semblait moins probable. Maëlle achevait les tâches de l'adolescence, ne sachant pas trop si elle devait embrasser les valeurs de sa mère ou les rejeter. L'ancien camarade de classe ne représentait sans doute que l'autre pôle de cette ambivalencc — dirc oui à maman plutôt que non. Pour qu'un second mariage réussisse mieux que le premier, il faut que ces problèmes aient été réglés une fois pour toutes.

Les nouveaux échecs d'Yves ne m'inquiétaient guère. Les hommes comme lui pataugent lorsque leur femme les prive de leur enthousiasme. Ce problème surgit chaque fois qu'il faut résoudre une crise. Les gens apparaissent sous un mauvais jour lorsque leurs relations intimes sont menacées, et il devient difficile d'évaluer leurs traits permanents. Je présume que, en règle générale, une femme épousera un homme d'un degré de maturité égal au sien. Puisque Maëlle s'était décrite comme étant une femme solide, je doutais qu'Yves reste longtemps aussi invivable qu'il semblait l'être à ce moment-là.

Maëlle et Yves, par leur réaction à une déception mineure, m'ont fait penser aux couples que le destin frappe durement: mutilation ou mort d'un enfant, par exemple. Les chagrins insupportables, même s'ils cimentent parfois les couples, plus souvent qu'autrement font comprendre à chacun des vérités compromettantes sur l'autre. Les révélations que provoque le chagrin sont incontestables, mais les faits ont une tout autre valence durant les jours plus heureux. D'accord, Yves est autoritaire même dans ses meilleurs jours; mais lorsque les choses vont mal, être insupportable a son attrait. Si une personne dans la position de Maëlle a la force de supporter ce type d'analyse — mais qui a une telle force lorsque le chagrin frappe? —, les défauts de l'autre peuvent être cadrés avec profit en tant que crise d'identité. Par exemple, Maëlle peut-elle supporter d'être totalement affranchie des valeurs de sa mère?

Tout compte fait, je pensais que Maëlle se trouvait tout bonnement à l'un des stades normaux de l'évolution d'un mariage, à ce moment crucial où les choses se sont tassées et que les petites décisions initiales sur les comptes en banque, les horaires et les repas ont été prises, au moment où la vraie vie de ménage est prête à commencer. C'est précisément à ce moment que la mère de Maëlle a lancé une pomme de discorde — pour montrer à la jeune femme qu'elle était plus acceptable qu'avant, qu'elle pouvait après tout avoir la vie à laquelle elle était destinée, mais qu'Yves ne pourrait jamais en faire partie. J'estimais que ces messages maternels étaient vrais et pas si terribles que cela de la part d'une mère — «fille prodigue, rentre au foyer» —, et qu'ils faisaient partie intégrante du défi que Maëlle devait affronter si elle voulait poursuivre sa relation conjugale par choix et non par routine. Je considérais ce moment comme celui d'un «remariage» potentiel. Tout mariage qui se respecte implique que les partenaires renouvellent constamment leurs vœux, qu'ils fassent le choix de rester unis malgré les nouvelles perspectives qui se dessinent sur eux-mêmes et sur leur conjoint.

Cavell va plus loin encore lorsqu'il affirme que «seuls ceux qui sont déjà mariés peuvent vraiment se marier».

Bref, j'avais beaucoup d'opinions. J'étais conscient, en écoutant les propos de Maëlle, d'opinions que j'avais avant même qu'elle franchisse le pas de ma porte. J'aurais sans doute été moins conscient de celles-ci si j'avais eu l'intention de faire une psychothérapie; la capacité négative du thérapeute peut être si développée que même les choses les plus simples deviennent (à bon escient) confuses. Mais, face à Maëlle, je semblais connaître certaines vérités provenant du monde bien formé dans lequel nous vivons, un monde fait d'observations fortuites, de ragots, d'expérience personnelle et de préjugés — ces nombreux facteurs subjectifs de la sagesse populaire.

J'ai remarqué, même alors, l'insistance de cette femme peu exigeante pour avoir une réponse. Pourquoi m'avait-elle choisi, moi? J'étais juif, homme et écrivain en herbe et, comme la plupart des étrangers, j'étais allergique au snobisme et aux privilèges fondés sur la classe sociale. Pourquoi demander un conseil à un homme qui ressemblait à ce point à son mari? Maëlle souhaitait-elle être réprimandée pour sa déloyauté envers Yves? Ou être excusée pour son badinage avec son ancien camarade de classe et avec sa mère, ou encore être retournée à son ménage, là où elle était à sa place?

Je soupçonnais que Maëlle souhaitait se faire dire ce qu'elle croyait déjà. Comment lui rendre ce simple service? Encourager directement Maëlle ne ferait de moi qu'un autre Juif, homme, écrivain, étranger — c'est-à-dire une personne dont l'opinion est par trop prévisible. Si je lui avais dit: «Employez tous les moyens pour rester!», elle aurait pensé que mes paroles en disaient plus long sur moi que sur son dilemme à elle. Pour être utile à Maëlle, il me faudrait commencer par contrer sa projection, même partiellement juste, selon laquelle je n'étais qu'Yves en blouse blanche. Cette tâche ne serait pas trop pénible, puisque j'ignorais si Yves ferait un bon mari, si leur union devait ou non continuer.

En l'occurrence, j'ai répété à Maëlle l'histoire telle que je l'avais entendue. Je lui ai dit penser que c'était le fiasco du club de natation qui avait le plus perturbé son ménage. L'incident avait fait voir Yves sous un jour peu flatteur et Maëlle avait pris conscience qu'elle se sentait isolée du monde de son enfance. Malgré des sentiments contradictoires au sujet de son enfance, cette déconnexion était douloureuse pour elle. Elle blâmait Yves d'être incapable de mettre fin à cette douleur. Sa mère avait montré à Maëlle qu'elle pouvait retourner en arrière. Et avec l'apparition de l'ancien camarade de classe, le chemin du retour était attirant. Il était difficile de vivre avec Yves; une personne raisonnable pourrait choisir de le quitter malgré les efforts qu'il déployait, et on aurait dit qu'il avait renoncé dès qu'elle avait commencé à s'éloigner. Je supposais que Maëlle avait envie d'avoir des enfants. Comment leur transmettrait-elle son héritage? Cette question risquait de lui causer de l'angoisse; il lui fallait décider si elle souhaitait faire face à cette négociation avec Yves.

Durant ma brève réflexion sur son propre récit, j'ai supposé que Maëlle entendrait quelque chose qui ressemble à tout ce que je pensais. En lui accordant la permission de quitter Yves (mais de cette façon inacceptable, c'est-à-dire en l'invitant à suivre la voie tracée par sa mère), je suggérais qu'elle pouvait ne pas le quitter. Elle pouvait rester avec lui et demeurer consciente de la vérité dévoilée par le fiasco du club de natation: en épousant Yves, elle avait fait le choix difficile de renoncer à ses racines, choix dont elle voudrait peut-être adoucir les conséquences. Ce qui avait donné un sens à la vie adulte de Maëlle, c'était sa capacité de rejeter le style de vie et les valeurs de ses parents. Si elle voulait progresser dans la vie, donner une importance moindre à sa rébellion, elle pourrait le faire sans quitter son mari. Il ne s'agissait pas de satisfaire sa mère en faisant ceci ou cela. La transformation requise étant en grande partie de nature interne, il aurait été logique de recourir à la psychothérapie. Maëlle pourrait quitter son mari plus tard, à d'autres conditions.

* * *

Mes rapports avec Maëlle ont cessé à ce moment-là. J'ai l'impression qu'elle n'a jamais donné suite à ma recommandation d'une psychothérapie. Elle est restée avec son mari. Il a travaillé avec elle à de nombreux projets d'édition, bien que je sache qu'il travaille toujours à son «grand roman» et qu'il demeure acariâtre. Yves et Maëlle ont eu deux enfants, nombre qui ne révèle rien. Tous deux fréquentent une école privée, ce qui, vu l'argent que rapporte le monde de l'édition des livres pour enfants, atteste sans doute l'intervention de grand-maman.

Est-ce là un bon aboutissement? Maëlle a-t-elle manqué quelque chose en n'empruntant pas l'autre chemin — la passion, la sécurité, les liens familiaux, un sentiment d'adéquation, l'argent, la position sociale, l'homme idéal? Je suppose que si j'apprenais que sa vie lui a réservé des mauvais traitements et un mal-être profond, ou une inspiration et un bonheur sans bornes, je pourrais sans doute dire si elle a pris la bonne décision ou non en restant avec Yves. Souvent, même si j'ai accès à beaucoup d'informations, la réponse à cette question reste impossible, puisqu'elle l'est pour bien des gens au sujet de leurs propres relations. Je ne suis pas non plus en mesure de dire si ma brève rencontre avec Maëlle a eu un effet quelconque. Peut-être ma petite intervention a-t-elle interrompu une distorsion progressive de la vision que se faisait Maëlle de sa situation — c'est là l'argument en faveur du conseil. Mais la plupart des crises conjugales n'aboutissent pas au divorce. Maëlle et Yves n'ont fait que rencontrer un tourbillon sur une mer sur laquelle ils étaient fort probablement aptes à naviguer par eux-mêmes.

■ ■ ■

Je crains que vous ne trouviez au dilemme d'Yves et de Maëlle une certaine caractéristique, disons un caractère irréel, qui le rende de ce fait aussi éloigné de votre propre histoire que celui d'Anne. La cause de l'inquiétude de Maëlle est mineure: le rejet par un club auquel un être humain normal devrait refuser d'adhérer. Pourtant, pour Maëlle, cet incident a soulevé des questions d'identité. Qui était-elle? Comment avait-elle pu s'éloigner à ce point de ses origines? Le problème était-il externe (le mauvais partenaire) ou interne (un partenaire pris entre deux feux dans un conflit intérieur)? Il est probable que ces questions se poseront dans toute situation difficile de cœur; sitôt posées, elles ont leur propre substance.

Le fait qu'il soit question d'insultes, de blessures et de désaccords insignifiants est presque une caractéristique du traitement de couple. Souvent, un point délicat dans la relation sera exacerbé par un désaccord sur l'importance d'une déception; on ne s'entend pas sur l'insignifiance de la déception. Dans ce cas, l'attitude du thérapeute sera d'osciller entre l'empathie et des points de vue extérieurs, de considérer en alternance un problème comme étant facilement et difficilement résoluble, imprévisible et prévisible. Peut-être votre propre demande d'être vu comme une exception requiert-elle précisément ce type d'oscillation entre voir les choses comme vous les voyez et les voir comme la société les verrait.

Si vous trouvez insignifiante, comme j'imagine que c'est le cas, la crise de Maëlle par rapport à la vôtre, c'est peut-être autre chose que vous voulez dire, par exemple que la situation de Maëlle est trop simple. Au moment de la consultation, elle n'avait pas d'enfants, elle était en bonne santé, jeune, talentueuse et à l'aise sur le plan financier. Mais c'est justement la simplicité que j'aime dans l'histoire de Maëlle. J'ai déjà cité l'affirmation de Cavell voulant que le bonheur exige la transformation des besoins. Cavell ajoute que ce principe «ne s'applique que dans les contextes où la satisfaction est suffisante, où ce sont des choses comme le luxe et les loisirs, et non pas le strict nécessaire, qui sont en jeu». Le plus utile me semble être de penser au conseil dans le contexte du libre choix: êtes-vous faits l'un pour l'autre, indépendamment des considérations susceptibles de vous faire rester avec quelqu'un avec qui vous n'êtes pas compatible? C'est précisément dans ce sens que le dilemme de Maëlle n'était pas insignifiant: sa décision dépendait exclusivement de la qualité de sa relation avec Yves. Était-il probable qu'ils restent compatibles? Leur union allait-elle demeurer satisfaisante pour eux deux? Si compliquée que soit votre situation, nous allons nous poser les questions que suscite le dilemme de Maëlle.

Après tout, vous pourriez bien avoir quelque chose en commun avec elle. J'ai imaginé que vous étiez invité au lancement du livre de Maëlle. Même si vous avez rencontré Lou ailleurs, je soupçonne que vous n'êtes ni désespérément pauvre ni désespérément riche, et que votre dilemme est allégé par le fait que des choix sont possibles, que vous avez une chance de vous reprendre. Nous formons une société dont les membres sont, en théorie, privilégiés, parce qu'ils ont des droits, notamment le droit d'être libres et de rechercher le bonheur. Nous aimons réfléchir à l'adéquation des partenaires dans les affaires de cœur. En Europe au XIXe siècle, les questions de choix prennent une allure de tragédie: Anna devrait-elle rester avec Karenine ou plutôt unir sa destinée à celle de Vronsky? Même en pleine crise économique ou en pleine guerre mondiale, il est plus probable que les Américains se demanderont si le personnage de Katherine Hepburn devrait épouser son fiancé, s'enfuir avec le personnage de James Stewart ou se remarier avec le personnage de Cary Grant. Peut-être vaut-il mieux dire que, pour nous, le choix a de nombreuses facettes, qu'il est déchirant, décisif, quotidien, révélateur, déterminant, mortifiant, égoïste, arbitraire, prosaïque, romantique et comique.

Il se peut que vous trouviez le dilemme de Maëlle moins important que le vôtre dans un troisième sens, c'est-à-dire que la réponse à sa question est évidente: elle devrait redoubler d'efforts avec Yves. Au début du mariage, il faut résoudre les petites frictions au lieu de prendre la poudre d'escampette.

Je suis d'accord avec cela; il était évident pour moi que Maëlle devrait revenir à Yves. Si j'ai répondu à la demande de conseil de Maëlle, c'est que j'avais le sentiment de comprendre clairement sa situation, de la comprendre mieux encore que j'aurais pu m'y attendre sur la base de notre brève conversation. Mais cette impression est souvent trompeuse. Je pense à l'épouse d'Iowa. Trop complaisante ou trop peu?

En tant que thérapeute, je penche en faveur de la réconciliation, en partie parce que je sais par expérience que de petites interventions suffisent parfois à resserrer les liens d'un couple sur le point de se séparer, et que ces relations réparées tiennent généralement bien la route. Et parce que les seconds mariages ne semblent pas tellement meilleurs que les premiers; ou alors, quand ils le sont, c'est souvent grâce aux efforts ou compromis qui auraient pu tout aussi bien être consentis durant les premiers. Mais ce raisonnement ne fait qu'indiquer que Maëlle peut rester avec Yves. Le devrait-elle? Pourquoi ne pas résoudre tous ces problèmes durant un second mariage? Le fait que Maëlle devrait persévérer est évident surtout parce que je cultive une valeur que je vous ai attribuée aussi: je préfère la continuité à l'entropie.

L'évidence est fonction de valeurs et de croyances sur la manière dont fonctionne le monde social. L'évidence, c'est que Maëlle devrait redoubler d'efforts avec Yves. Mais, aux yeux de ceux qui trouvent le mariage mixte abominable ou source probable du malheur, c'est le conseil contraire qui est l'évidence. Tout comme pour qui considère le fait qu'une jeune femme choisisse un homme plus âgé comme une marque de trop grande dépendance et de trahison de soi; ou pour qui croit que les mères ont toujours raison; ou pour qui se fait une autre idée du fonctionnement d'un club de natation, de la malléabilité des hommes asociaux, du rôle de la variété et de l'aventure dans la vie des femmes, de la fonction des premiers mariages — tous les sujets se prêtent à l'opinion arrêtée.

Ainsi, lorsque vous me dites (dans mon imagination) que le dilemme de Maëlle est insignifiant parce que sa solution est évidente, peut-être me dites-vous tout simplement que vous et moi partageons telles et telles valeurs et croyances, dont certaines que nous ferions mieux de remettre en question. Vue de toute perspective unique, la solution à la plupart des dilemmes de couple est évidente. Dans ce sens, votre propre question — rester ou partir? — se rapporte à la nature de l'évidence. Peut-on se fier à l'évidence? Peut-on y échapper? Quel est l'aspect de l'évidence qui s'applique ici?

5

Pièges évidents

Le problème de l'évidence tourmente la psychothérapie depuis un siècle et me tourmentera dans mon espoir de vous conseiller. Commençons par le commencement. Freud soutenait qu'il fallait ignorer ce qui était socialement évident et privilégier plutôt une manière particulière d'aborder la réalité. Le psychanalyste s'occupe de ce que le reste du monde laisse échapper, les petits indices — dans la personnalité ou dans les lapsus — qui révèlent inopinément une culture intérieure primitive, fondée sur le meurtre, la castration et l'inceste. Freud a élaboré un point de vue professionnel sur l'évidence distincte de l'idée que se faisaient les gens en général, du moins jusqu'à ce que ce point de vue se répande. Freud suscite aujourd'hui de nombreux débats. Était-il de bonne foi dans la pratique de sa profession et dans l'écriture? Comprenait-il les femmes, les souvenirs, la vie familiale? En tous cas, il ne fait nul doute qu'il a transformé la perception de la société. Aujourd'hui, bon nombre des attitudes occultes que Freud a mises au jour — ambivalence, hostilité cachée, inauthenticité — font elles-mêmes parties intégrantes de l'évidence. La question se pose donc de savoir si nous pouvons désormais nous fier à ce qui nous est apparent.

Freud était d'avis que l'attitude nécessaire à la compréhension de l'autre est incompatible avec le conseil. Il a fièrement comparé la psychanalyse à la chirurgie. Comme la salle d'opération, le cabinet de l'analyste doit rester exempt de contamination — la rencontre analytique ne peut être polluée, pas même par la suggestion.

L'analyste déduit ses données grâce à une élucidation neutre de la pensée occulte du patient. Les résultats qu'offre la psychanalyse en tant que traitement proviennent des modifications apportées à la structure mentale du patient et non aux conditions de sa vie quotidienne. La norme impossible mise de l'avant par Freud servait en partie la campagne qu'il menait en vue d'obtenir la respectabilité scientifique. La psychanalyse devait être considérée comme une «intervention» médicale; il fallait circonscrire avec soin le rôle du praticien.

Freud pouvait se montrer désagréable lorsqu'il abordait la question du conseil. Dans un essai sur la psychologie «extravagante» publié en 1910, il se moque d'un jeune neurologue qui a décidé de donner un conseil à une patiente dans une affaire intime. Celle-ci est une divorcée «engagée dans la seconde moitié de la quarantaine, assez bien conservée, et dont la sexualité n'est manifestement pas étiolée». Elle se plaint d'être angoissée, et le jeune médecin détermine, correctement selon Freud, que ce symptôme est relié à la sexualité. Là où le neurologue se trompe, toujours selon Freud, c'est lorsqu'il dit à la divorcée que, pour recouvrer la santé, «elle doit retourner à son mari, prendre un amant ou se satisfaire elle-même». Freud estime que les problèmes de cette femme sont dus à un conflit sexuel refoulé, qu'elle doit finir par comprendre en détail, à mesure qu'il émerge de son inconscient. Autrement dit, le bonheur implique l'examen et la transformation des besoins. Si la solution résidait dans un geste, la patiente l'aurait déjà posé. Ensuite, Freud sort son fouet: «Ou bien ce médecin pense qu'une femme de plus de 40 ans ignore qu'elle peut prendre un amant, ou bien il surestime son influence au point de croire que celle-ci n'aurait jamais pu décider d'en prendre un sans l'approbation d'un médecin.»

Il est certain que le mépris de Freud se fonde sur un drôle de point de vue. Il désapprouve le conseil professionnel sous prétexte qu'il est trop évident et sans effet, qu'il ne mènera nulle part. Généralement, on s'inquiète plutôt de ce que le conseil du thérapeute induise le patient en erreur, c'est-à-dire qu'il s'écarte du bon sens et que, prodigué par un médecin, il ait trop de poids.

Les erreurs de Freud étaient de nature plus active. Il donnait des conseils, parfois sans discernement. Peut-être ce comportement est-il la face cachée de la proscription du conseil, l'éruption occasionnelle du désir d'être un homme sage dont les opinions sont absolues. Je me demande si cette autre tension chez Freud, son attraction pour le rôle de gourou, n'a pas eu plus d'influence que ses affirmations pour ce qui est de tabouiser le conseil en psychiatrie.

Je pense à un cas dans lequel Freud a sans vergogne donné des conseils sur la question même que nous allons aborder, celle de rompre ou non une relation. En 1921, au cours d'une psychanalyse, il a déterminé qu'un psychiatre américain à l'avenir prometteur, Horace Frink, était atteint d'une «homosexualité latente», que Freud considérait comme une affection dangereuse réagissant mal au traitement conventionnel. Freud estimait que seul le divorce de Frink et de Doris, femme ennuyeuse comme la pluie, puis son remariage avec Angelika Bijur, une ancienne patiente de Frink, riche héritière et femme de millionnaire, ramènerait Frink à une sexualité plus saine.

Freud s'est occupé du cas de Frink tout de suite après une campagne réussie de conseils. Pendant des années, un autre psychanalyste éminent, Sándor Ferenczi, s'était questionné pour prendre une décision au sujet d'un dilemme amoureux. Il n'arrivait pas à décider s'il devait épouser Frau Gizella Pálos, amie de la famille et ancienne patiente à lui, de huit ans son aînée, ou plutôt la fille de celle-ci, Elma, ancienne patiente à lui et à Freud. Freud penchait en faveur de la mère qu'il trouvait moins névrosée — peu importait que Ferenczi, lui aussi obsédé par l'homosexualité latente, ait été lui-même un virtuose de la névrose, et que Gizella (comme Angelika Bijur) ait été mariée durant la plus grande partie du débat. Freud a plusieurs fois incité Ferenczi à la demander en mariage. Finalement, Freud a lui-même fait la demande à Gizella au nom de Ferenczi. («J'ai entrepris cette mission de confiance parce que, moi non plus, je ne connais de meilleure solution pour vous deux.») Ferenczi a épousé Gizella en 1919, tout en restant incertain d'avoir fait le bon choix.

Comme Ferenczi, Frink n'a pris sa décision qu'après avoir reçu une bonne dose d'«approbation médicale» de la part de Freud. Selon un récit postérieur d'Angelika Bijur, Freud l'avait mise en garde: si elle rejetait «le docteur F., celui-ci n'essaierait plus jamais de revenir à la normalité». Chaque fois que Frink et Bijur manifestaient des doutes, Freud les aiguillonnait. Frink est devenu déprimé et psychotique à l'idée de divorcer. (Il trouvait qu'Angelika «avait l'air bizarre, ressemblait à un homme, à un porc».) Freud a caché l'état de son protégé à la future mariée. En 1922, Bijur et Frink se sont épousés. Avec l'évolution de sa psychose, Frink est devenu ouvertement hostile à sa nouvelle femme. Ils ont divorcé en 1924, après que Frink se fut confié aux soins d'un autre psychiatre éminent, Adolf Meyer, à la clinique Phipps de John Hopkins. Meyer a qualifié de «dégoûtant» le comportement de Freud.

Freud nous apparaît ici comme un touche-à-tout destructeur, brisant des mariages, gâchant des enfances (ce cas a été rendu public durant les années 1980 par Helen Kraft Frink, fille de Horace Frink et de sa première femme) et se trompant lourdement sur les besoins de ses patients. Il est presque certain que Frink souffrait de psychose maniaco-dépressive, et Freud a trouvé exactement le remède qu'il ne fallait pas: séparer le patient de sa première femme, qui le soutenait. Ce qui est particulièrement troublant, c'est que Freud était peut-être motivé par l'appât du gain. En effet, il a parrainé la candidature de Frink à la direction du New York Psychoanalytic Institute, puis a exprimé l'espoir, peut-être en plaisantant, que Frink, après avoir épousé la riche héritière, verserait une contribution généreuse à l'Institut.

Le conseil désastreux de Freud était apparemment un fait connu des psychanalystes des années 1920. Je me suis demandé si ce conseil n'a pas eu une influence sur Harry Stack Sullivan, si le cas Frink n'explique pas en partie l'opposition claire de Sullivan au conseil. Sullivan était au fait de la politique psychanalytique, et au début des années 1920, il pratiquait dans la région de Baltimore, où il a été influencé par Meyer.

La première fois que j'ai lu des articles au sujet du cas Frink, je me suis dit: le voilà le secret honteux de la profession qui explique que le conseil y soit tabou. Le cas est plutôt écœurant si la vénalité en a été le moteur. Mais il l'est encore plus si l'on présume que l'argent n'a été qu'un facteur parmi d'autres, et que Freud était mû par un bon sens déficient. Dans les années vingt, pour Freud, l'évidence comprenait des croyances qu'il avait arrêtées — sur l'homosexualité latente, sur le rôle de la réalisation sexuelle — et qui faisait paraître la décision que devrait prendre Frink comme allant de soi. Ces croyances justifiaient une intervention vigoureuse de la part de Freud: comment aurait-il pu supporter de voir un collègue vulnérable, à l'avenir prometteur, se détruire la santé mentale dans un mariage dénué, pensait-il, de «gratification sexuelle et d'amour tendre» lorsqu'une autre avenue s'ouvrait à lui? Il se peut que des facteurs plus conventionnels aient compté. Freud comprenait les rouages du monde: épouser une riche héritière peut dissiper certains soucis de la vie, et quel bonheur, par surcroît, que la psychanalyse puisse bénéficier du leadership de Frink et de sa nouvelle fortune!

De prime abord, le cas Frink semble tout à fait unique, tant les opinions de Freud sont excessives, son intérêt personnel évident, sa manière d'agir insistante et le risque potentiel grave. Mais tous ces éléments se retrouvent, à des degrés divers, dans toute situation où un conseil particulier — prendre une décision hardie, aller à contre-courant, se comporter comme une exception — est donné par quelqu'un qui espère produire un effet. Ma consultation avec Maëlle me vient à l'esprit. Mon intention était de l'écouter parler franchement. Je voulais comprendre ses besoins en adoptant son point de vue mais (cela est-il réellement possible?) avec une clarté qui lui faisait défaut. En l'occurrence, je me demande si j'ai jamais pu échapper à ma propre perspective, celle d'un homme qui ne prise guère les clubs privés, les parents importuns ou les anciennes amours rallumées. Peut-être que (en tant que Juif, écrivain, étranger) j'éprouvais autant d'empathie pour Yves que pour Maëlle, et que je lui reconnaissais beaucoup de mérite pour rester avec Maëlle dans les circonstances. Je pense aussi à la manière dont j'ai répondu aux attentes de Maëlle. Elle a peut-être attendu de moi une réponse routinière, qu'elle aurait pu rejeter du revers de la main. J'ai essayé de faire en sorte que notre rencontre soit troublante pour elle. L'intérêt personnel, l'insistance et la prise de risques font partie intégrante du conseil.

Voici ce que j'ai aussi pensé lorsque j'ai pris connaissance pour la première fois du cas Frink: il n'est pas très différent des cas réussis de Freud.

À l'époque où j'étudiais avec Lou, j'étais intensément curieux de la manière dont les anciens maîtres faisaient opérer leur magie. À la lecture de Freud (lorsqu'il était encore considéré comme presque parfait), je me suis demandé si ses tours de force étaient bien ce qu'ils semblaient être ou si je n'étais pas distrait par la mauvaise orientation du magicien. J'en suis venu à croire qu'une partie de la réussite de Freud était attribuable à son attention au détail et à sa capacité d'aiguiller ses patients vers des solutions pratiques.

■ ■ ■

Je me suis fait une idée du côté pratique de Freud et, plus généralement, du rôle que joue le pratique en psychothérapie, au cours de longues conversations avec Lou, au milieu des années soixante-dix. C'était l'époque où la psychanalyse était à marée haute. L'échafaudage de théories psychanalytiques était un domaine d'intense créativité, comme ont pu l'être, à d'autres époques, la poésie, le cinéma ou la neurochimie.

Lou, qui observait attentivement cette ébullition, était un jeune expert en psychothérapie «moderne», laquelle englobait le travail de quiconque était actif dans la profession depuis la Deuxième Guerre mondiale. À voir Lou aujourd'hui — Lou l'administrateur, président d'un trop grand nombre de comités, membre de trop d'associations professionnelles —, il est parfois difficile de se rappeler le jeune iconoclaste. Lou était passionné. Et suscitaient l'attention de Lou les théoriciens qui tenaient compte de l'«extérieur», c'est-à-dire ceux dont l'intérêt allait au-delà du conflit mental intérieur pour se porter sur le pratique et sur le terrestre, de même que les théoriciens qui s'intéressaient particulièrement à la méthode, à la manière de pratiquer. Les monographies sur Harry Stack Sullivan et sur Karen Horney émaillaient la bibliographie de Lou, qui ne dédaignait pas non plus celles sur d'autres grandes figures du milieu du siècle, aujourd'hui tombées dans l'obscurité, comme Hellmuth Kaiser, Murray Bowen et Henry Dicks.

Ce ne sont pas les écrits théoriques de Lou qui ont d'abord attiré mon attention. Comme d'autres spécialistes du milieu du siècle — je pense au physicien Leo Szilard, dont *The Voice of the Dolphins* a été populaire durant les années soixante, et au psychiatre Allen Wheelis, connu pour ses paraboles, telle que *The Illusionless Man and the Visionary Maid* —, Lou était enclin à écrire des fables morales ou satiriques. Il s'agissait d'histoires domestiques des années cinquante, souvent situées dans le monde troublé du banlieusard qui travaillait en ville et de sa femme ménagère. Il y avait au cœur de ces histoires un paradoxe relevant de la psychanalyse, quelque chose qui incite le lecteur à mettre en doute les vérités acceptées. (Au début des années quatre-vingt, les fictions de Lou ont été rassemblées dans un tout petit volume, *Pieces of Resistance*, mais à ce moment-là, la popularité du genre avait déjà diminué.) En tant qu'écrivain en herbe, j'ai lu toutes les histoires de Lou sur lesquelles j'ai pu mettre la main. Je suis ensuite passé aux monographies, succombant alors à l'attrait de la théorie. Espérant mieux comprendre le mystère, j'ai «fait la cour» à Lou, allant jusqu'à lui écrire pour lui demander de me superviser dans une étude indépendante, au sujet modeste, sur la manière dont les gens se transforment.

En réponse, j'ai reçu de Lou une convocation à son bureau, situé près d'une salle d'un petit hôpital que la faculté de médecine utilisait pour dispenser de la formation. Je me souviens de ma première vision de ce bureau: fenêtres sales, tuyaux courant nus sur les murs et les plafonds, tuiles jaunies sur le sol, table de travail en chêne où s'empilaient livres et manuscrits. Derrière la table, Lou, habillé d'une manière conventionnelle, cérémonieux, distant et, derrière cette façade, peut-être un peu charmeur, a brandi mon audacieuse demande, puis, sans dire un mot ni m'inviter à parler, l'a signée. «Rencontrez-moi à la sortie sud, m'a-t-il dit en me tendant le document signé, mardi à 3 heures. Nous allons nous promener; habillez-vous en conséquence.» Fin de l'entrevue.

Il faut comprendre ce qu'était un département de psychiatrie à cette époque pour saisir à quel point notre échange avait été extraordinaire. La plupart du temps, les étudiants étaient traités comme des patients en analyse. Pour obtenir le moindre privilège, l'étudiant devait avouer plusieurs niveaux de motivation, réfléchir à quelques résistances inconscientes et confesser les secrets de sa vie familiale. Lou, lui, était disposé à discuter de questions substantielles sans exiger ni offrir quelque révélation personnelle que ce soit. Dans le corridor, j'ai pouffé de rire. J'allais vivre l'équivalent intellectuel d'une «baise anonyme».

Lou privilégiait le plein air. L'occasion d'échapper à l'hôpital compensait en partie la charge de travail supplémentaire que je représentais pour lui. Nous nous sommes donc promenés en toutes saisons près des marécages, le long de la voie ferrée, à côté d'un petit ruisseau urbain, devant les anciennes écoles privées et les maisons victoriennes, dans la campagne urbaine du XIXe bordant un campus médical contemporain. Nous avons discuté du matériel et des méthodes de la psychothérapie, et jeté les bases de ma perspective, celle que je tenterai d'appliquer à votre situation. Même si Freud ne figure pas dans la bibliographie de Lou, c'est par lui que nous avons commencé notre travail. À cette époque, toutes les théories étaient mesurées à l'aune de Freud.

L'exercice avec Lou a débuté avec les cas psychanalytiques les plus anciens: les études de Freud sur l'hystérie. Nous avons laissé de côté les patients gravement malades pour concentrer notre attention sur «Mlle Lucy R.», patiente qui, malgré les symptômes qu'elle présentait, était, de l'avis de Freud, «une personne de saine hérédité», atteinte d'un trouble léger et de quelques symptômes. Par cette vignette, Freud voulait illustrer la signification des symptômes de l'hystérie. Lou et moi nous sommes servis de cette étude de cas à nos propres fins, pour examiner la question de la transformation des êtres humains.

■ ■ ■

L'étude du cas de Mlle Lucy R. est compacte et parfaite, véritable camée illustrant l'ancienne méthode analytique. 1892. Lucy, gouvernante anglaise de 30 ans, est assaillie par une série de symptômes: dépression, perte de l'odorat, puis perception d'odeurs étranges de pouding brûlé et de fumée de cigare. Freud associe ces odeurs fantômes aux souvenirs des affrontements de la jeune femme avec le père des enfants dont elle avait la charge, un veuf austère. Au point fort du récit, Freud confronte Lucy à ce qui est devenu indéniable: «Je crois que vous êtes vraiment tombée amoureuse de votre employeur, même si vous n'en êtes peut-être pas consciente, et que vous avez l'espoir secret de remplacer auprès de lui sa défunte femme.»

Au bout de ses neuf semaines de psychanalyse, Lucy revient voir Freud, transfigurée, «souriante et la tête haute», même si elle comprend qu'il n'y a pas de perspectives d'avenir avec son employeur. L'odorat de Lucy s'améliore. Quatre mois plus tard, Lucy semble encore joyeuse. Comment s'est produite cette remarquable guérison?

Freud fait grand cas de sa propre technique, de la connexion graduelle des symptômes (l'odeur du pouding brûlé) aux moments où le veuf s'érigeait en juge. Freud démontre à Lucy que, d'une certaine façon, elle sait que son employeur n'est probablement pas le type d'homme qui tolère les fantasmes romantiques d'une gouvernante.

Mais durant mes promenades avec Lou, j'ai commencé à penser que la magie de Freud ne résidait peut-être pas du tout dans sa méthode. Brusque et agressif avec sa patiente, Freud est maladroit, selon les normes psychanalytiques ultérieures, et même selon les siennes.

J'en suis arrivé à croire que Freud réussit grâce à ses connaissances pratiques. C'est vrai que les gouvernantes ont tendance à tomber amoureuses de leur employeur, si ridicule que cela puisse paraître à l'examen des différences qui les séparent sur le plan social. («Je ne suis qu'une fille pauvre; lui est un homme riche, de bonne famille.») La tâche de Freud consiste à faire comprendre à Lucy ce qu'elle sait déjà en grande partie, qu'elle doit freiner son imagination, de crainte de perdre les bonnes références dont elle a besoin pour le seul travail respectable auquel peut avoir accès une jeune femme de sa classe sociale, et de crainte de compromettre ses chances de se trouver un mari.

Quiconque perçoit les situations sociales comme le fait Freud, peut trouver un moyen de venir en aide à Lucy. Le simple fait de comprendre les impulsions des gouvernantes pauvres suffit à résoudre l'affaire — peu importe l'odeur de pouding brûlé ou de cigare. Toute la magie se trouve dans la vision claire qu'a Freud de la situation sociale de Lucy et dans la capacité qu'il a de lui faire adopter sa perspective à lui. La sagesse de Freud n'est même pas particulièrement profonde. Le danger présenté par une histoire d'amour entre une gouvernante et son employeur était un lieu commun victorien; il domine certains récits de Sherlock Holmes, se trouve au cœur de l'intrigue de Jane Eyre, et les manuels domestiques de l'époque proposaient des moyens d'éviter cette situation compliquée. L'interprétation psychanalytique des symptômes olfactifs de Lucy n'était peut-être pas nécessaire à son traitement. Ce qui comptait à coup sûr, c'était la capacité de Freud de s'accrocher à la sagesse populaire dans son cabinet, malgré la situation déroutante.

Avec Frink comme avec Lucy, Freud a appliqué avec empathie des théories bizarres. En réalité, son hypothèse selon laquelle les symptômes neurologiques de Lucy étaient dus à des envies romantiques inadmissibles était sans doute plus nouvelle à l'époque que l'idée, trois décennies plus tard, voulant que les symptômes de Frink soient la conséquence d'une homosexualité latente. La plus grande différence entre le cas Frink et le cas Lucy n'est pas que Freud s'en soit remis au conseil dans l'un et à la psychanalyse dans l'autre — la confrontation de Freud avec Lucy a toute la force d'une recommandation décidée —, mais bien qu'il ait eu tort dans un cas et raison dans l'autre pour ce qui était de la marche à suivre.

Je vois maintenant que Lou, en commençant mon éducation par le cas de Lucy, entreprenait une manœuvre de contre-projection, qu'il tentait de bloquer ma tendance à attribuer à la psychanalyse des pouvoirs magiques. Voilà que moi, l'étudiant parasite, j'essayais de soutirer à mon mentor les «vraies choses», celles que les débutants étudiant la thérapie soupçonnent qu'on leur cache. En mettant en lumière l'approche sensée du travail de Freud, Lou me disait que la sagesse est ordinaire, que c'est la capacité de discerner l'évidence malgré le voile qui l'obscurcit. Lucy dit qu'elle souffre de toutes sortes de manières; l'art de Freud consiste en sa capacité de continuer à s'attaquer à l'évidence (la gouvernante souffre d'un amour non partagé).

Plus tard, lorsque nous avons étudié Harry Stack Sullivan, j'ai dit à Lou que le cas «Mlle Lucy R.» était vraiment un cas à la Sullivan. Je voulais dire que Freud dépeint généralement ses patients hystériques comme étant résistants. Lorsque ceux-ci ignorent quelque vérité qui ne leur convient pas, ils refusent de la connaître et ils recourent à toutes sortes de moyens détournés pour éviter de l'apprendre. Freud a parlé d'art, de répression et de suppression pour décrire cette ignorance délibérée. Mais l'ignorance de Lucy n'est que superficielle; elle peut accepter de bonne grâce une clarification.

Au Maryland, où il travaillait durant la Deuxième Guerre mondiale, Sullivan n'a pas vu beaucoup de suppression ni de répression. Il y a été témoin d'une forme plus légère et plus omniprésente d'ignorance, qu'il a appelée «inattention sélective», sujet de la monographie la plus connue de Lou. Sullivan a constaté que les gens ignorent tout simplement les réalités qui, s'ils en prenaient conscience, menaceraient leur sentiment de sécurité. Ces réalités ne sont pas oubliées (comme dans la répression), et les défenses levées contre elles, même si elles ne sont pas très élaborées, présentent une certaine constance: les gens créent une atmosphère dans laquelle leur entourage ignorera aussi les réalités encombrantes.

Sullivan cite l'exemple d'un patient qui répète constamment la même histoire embarrassante à son propre sujet, mais chaque fois comme s'il s'agissait d'une révélation. Le patient organise les faits principaux de façon que leur importance soit obscure. Ce n'est qu'après «deux ou trois cents» de ces révélations que le thérapeute pense à dire ce qui est important: que les pensées et comportements embarrassants ne sont pas inhabituels, mais constituent des éléments particulièrement typiques de la personnalité du patient. Lorsque Sullivan reste vigilant et suit attentivement l'action qui se déroule, le patient s'exclame: «Mon Dieu, oui! Pourtant je vous ai raconté l'histoire tellement souvent. Comment ai-je pu omettre cela?» En revanche, dans le cas de la répression freudienne, «il faut pratiquement faire en sorte que le monde entier s'écroule sur le patient pour que la mémoire lui revienne». Le patient qui manifeste une inattention sélective peut facilement absorber le récit plus complet de sa vie.

Du point de vue du conseil, la notion d'inattention sélective est prometteuse. Freud avait peut-être tort, et la divorcée angoissée, patiente du jeune neurologue, aurait pu profiter d'une incitation à prendre telle ou telle action concrète si ce qui l'arrêtait n'était qu'une inattention sélective envers ses propres besoins. Je m'adresse directement à vous: ne serait-il pas plus commode pour vous comme pour moi que votre problème soit une sorte d'inattention sélective? Ainsi, sans aucune sagesse particulière, je pourrais, en recourant à l'attitude d'écoute d'un certain type de psychothérapeutes, déceler ce petit élément de réalité que vous avez négligé.

En revanche, il n'est pas sûr que cette pratique de l'écoute attentive fasse toujours naître une sagesse pratique. Il faut peut-être davantage. Sullivan, comme Freud lorsqu'il faisait preuve de bon jugement, semblait tout simplement savoir ce qui se passait. L'esprit pratique était la vertu distinctive de Sullivan, un pragmatique rural qui travaillait dans une discipline de théoriciens urbains. Cette attitude rend particulièrement déroutante son opposition à l'idée de donner des conseils.

La suite de mes lectures de Sullivan a neutralisé le travail de contre-projection de Lou, a rallumé mon désir pour une forme particulière de sagesse. Sullivan semblait s'être développé à partir de ce qu'il était, un Américain réfléchi du centre des États-Unis, un homme perspicace dans un milieu exigeant. Il est né dans une petite ville en déclin du nord de l'État de New York en 1892, année durant laquelle Lucy a consulté Freud. Parmi les aïeux de Sullivan, on comptait des prêtres et des juges, mais surtout des fermiers et des ouvriers agricoles. Jeune adulte, il a été hospitalisé au moins une fois pour ce qui était considéré comme une crise de schizophrénie, et il a toujours été préoccupé par sa santé mentale et par ses inclinations sexuelles. Sullivan est devenu un grand spécialiste de la schizophrénie, terme dont le sens, à l'époque, englobait à peu près toutes les maladies mentales graves.

Sullivan s'est efforcé d'être un freudien doctrinaire, mais l'intensité de son désir de rejoindre ses patients, quel qu'ait été leur diagnostic, a fait de lui un clinicien éclectique. Il ne supportait pas les généralités et voulait tout connaître sur la personne qui le consultait. Cette attitude lui a valu l'admiration de tous. Durant les années quarante, cet homme étrange, irritable et intensément secret est arrivé par la force de son intellect et de sa personnalité à créer l'imago d'un certain type de médecin, le psychiatre américain.

L'œuvre de Sullivan est moins lue aujourd'hui qu'autrefois. Son influence transparaît dans l'attitude, à la fois vigoureuse et formaliste, adoptée par des psychiatres qui ignorent souvent tout de ses cas et de ses théories. Cela est peut-être dû au fait que Sullivan était un piètre écrivain. Le seul livre qu'il ait écrit constitue la moins importante de ses publications. On se souvient de lui grâce aux transcriptions de ses cours, posthumes pour la plupart, et à l'influence qu'il a exercée sur ses étudiants.

Lou m'a fait lire une transcription ronéotypée d'un séminaire qu'il a animé dans les années quarante, 5 matinées dominicales de discussions qui portaient sur le traitement d'un homme de 25 ans souffrant d'une grave maladie mentale. Cette description a depuis été publiée sous forme de livre, avec commentaires des participants survivants. Ce qui m'a fasciné la première fois que j'ai lu le texte, c'est le degré de détail que Sullivan exige dans l'évaluation d'un patient. Par exemple, un résident rapporte les résultats d'un travail préparatoire de six semaines auprès du patient, résultats qui font une bonne douzaine de pages dactylographiées à simple interligne. Lorsque le résident termine sa lecture, Sullivan lui demande, en parlant du patient: «Comment est-il?» Le résident répond, puis Sullivan élabore sa question: «J'essaie de m'imaginer comment il serait s'il n'était pas un patient, de découvrir en quoi consiste son actif et son passif évidents.»

Le résident répond de nouveau mais Sullivan l'interrompt, on peut supposer irrité: «Il manque à votre réponse à peu près tout ce que j'aimerais savoir sur une personne.» Sullivan veut évaluer la capacité du jeune homme en matière de rapports humains et de réussite dans la vie quotidienne. Mais la façon dont Sullivan s'attend à parvenir à cette évaluation est singulière. Enfant, le patient avait eu une nurse originaire de Tchécoslovaquie. Sullivan écrit: «Je ne peux m'empêcher de me demander si elle était Tchèque, Slovaque ou autre chose.» Le jeune homme est un joueur de tennis accompli, mais s'est-il adonné à des sports d'équipe? Comment s'est déroulé son service dans la marine durant la Deuxième Guerre mondiale? L'expérience vécue sur un navire de combat est différente de celle du cargo; le contre-torpilleur offre davantage de gloire et un plus grand milieu social que l'escorteur. Il s'ensuit une discussion sur les rigueurs de la vie à bord.

Aux yeux de Sullivan, il est difficile de connaître les gens dans ce qu'ils ont d'intérieur. Ce qu'ils disent sur leurs sentiments doit être pris avec une attitude fictive. Mais les détails d'ordre social ne mentent pas. Les nurses tchèques déterminent généralement des expériences différentes de celles des nurses slovaques, et, pour Sullivan, ces détails sont apparemment utiles. Il a besoin d'informations concrètes. Peu lui chaut de se montrer irritable dans sa quête des faits et des raisons.

Le jeune homme se sent inadéquat sur le plan sexuel, parce qu'il considère que son pénis est petit et que ses réussites sexuelles ont nécessité le recours à l'alcool. Sullivan est révolté que le résident n'ait pas mis le patient au courant de la réalité: «Du point de vue statistique, la moitié de la race humaine se sent inadéquate sur le plan sexuel; les hommes croient que leur pénis n'est pas aussi volumineux que celui d'autres hommes qu'ils connaissent. (...) Cela fait de ce jeune homme un membre ordinaire de la race humaine. Ne pensez-vous pas que la plupart des gens en bonne santé mentale qui décident d'avoir une relation hétérosexuelle et qui connaissent l'alcool trouvent cette boisson utile? S'il croit que le fait de recourir à l'alcool témoigne de sa déficience sur le plan sexuel, c'est qu'il est mal informé.»

Ce commentaire fait penser au mépris que Freud a éprouvé pour le jeune neurologue qui a débité des évidences devant la divorcée anxieuse, sauf que dans ce cas les impératifs sont inversés. Sullivan s'inquiète de ce que le patient ne comprenne pas l'évidence et qu'il ait perdu contact avec la réalité à cause d'une inattention sélective. Le jeune homme est peut-être obsédé par sa déficience sexuelle parce qu'il ne veut pas s'occuper de difficultés d'un autre ordre. Sullivan demande à ses étudiants de regarder au-delà des pensées catastrophiques du patient et d'inciter ce dernier à évoquer des inquiétudes plus banales dans la conversation. Les normes sociales sont la matière du traitement.

Sullivan semble revendiquer pour les psychiatres le droit d'insister sur l'évidence. Un jeune homme profondément troublé nie qu'une histoire d'amour ratée ait pu avoir une quelconque importance dans sa vie. Sullivan recommande que l'on interrompe promptement les protestations du patient: «Balivernes! Vous étiez heureux avec elle.» Il veut capter l'attention du jeune homme et lui redonner le droit de chérir les moments heureux de sa liaison, si décevante qu'en ait été la fin.

Sullivan est disposé à recourir à de vigoureux conseils lorsque le patient, par ailleurs sain, est à ses yeux engagé sur un chemin désastreux. Sullivan dit qu'il posera d'abord la question suivante: «Mais comment avez-vous pris cette décision?», puis en écoutera la réponse. «Lorsque le caractère irrationnel de l'impulsion, dit-il, est assez évident et qu'un désastre certain attend le patient, j'ai pour politique de crier "Non!" au patient pour l'interrompre. Je poursuis en disant: "Mon Dieu! Songeons à ce qui peut s'ensuivre."» Sullivan explique ensuite au patient le déroulement probable des événements et lui demande s'il a des raisons de douter de ce scénario.

Sullivan se tient, m'a-t-il toujours semblé, au seuil d'une psychothérapie dans laquelle le conseil constituerait une intervention acceptable. Il exige que les thérapeutes connaissent bien les marqueurs sociaux de la culture concernée — nurse tchèque ou slovaque, tennis ou baseball, cargo ou contre-torpilleur. Il estime qu'il y a des moments où mieux vaut appeler un chat un loup. Mais, la plupart du temps, Sullivan ne franchit pas ce seuil, trop conscient de l'imprudence que manifestent les psychiatres (comme Freud) en matière de conseil.

Ensemble, les cas de Frink et de Lucy, de même que les conférences de Sullivan, soulèvent une question dont je discute occasionnellement avec Lou depuis des années et que je formulerais ainsi: «Avons-nous le droit d'utiliser ce que nous savons?» Je veux dire ce que les thérapeutes savent indépendamment des dires du patient. La plupart des thérapies se fondent sur les souvenirs du patient et sur ce qu'il dit ressentir — un thérapeute pourrait demander au patient comment les choses allaient avec la nurse de Tchécoslovaquie puis accepter sa réponse comme matière première pour le traitement. Dans la thérapie conventionnelle (non sullivanienne), le thérapeute n'a pas besoin de se faire une opinion indépendante; pour aider les personnes à changer, c'est une méthode fiable qui compte — test d'associations libres, attitude catégorique, espace à explorer pour le patient. Ce genre de thérapie exige bien plus de technique que de sagesse.

Cette attitude va dans le sens des besoins de la profession. Les résultats peuvent être reproduits; l'art peut être enseigné et appris. Dans notre pays, bon nombre des psychiatres éminents du milieu du siècle étaient des immigrants; il était commode pour eux que la psychanalyse soit indépendante de la culture; le psychiatre n'avait pas besoin d'une sensibilité particulière aux normes sociales américaines pour traiter des Américains. Rendons-leur cette justice, les grands observateurs des influences sociales sur le développement psychologique — comme Karen Horney, Erich Fromm, Erik Erikson — étaient eux aussi des immigrants. Mais il reste que l'idée maîtresse de la théorie et de la formation en psychothérapie a été de minimiser le rôle des connaissances concrètes et appliquées du thérapeute.

Sullivan allait à contre-courant. Il souhaitait que ses disciples possèdent le plus possible de connaissances sur les normes sociales et les résultats probables, et qu'ils en fassent usage. Le rôle de l'alcool dans les histoires d'amour, les plaisirs des liaisons ratées, l'omniprésence du doute de soi en matière de sexualité, les problèmes propres à la vie sur les escorteurs — toutes ces connaissances courantes sont les outils du métier pour le thérapeute sullivanien.

Beaucoup de théoriciens font aujourd'hui de la psychanalyse une espèce de méthode éthérée dans laquelle un écoutant laborieusement dénué d'opinions catalyse la transformation simplement en donnant un peu d'espace au patient en difficulté. Adam Phillips, psychanalyste et philosophe, conclut ainsi un ouvrage sur l'analyste en tant qu'expert: «Si la psychanalyse ne facilite pas aussi la capacité du patient à se connaître lui-même, elle n'est plus qu'un autre moyen de fixer des limites au soi; et l'analyste ne devient qu'un autre expert sur le possible humain, ce que personne ne pourra jamais être malgré l'importance que se donnent nos autorités préférées.» Il est facile d'être d'accord avec la première partie de cette citation, sur la valeur de l'exploration de soi. Mais sommes-nous obligés d'accepter la dichotomie implicite de la seconde partie? S'agit-il vraiment d'un choix à faire entre faciliter la connaissance de soi et donner des conseils?

La conscience des limites de la connaissance constitue un élément de l'expertise. Malgré ces limites, les gens requièrent et attendent toutes sortes de conseils experts sur le possible humain. Dans quelle mesure une récidive de ma dépression est-elle probable? Plus précisément: Quelles sont les probabilités que je puisse poursuivre cette relation abusive sans récidive de ma dépression? Les réponses ne sont pas toujours justes, mais dans tous les domaines les experts jonglent avec les probabilités et commettent des erreurs. Freud se présentait comme une autorité, comme l'ont fait certains de ses disciples du milieu du siècle. Même ceux qui ont essayé de se présenter comme des non-experts, comme Sullivan, qui refusait de donner des conseils, se basaient dans leur travail sur des estimations des «probabilités» humaines. Je me demande s'il existe quelque thérapie utile que ce soit qui n'implique pas une conscience des normes, une vision aiguë des probabilités sociales et, au moins, quelques coups d'œil lancés en direction de la sagesse populaire.

En mettant l'accent sur le fonctionnement du monde social, il était sans doute inévitable que Sullivan communique ses opinions durant la psychanalyse. C'est l'impression qu'a donnée l'une de ses riches clientes, Dorothy Schiff. Ménagère aisée de Long Island dont la famille était liée au Parti républicain, Schiff a demandé à Sullivan de l'aider à lutter contre les crises d'anxiété qui l'ont assaillie après la naissance de son troisième enfant, en 1934. Selon le récit de Schiff, Sullivan était guindé, formaliste, spectral, distant et impassible — un automate qui donnait l'impression de ne pas écouter. Mais des opinions filtraient quand même de sa personne.

Schiff a vite compris que Sullivan n'approuvait pas son style de vie, qu'il était indifférent aux tracas des riches indolents. Les «idées socialistes» de Sullivan l'ont fascinée. Durant son traitement, Schiff s'est inscrite à la New School University in Exile, où elle a étudié le mouvement progressiste. Son orientation politique ayant peu à peu changé, elle est devenue l'une des confidentes de Franklin Roosevelt. Sullivan a alors aidé sa patiente, timide, à surmonter la peur qu'elle avait de parler en public; on croit même qu'il l'aurait aidée à rédiger son premier discours important, qui portait sur sa conversion idéologique. (Schiff a abandonné l'analyse lorsqu'elle a appris que Sullivan ne s'était même pas donné la peine d'écouter son discours à la radio.) Elle a fini par devenir rédactrice puis éditrice du *New York Post* et par mener une vie consacrée aux causes libérales. Ainsi, Sullivan a prouvé en pratique ce qu'il niait dans ses cours, qu'il y a de la place pour un psychiatre qui a des opinions.

Cette exposition au travail de Sullivan m'a inculqué une bonne dose de respect pour le détail apparemment anodin. Et ces longues promenades avec Lou m'ont appris que la méthode thérapeutique la plus axée sur la théorie, comme celle de Freud, n'est jamais très éloignée, dans sa matière première, de cette question des probabilités sociales, et qu'il n'y a pas de divorce possible entre l'esprit pratique et la théorie. Les étudiants de Sullivan ont spéculé sur le fait que ses demandes d'information sur la vie d'un marin, formulées au cours du séminaire évoqué plus haut, étaient reliées à l'idée que l'anxiété du jeune homme était peut-être catalysée par les pulsions homosexuelles qui se révèlent souvent dans la promiscuité d'un navire. Les attitudes de Sullivan et de Freud ne sont pas aussi éloignées l'une de l'autre qu'elles le semblent de prime abord. La différence entre la prudence et la folie est plus affaire de croyance que de jugement ou de ce que nous faisons avec la théorie.

Le rôle de Freud pour Frink devrait suffire à nous mettre en garde contre les conseils psychiatriques. Même le travail réussi de Sullivan avec Dorothy Schiff semble faire fi d'une certaine norme. Pourtant, malgré son caractère imprudent et téméraire, le conseil, et l'expertise pratique qui le sous-tend, semble être un élément courant de la psychothérapie, tout comme conseiller un proche fait partie de la conversation quotidienne. L'«évidence» pourrait bien être une folie — l'homosexualité latente en est ici l'exemple —, mais il est difficile d'imaginer que dans toute tentative, de bonne foi, d'aider les autres on puisse faire fi de l'évidence.

6

Conversation entre hommes

VOUS ÊTES un jeune homme sérieux et réfléchi, et, de ce fait même, un danger pour les femmes. Elles sont attirées par ce qui ressemble à de la stabilité. Mais, en dépit, voire à cause, de votre sérieux — vous avez tendance à vous demander d'une manière obsédée si telle femme est la bonne pour vous —, la seule chose de certaine dans une relation avec vous, c'est le modèle de rupture: certitude cédant le pas au doute, angoisse, rupture précipitée et embarrassée. Vous avez eu votre première thérapie à l'âge de 26 ans. Le sentiment que vous avez du temps qui fuit est si opprimant que durant presque toute votre vingtaine vous avez eu l'impression d'approcher de la trentaine.

Votre première relation après la thérapie a duré six mois; la suivante, un an. Aujourd'hui, approchant vraiment de la trentaine, vous constatez — à votre grand étonnement et à celui de tout le monde — que vous avez passé deux ans avec la même femme.

Une petite voix intérieure vous a toujours dit qu'elle n'était pas la bonne pour vous. Luce possède la beauté ambiguë d'un Modigliani. Elle est élancée et tranquille, une vraie chatte siamoise qui serait entrée dans votre vie sans invitation particulière. Avec vos cheveux hirsutes, vos lunettes et vos gestes hésitants, vous ressemblez à un personnage de bande dessinée. Certains jours, vous trouvez Luce intensément désirable, bien plus que vous croyez l'être vous-même. Vous vous demandez si vous ne restez pas avec elle pour cette seule raison et cette pensée vous ulcère. Vous êtes un homme très droit sur le plan moral; l'idée que vous pourriez profiter d'une femme vous dégoûte. En même temps, vous craignez que Luce ait l'intention de profiter de vous, que ce qui l'attire en vous soit votre réussite dans le monde universitaire ou plutôt, puisque votre réussite n'est pas encore très évidente, votre promesse de réussite.

En gros, ce qui ne va pas chez Luce, c'est le fait qu'elle ne soit pas intellectuelle, même si elle est intelligente. Au travail, elle est passée de technicienne à directrice de laboratoire, puis à cadre moyen. Elle a réussi à maîtriser des systèmes d'information complexes (vous ne pourriez pas vous-même expliquer succinctement ce qu'est un système d'information) grâce à une formation sur le tas et à une compréhension instinctive innée de la matière. Dans vos sorties avec d'autres couples, l'intelligence de Luce se manifeste sélectivement. Parfois, après le cinéma, vous invitez un groupe d'amis à finir la soirée chez vous. Chacun exprime ses opinions avec animation, tandis que Luce, son long visage appuyé sur une longue main, ses longues jambes repliées sous la table, reste coite. Puis, après le départ du dernier invité, elle pose une question qui ne tient aucun compte de la clé de voûte de l'argumentation que vous avez passé la soirée à échafauder, et vous vous demandez si elle se moque de vous ou si elle exprime une curiosité naïve.

Seul avec elle, vous ne savez pas trop quoi faire. Vous critiquez sa passivité, sa complaisance. Vous n'aimez pas l'homme moqueur, pédant et tyrannique que vous êtes devenu à la maison. Luce fait monter à la surface ce qu'il y a de moins bien en vous. Périodiquement, vous essayez de vous corriger et de la traiter comme elle devrait l'être, avec considération et respect. Les choses s'améliorent temporairement. Mais dès que Luce commence à manifester sa personnalité, quelque chose en elle vous inspire du mépris. Elle veut acheter des meubles rembourrés, tandis que vous préférez le style ascétique et que vous détestez perdre votre temps pour les petits conforts dérisoires de la vie. Luce vous irrite; Luce vous ennuie.

Voilà que ses patrons offrent à Luce une promotion qui requiert qu'elle déménage dans une ville voisine. Vous n'avez pas l'intention de lui demander de renoncer à ce changement; vous êtes bien trop clairvoyant pour cela. La seule question qui se pose pour vous est de savoir si vous allez déménager avec elle. Une telle décision vous obligerait à faire un petit pas en arrière dans votre propre carrière, petit pas que vous êtes peut-être disposé à faire de toute façon pour élargir votre expérience. Vos relations avec vos amis seraient interrompues. Implicitement, vous renforceriez votre engagement envers Luce.

Vous êtes tenté de vous servir du déménagement comme d'un prétexte pour laisser la relation se désintégrer. Vous sentez la pression de l'âge; vous voudriez rencontrer la femme idéale, celle que vous épouserez. Mais vos amis sont inquiets pour vous. Ils aiment l'influence qu'a Luce sur vous, et ils vous trouvent compatibles. Le moment est venu de vous décider. Vous communiquez avec Lou, d'où cette rapide consultation avec moi.

Vous souffrez d'un problème commun aux personnes qui sont arrogantes et pointilleuses: votre façon de vous montrer aux autres leur rend difficile de se rappeler à quel point vous souffrez profondément. Même ceux qui perçoivent votre malaise ne savent pas trop comment vous approcher, comment aborder un homme à la fois susceptible et méprisant. Je ne sais pas exactement comment moi-même j'affronterai ces dangers. Mais le peu de choses que je sais sur vous m'a permis de me faire une opinion; je sais à peu près ce que je dirais si je pouvais vous parler franchement.

Vous connaissez la plaisanterie sur la façon de servir du chocolat chaud à un enfant difficile. Il faut lui demander: «Veux-tu ton chocolat trop chaud ou pas assez?» Les femmes sont soit garces, soit niaises. Pour vous, s'entend. (Ma grand-mère aurait dit: «*Auf dem Esel ins Theater*», expression intraduisible sur les hommes et qui signifie à peu près qu'il faut décider du type de divertissement que l'on préfère, une randonnée à dos d'âne ou une soirée à l'opéra?) Je dirais donc ceci: il n'y a rien de particulier qui cloche avec Luce.

Nous savons pourquoi vos amis sont inquiets: ils sont vos amis et ils croient que vous avez eu de la chance en rencontrant Luce. Oui, Luce a ses limites. Non, elle n'est pas sûre d'elle. Et alors? Sur le plan émotionnel, son malaise est l'équivalent de votre minutie excessive dans vos exigences. C'est-à-dire que Luce et vous êtes bien assortis en ce qui concerne vos handicaps sociaux. Vous le savez bien, et c'est précisément pourquoi vous voulez prendre la poudre d'escampette. Elle représente votre valeur non pas comme un accessoire (la «femme trophée») mais comme un reflet, dans le sens où les gens ont tendance à choisir pour partenaires des personnes qui se situent à peu près au même niveau émotionnel qu'eux. Et alors? Les gens aiment bien Luce, malgré ses défauts; ils vous aiment aussi, malgré les vôtres. On pourrait dire bien pire sur vous que le fait que vous êtes le pair de Luce.

Luce a ses limites, et rester avec elle implique une reconnaissance tacite des vôtres et peut-être de celles de votre relation avec cette personne. Peut-être vaudrait-il mieux pour vous de rester avec elle, puisque faire face à cette vérité — que vous avez vos limites et que les relations ont les leurs aussi — est une forme importante de développement personnel. L'acceptation de ses propres limites est la transformation caractéristique des comédies sur le remariage et d'un grand nombre de romans d'amour. Songez à Dickens, par exemple — au David Copperfield qui passe du charme de sa femme-enfant, Dora, à la sobriété d'Agnes, son âme-sœur. Songez à Shakespeare — à la Béatrice et au Bénédict qui apprennent tous les deux à pardonner ses défauts à l'autre: barbe de singe, visage brûlé par le soleil, esprit caustique, langue acerbe et tout autre objet de dédain. Ou encore, songez à toutes les œuvres de fiction dans lesquelles la raison triomphe sur la sensibilité — ou le contraire: le comique trouve sa comique, bien assortis dans leurs petits défauts amusants. La forme de la comédie romantique, c'est l'heureux retour au foyer, à l'imperfection.

Si vous quittez Luce, trouverez-vous plus grande satisfaction? Vous pourriez choisir une femme plus instruite dans les disciplines qui comptent pour vous. Nul doute que vous pourrez trouver une femme plus bruyante que Luce et plus encline au conflit. Tout est affaire de goût et, comme vous le savez, *de gustibus et coloribus non disputandum*. Mais Luce a ses points forts et, vu vos propres excentricités et défauts, je me demande s'il y a des chances que vous finissiez par vous lier à une femme plus complète qu'elle, en tant que personne.

Alors, rester ou partir? Certains hommes partent rien que pour l'amour du changement. Kierkegaard n'a-t-il pas proposé la «méthode de la rotation» pour faire face à l'ennui? Mais vous accordez de l'importance à la continuité — vous avez amorcé une psychothérapie précisément parce que votre tendance à fuir vous préoccupait. Et vous savez que Kierkegaard a ultérieurement recommandé un type différent de rotation: au lieu de vagabonder, occupez-vous d'un lopin et assurez-y la rotation des cultures, les cultures étant votre propre personne. La solution n'est pas de déménager, mais de rester et de changer de perspective; Kierkegaard vous recommande de vous limiter et de devenir fertile en inventivité. Cette fertilité doit caractériser la partie de vous qui souhaite vous rendre plus tolérant vis-à-vis de l'intimité prolongée, qui veut élargir les possibilités de la relation.

Je penche moi aussi dans ce sens-là, parce que vous êtes un fuyard. Si vous étiez loyal et sentimental, prompt à l'attaque et lent à l'adieu, je vous dirais peut-être de partir. Dans ce cas, partir reviendrait à affronter vos craintes. Mais pour vous, le défi consiste à rester attaché à Luce. C'est ce que j'ai compris lorsque vous avez fièrement relaté l'évolution de vos relations: six mois, un an, maintenant deux. Par cette fierté, vous reconnaissez implicitement que la coexistence est en partie une technique apprise. La plupart des relations constituent des exercices, des répétitions. C'est pourquoi, dans une culture qui permet les fréquentations, les gens ont beaucoup plus de relations que de mariages. Non pas (ou non pas seulement) parce qu'ils trouvent la personne qui leur convient, mais parce qu'ils apprennent à le faire.

Vous avez raison lorsque vous sous-entendez que, pour vous, toute relation qui dure plus longtemps que la précédente peut être considérée comme une réussite. Pour vous, le secret consiste à apprendre à rester avec une femme sans commencer à la mépriser. Dans la présentation que vous avez faite de vous-même, vous avez eu la générosité, le courage même, de révéler votre mépris. Tout vicieux qu'il soit, le mépris a un certain attrait. Il occulte bien des péchés, à commencer par votre peur des femmes. Au fond de vous, vous craignez que Luce, si elle commence à être moins soumise, ne devienne dominatrice. Malgré toutes vos protestations, je vous vois agir des façons qui risquent de miner la conscience qu'a Luce de sa propre valeur. Non pas parce que vous n'éprouveriez pas de désir pour une Luce plus assurée, mais parce que vous doutez qu'une Luce plus assurée vous désire toujours.

Je crois que la correspondance entre vous deux va bien au-delà de votre degré général de maturité, jusqu'à un défaut particulier. Vous aussi manquez de sécurité sur le plan affectif. En pratique, le manque de sécurité de Luce est amplifié par le vôtre; en vous tracassant au sujet de votre relation et, ce faisant, en perturbant Luce, vous l'empêchez de progresser. Vous vous plaignez de ce que Luce doute d'elle-même, mais ce doute pourrait être ce qui vous a rendu la relation tolérable. On pourrait même se demander si votre envie pressante de quitter Luce ne vient pas de la crainte de la voir gagner en assurance et devenir plus indépendante. Après tout, Luce est capable d'envisager d'accepter une promotion qui l'éloigne de vous. Vous songez à une attaque préventive: «Ce n'est pas toi qui me quittes, c'est moi qui te quitte.»

Dans les relations homme-femme, vient un moment qui est à John Updike ce que les meules de foin étaient à Claude Monet, c'est-à-dire l'objet d'une fascination incessante. Un homme envisage de condescendre à se lier d'amitié avec une femme — à consentir des efforts particuliers, en tant que gentleman, pour l'aider, parce qu'elle est blessée ou socialement marginalisée, et parce qu'il se sentirait bien s'il la réconfortait de cette façon, de supérieur à inférieure. Juste au moment où il surmonte son ambivalence et lui tend la main pour la secourir, il découvre que cette femme est assez à l'aise en société, qu'elle est aimée de tous, et que c'est lui le suppliant. Il y a un élève de cinquième année qui se fait ainsi rabattre le caquet dans une vieille nouvelle de Updike, *The Alligator*. Même chose pour un quinquagénaire dans l'une des plus récentes nouvelles du même auteur, *The Journey to the Dead*. Il est rare le héros de Updike qui ne se trouve pas ainsi surpris. Tandis que je vous écoute vous présenter, je ne peux penser qu'à Updike. Votre question est peut-être: «Vais-je oser tenter de me cramponner à Luce?»

Voici mon conseil à ce propos: restez avec elle, déménagez vous aussi. Je ne peux être plus clair.

Toutefois, essayez la méthode de rotation. Restez avec Luce et vous serez différent. Peut-être avez-vous envie de fuir parce que vous avez peur et que le déluge de mots vous sert à préserver votre identité ou votre réputation. Essayer de vous effacer un peu. Soyez Luce. Soyez discret. Mieux encore, doutez ouvertement de vous-même, mais sans faire de bruit. Soyez mince, occupez peu d'espace. Lorsque vous vous demandez ce que pense Luce, essayez de vous le demander vraiment, de la même façon qu'elle le fait en ce qui a trait à vos opinions en matière d'esthétique. Je recommande cette attitude non parce qu'elle est toujours préférable, mais parce qu'elle ne vous est pas familière et que vous la redoutez. Vous craignez de disparaître. Vous allez découvrir à quel point Luce a été courageuse tout ce temps, assez courageuse pour disparaître. Bien entendu, vous avez été vous aussi assez courageux pour vous montrer sous un éclairage intense et peu flatteur; vous trouverez peut-être plaisir à relever un autre type de défi. Peut-être votre relation se révélera-t-elle passionnante après tout.

Vous protesterez probablement: vous avez déjà essayé de vous taire, de voir Luce d'une manière non critique, de lui faire savoir qu'elle est libre d'être elle-même.

Je vous réponds, sans l'ombre d'un doute, que vous n'avez pas vraiment essayé. Voici la petite règle que je vous propose. Pensez à quel point vous devez changer. Bien plus que vous ne le croyez.

J'ai souvent à traiter des étudiants universitaires qui sont trop pressés d'engager des fréquentations assidues. Un jeune homme amorce une relation avec une jeune femme; dès lors, il commence à lui téléphoner sans cesse. Je lui dis: «Vous ne pouvez pas lui téléphoner toutes les cinq minutes.» Je lui propose de louer le film *Broadcast News* et de bien regarder la scène où le personnage d'Albert Brooks souhaite que le manque de sécurité affective et le désespoir nous rendent plus séduisants. Généralement, le jeune homme revient la semaine suivante à mon cabinet un sourire aux lèvres. Il a compris. Il a ralenti son rythme de moitié; il téléphone désormais à sa belle toutes les 10 minutes. Et je lui dis non, nous travaillons avec des logarithmes, comme les décibels ou l'échelle de Richter; une diminution d'énergie de l'ordre de 10 est nécessaire pour provoquer un changement de l'ordre d'une seule unité. Pis encore, un coup de téléphone par jour, c'est trop. Ce qui compte, ce n'est pas que vous sentiez avoir beaucoup changé mais qu'elle, elle le sente. Jusqu'à quel point devez-vous changer pour qu'elle en perçoive la différence?

En ressentant à quel point il lui est difficile de ne pas toucher au combiné, le jeune homme est forcé de s'interroger sur sa motivation. Pourquoi lui est-il si difficile de renoncer à téléphoner à la jeune femme? Il s'aperçoit qu'il est fortement tenté de s'humilier devant les femmes, que son désir d'exhiber son incompétence rivalise avec son désir d'être aimé et parfois l'emporte sur ce dernier. Il veut être aimé en tant qu'incompétent. Ou bien il peut s'agir de l'impulsion de faire fi des conventions, de prouver qu'il est une exception et qu'il aime mieux rester fidèle à sa manière que réussir. Il dira que les convenances sont hypocrites; on pourra l'inciter à se demander ce qui se cache derrière son intolérance de l'hypocrisie. En tant qu'outil d'enseignement, l'exercice de tolérance est beaucoup plus efficace qu'une quelconque interprétation: hostilité envers sa mère et ses sœurs, crainte que personne ne l'aime jamais suffisamment, conviction envieuse que les femmes prennent toujours plus qu'elles ne donnent. Ces passions, et d'autres, deviennent évidentes lorsqu'il est assis, mal à l'aise, près du téléphone et, plus tard, si sa tolérance porte fruit, lorsqu'il franchira dans l'embarras les premières étapes d'une histoire d'amour.

Lorsque vous dites avoir déjà essayé de vous incliner devant Luce, vous êtes comme l'étudiant qui téléphone à sa belle toutes les 10 minutes et qui espère voir augmenter ses chances. En pratique, les brèves manifestations d'un comportement modifié signifient que le comportement n'a pas été modifié. Votre oscillation entre deux attitudes — vous encouragez Luce, vous la méprisez — ne fait que miner davantage son assurance. Vous devez vous taire et accepter Luce, et le faire assez longtemps, et avec assez de curiosité à l'égard de ses points de vue et de respect pour ses goûts, pour qu'elle sente la différence et pour que vous jaugiez votre inconfort.

Vous soulèverez d'autres objections: vous ne seriez plus vous-même, le moment est mal choisi, vous auriez pu naguère profiter de la relation pour vous livrer à ce genre d'exercice, mais maintenant que Luce déménage, c'est le moment le moins pénible pour la quitter.

C'est vous qui me dites cela, vous qui méprisez les lettres qui finissent au bas d'une page? Le moment de rompre vient lorsque vous êtes prêt à rompre. Cette relation est encore bien vivante. Ce qui est particulièrement utile dans le déménagement imminent de Luce, c'est qu'il vous permet de faire le point. Mais j'insiste trop. Ne compliquons pas les choses. Voici un autre conseil: restez avec Luce et considérez cette décision comme une occasion de croissance pour vous, du fait que vous lui permettez de croître.

Nous ne terminerons jamais cette conversation. Personne n'aura jamais cette conversation avec vous. Parce que vous êtes trop fragile, parce que nous sommes tous trop fragiles, parce qu'il est rare que forcer la main soit aider. Vous êtes trop tendre pour que quiconque se permette même d'avoir ces pensées en votre présence.

Toutefois, si j'écoutais votre histoire et que vous me demandiez mon avis, je vous dirais sans doute, d'un ton aussi sérieux que le vôtre: «Je crois que vous devriez écouter vos amis et rester avec elle.» Si je percevais l'ombre d'une prise de conscience chez vous, la moindre fantaisie, j'ajouterais: «J'ai une autre suggestion à vous faire; laissez Luce choisir les meubles de votre nouvel appartement. Sentez ce que c'est que de renoncer au contrôle, savourez son goût, tolérez le confort.» Et si mon regard venait à intercepter le vôtre juste au bon moment, il y aurait une chance que vous sachiez exactement ce que je voulais dire, et j'aurais bien fait mon travail.

Appariements

7

Sophie

IL EST PEU probable que je mette dans le mille facilement avec un homme qui est à la fois supérieur et fragile. Il percevra la nervosité dans ma réponse tacite, ce qui le rebutera. Le face à face avec un tel homme est affaire d'art — il ne faut pas répondre à son mépris par du mépris ni lui manifester trop d'empathie pour son sentiment honteux de vulnérabilité. Mais, si difficile qu'il soit à faire comprendre, le conseil que je privilégie relève, je crois, de l'évidence et des conventions: l'ami de Luce — appelons-le Guy — devrait poursuivre sa relation avec elle et essayer de grandir un peu. Dans notre culture, nous faisons grand cas de la croissance. L'histoire de Guy contient la même morale que celle de Maëlle: si votre envie de rompre et de fuir est due à votre manque de maturité, il est logique que vous restiez pour affronter vos peurs et vos déceptions.

Ce raisonnement s'applique encore plus si vous et votre partenaire êtes bien assortis sur le plan émotionnel. Dans l'évaluation de la viabilité de toute relation, cette question d'appariement compte tout autant que les autres. J'ai l'impression que Guy et Luce ont à peu près le même degré de maturité; il se peut même qu'ils soient tous deux aux prises avec le même problème: l'insécurité. Cette opinion me rassure; si Luce n'est pas le meilleur choix possible pour Guy, elle reste au moins un choix raisonnable. La même pensée me vient à l'esprit à propos d'Anne et de Mathieu: toute sympathie que je puisse éprouver pour le souhait d'Anne de poursuivre sa relation avec lui repose sur le fait que je pense comme elle que les défauts de Mathieu correspondent à certains éléments non finis de sa personnalité à elle. Il se peut que vous poursuiviez une relation en partie parce que vous craignez que rompre en revienne seulement à chercher un autre partenaire et parce que les défauts de votre conjoint font écho aux vôtres. Au contraire, vous croyez peut-être que vous et lui étiez bien assortis au début de la relation, mais que vous avez évolué tandis que votre partenaire est en fait devenu plus rigide et moins généreux qu'avant.

Dans la langue de tous les jours, la notion d'appariement est enchâssée dans celle de la croissance. Quand nous disons: «en grandissant, elle s'est détachée de lui», cela signifie implicitement que les gens ne doivent pas rester ensemble si, sur un plan quelconque, ils ne sont plus au même «niveau». Au contraire, lorsque nous disons: «elle s'imagine qu'elle s'est détachée de lui en grandissant», nous voulons dire que le couple devrait y penser à deux fois avant de rompre. Ces principes en matière d'appariement et de croissance comptent parmi les plus importants lorsque nous évaluons les relations; nul doute qu'ils ont plusieurs sources. Mais il y a en psychothérapie une source qui, je le sais, influence particulièrement ma pensée.

Laissez-moi vous raconter un conte de fées plutôt désagréable qui, dans une version ou une autre, fait partie de la formation de tous les psychothérapeutes. Les personnages sont beaucoup plus perturbés qu'Anne, que Maëlle ou que Guy et certainement plus perturbés que vous; c'est pourquoi vous vous demanderez peut-être ce qu'ils viennent faire dans mon anticipation de votre dilemme. Mais la psychiatrie commence par la pathologie; lorsque les psychiatres parlent de petits problèmes, c'est en référence aux gros problèmes. Le conte en question porte sur une erreur typique d'un débutant.

Une jeune femme, Sophie, entre dans le minuscule cabinet d'un jeune résident en psychiatrie. Empreinte d'une tranquille assurance, perspicace, Sophie se plie facilement à la thérapie. Une seule chose semble étrange chez elle: le fait qu'elle se soit liée avec une «bête», son ami de cœur depuis des années. En l'entendant raconter sa vie, le résident inexpérimenté se fait une très mauvaise impression de la «bête», un homme dominateur et irrationnel. Peut-être ses défauts sont-ils concrets; il ne s'agit pas nécessairement de violence, mais d'alcoolisme ou d'inadaptation sociale. Les preuves sont là. Sophie montre au résident le dossier criminel de la «bête» ou le rapport rédigé par la réceptionniste du centre psychiatrique, selon lequel l'homme en question aurait fait des remarques tonitruantes et sarcastiques dans la salle d'attente, ou encore aurait accompagné Sophie à une séance et se serait mal comporté.

Après quelques semaines de thérapie, Sophie demande au résident si elle ne devrait pas quitter la «bête». D'une certaine manière, à laquelle on pourra peut-être plus tard attribuer la rupture, celui-ci lui répond qu'elle devrait réfléchir sérieusement à la question. Le conseil — quitter l'homme — est peut-être indirect. Le résident, par exemple, commence peut-être à interroger Sophie sur le mauvais goût qu'elle a en matière d'hommes.

Vu cette permission implicite, Sophie quitte son ami. Ne voit-on pas là qu'il y a un prix à payer! Soudainement, Sophie attend du résident qu'il satisfasse toute une série de besoins urgents. Dès lors, cette patiente naguère stable et qui endurait son mal depuis longtemps, devient dépendante, cabotine, suicidaire, importune, impulsive, violente, acerbe, alcoolique et exigeante. De chaton à tigresse. Il est peu probable qu'on arrive à la dompter. Si le résident est un homme, il se peut que Sophie prétende avoir reçu quelque promesse de dévotion romantique, en quoi elle n'a peut-être pas tort. (En fait, elle a trop souvent parfaitement raison.) S'il s'agit d'une résidente, Sophie dira d'elle qu'elle est une mauvaise mère, une femme jalouse, une rivale qui l'a délibérément trompée. Cette histoire est une variante de *La Belle et la Bête:* sous des dehors trompeurs, c'est Sophie la «bête».

Sophie est l'une des raisons qui font que les psychothérapeutes répugnent à donner des conseils. La recherche d'aide cache parfois la rage; tout ce que l'aidant dira pourra être retenu contre lui. La crainte de Sophie pousse les thérapeutes à adopter l'attitude effacée et silencieuse de la psychanalyse classique. L'histoire de Sophie apprend aux thérapeutes à se méfier de ceux qui recherchent leur aide. Wilfred Bion, pionnier de la thérapie de groupe, est l'auteur de cette remarque, qui varie d'une citation à l'autre: «Pourquoi êtes-vous si fâché contre moi? Vous croyez sans doute que j'ai essayé de vous aider.»

La méfiance ou la simple ironie est toutefois réductrice. Du point de vue de ses principaux personnages, le conte de fées est tout autre. Voici Sophie, en ce moment atypiquement stable, mais éprouvant une pointe de déception. Arrive le résident qui semble lui promettre un degré de bienveillance dont elle n'a pu que rêver dans le passé. Lorsque Sophie lâche prise, se détache de la «bête» et commence, comme une trapéziste, sa trajectoire vers le résident, il n'y a personne à l'arrivée pour l'attraper. On comprend pourquoi Sophie, séduite puis abandonnée, retrouve son état habituel de rage. Du point de vue de la «bête», dont le vrai nom est Joël, quelque chose d'étrange se passe. Joël perd une amoureuse, mais il retrouve une partie de son identité. Sa façon d'être avec Sophie ne lui était pas du tout typique. Il n'a jamais eu l'intention de traiter une femme de la sorte.

La leçon qui revient constamment est que nous ne savons jamais qui se trouve assis en face de nous. Ce qui manque au résident durant sa rencontre avec Sophie, c'est l'attitude fictive, la capacité de voir au-delà de la représentation que donne Sophie et de générer une série d'histoires qui la montrent sous un jour différent. Mais quelles histoires? C'est là la beauté de ce conte de fées: il contient la solution de son propre rébus. Un bon moyen de vous imaginer, fictivement, c'est de regarder qui vous fréquentez. Le résident demande, au sujet du lien de Sophie avec Joël, ce qu'elle peut bien voir en lui. Réponse: elle se voit elle-même. Plus précisément, elle voit quelqu'un qui a atteint son propre degré de maturité.

Comment se fait-il qu'elle voie cela? La notion de maturité est floue. Songez à votre propre situation. Votre amoureux est impatient, vous êtes indépendante. Votre amoureux se critique lui-même; vous faites la suffisante. Votre amoureux analyse avec soin; vous portez des jugements rapides. Votre amoureux se plaint du fait que vous ne reconnaissiez jamais avoir tort; vous vous plaignez de ce qu'il ne s'engage jamais à suivre un plan. Vous méprisez la sensibilité paralysante de votre amoureux; il souhaite que vous manifestiez une plus grande perspicacité psychologique. Votre amoureux admire la subtilité; vous, l'audace. Ou les rôles sont renversés. Dans un cas comme dans l'autre, vu les idéaux contradictoires, comment mesurer la maturité?

Dans cette mesure, comment tenir compte du facteur que constitue le contexte interpersonnel, qui façonne tellement la présentation de soi? Voici ce qui faisait difficulté pour le résident: Sophie a l'air tout à fait différente en dehors de sa relation avec Joël. Face à vous, je devrai imaginer ce dont vous auriez l'air une fois affranchie de votre relation, sans parler de ce dont vous auriez l'air en dehors de mon cabinet, puisque, sous le regard du docteur, certaines personnes se ressaisissent tandis que d'autres régressent.

Beaucoup de thérapeutes ont essayé, à partir de l'intérieur, de comprendre Sophie et ses motivations. Cet effort a donné naissance à toutes sortes d'écoles de pensée et à un vocabulaire rébarbatif: cas limite, dissociation, mise en acte, fantasme du sauvetage, caractère hystérique, personnalité comme-si, contre-transfert, identification projective. Mais le théoricien qui en a eu le plus long à dire sur les raisons expliquant l'union de Sophie et de Joël, sur leur appariement émotionnel, a été un pionnier de la thérapie familiale, Murray Bowen.

Bowen était intrigué par une série de questions relatives à la maturité — quels sont dans l'état et le comportement d'une personne les éléments qui changent sous l'action du stress et quels sont ceux qui ne changent pas? Comment le ressort moral de quelqu'un se reflète-t-il sur le comportement de son entourage? Comment évalue-t-on un partenaire potentiel? Bowen a pensé pouvoir cerner, d'une façon intégrée, la capacité d'adaptation des gens — leur résistance à la maladie émotionnelle, leur ouverture à l'occasion qui se présente, leur habileté à développer et à maintenir une continuité dans leurs valeurs et leurs croyances. Il a conceptualisé une mesure unique censée être pour la maturité émotionnelle ce qu'était pour l'intelligence le facteur général «g» de Charles Spearman, c'est-à-dire un chiffre indiquant où une personne se situe sur l'échelle du potentiel humain. Bowen a appelé sa mesure la «différenciation de la personnalité».

Cette mesure est étonnamment simple. C'est la capacité de rester soi-même malgré les influences de groupes, plus particulièrement malgré l'intense influence familiale. Voici un test pratique de différenciation de la personnalité. Lorsque vous rentrez chez vos parents — par exemple, après vos études universitaires, après un voyage, après avoir vécu un an séparé d'eux —, pendant combien de minutes pouvez-vous rester vous-même sans reprendre la personnalité de votre enfance, adaptée à tant de scénarios familiaux fixes, répétitifs et improductifs, et sans vous fermer à vos parents sur le plan émotionnel? Ou, si vous êtes parent, combien de temps pouvez-vous rester vous-même en présence de votre enfant?

Les personnes qui se situent au bas de l'échelle de différenciation sont celles qui perdent leur personnalité — leur identité, leurs valeurs, leurs convictions, leur perspective — sous la pression de la vie en groupe. (Le meilleur exemple à l'époque de Bowen était le schizophrène, dont on croyait qu'il absorbait et incarnait l'anxiété de toute sa famille.) Dans une relation, les personnes dont la différenciation est médiocre fusionnent et partagent forces et faiblesses de manière confuse. Le partenaire le plus soumis prête une partie de sa personnalité à celui qui est le plus exigeant, ce qui crée dans la relation un partenaire apparemment fort et un partenaire apparemment faible. Ces personnages — le faible et le fort — sont, dans le vocabulaire de Bowen, des pseudo-personnalités. Les couples fusionnés, et nous le sommes tous à divers degrés, se comportent comme le font deux personnes assises sur une balançoire à bascule: lorsqu'un partenaire monte, l'autre descend, mais le degré de personnalité global du couple demeure constant. La personnalité de base — celle que l'on évalue au moyen de l'échelle de différenciation de soi, celle qui vous appartient en propre et que vous pouvez investir dans une nouvelle relation — reste la même pour chacun des partenaires.

Bowen soutenait que la différenciation de la personnalité de base est le fondement de l'identité humaine; elle imprègne les styles de pensée, de sentiment et de fonctionnement social. Le degré de personnalité est si important, et nous sommes si aptes à le déceler chez les autres, qu'invariablement nous choisissons comme partenaires, dans le mariage et dans d'autres relations intimes de longue durée, des personnes qui se situent exactement à notre niveau de différenciation. Un amalgame de traits de personnalité comme la maturité, l'autonomie, l'intégrité et la différenciation sont, selon Bowen, ce qui a grandi lorsque nous disons qu'une personne s'est détachée d'une autre en grandissant.

Le point de vue de Bowen rend l'histoire de Sophie tout à fait transparente. Ce qu'elle présente dans le cabinet du résident, c'est une pseudo-personnalité, fondée sur sa position dans la relation qu'elle entretient avec Joël. Ce qui semble être une médiocre différenciation de la personnalité chez Joël devrait mettre la puce à l'oreille du résident et l'inciter à la prudence. Cela ne veut pas dire que Sophie devrait rester avec Joël. Mais si elle doit le quitter, le résident doit être prêt à affronter une patiente qui apparaît moins bien différenciée, ce qui en l'occurrence signifie beaucoup moins autonome que la femme qui s'était d'abord présentée dans le petit cabinet.

J'ai lu Bowen quand j'étais étudiant. Plus tard, durant ma résidence, cette exposition à Bowen m'a évité certains types de difficultés… à la Sophie.

Je me souviens d'un homme, Luc, qui, songeant à divorcer, est venu me consulter. Selon toutes les apparences, c'était un mari pacifique qui se plaignait d'une femme belliqueuse. Chloé faisait peu de cas des autres. Luc disait que lui résister requerrait de lui des traits de caractère dont il était tout à fait dépourvu. Le seul moyen pour Luc de rester fidèle à lui-même serait de quitter Chloé et de la laisser avoir raison toute seule. Cependant, ayant fait preuve d'un manque de jugement — durant les fréquentations, il avait estimé que Chloé était tout simplement une femme directe —, il ne se faisait plus confiance à lui-même. Devrait-il la quitter?

Je ne peux exagérer le caractère raisonnable de Luc. Il s'est adressé à moi franchement, sans rien exiger. Il a reconnu l'ambivalence, il a parlé de ses défauts, il a dit qu'il acceptait l'imperfection des relations et les compromis inhérents à la vie à deux. Il a perçu de subtils indices révélant mes sentiments. Je me suis surpris à admirer ses aptitudes sociales. Mais je l'avais reconnu: c'était une autre incarnation de Sophie.

Cela ne veut pas dire que je voyais déjà Luc, après la rupture, en train de se trancher les poignets sur mon perron. Rien en lui n'était désorganisé ou impulsif. Mais, dans tous les scénarios que j'imaginais, je m'attendais à trouver en Luc l'équivalent des défauts qu'il attribuait à Chloé. Comment un homme à ce point perspicace avait-il pu faire un si mauvais choix de partenaire? La prémisse de ce mystère est peut-être fausse. Lorsque Luc a choisi Chloé, et lorsqu'elle l'a choisi, lui, le hasard n'a pas joué.

Si les degrés de différenciation de la personnalité de Luc et de Chloé étaient comparables, je retrouverais chez Chloé des points forts n'apparaissant pas dans la description que Luc avait faite d'elle. Peut-être Chloé était-elle sensible aux signaux de Luc, et qu'elle y réagissait. Pour ce qui était de la combativité de Chloé, je me suis demandé si elle n'était pas provoquée par le fait que Luc recourait à ses aptitudes en psychologie pour miner l'autorité de sa femme. De même, j'ai essayé de percevoir la partie de Luc qui correspondait à la tendance qu'avait sa femme de faire peu de cas des autres. Il existe bien des façons d'ignorer les idées des autres ou de saper leur assurance. J'en suis arrivé à croire que le comportement mesuré de Luc lui servait à ébranler Chloé. Pour des raisons qui étaient siennes, et que Luc connaissait, Chloé n'était pas à l'aise avec des hommes polis et passifs. Moins Luc lui résistait, plus Chloé se sentait mal à l'aise.

Lorsque Chloé avait subi le rejet de ses collègues, le ménage s'était détérioré. La jeune femme s'attendait à ce que Luc soit lui aussi indigné par cette affaire. La colère lui seyant mal, Luc s'est contenu; Chloé est devenue de plus en plus agressive. Elle semblait souhaiter une réaction émotionnelle — quelle qu'elle soit — chez Luc, mais celui-ci a gardé son sang-froid et est demeuré rationnel. J'ai discuté avec lui des raisons qui faisaient que, malgré la facilité qu'il avait à mettre les gens à l'aise, il se comportait exactement de la manière qui finirait par lui aliéner Chloé. Elle avait besoin de ce que Luc lui refusait: l'indignation, voire une bonne querelle qui lui ferait sentir à elle qu'il l'aimait. Et ainsi de suite. Nous étions dès lors en terrain familier, celui du conflit conjugal. La femme s'affirme, sa conduite consterne son mari, elle perçoit la désapprobation de celui-ci et, honteuse, elle affiche ses traits agressifs en se demandant s'il l'aimera envers et contre tout.

Bien des chemins conduisent à cette manière de voir le mariage. J'avais commencé par tenter de déceler des signes révélant que Luc était moins plein de bonne grâce face aux défis — beaucoup moins différencié — qu'il n'apparaissait. Lorsque Chloé se montre dure, Luc se referme encore plus. Cette réaction automatique, qui va à l'encontre du but recherché, révèle une limite à la capacité qu'a Luc de rester lui-même dans un contexte social.

Dans notre travail ensemble, l'union de Luc et de Chloé en est venue à sembler être un mariage viable bien ordinaire, dont la survie dépend, autant que de toute autre chose, de la volonté de Luc d'apparaître moins affable. Le problème était qu'il considérait ce changement comme une perte d'intégrité. Je me souviens d'un point tournant dans cette thérapie. Mes idées sur l'appariement des partenaires ont dû transparaître dans la conversation. J'ai dit que Luc était très perspicace. Il m'a demandé, avec irritation: «Si Chloé se faisait écraser par un camion et que son cerveau était endommagé, trouveriez-vous encore des raisons de dire que ma condition ressemble à la sienne?»

Il avait raison, bien entendu. Se faire écraser par un camion serait un cas de force majeure, l'emportant sur le principe d'appariement des différenciations de la personnalité. Mille raisons font que les couples sont mal assortis. Je me suis demandé si mes propos ne laissaient pas entendre qu'il en était autrement. J'ai souri et Luc a pouffé de rire face au fantasme hostile qu'il venait de débiter. Il a été en mesure de constater que l'agressivité qu'il méprisait tant chez Chloé l'habitait lui aussi, et que ce sentiment était bien moins terrible qu'il ne l'avait craint. Au moment où il a retrouvé la voix pour discréditer mes idées, il a trouvé aussi la capacité de réexaminer toute la question d'intégrité et de repenser le rôle qu'il jouait dans ses difficultés conjugales.

J'étais reconnaissant à Murray Bowen, à la règle générale qu'il avait formulée pour comprendre la personne qui se trouvait devant moi. Durant ma résidence, j'ai envisagé la possibilité de passer quelque temps dans l'«atelier» de Bowen, à l'université de Georgetown. Cela ne s'est jamais concrétisé mais Bowen m'a interviewé. En parlant avec lui, j'ai été déçu. Il m'a semblé déconcentré ou préoccupé.

Le travail de Bowen concerne la structure des familles. Durant notre entrevue, il m'a demandé de décrire ma propre «famille d'origine». Je l'ai fait, sans oublier ma grand-tante préférée. C'est elle qui, la première, m'a servi du thé glacé à la menthe et au citron, trop sucré, le même que celui que j'ai bu avec Lou dans mon jardin. Immigrante juive d'Allemagne et championne acharnée des droits civils, elle avait obtenu de sa femme de ménage cette recette de thé glacé et cru que c'était exactement ce qu'il fallait servir aux petits Américains. Je la vois encore verser avec fierté la boisson, préparée dans un pichet rempli à ras bord, dans de grands verres aux motifs de citrons. Contrairement aux autres membres de la famille, j'adorais cette tante. Elle me semblait gracieuse, clairvoyante et constante dans ses affections. Pour moi, son thé avait la saveur de sa générosité.

J'ai mentionné au passage les qualités de cette grand-tante à Murray Bowen, qui a aussitôt dressé l'oreille. «Vous trouverez des problèmes dans cette relation», m'a-t-il dit, me livrant une opinion que je n'avais ni attendue ni demandée. Il a ajouté que les psychiatres ont été formés pour comprendre les familles sous l'angle des conflits. Les relations idéalisées sont trop souvent ignorées.

J'ai revu ma grand-tante quelques jours plus tard à l'occasion d'une réunion familiale. Pour la première fois, j'ai constaté qu'elle se moquait de moi. Elle a fait grand cas du fait que mes pantalons étaient trop courts et laissaient voir mes chaussettes — à l'époque je portait des jeans et, lorsque je les avais suffisamment lavés pour qu'ils soient confortables, ils avaient raccourci. Ma grand-tante riait sottement de ce défaut avec ma grand-mère et d'autres parentes. Cette forme d'humour chez elle était certes attribuable à son âge, à la redoutable seconde enfance. Mais le contenu m'en était familier. Même si elle était parfaite avec les enfants jeunes et dépendants, elle avait d'autres traits, moins agréables, auxquels ma dévotion envers elle m'avait rendu aveugle. Chaque fois qu'un enfant avait tendance à avoir des prétentions, elle le remettait à sa place.

Toutes sortes de souvenirs sont venus confirmer la prédiction de Bowen selon laquelle je trouverais des problèmes dans cette relation. Ma grand-tante était aussi exigeante, à sa façon — qu'elle croyait distinguée —, que mes parents, davantage enclins à la dispute. J'avais participé à des séminaires durant lesquels les résidents analysent leur famille, et j'avais réfléchi à mes histoires de famille durant ma propre psychanalyse. Mais, jusqu'au moment où Bowen a prononcé sa remarque fortuite, il ne m'était jamais venu à l'idée de voir ma grand-tante autrement que comme la plus bienveillante des femmes.

La remarque de Bowen a eu son petit effet corrosif, mais utile. Les détracteurs de ma grand-tante sont remontés dans mon estime. J'ai commencé à me sentir moins figé dans mes alliances familiales, plus à même de comprendre les divers points de vue dans les griefs familiaux. Cette liberté s'est accompagnée d'une subtile réévaluation de moi-même. Certains de mes défauts ont commencé à me paraître moins graves; j'ai remarqué une nouvelle aisance dans ma relation avec mes collègues résidents, comme si j'avais été soulagé d'un poids dont j'avais à peine été conscient — le besoin de toujours manifester une certaine supériorité, comme ma grand-tante. J'éprouvais encore beaucoup de sympathie pour elle, que je trouvais généreuse, et puis de la tolérance. Mais je me sentais affranchi de son jugement favorable qui, avec le recul, comportait des obligations, notamment celle de se sentir gauche par rapport à sa gracieuse aisance.

* * *

J'ai tenu Lou au courant de toutes les révélations que j'ai eues durant ma résidence. «*Ex ungue leonem*», a dit Lou, à propos du moment où Bowen a cessé d'être distrait pour désigner ma grand-tante d'un doigt accusateur. C'est à ses griffes que l'on reconnaît le lion. Le thé glacé de ma tante est devenu pour nous le symbole de la tendance que j'avais à l'époque, et que j'ai peut-être encore, d'idéaliser certains personnages — le rappel d'une vérité: ceux que nous admirons sont faillibles, et une vision claire requiert plus d'une perspective.

8

Un retour

COMME Harry Stack Sullivan, Murray Bowen combinait un talent de perturbateur à une sagacité hors du commun. Bowen n'a eu qu'à me dire de songer à ma bonne vieille tante pour que je me trouve plus à l'aise avec mes pairs. C'est ce genre de petit coup de pouce — le commentaire fortuit qui en dit plus long que des mois de psychothérapie — qui m'a rendu curieux à propos de la notion de conseil. Bowen était un théoricien fervent qui répétait que la sagesse doit tout à la théorie et vice-versa. Je suppose que certains côtés de la théorie de Bowen déteindront sur le conseil probable que je donnerai à propos de la rupture.

Vous voulez un amant parfait ou, du moins, quelqu'un qui vous soit «supérieur». L'un des idéaux culturels est d'éviter la mésalliance, d'épouser «meilleur» que soi: Cendrillon et le Prince, Aladin et la Princesse. (Bien entendu, ce mariage doit aussi, dans la tradition des contes de fées, se révéler être un mariage d'égal à égale: la capacité du partenaire «supérieur» de reconnaître l'égalité de son «inférieur social» est un signe de différenciation.) Les défauts de votre partenaire actuel vous agacent, et au diable vos propres défauts! Mais, de ma position extérieure, je ne peux vraiment pas baser mon conseil sur la prémisse selon laquelle, quels que soient vos défauts, vous devez attendre de trouver le partenaire parfait. De ma position extérieure, il semble que vous manquiez de maturité, que votre partenaire n'en ait pas plus que vous, et que vous en soyez à peu près où vous devriez en être, ou en seriez probablement dans une autre relation. Les imperfections de votre partenaire ont un certain attrait ou vous rassurent, comme c'était le cas de Mathieu face à Anne. Même si ce n'est pas le cas, il serait peut-être sage d'éviter la rupture, de rechercher la différenciation et de voir ce qui arrivera.

La morale des histoires typiques de notre culture est qu'un vrai mariage requiert, comme préalable, la réalisation d'un quelconque potentiel caché — appelons-le la maturité de l'âge adulte — susceptible d'apparaître durant la négociation de la relation. Songeons aux remariages, aux partenaires qui sont des pseudo-adultes dépendants, orgueilleux, égoïstes et informes lorsqu'ils s'épousent la première fois, puis qui, après une aventure extérieure, se retrouvent en tant que personnes différenciées. On retrouve ce thème dans l'œuvre de Shakespeare. Stanley Cavell, lui, remonterait jusqu'à la plus ancienne de nos littératures: quand Adam et Ève, ainsi que leur union, sont-ils vraiment «complets»?

L'idée de se développer dans une relation constitue l'une des lignes de force de notre sagesse culturelle. En psychothérapie, elle l'est aussi pour Bowen. Mais la psychanalyse freudienne est tenace, ce qui explique pourquoi les conjoints de patients en psychanalyse craignent généralement de se faire larguer. En effet, si le patient découvre que son mariage est fondé sur des attachements névrotiques, il risque de demander le divorce. (C'est cette sorte de découverte qui est à la base du conseil que Freud a donné à Frink.) En revanche, Bowen était un tenant de l'individualisme en contexte. Il voulait l'autonomie, mais seulement au sein d'une famille.

La théorie psychothérapique a souvent des touches autobiographiques déguisées; dans le cas de Bowen, le déguisement était transparent. Comme Sullivan, Bowen était issu du cœur des États-Unis. Il était né en 1913 à Waverly, dans le Tennessee rural dans une famille nombreuse et soudée. Les racines des Bowen avaient été plantées dans cette région avant même la révolution américaine. Des parents à lui dirigeaient le salon funéraire, le magasin de meubles et les services ambulanciers, tandis que d'autres faisaient partie du gouvernement local. Le père de Bowen était un personnage qui en imposait, un homme soigné et élégant qui connaissait le nom de tous les adultes du comté, un homme qui parlait peu mais dont l'humour était cinglant.

Bowen était l'aîné de cinq enfants, l'objet de toutes les attentes de ses grands-parents. Les jours passés à travailler au service ambulancier de la famille lui ont fait envisager une carrière de chirurgien — il était intéressé à un cœur artificiel rudimentaire —, mais il a débuté comme médecin de campagne, et son expérience en temps de guerre l'a poussé vers la psychiatrie. Démobilisé à l'âge de 33 ans, il s'est joint au personnel de la clinique Menninger de Topeka, au Kansas.

À la clinique, sa tâche principale était d'appliquer les principes de la psychanalyse aux patients atteints de graves maladies mentales. Bowen eut des résultats mitigés: la santé des patients s'améliorait à la clinique, mais se détériorait aussitôt qu'ils recevaient leur congé. Dans l'espoir de comprendre ces rechutes, il a consacré ses soirées et ses week-ends à la recherche, étudiant la famille entière des schizophrènes. Peut-être à cause de sa rigidité (Bowen n'était pas à l'aise en société et avait tendance à pontifier), peut-être parce que sa recherche se démarquait de la concentration de l'analyse sur l'esprit de l'individu, il s'est vite senti étranger parmi ses collègues.

Bowen trouvait contraignante l'atmosphère qui régnait à la clinique Menninger. Il a remarqué que lorsqu'il s'en absentait pendant un certain temps, sa pensée était plus claire et il était davantage en contact avec ses valeurs et ses croyances. Lorsqu'il y rentrait, il avait l'impression de perdre son identité. La même chose se produisait lorsqu'il retournait dans sa famille. En approchant de Waverly, il se sentait moins adulte, moins une personne à part entière. Quoi qu'il fasse pour essayer de rester objectif, sa famille réussissait toujours à le plonger dans de vieux débats émotifs.

Bowen considérait son expérience comme parallèle à celle que vivaient ses patients. L'idée d'un spectre continu de la santé prévalait à la clinique. Karl Menninger estimait que la schizophrénie et la névrose n'étaient pas des maladies distinctes, comme le sont la pneumonie et l'asthme, mais des degrés différents de la même maladie, degrés qui dépendaient de la susceptibilité du patient à l'anxiété. À cette notion de spectre continu de la santé, Bowen a ajouté un second concept, sans doute emprunté à un collègue de Menninger, Hellmuth Kaiser, le théoricien d'origine allemande qui a analysé le discours double. Kaiser parlait de «psychopathologie universelle», espèce de névrose de l'être humain qui a pour base le passage de l'autonomie à la «fusion». La fusion implique que l'individu submerge son autonomie dans une pseudo-relation, dans laquelle son identité et celle de son partenaire sont niées. Kaiser définissait la relation authentique comme étant formée «sur la base de l'égalité ou de la symétrie, et dans laquelle l'individu conserve sa personnalité et respecte les frontières de celle de l'autre».

Bowen s'est intéressé à ces concepts comme il l'avait fait à propos du cœur artificiel. Ce qu'il voulait, c'était modifier un cycle typique. Bowen, à titre de médecin, commençait à travailler avec un membre de la famille qui était en bonne santé, disons le père d'un enfant schizophrène. On ne sait trop comment, d'autres membres de la famille intervenaient pour interrompre la collaboration. Les progrès réalisés par le père plongeaient la famille dans le tumulte, ce qui incitait celui-ci à reprendre une position d'unité avec sa famille. La famille étouffait le changement ou l'individualité. Ce cycle rappelait à Bowen les pressions qui s'exerçaient sur lui à Waverly et à la clinique Menninger, l'exigence implicite que chaque membre ait une personnalité vague ou limitée. Trop souvent, il constatait qu'il sacrifiait ses croyances au profit de ce qu'il appelait le «mode d'agrément pour la paix» adopté par le groupe. Bowen trouvait honteux qu'un psychiatre manque à ce point d'objectivité et soit si influençable.

En observant sa propre famille, il a perçu des modèles — des triangles émotionnels — qui étaient plus stables que n'importe quel individu ou n'importe quel couple. Lorsqu'il appuyait la position de sa mère sur tel ou tel sujet, celle-ci transformait cet appui en opposition contre l'un de ses frères. Lui et son frère Junior, surtout, étaient souvent en désaccord. Si Bowen était un peu plus affranchi de sa mère que les autres, il était davantage pris dans le filet de Junior; s'il se réconciliait avec Junior, une crise s'amorçait avec sa mère. Grâce à ces triangles stables, la famille étendue maintenait un certain équilibre, à la fois malgré les efforts individuels et à cause de ces efforts.

Bowen a quitté la clinique pour aller d'abord au National Institute of Mental Health (où il a accueilli une jeune schizophrène et sa mère, puis ses grands-parents... et a fini par admettre comme patients des familles entières), puis à Georgetown. Marié et père de quatre enfants, Bowen s'inquiétait de ce que la subtile irrationalité de sa «famille d'origine» se transmette à sa «famille nucléaire» par le biais d'une réplication automatique des systèmes. Après 12 ans de frustrations, il a décidé de consentir un effort concentré, de faire tout ce qui était possible pour qu'un individu — lui-même — atteigne le plus grand degré de différenciation. Ce combat était également un exercice dans un nouveau type de psychothérapie. Bowen avait l'intention de modifier la façon dont les thérapeutes considèrent le changement et, plus généralement, de modifier la perception qu'a l'être humain de son adaptation au milieu et des moyens qu'il a à sa disposition pour changer sa situation.

Ce qui a suivi a été l'un des plus beaux moments de la psychothérapie moderne ou l'un des plus flagrants exemples d'attachement à son propre confort. Bowen a plus tard comparé ce moment à celui où Freud a interprété les rêves pour la première fois, un moment que Bowen voyait comme un jalon dans l'histoire de sa famille. Le samedi 10 février 1967, Bowen et sa femme ont pris l'avion à destination de Waverly. Bowen, dans la cinquantaine, était alors un chercheur en psychiatrie bien établi; ses parents septuagénaires présentaient des symptômes de maladies diverses. Il rentrait chez lui pour atteindre un but, celui de rester objectif malgré le tumulte tout en continuant d'entretenir des rapports avec les personnes de son entourage.

À cette fin, il avait troublé le «mode d'agrément pour la paix» de sa famille. Trois mois auparavant, sa mère lui avait téléphoné pour lui apprendre de mauvaises nouvelles. Le jeune frère de la femme de Junior était mort subitement. Celle-ci était dévastée par le chagrin. Bowen, croyant aux ondes de choc familiales, craignait que l'un de ses parents soit la prochaine victime. Or, deux semaines après le décès du beau-frère de Junior, la plus fragile des sœurs de Bowen a eu l'une de ses crises habituelles. Deux semaines plus tard, Junior se trouvait immobilisé par les symptômes d'une hernie discale. Cependant, au grand soulagement de Bowen, sa famille a transformé la perte subie en conflit déclaré sur la direction de l'entreprise familiale. Junior a fait une offre pour en devenir l'actionnaire principal. Sa mère soulevait des objections. C'est dans ce contexte complexe que Bowen a planifié de passer à l'action.

Résolu à mécontenter ses alliés, Bowen a écrit des lettres contradictoires aux membres de chacun des triangles familiaux, dans l'intention de prévenir une éventuelle cohésion. Il s'est efforcé de s'aliéner ceux qui se seraient sans doute rangés de son côté. La lettre la plus consistante et la plus longue, il l'a écrite à Junior. Bowen y a à peine abordé le droit de propriété des actions pour concentrer son attention sur les vieux conflits émotionnels de la famille. Il a choisi une stratégie narrative, pour relater les potins qu'il disait avoir entendus mais sans y croire. Le coup de maître était une référence à une vieille histoire particulièrement offensante au sujet de la famille immédiate de Junior. Bowen écrivait qu'il avait entendu dire que cette histoire était comme une blessure pour Junior et sa femme, qu'il avait été averti de ne jamais leur en parler de crainte de les bouleverser. Mais comme les gens jasaient...

La lettre se terminait par une série de «revirements» exhortant Junior à continuer sur la même voie, de faire preuve de responsabilité et de se dévouer corps et âme pour l'entreprise. Bowen précisait que Junior n'avait pas besoin de se donner la peine d'aller le voir à son arrivée à Waverly. Il a signé la lettre «Ton frère qui fourre son nez partout». Lorsque Junior a explosé, Bowen lui a écrit, à lui et à leur mère, des lettres encore plus contradictoires et plus hypocrites, dans lesquelles il feignait de ne pas comprendre toute cette perturbation. Il a signé la première lettre «Ton frère angoissé» et la seconde, «Ton fils stratège».

Le week-end à Waverly a atteint son point culminant le dimanche lorsque Bowen, accompagné de ses parents et de sa femme, est allé dîner chez sa sœur. Après le dessert, Junior est arrivé, brandissant une lettre dont il disait que Bowen la lui avait écrite en état d'ébriété. Bowen lui a concédé que l'alcool était bon marché à Washington et a offert de lui en procurer à bon compte. Lorsque Junior l'a menacé de le poursuivre en diffamation, Bowen lui a répondu qu'il ferait mieux de poursuivre la personne qui avait lancé la rumeur. Junior a alors changé de tactique, débitant toutes sortes d'histoires peu flatteuses sur le compte de Bowen, qui reconnaissait gaiement qu'il y en avait de plus juteuses encore. La mère s'est offerte comme victime: «J'espère qu'à ma mort je ne laisserai pas une famille divisée.» Junior a accusé Bowen d'être de connivence avec leur mère. Bowen a applaudi l'intuition de Junior et a reconnu avoir comploté avec leur mère. Celle-ci a explosé en niant tout. La femme de Junior a mis fin à la réunion en disant que les membres de la famille devraient parler moins de ceci et de cela et se parler plus les uns aux autres. Bowen était ravi. «La conclusion de ce dimanche après-midi a été l'une des périodes les plus satisfaisantes de toute ma vie. J'avais activement participé à la plus intense des émotions familiales qui soit possible (...), à aucun moment de ma visite je n'avais formé de triangle avec quiconque ni ne m'étais laissé aspirer dans le système émotionnel de la famille.» Ces deux heures d'autonomie dans ses relations ont représenté pour Bowen une victoire, la preuve de sa théorie, un jalon dans l'histoire de sa famille.

Plus tard, sa mère lui a écrit: «Malgré tous ses hauts et ses bas, ta dernière visite à la maison a été la plus belle de toutes.» La sœur de Bowen a affirmé qu'elle s'était remise de sa crise et qu'elle pouvait prendre soin d'elle-même, tout en se demandant ce qui avait bien pu l'empêcher de le faire dans le passé. La femme de Junior a eu avec Bowen des conversations d'une profondeur jamais atteinte auparavant. Avec le temps, le père de Bowen a fini par l'accompagner pour aller voir des parents éloignés. Puis Junior bavardait avec Bowen, disant que «Papa semblait avoir rajeuni de 10 ans».

La réussite de Bowen l'a conforté dans sa croyance que la différenciation de soi est bonne en soi et que la seule intervention efficace possible dans une famille doit être égoïste, qu'il faut rentrer dans sa famille d'origine en s'efforçant de conserver son autonomie. Cet effort égoïste, comme celui des entrepreneurs qui ont adopté la version du capitalisme mise de l'avant par Adam Smith, a des effets bénéfiques sur tout le système. La famille se développe afin de répondre au degré de différenciation du membre dont l'ascendant est le plus fort.

Bowen entretenait des croyances corollaires. Tous les membres de la famille ont tendance à avoir le même degré de différenciation (bien qu'un modeste écart soit possible, comme celui que Bowen a perçu entre sa sœur fragile et lui) et les gens ont tendance à fréquenter, à se lier et à épouser des personnes dont le degré de différenciation correspond au leur. Les partenaires dans un couple peuvent bien s'accommoder de degrés de différenciation différents, mais l'inégalité n'est qu'une apparence; l'appariement est réel. Le triomphe de Bowen au Tennessee prouve l'existence d'une solution à la paralysie implicite dans l'appariement des êtres. La solution n'est pas de quitter l'autre ni de s'efforcer de le changer. La solution, c'est de se développer soi-même.

Bowen s'est ensuite donné pour tâche de promulguer ses idées en se différenciant de la famille des thérapeutes familiaux. L'occasion lui en a été donnée à la Family Research Conference de Philadelphie, conférence organisée par l'un des fondateurs du mouvement de la thérapie familiale, Ivan Boszormenyi-Nagy. Bowen a abordé ses collègues comme il l'avait fait pour Junior et pour sa mère, avec une certaine dose de mystère et d'hypocrisie. Avant la conférence, il a fait circuler un sommaire de sa communication, dense mise à jour de ses idées sur la différenciation. La monographie parodiait son style: méthodique, ennuyeuse, d'une portée excessive.

Lorsque Bowen est monté sur l'estrade, il a mis de côté son manuscrit technique pour lire un document tout autre, qui parlait de sa famille d'origine, de l'histoire de cette famille, de ses membres et de ses triangles récurrents. Il a ensuite relaté sa dernière visite à sa famille: les lettres qu'il avait préparées, les deux heures de différenciation dans la salle à manger de sa sœur et les conséquences de tout cela. Lorsqu'il eut fini, ses collègues — les chefs de file de la discipline — se sont levés pour l'acclamer. Ils avaient compris que Bowen avait reproduit avec eux l'extraordinaire interaction qu'il avait eue avec ses proches: il avait suscité une vive réaction émotionnelle tout en restant fidèle à lui-même.

9

Allégeance

L'HISTOIRE de Bowen en dit long sur le degré d'effort et de ruse qu'il faut déployer pour gagner ne serait-ce que la moindre mesure d'autonomie. Elle confirme l'hypothèse voulant que le changement de soi ne soit possible que dans le contexte d'une relation réelle, avec toute l'angoisse qu'elle suscite, avec toute l'inertie qui la caractérise. Pour Bowen, le centre de la vie psychique, c'est la famille telle qu'elle est actuellement et non pas la famille que l'on reconstruit à partir de souvenirs d'enfance évoqués sur le divan du psychanalyste. L'adulte capable de diriger une faculté universitaire des plus complexes est aussi libre qu'il peut l'être face aux vieux griefs familiaux. L'identité d'un être n'est jamais très éloignée de son rôle au foyer — frère qui fourre son nez partout ou fils stratège. Le processus d'individuation dure toute la vie; il n'est pas honteux de rechercher cette individuation vers le milieu de la vie ni de reconnaître que même ses vieux parents exercent sur soi un pouvoir psychologique.

Ces prémisses sont utiles. Pourtant, la fierté inspirée à Bowen par sa réussite peut sembler suspecte. Pourquoi en a-t-il fait toute une histoire? Après tout, il ne s'agissait que d'un quinquagénaire, gauche en société, qui avait réussi à se sentir à l'aise dans sa famille pendant deux ou trois heures. Et l'avait-il vraiment réussi? Bowen rapporte sa satisfaction de ne pas avoir été infantilisé par sa mère, de ne pas avoir été aspiré dans l'affect collectif de sa famille, de ne pas avoir mordu à l'hameçon lancé par son frère. Mais on peut parfois se leurrer soi-même avec ce genre de percée. L'autosatisfaction de Bowen dément peut-être sa prétention d'avoir rejeté le rôle de l'aîné ambitieux, de l'imitateur de papa, du chéri de maman.

Bowen est peut-être transformé, mais à quel prix et grâce à quelle tactique! En mettant des bâtons dans les roues à son frère au moyen de remarques relevant de la contre-projection, il applique son expertise de thérapeute à ses rapports familiaux privés. Bowen possède un avantage sur Junior et sur sa mère: il sait que le conflit est artificiel. Même si la situation était forcée, on peut se demander si la réussite de Bowen réside vraiment dans le fait qu'il se soit ménagé un intervalle d'autonomie? Est-on obligé de créer de toutes pièces une crise familiale dont les conséquences sont prévisibles ou est-ce que la différenciation, une fois atteinte, se manifeste même lorsque l'on n'est pas sur ses gardes? Quel rapport l'expérience temporaire de cet état a-t-elle avec la maturité?

Je me suis posé ces questions dès le moment où Lou m'a fait connaître l'œuvre de Bowen, mais, en même temps, je me sentais une affinité avec ce dernier, une affinité qui n'a fait que croître au fil de ma formation. Durant ma résidence, je me sentais écrasé, comme Bowen à Topeka, par la hiérarchie. J'étais conscient du fait que, malgré des années de psychanalyse, j'arrivais mal à rester moi-même dans un groupe ou dans une relation intime. J'étais attiré par une thérapie qui justifiait les efforts d'individuation tout en valorisant le sens de la famille. Les racines de Bowen étaient différentes des miennes. Sa famille était installée dans sa région depuis toujours; la mienne venait d'immigrer. Mais nous avions tous deux des familles très stables. Son histoire m'interpellait.

J'étais également attiré par l'espièglerie de Bowen, avec sa famille et avec ses pairs. Comme Picasso le fait avec de vieilles culottes de cyclistes, Bowen fait de l'art, en l'occurrence l'art de la psychothérapie, avec un matériau que les autres négligent. Les personnes qui réussissent se tirent parfois mal d'affaires au «foyer», qu'il s'agisse du foyer parental ou d'un groupe de travail uni; les familles sont stables mais ont du ressort; une perturbation majeure est nécessaire pour provoquer un changement mineur. Ces vérités toutes simples deviennent le matériau qui catalyse la transformation.

Même lorsque je rejetais du revers de la main les efforts de Bowen, j'ai été ému devant ce travail concerté sur les affaires de famille par une personne pour qui l'intimité était difficile. Et j'admirais Bowen pour l'idiosyncrasie franche de sa perspective. L'autotraitement de Bowen est celui d'un homme qui admire et respecte un père exigeant et qui rivalise d'admiration avec une mère qui fourre son nez partout. C'est la thérapie d'un homme qui a un sens profond du foyer, mais qui aime avoir de l'espace et garder ses distances.

En tant qu'Américain de la première génération, sans doute ai-je été attiré vers Bowen surtout à cause de sa vision exclusivement américaine. Les Américains admirent les personnes qui ne perdent pas le nord dans les situations difficiles sur le plan émotionnel et les leaders qui peuvent calmer par leur simple bon sens les groupes qui s'emballent. Surtout après la Deuxième Guerre mondiale, après avoir vu la mentalité de masse des nazis ou des disciples de McCarthy, les Américains en sont venus à valoriser l'autonomie par rapport à l'émotion collective. Bowen repère un héros singulièrement américain. Songez à Henry Fonda qui résiste au sentiment collectif dans *L'étrange incident* (Wellman, 1943) ou dans *Douze hommes en colère* (Lumet, 1957).

Bowen est également un humoriste américain. Comme Mark Twain à Hadleyburg ou sur le Mississippi, où, selon Hemingway, la littérature américaine moderne serait née, Bowen appelle à la désobéissance. Il a travaillé à une époque où tous les chefs de départements de psychiatrie étaient psychanalystes et où la psychanalyse était plus rigide. Le retour de Bowen dans sa famille et la façon dont il le raconte publiquement sont un pied de nez à l'endroit de l'attitude passive et silencieuse des psychanalystes.

Bowen s'approprie et transforme l'imagerie centrale de la psychanalyse, à commencer par le triangle. Songez au triangle d'Œdipe: enfant sexualisé, mère désirée, père menaçant. Ou bien pensez aux trois instances de l'appareil psychique: le ça, le moi et le surmoi. Ou pensez encore à l'instrument psychanalytique de guérison — l'interprétation à trois maillons qui relie le problème du patient à un conflit inconscient puis à la reproduction de ce conflit dans la relation psychothérapique: du présent au passé au transfert. Bowen emprunte l'image du triangle à son contexte psychanalytique et s'en sert à de nouvelles fins. Pour lui, les relations qui comptent sont les relations actuelles entre les membres de la famille (Bowen, Junior et leur mère). Le passé qui compte, ce sont les traditions familiales. Le transfert qui compte, c'est la distorsion qui s'installe lorsqu'un membre de la famille essaie de se développer. Toute l'œuvre de Bowen est marquée par cette impression de joyeuse parcimonie, de recyclage des idées, d'attribution d'un nouveau sens à des concepts européens, ce qui y confère une légèreté qui la rachète.

Il existe une thérapie à la Bowen, et elle ressemble beaucoup au conseil. Le thérapeute y joue le rôle d'un entraîneur, qui incite son patient à faire comme Bowen, c'est-à-dire retourner dans sa famille et faire l'expérience de la différenciation de soi. Si un mari se plaint de problèmes conjugaux, le thérapeute lui posera des questions sur sa famille d'origine, puis il aidera son patient à formuler des stratégies propres à briser les alliances et à anticiper les réactions des membres de la famille en restant lui-même. À mesure que le mari apprend à se différencier — à conserver son autonomie et son identité tout en restant en contact émotionnel avec sa famille —, il constatera que, de plus en plus, il est le bienvenu dans l'individualité de sa femme. Elle sera alors libre de se développer avec lui (et motivée, voire gentiment incitée à le faire, parce qu'elle aura conscience que son mari a gagné en personnalité).

Chaque méthode de psychothérapie reflète sans doute la situation de son fondateur. Les nombreuses contributions de Freud — sexualité infantile, complexe d'Œdipe, refoulement source de symptômes, comportement compulsif dû à une initiation trop rigide à la propreté — ont quelque chose d'autobiographique ou font écho à ce qu'était au milieu du XIXe siècle une famille autrichienne ou juive autrichienne. La thérapie est un palimpseste qui, à la fois, cache et révèle son origine.

Il existe aujourd'hui un certain nombre de psychothérapies typiquement américaines fondées sur le travail d'hommes que j'appelle «psychothérapeutes du cœur des États-Unis». Aux noms de Murray Bowen et de Harry Stack Sullivan, j'ajouterai celui de Carl Rogers qui, durant les années soixante et soixante-dix, était considéré comme le «psychologue des États-Unis». Rogers a passé la fin de son enfance dans une ferme où, prétend-il, il aurait puisé sa conception de la méthode scientifique dans un livre traitant des rations destinées aux animaux de ferme. Rogers s'est surtout intéressé à la partie de la psychologie humaine que Freud a ignorée, la tendance innée de l'humain à la conscience de soi et sa sensibilité à l'empathie. La majeure partie de ce qui est optimiste dans les guides de développement personnel d'aujourd'hui a son origine dans la pensée de Rogers. C'est lui qui a popularisé la thèse, qu'il attribuait à Kierkegaard, selon laquelle la qualité d'être humain implique un processus de «devenir». À ses yeux, la mesure de la réussite d'un couple, c'est sa capacité, grâce à une acceptation mutuelle, à permettre à chacun des membres de se «réaliser» lui-même et de rester en contact avec son «potentiel humain». Rogers voyait avec plus d'optimisme l'idéal que reconnaissait Bowen: l'autonomie d'une personne qui reste tout de même liée aux membres de son entourage.

Aucun de ces thérapeutes américains — Sullivan, Bowen, Rogers — n'est issu d'une famille particulièrement intellectuelle; chez chacun, la carrière professionnelle a entraîné un changement culturel. Ces trois hommes ont mis au point des traitements différents mais qui ont le même pivot: la dialectique entre l'intimité et l'autonomie, entre la manière dont nous sommes touchés les uns par les autres et la manière dont nous échappons à l'influence des autres. Et, même s'ils parlent d'équilibre, ils se préoccupent surtout des obstacles à l'individuation.

La fondation de l'Amérique, après tout, s'est faite après la séparation douloureuse d'une mère patrie étouffante, à partir du principe qu'il est parfois nécessaire — dans l'ordre naturel des choses — de couper les liens. Le premier grand document historique américain est une déclaration d'indépendance. Le deuxième, censé donner naissance à une union, n'a entraîné qu'une fédération et a été immédiatement tempéré par une charte des droits, afin que la nouvelle relation ne soit ni trop envahissante ni trop importune.

Lorsque je dis que Murray Bowen est un pur Américain, je veux dire qu'il a créé, comme les autres thérapeutes du cœur du pays, des traitements qui sont des élaborations du conseil thérapeutique que donnait Ralph Waldo Emerson un siècle plus tôt dans un essai sur l'indépendance: «Dis-leur, Ô père, Ô mère, Ô femme, Ô frère, Ô ami, que jusqu'ici j'ai vécu avec vous des apparences. Dorénavant, je suis la vérité. (...) J'en appelle à vous. Je dois être moi-même. Je ne peux plus me trahir pour vous ni vous pour moi. Si vous arrivez à m'aimer pour qui je suis, nous n'en serons tous que plus heureux. Si vous n'y arrivez pas, je chercherai quand même à mériter votre amour. Je ne cacherai ni mes goûts ni mes aversions. (...) Il est dans votre intérêt, dans le mien et dans celui de tous les hommes, si longtemps qu'ait duré le mensonge, que nous vivions dans la vérité.» Celui qui suit le conseil d'Emerson est un être différencié, capable de conserver ses valeurs en toute saison, en toute compagnie.

Culturellement, nous accordons beaucoup de valeur aux idéaux d'Emerson. L'adulte mûr est autonome; il peut vivre dans une vérité que ne déforme pas l'attrait de l'émotion collective. C'est cette forme d'idéalisme américain que la psychothérapie a mise de l'avant, ces valeurs qui prédominent dans les guides de développement personnel et dans tous les avatars populaires du conseil.

10

Autonomie et connexité

PROZAC: LE BONHEUR SUR ORDONNANCE?, le livre que j'ai consacré aux effets des drogues psychothérapeutiques sur le sens de l'identité de l'individu, débute par un examen des réactions marquées aux antidépresseurs. Ce sujet m'est venu à l'idée grâce à la relation toute particulière que j'avais avec mes patients: je les admirais pour les traits mêmes qui leur causaient des difficultés dans la société, c'est-à-dire leur sensibilité, leur générosité, leur ouverture d'esprit et leur vulnérabilité. Lorsque les médicaments modifiaient leur tempérament, comme cela semblait parfois être le cas, ma réaction envers eux était ambivalente. Certes, ces hommes et ces femmes étaient soulagés, mais, en même temps, quelque chose de très précieux était peut-être perdu. Le point d'intérêt n'était pas seulement le moyen de transformation mais aussi le résultat, la croissance en autonomie, valeur sociale primordiale.

Quoique peu capable de tolérer l'isolement ou de manifester vigoureusement leur estime d'eux-mêmes, certains de ces hommes et de ces femmes sensibles et généreux étaient dotés d'un génie qui leur était propre, d'un génie pour la connexion. Souvent, ils étaient romantiques. Ils entretenaient un idéalisme impossible. Ils se lançaient corps et âme dans des relations. Ils donnaient et donnaient, bien plus que ce que l'on est en droit d'attendre des êtres humains modernes. Ce que le médicament leur offrait, c'était l'autonomie, la capacité de dire non aux autres et de se préoccuper d'eux-mêmes.

En traitant ces patients, je me demande si un gain d'autonomie entraîne nécessairement un gain en différenciation de soi. Ceux qui réagissent bien aux médicaments semblent certes plus aptes à s'en tirer dans les deux grandes arènes de la vie: l'amour et le travail. Mais, assis face à eux, j'ai parfois l'impression qu'ils ont perdu quelque chose, un caractère unique très intense, voire tout simplement leur intensité. L'une des façons de comprendre cette transformation consiste à dire de ces gens qui réagissent bien aux médicaments qu'ils perdent précisément la capacité d'être différents, c'est-à-dire d'être particulièrement «connectés». Ils ont peut-être besoin de mettre leur génie en sourdine à cause d'un autre trait — un subtil masochisme, un mauvais jugement, une impulsivité ou une tendance à la dépression — qui rend dangereuse pour eux cette merveilleuse capacité de se lier aux autres. Mais la perte n'en est pas moins apparente pour autant.

Les beaux côtés de cette liaison — de la connexité — remettent en question la recherche de l'autonomie en tant qu'idéal. J'ai qualifié d'emersonienne la perspective de Bowen. Depuis quelques décennies, on accuse Emerson d'être inhumainement individualiste. On trouve dans son essai intitulé *Expérience* l'exemple typique à l'appui de ce jugement: Emerson y réfléchit aux conséquences de la terrible perte qu'il vient de subir.

Son fils aîné Waldo, âgé de cinq ans, a été emporté par la scarlatine. Dans sa correspondance, Emerson a un jour appelé Waldo «un morceau d'amour et de soleil qui valait la peine d'être regardé du matin au soir». Peu de temps après la mort de l'enfant, Emerson a écrit: «Je ne comprends à ce fait rien d'autre que son amertume.» Mais plus tard, en 1844, une fois passée la phase aiguë du deuil, voilà qu'Emerson l'essayiste adopte une attitude stoïque: «Dans la mort de mon fils, survenue il y a plus de deux ans, il me semble avoir perdu un bien précieux, rien de plus. Je ne peux sentir plus que cela.» Emerson compare l'effet de cette mort à celui d'un revers financier, qui lui causerait des inconvénients certes, mais qui le laisserait, lui, ni mieux ni moins bien qu'avant. «Il en est ainsi de cette calamité: elle ne me touche pas. Quelque chose que je croyais faire partie de moi — que j'imaginais impossible de m'arracher sans me déchirer et impossible de se développer sans m'enrichir — vient de se détacher de moi et de tomber sans laisser de cicatrice, comme une feuille caduque.» Caduque se dit d'une feuille qui est destinée à se détacher de la plante, à tomber. Prise au pied de la lettre, l'équanimité d'Emerson paraît monstrueuse. Les enfants adorés ne tombent pas sans laisser de trace.

Dans la vie, Emerson n'était pas un monstre d'autonomie. Il a continué de s'interroger sur la mort, publiant en 1846 une élégie, *Threnody*, pour son fils «gracieux», «merveilleux» et «précieux comme l'hyacinthe». Dans le cheminement émotionnel privé d'Emerson, l'essai intitulé *Experience* semble incarner le stade du chagrin, de la torpeur. Avant et après cet essai, Emerson est le père cruellement endeuillé. Dans le gros de son œuvre, il se fait de la bile au sujet de la solitude inhérente à la condition humaine. L'isolement émotionnel est moins un objectif qu'une pénible vérité.

Pour ce qui est des valeurs culturelles, toutefois, il est difficile de trouver une explication convaincante à la position extrême qu'adopte Emerson dans *Experience.* La célébration de l'équanimité remonte aux vrais stoïciens — cyniques, sceptiques et épicuriens. Les Grecs anciens accordaient beaucoup de valeur à l'*ataraxie*, c'est-à-dire la tranquillité de l'âme, comme moyen de défense contre le caractère éphémère des attachements et, plus généralement, la considéraient comme le degré le plus élevé de maturité émotionnelle. Les psychothérapeutes emersoniens, et plus particulièrement Murray Bowen, ramènent l'ataraxie en Amérique et dans le giron de la famille.

Les psychothérapeutes mettent chaque jour en application l'idéal de l'autonomie. Songeons à un contretemps banal. Un homme ou une femme, disons une femme, a été plaquée. Elle est de ces femmes qui s'attachent si fort aux autres que le départ de son mari semble, pour citer Emerson, lui arracher quelque chose. Lorsqu'on la rencontre, on constate qu'elle a l'air de ce qu'elle ressent: vidée. Elle présente peut-être des symptômes de dépression; en fait, certains estimeraient qu'elle est en effet déprimée. Dans cet état de femme diminuée, elle cherche l'aide d'un thérapeute. Quel sera l'objectif de celui-ci? Restaurer l'identité de sa patiente, mais aussi faire en sorte que cet état de «diminution» ne se reproduise plus et que cette femme soit davantage capable d'autonomie. S'ensuivra une discussion sur les besoins de dépendance, les sources internes de valorisation personnelle et les tendances à l'autodestruction. Un processus semblable peut s'amorcer sans l'aide de la thérapie, ce qui explique en partie pourquoi les deuxièmes mariages se fondent souvent sur la facilité à vivre ensemble plutôt que sur un amour ou romantisme effréné.

Le choix que l'on fait de passer de la fusion à la liaison reflète des réalités sociales — l'accessibilité du divorce, par exemple, et le besoin de souplesse dans l'union de deux carrières. Dans une société où les personnes sont de plus en plus mobiles, une liaison intense laisse souvent présager une douloureuse blessure. Il vaudrait tellement mieux que tous les partenaires soient pareils à des feuilles caduques! Mais ce choix reflète aussi les valeurs, le dénigrement de l'attachement romantique en faveur de l'indépendance, le glissement vers le pragmatisme, bien que nous soyons en droit de nous demander s'il est vraiment pragmatique de renoncer au plaisir humain tant recherché qu'est la passion.

Dans cet exemple, j'ai choisi une patiente au lieu d'un patient, non pas parce que les femmes sont plus souvent aux prises que les hommes avec des questions de fusion et de liaison — les hommes consultent souvent les psychothérapeutes à ce sujet —, mais plutôt parce que cette tension entre l'autonomie et la connexité est l'enjeu central de la psychiatrie féministe.

Lorsqu'on essaie de mettre le doigt sur ce qu'il y a de troublant dans la perspective de Bowen, on peut définir cet élément en disant qu'en tant qu'idéal, la différenciation est trop «masculine». Les thérapeutes dont j'ai parlé, ceux que j'ai étudiés avec Lou, étaient tous des hommes. Bien entendu, le sexe du théoricien n'est pas le principal déterminant. L'une des collègues préférées de Freud s'appelait Lou Andreas-Salomé, et sa contribution la plus connue à la théorie a été un traité orthodoxe comparant les fantasmes sur le vagin aux fantasmes sur l'anus. Karen Horney, dont j'ai lu l'œuvre à l'époque de mes études, était tout aussi conquise par Kierkegaard que n'importe lequel de ses collègues et tout aussi braquée qu'eux sur l'autonomie comme solution aux impasses. En 1950, deux ans avant sa mort, Horney a commenté d'une plume approbatrice «cette certitude intérieure au sujet des autres que possède la personne qui a une conscience réaliste d'elle-même et des autres en tant qu'individus et dont le jugement qu'elle porte sur ces derniers n'est pas influencé par toutes sortes de besoins compulsifs». Ainsi, un idéal semblable à la différenciation de soi est entré dans la pensée psychiatrique américaine grâce à la plume d'une psychanalyste d'origine allemande.

La carrière de Horney présente un certain intérêt. Elle est aujourd'hui considérée comme une protoféministe mais, surtout dans ses derniers écrits, son féminisme semble être du type qui accepte les normes d'une culture dominée par l'homme. Dans les années trente, elle n'a pas ménagé ses efforts pour transmettre à ses lecteurs des valeurs de rechange susceptibles de rivaliser avec l'autonomie; elle a parlé de sociétés dans lesquelles l'esprit de compétition est considéré comme inacceptable. Dès 1950, elle est arrivée à la conclusion que, à cette époque en Amérique, l'épanouissement personnel impliquerait la conformité à l'idéal américain de l'affirmation de soi. Son dernier ouvrage s'ouvre sur l'image d'une fillette de huit ans, docile, qui, «sans en parler à personne, a déposé sur le trottoir quelques-uns de ses jouets afin qu'un enfant plus pauvre qu'elle les trouve», et qui a plus tard pataugé d'échec en échec durant toute sa jeunesse. Comme pour Sullivan, pour Horney la question n'est pas de savoir ce que nous souhaiterions être vrai mais ce qui, dans cette culture, représente une orientation prometteuse à prendre.

Les bases de la psychanalyse féministe moderne ont été jetées durant les années soixante-dix, à l'époque où Lou et moi allions nous promener dans la campagne urbaine. Comme toutes les nouvelles théories, les variétés de féminisme intriguaient Lou. Plus particulièrement, il voulait que je lise une série de monographies rédigées par l'une de ses collègues installée à Boston, Jean Baker Miller, qui circulait sous forme de texte ronéotypé, avant d'être publiée en 1976 sous le titre de *Toward a New Psychology of Women.* Née dans le Bronx, enfant de la crise économique et fille de fonctionnaire, Miller considérait que l'autonomie est un fantasme, que quiconque réussit à l'atteindre, le fait avec l'aide de la collectivité. Tôt dans la vie, elle a été frappée par la polio, puis traitée par une vigoureuse physiothérapie. Elle a attribué sa réussite ultérieure aux encouragements reçus de ses enseignants et des personnes qui l'avaient soignée.

À l'université, Miller a eu pour mentor la sociologue Helen Merrill Lynd. Cette dernière est surtout connue pour son étude originale, *Middletown*, qu'elle a écrite en collaboration avec son mari, mais son influence en psychiatrie provient d'un ouvrage de nature plus philosophique, *On Shame and the Search for Identity.* Il s'agit d'une méditation sur les manières dont les définitions de la maturité exercent une influence sur l'estime de soi. Le livre a été publié en 1958, au début de l'engouement des Américains pour le concept d'identité — au moment où Erik Erikson a affirmé que la quête de l'identité était devenue aussi importante à son époque que l'étude de la sexualité au temps de Freud. Au début du livre, Lynd écrit ce qui est à mes yeux l'une des phrases les plus sournoises et les plus accablantes de la littérature psychothérapique.

> C'est faire preuve de maturité que de gérer son argent et de travailler efficacement, de s'adapter à la réalité, d'assumer ses responsabilités, d'agir avec décision, de faire des choix de carrières proportionnés à ses capacités, de réussir dans ce que l'on entreprend, d'exploiter ses heures de loisir de manière productive, d'avoir des amis des deux sexes, d'avoir à l'âge approprié des relations hétérosexuelles.

En dressant abruptement la liste des critères, Lynd en révèle tout l'arbitraire. «Un code aussi rigide que celui de n'importe quelle église ou religion», dit-elle. Dans ce qui ressemble à une attaque préventive contre Bowen et l'idée de l'ego familial, elle écrit: «Ce n'est pas une perte de soi, un appauvrissement, mais un moyen de se découvrir soi-même davantage lorsque l'on compte beaucoup pour ceux que l'on a choisis. La découverte complète de soi-même ne doit pas non plus (...) précéder la découverte de soi dans et à travers les autres.» La critique que fait Lynd de conceptualisations non analysées de ce qui est bien se trouve élaborée par l'ouvrage de sa disciple, Jean Baker Miller.

Après la faculté de médecine et sa résidence, Miller s'est jointe à un institut de psychanalyse qui avait rompu avec Horney sous prétexte que les membres restants du groupe de cette dernière étaient devenus trop conventionnels. Ce dont Miller a discuté dans cet institut — ce qu'elle a observé dans l'exercice de sa profession — était une vérité d'ordre sociologique: la société n'accorde aucune valeur aux talents particuliers de la femme. Sa patiente typique était une femme qui endurait les petites manies d'un mari professionnel, élevait une famille nombreuse, et se sentait devenir abattue et pleine de ressentiment pour des raisons qu'elle était incapable d'exprimer. De l'avis de Miller, la femme n'était pas reconnue pour l'habileté particulière qu'elle avait pour la connexité, et elle donnait sans recevoir; les liens familiaux émotionnels n'étaient pas partagés.

Martin Buber, plutôt que Kierkegaard ou Emerson, semble être le philosophe dont les idées sont les plus proches de celles de Miller. En 1957, Buber avait donné des conférences pour les psychiatres américains, et son influence s'était rapidement fait sentir dans le travail d'un certain nombre de théoriciens, dont Carl Rogers, Ivan Boszormenyi-Nagy et Leston Havens. Buber affirmait que l'être humain n'existe que dans un champ de relations, qu'il appelait le «Face-à-face». Il insistait, selon la formulation de Nagy, pour dire que les «pronoms de base ne sont pas je, tu et il, mais bien je-tu et je-il». Pour Buber, l'autonomie est, au mieux, une représentation incomplète de l'être humain et, au pire, une fiction destructrice basée sur la dépendance non reconnue d'une relation de laquelle la personne «autonome» tire sa force et à laquelle elle n'accorde pas assez de mérite.

Miller n'avait pas lu Buber, mais elle s'était assise face à des patients et elle avait formulé des idées très semblables à celles de Buber, idées qui, malgré les disciples de ce dernier, n'avaient pas été énoncées avec force ou constance en psychanalyse. Comme Lynd, Miller reprochait à la psychiatrie de ne reconnaître qu'un seul modèle de maturité, c'est-à-dire séparation et individuation — se développer en s'éloignant des autres au lieu de le faire en se rapprochant d'eux. (Ce modèle, ou idéal, est peut-être moins masculin que «moderne». Lynd se demande pourquoi Baudelaire est considéré comme moderne, alors qu'il est le contemporain des premiers victoriens; puis, à sa propre question, elle répond: en raison de l'accent qu'il met sur la perspective individuelle, qui varie en fonction du tempérament.) Miller était surtout connue à cette époque pour sa féroce défense du point de vue des femmes, dans laquelle elle prenait les hommes à partie parce qu'ils ignoraient la légitimité de la colère des femmes. Mais ce qui enthousiasmait Lou dans les essais de Miller, c'était qu'ils constituaient une critique de l'idéal emersonien (grec et bowenien) de l'ataraxie. À la lecture de Miller, j'ai eu l'impression que cet idéal humain vieux de deux millénaires, l'homme indépendant sur le plan émotionnel, était devenu un fardeau dans notre culture. Miller exigeait, entre autres choses, une réévaluation de la différenciation.

Bien entendu, d'autres psychanalystes avant Miller se sont intéressés aux relations. Harry Stack Sullivan, même s'il accorde une valeur au développement vers l'autonomie, affirme souvent que le soi n'est qu'une illusion, ajoutant qu'il «n'est pas logique de nous voir comme des êtres "individuels" et "séparés", capables de quoi que ce soit qui, dans l'isolement, ressemble à une description définitive».

Murray Bowen écrit sur la «rupture émotionnelle» en tant qu'indicateur de la pseudo-indépendance et de l'attachement non résolu; mais la méfiance de Bowen à l'endroit de la rupture émotionnelle est due au fait qu'il soupçonne qu'une distance excessive signale une dépendance cachée. L'adolescent qui s'éloigne abruptement de ses parents n'est pas vraiment autonome; sa rébellion est un hommage aux liens familiaux. Mais dénigrer les ruptures émotionnelles n'est pas la même chose qu'admirer l'habileté à la connexité. Pour Bowen, la connexité existe: la famille tend la main pour rejoindre ses membres. Il rejette l'idée que la connexité doive être créée, que sa mère a travaillé activement pour la créer dans sa propre famille. L'idée qu'une personne puisse fusionner avec une autre tout en restant capable de faire progresser la relation est étrangère à la théorie de Bowen, qui considère que fusionner, c'est éviter l'individualité.

Même D.W. Winnicott, le pédiatre britannique devenu psychanalyste et dont le travail a inspiré, vers le milieu de ce siècle, bon nombre d'innovations en théorie, éprouve des sentiments contradictoires en ce qui a trait à l'attachement. Winnicott a déjà dit qu'il n'y avait pas de bébé, seulement la dyade bébé-mère. Mais il a également parlé de la «mère satisfaisante», concept (si rassurant qu'il soit pour les parents) qui ne place pas la barre très haut pour ce qui est des habiletés en connexité. Même si ces théoriciens reconnaissent que tout être vit dans un certain contexte social, ils ne trouvent aucun moyen d'accorder une valeur à l'art de tendre la main aux autres, de les comprendre et de les aider à se développer — le concept d'«héroïsme relationnel» leur manque.

Miller fait remarquer que la création de liens est une capacité spéciale qui peut se développer la vie durant, un axe de la maturité dont on doit tenir compte en même temps que de l'autonomie. Selon elle, sous-évaluer les habiletés reliées à la connexité, c'est confondre idéaux humains et capacités humaines. L'intégration aux autres est aussi essentielle, aussi urgente, aussi profonde et aussi admirable en tant qu'objectif humain que l'individualisme. Miller trouve la connexité particulièrement importante dans le développement de la femme. Pour les femmes, connexité (dans les cas où chacun y met un peu du sien) égale enthousiasme, vitalité, validation, clarté, valorisation et appropriation de ses pouvoirs. Miller semble parfois faire allusion à un besoin biologique d'attachement et de mutualité qui, s'il est étouffé, provoque des maladies; parfois, elle fait référence à un grand talent pour la connexité. Le fait que la culture ne reconnaisse pas ce génie entraîne une asymétrie dans les relations intimes. Les femmes qui recherchent la connexité sont subjuguées par les hommes qui recherchent la domination. Les hommes recourent aux menaces d'isolement pour rendre les femmes désespérées.

La contribution de Miller réside surtout dans le fait qu'elle met l'accent ailleurs, et il y a des enjeux où seul compte l'endroit où on met l'accent. Dans le modèle de Miller, la femme en quête de connexité qui retournerait dans sa famille se comporterait bien autrement que Bowen. Au lieu de comploter dans l'isolement, elle essaierait de négocier des «liens mutuellement empathiques propices au développement personnel» au sein de la famille. Au lieu de créer un individu fièrement autonome, elle créerait une personne «négociée», dont la force serait le plus manifeste dans la souplesse de ses liens avec sa famille, liens qu'elle a revitalisés et qui, en retour, la nourrissent.

Dans le travail de Miller, le personnage américain traditionnel et son contexte sont inversés. L'autonomie d'Emerson par rapport à Waldo compte moins pour elle que la connexité permanente entre le père et le fils. Elle s'intéresse moins au voyage de Thoreau à Walden (qu'il a raconté dans *Walden ou la vie dans les bois*, qui constitue le plus magnifique des guides pratiques américains) qu'à la famille et aux amis qui l'ont préparé à le faire et qui l'ont sans cesse appuyé. Thoreau prétend se trouver lui-même lorsqu'il se sépare de la société; Miller pourrait dire que si Thoreau concentrait ses efforts sur sa famille, il y gagnerait en enthousiasme et en clarté, et peut-être par des moyens plus honnêtes. Miller représente une autre souche du transcendantalisme américain, le rêve de la connexité qui a donné naissance aux communes utopiques, notamment Brook Farm (1841) et Fruitlands (1843).

* * *

Quand j'en ai lu la copie ronéotypée, *Toward a New Psychology of Women* a suscité en moi une réaction chaleureuse, parce que la connexité était centrale dans l'image que je me faisais de la famille. Comme c'est le cas pour la plupart de ceux qui sont attirés par la psychothérapie en tant que profession, je suis issu de ce que certains théoriciens appellent une famille étendue «tissée serré», dont les membres sont unis par des liens émotionnels intenses. Lorsque cette famille fonctionne bien, elle compense les limites de l'un ou de l'autre de ses membres.

C'est ma grand-tante au thé glacé, laquelle, comme je l'ai laissé entendre, masquait sa dureté sous un vernis de sentiment, qui m'a fait comprendre les avantages de ce tissage grâce à une métaphore. Lorsque je lui ai annoncé mes fiançailles — ma fiancée et moi rendions une visite de courtoisie aux membres de ma famille qui passaient l'été dans les Poconos —, elle m'a montré du doigt une paire de pins blancs plantés très près l'un de l'autre. Ils avaient formé un cône de branches et d'aiguilles autour de deux troncs, réagissant au soleil comme un seul arbre. Si l'un d'eux avait été abattu, l'autre aurait eu l'air déséquilibré, nu d'un côté et bien rond de l'autre. Selon ma grand-tante, un couple devait être comme ces deux pins.

Son propre couple avait été de ce type. Feu mon grand-oncle était un homme doux et complaisant dont la réussite en affaires était attribuable en partie à son charme et en partie à l'orientation que sa femme lui avait donnée lorsqu'il dut prendre des décisions critiques. Tous deux cachaient dans leur union leurs côtés non développés pour ne montrer à la face du monde que leurs points forts. Ils étaient fondamentalement interdépendants, et non pas autonomes. Leur couple fonctionnait bien, même si l'un se sentait parfois étouffé par l'autre. Bowen exprime certains des désirs typiques des membres d'une famille tissée serré, et Miller fait appel aux forces cachées qui permettent à ces désirs d'émerger.

La thérapie de couple que la théorie de Miller a inspirée indique bien toute la nouveauté de la pensée de celle-ci. Au lieu de rechercher le développement de chacun des partenaires, l'approche «relationnelle», comme on l'appelle, leur demande de concentrer leur attention sur le face-à-face et le potentiel de changement qu'il recèle. Au cœur de la thérapie se trouve la «conscience relationnelle», souvent approchée au moyen d'exercices au cours desquels les partenaires créent des métaphores pour caractériser leur relation telle qu'elle est (prison, baignoire qui fuit, poussin chancelant) et telle qu'elle pourrait être (aigle fendant le ciel, champ fleuri, voilier voguant sous le vent). En ce qui concerne l'évaluation devant mener à la prise d'une décision — partir ou rester? —, la question à se poser est la suivante: la relation a-t-elle le potentiel d'aboutir à une connexité et à une mutualité plus grandes?

* * *

Dans *Toward* a *New Psychology of Women*, Miller prévoit l'apparition d'une culture transformée dans laquelle «l'affiliation sera estimée tout autant, sinon plus, que la mise en valeur de soi». Elle critique l'idéal d'autonomie, qui contiendrait, selon elle, l'exigence implicite que l'individu sacrifie ses attachements. Elle remet en question la croyance selon laquelle l'engagement émotionnel implique le danger d'être réduit à un «quelconque état non différencié dominé par la faiblesse». Parfois, il semble que Miller soit en train de créer une classe d'«exceptions»; elle comprend pourquoi l'individu peut choisir de poursuivre une relation gravement défectueuse et d'y travailler, et elle comprend pourquoi un autre individu peut décider de mettre un terme à une relation en apparence efficace qui ne présente pas de possibilité de mutualité accrue.

Miller n'échappe toutefois pas entièrement aux valeurs qu'elle critique. Lorsqu'elle parle des objectifs que la culture dominée par l'homme empêchera sans doute la femme d'atteindre, Miller parle d'appropriation de ses pouvoirs, de réalisation de soi, d'autodétermination, ainsi que de l'obligation qu'elle a de devenir elle-même, d'atteindre l'authenticité, de se concentrer sur son propre développement, de résister aux pressions exercées sur elle pour qu'elle adapte sa vision des choses à celle de quelqu'un d'autre, d'apprendre à considérer ses propres besoins comme étant caractéristiques, de tenir solidement ces besoins malgré les tentatives des autres membres de sa famille de substituer les leurs aux siens, et ainsi de suite. Ces propos sont modifiés de façon à inclure la connexité comme bien social; le point de vue de Miller reste donc caractéristique. Mais, comme dans la version de Bowen, la personne qui s'est développée sainement selon le modèle proposé par Miller conserve la maîtrise d'elle-même. Et presque tous les exemples de cas cités par Miller mettent en scène une femme déjà engagée qui commence à prendre de plus en plus conscience de son indépendance et qui insiste de plus en plus pour la maximiser — en se fondant sur la connexité pour atteindre une plus grande autonomie.

Dans une culture qui n'accorde pas autant de valeur à la connexité qu'à la mise en valeur de soi, la manière de prodiguer un conseil pose un problème. Pour ce qui est d'Anne, par exemple, le conseil prudent — celui dont elle espère être exemptée — est de ne pas user, dans sa relation avec Mathieu, de sa grande compétence en matière de connexité, mais tout simplement de quitter cet homme. Moi, j'aurais envie de lui demander d'exploiter dans sa relation les aptitudes à l'autonomie qu'elle manifeste dans le monde des affaires. Pour rester «connectée», elle devra démontrer son indépendance émotionnelle et exiger implicitement que Mathieu lui réponde par un développement analogue. Ce choix-là offre une protection: il permet à Anne de rester avec Mathieu tout en investissant dans la relation de plus en plus de son moi différencié.

Les collègues de Miller ont fait face au dilemme suivant: même si nous admirons la connexité, la prudence nous incite souvent, face à une impasse relationnelle, à chercher à nous améliorer sur le plan personnel. Un thérapeute de couple s'est attaqué à ce problème en proposant une autre définition pour la différenciation: «La différenciation, ce n'est pas faire de l'affirmation de sa différence et de sa séparation un objectif de développement personnel; c'est plutôt un processus dynamique, des degrés croissants de complexité, de structure et d'articulation des liens et des attachements humains.» Cette définition nous oriente de façon utile. Comme Helen Lynd, nous pourrions — et devrions — considérer l'aptitude à la connexité comme l'une des dimensions de la maturité, de l'épanouissement ou de la croissance personnelle. Mais dans la réalité, le faisons-nous?

Même ces dernières années, Miller a déclaré que les hommes ne reconnaissent pas l'aptitude à la connexité lorsqu'ils choisissent une épouse sauf — et à un très faible degré — dans la mesure où ils se sentent admirés ou soutenus par la femme; et c'est l'autonomie que les femmes recherchent encore le plus souvent chez un homme. Autrement dit, pour ce qui est de l'appariement des différenciations, les aptitudes à la connexité comptent peu. Souvent, le problème immédiat pour une femme «sensible» est de se trouver dans une relation avec un homme qui possède à peu près la même capacité d'autonomie qu'elle mais qui, privé des aptitudes de celle-ci pour l'attachement, est, aux yeux des autres — au yeux de Miller et aux miens — et pour finir à ses yeux à elle, moins mûr qu'elle ne l'est. Il en est de même pour les hommes sensibles engagés dans une relation avec une femme insensible. Un conseiller, un thérapeute ou un ami peut aider une personne «sensible» à s'attribuer du mérite pour ses aptitudes et ses efforts. Mais dans une situation difficile, le partenaire «sensible» trouvera souvent une issue dans le développement de son autonomie, non parce que l'autonomie est en soi admirable mais parce qu'elle est efficace.

Même les singes accordent une position sociale intermédiaire aux membres de leur groupe qui excellent dans l'art de la coopération. En tant que primates sociaux, les êtres humains ont sans doute toujours accordé une certaine valeur à l'art de forger des compromis, d'inspirer les autres et ainsi de suite. Peut-être la capacité à la connexité a-t-elle une plus grande valeur sociale dans notre culture que dans celle du passé récent. Le changement pourrait être le plus marqué lorsque vient le moment où la société évalue les hommes, l'homme sensible étant devenu une icône culturelle que l'on célèbre dans la littérature et au cinéma, et probablement dans le marché conjugal. Pourtant, l'impression que j'ai en observant les couples, c'est que la capacité d'atteindre la certitude intérieure ou la maîtrise de soi reste le facteur le plus critique lorsqu'il s'agit de déterminer si un couple semble bien apparié sur le plan psychologique. En fait, vu la tolérance accrue de la société envers la femme de carrière et sa nécessité, le caractère central de l'autonomie en tant que valeur a sans doute été consolidé ces dernières années plutôt qu'érodé.

■ ■ ■

Le recueil de Lou, *Pieces of Resistance*, contient une histoire troublante, écrite dans les années soixante-dix, qui porte implicitement sur la remise en question par Miller de l'idéal d'autonomie. L'histoire s'intitule «Vous irez mieux lorsque vous rencontrerez quelqu'un d'autre», opinion énoncée par l'analyste de Lou après la rupture du premier mariage de ce dernier. Le temps a prouvé que l'analyste avait raison: Lou s'est très bien débrouillé après avoir rencontré Terry et après avoir décidé de l'épouser. Mais Lou avait trouvé quelque chose d'étrange dans le commentaire de son analyste, d'où la nouvelle qu'il a écrite au sujet de Noémie, une femme sensible et positive que son mari a un jour quittée sans crier gare. Désemparée, Noémie a consulté une thérapeute expérimentée, la femme qui a fait le commentaire servant de titre à la nouvelle. Noémie rencontre un autre homme et rapporte que, en effet, elle est très heureuse avec lui.

C'est là toute l'histoire, sauf que Lou a décidé de la raconter plusieurs fois de suite, en modifiant chaque fois certains détails, un peu à la manière de Robbe-Grillet. L'histoire semble plausible au début, presque dénuée de contenu. Avec la répétition, elle devient cependant troublante. Comme il semble inusité qu'un psychothérapeute, surtout durant la décennie de l'autoréalisation, soupçonne que ce dont son patient a besoin n'est pas une transformation intérieure mais un second mariage, que ce thérapeute le dise et que les faits prouvent qu'il a raison! Ce commentaire-titre est du genre de ceux que fait n'importe quel ami; mais, venant d'un psychothérapeute, il implique un certain jugement: Noémie n'est pas autodestructrice, elle n'a tout simplement pas eu de chance. Le commentaire est «performatif», dans le sens où l'énonciation est en même temps l'action qu'il exprime.

Qui est donc cette thérapeute? De prime abord, elle semble conventionnelle, voire sexiste, fondant dans le mariage tout le bonheur de la femme. Mais elle semble aussi respectueuse et pragmatique — les choses s'arrangent parfois de cette façon; il y a sûrement des gens qui sont assez sains pour ne pas avoir besoin d'une thérapie. Suggérer à Noémie, dans son état de vulnérabilité, qu'elle a besoin d'une transformation de personnalité serait frauduleux. Vue sous un autre angle, la thérapeute semble être une féministe, disposée à reconnaître un certain pouvoir aux aptitudes à l'affiliation de Noémie, pouvoir que des observateurs moins fins risquent de ne pas voir. La tension dans cette histoire est ouverte à l'interprétation — ou bien Noémie a besoin d'une identité plus forte, ou bien cette identité est assez forte et Noémie n'a besoin que d'une occasion pour s'en servir.

Dans les versions ultérieures de l'histoire, il devient de moins en moins évident que Noémie est une femme. Des indices le laissent encore croire, mais le lecteur n'en est pas certain et se demande ce que la même suite d'événements signifierait si Noémie était un homme sensible et désemparé. Ce silence sur un détail crucial — le sexe du ou de la protagoniste — crée un effet étrange, qui fait peut-être penser à l'état du psychothérapeute à qui certaines dimensions de la vie du patient, même le plus ouvert, resteront toujours cachées.

Une fois Noémie débarrassée de tous les marqueurs de la féminité, l'histoire a des accents qui rappellent la politique des sexes. Abandonné, Noémie (homme hétérosexuel) recherche l'aide d'un conseiller. Celui-ci lui dit qu'il ira mieux une fois remarié. Cette séquence semble tout aussi sexiste que le semblait, d'un point de vue, le conseil donné à Noémie, supposée femme et, étrangement, pour les mêmes raisons: elle avilit les femmes. Si nous tenons compte des stéréotypes dans notre lecture, nous entendons la thérapeute dire à Noémie (femme): «vous irez mieux lorsque vous trouverez un homme pour vous dominer et pour faire les choix à votre place», ou encore, dire à Noémie (homme): «vous irez mieux lorsque vous trouverez une femme pour vous servir et pour flatter votre ego». Le verbe «trouver» peut avoir une autre signification selon que l'on s'adresse à un homme ou à une femme. Dans un cas comme dans l'autre, on considère généralement que le fait de rechercher quelqu'un est une distraction et une défense contre l'obligation de définir son identité. Dans une culture marquée par l'inégalité dans la distribution du pouvoir, recommander la création d'une nouvelle relation comme solution à une difficulté d'ordre social, c'est souscrire à cette inégalité. Dans la dernière version de l'histoire, qui est en fait la première histoire, mais dénuée de tout détail, cette séquence toute simple est devenue terriblement troublante.

Quelle conclusion tirer du second mariage heureux de Noémie? Le lecteur pourrait mettre en doute la véracité du récit qu'elle a fait. Quelle sorte de Noémie imagine-t-on? Peut-être Noémie se fait-elle des illusions; peut-être la thérapeute aurait-elle dû insister pour que Noémie s'affirme davantage. Ou encore, la situation est peut-être telle que la thérapeute l'a décrite: Noémie possède les ressources nécessaires pour négocier et entretenir une relation satisfaisante. Il est probable que le lecteur oscillera entre l'horreur que lui inspire le simple conseil de la thérapeute et l'admiration pour ce conseil, suscité par une clairvoyance qui va au-delà des conventions, issu d'une perspective qui reconnaît les exceptions.

■ ■ ■

Un ancien patient me demande une consultation. Il envisage d'épouser une seconde fois son ex. Il me présente son argumentation. Le remariage sera bon pour les enfants et bon pour le portefeuille. Lui et sa femme ont rajusté à la baisse leurs attentes et renforcé leur détermination à faire marcher leur union. Cette fois-ci, ils se braqueront moins sur leur carrière et consacreront plus d'énergie à leur vie familiale.

J'ai bien envie de montrer à cet homme le revers de la médaille. Sa femme lui envoie des signaux signifiant qu'elle a l'intention de reprendre la vie commune selon ses conditions à elle, ce qui revient à dire avec ses traits de caractère à elle, rigides et inchangés. Lui, semble aussi vulnérable qu'auparavant; il est l'équivalent masculin de la fillette sur laquelle a écrit Horney, celle qui plaçait des jouets dans la rue. Cet homme est un ancien thérapeute de groupe qui gagne bien sa vie maintenant en tant que consultant auprès des entreprises. Je soupçonne que sa réussite est due à son bagage d'expériences, à sa compréhension intuitive de la manière dont des personnes en apparence incompatibles peuvent bien s'entendre, ainsi qu'à l'énergie et à l'optimisme qu'il manifeste devant la tâche de la réconciliation. Pour ce qui est de son propre mariage, je me demande s'il n'entrevoit pas des possibilités qui m'échappent, mais en même temps, je veux sans ménagement le mettre en face de mes doutes.

Lorsque je me demande d'où vient mon ardent désir de lui faire affronter la réalité, je me rends compte qu'il n'est que le contrepoids de son ardent désir à lui. Cet homme veut à tout prix se remarier: ne voyez-vous pas que ma vie serait appauvrie si je n'avais pas l'occasion d'être généreux? Il essaiera d'être tout pour sa femme. Que retirera-t-il de ce mariage? Il ne peut supporter la solitude ni l'échec. Réparer un mariage raté constitue son but actuel. Lorsqu'il travaille sur une relation, il se sent créatif, justifié, engagé dans une tâche importante. Et c'est pour la vie qu'il se marie.

Cet homme doit apprendre à tolérer la solitude, l'échec et la séparation. S'il était plus autonome, il ferait un meilleur choix. C'est là l'une des réactions possibles. Je pourrais aussi respecter son désir et son génie. Ce mariage sera son chef-d'œuvre: réussir l'impossible sans disposer de beaucoup d'autonomie; réussir en exploitant la force de son désespoir. Pour lui, un attachement fort est essentiel. Il se définit moins par le fait qu'il est isolé que par ce qu'il peut faire d'un mariage. Il a un destin; il aspire à un progrès téléologique que des décennies de psychothérapie et des siècles de philosophie ignorent. C'est cela qu'il est, un homme et son but.

L'homme me consulte. Je devrais faire un effort pour affronter son inattention sélective, pour mettre en évidence une réalité difficile à supporter, pour lui dire que ce remariage est risqué, que cette femme lui envoie des signaux qu'il ignore à ses propres risques, qu'il est mû par un perfectionnisme compulsif. Lui dirai-je que j'apprécie la beauté — je ne dirai sans doute pas «beauté comique» — de sa quête? Peut-être esquiverai-je la question en lui suggérant de reprendre la psychothérapie. Mais, comme j'ai essayé de le dire, la psychothérapie n'est pas indépendante de l'intuition sur la manière dont les choses devraient aller.

Pour moi, l'une des œuvres les plus impressionnantes de la psychologie féministe est l'étude de cinq mariages victoriens, *Parallel Lives*, de Phyllis Rose. Celle-ci attribue à John Stuart Mill et à la muse de cet homme, Harriet Taylor, le principal préalable au bonheur conjugal, une vision de la relation partagée par les deux partenaires. Mill et Taylor s'entendaient pour dire que leur relation était un mariage entre égaux. Rose considère que ce point de vue commun sur leur relation était tout à fait contraire à la réalité, puisqu'il s'agissait d'une femme à la volonté de fer dominée par un homme tenaillé par la culpabilité. En ce qui concerne ses écrits célèbres en philosophie politique, Mill affirmait que la contribution intellectuelle la plus importante y avait été apportée par Taylor. Rose montre que Mill obéit aux souhaits de Taylor dans tous les détails de leur vie privée. Une mésentente entre Mill et Taylor se termine généralement par une réplique de Mill, lancée à Taylor d'une manière victorienne et féminine (et pas du tout emersonienne): «Comme ton sentiment va tout à fait à l'encontre du mien, le mien est erroné et j'y renonce entièrement.» Mill et Taylor croyaient s'être affranchis d'un carcan alors que, en fait, ils se comportaient exactement comme tout le monde, sauf que l'homme jouait le rôle stéréotypé de la femme et vice-versa. Rose écrit: «Une femme au pouvoir autocratique a tout simplement remplacé l'homme.» Dans la version de Rose, l'âge définit une gamme de rôles mais n'indique pas qui les jouera.

Jean Baker Miller nous rappelle que nous n'avons pas, en tant que groupe culturel, une idée claire de la valeur de la connexité. Je considère l'œuvre de Miller moins comme un récit politique de la vie des femmes, ce qu'elle est certainement, que comme le premier effort en vue de corriger une longue histoire de philosophie et de psychologie centrées sur l'autonomie. Lorsque vous me consulterez, il nous faudra tenir compte de cette correction et de cette confusion, que vous soyez un homme ou une femme. Peut-être la difficulté de votre décision — partir ou rester? — est-elle attribuable à votre ambivalence par rapport à la méthode universelle d'amélioration choisie par notre culture: l'accentuation de l'autonomie.

L'autonomie est loin d'être un marqueur unique de valeur sociale. Ce n'est pas tout le monde qui choisirait la personne la plus autonome comme partenaire idéal. La décontraction, le naturel, voire la dépendance, ont leurs attraits. L'idéal emersonien sous-estime certains traits associés à la connexité, notamment la capacité de percevoir et de susciter ce qu'il y a de meilleur dans les autres, la capacité de comprendre et de vivre les choses comme le font les autres, la capacité de perdre son identité dans une relation et la capacité de gagner en enthousiasme grâce à la mutualité. Il semble faux, contrairement à ce qu'affirment bon nombre de théoriciens, que les personnes les plus autonomes soient celles qui excellent le plus dans l'art de la connexité; ces deux capacités sont souvent tout à fait distinctes.

Que penser des gens, comme mon ex-patient décidé à se remarier, pour qui la fin d'une relation est une expérience dévastatrice? En les écoutant raconter leur histoire, j'ai entendu le chant des sirènes de l'autonomie — ils ne doivent plus jamais se lier si intimement à un conjoint. L'engagement non protégé est pire encore que les rapports sexuels non protégés. Ces identités mutilées doivent être sauvegardées. Pourtant, en même temps, je m'exclame: quel talent il doit falloir pour participer si généreusement à la vie d'un autre! Si l'on ne peut profiter dans leur pleine mesure à la fois de l'indépendance d'esprit et de la capacité à se lier à un autre, l'autonomie doit-elle toujours avoir priorité?

Pourtant, à votre arrivée dans mon cabinet, il se peut que j'éprouve le besoin de vous imprimer un petit élan dans le sens de l'autonomie. Les autres choix semblent risqués. On retrouve cette opinion même — ou en particulier — dans l'œuvre de Jean Baker Miller. Dans notre culture, se fier à une capacité de générosité, de mutualité et d'intimité est dangereux, à moins que ces aptitudes ne s'accompagnent d'un jugement particulièrement indépendant et de la capacité de laisser tomber. Malgré toute la valeur que j'accorde aux grandes histoires d'amour et même aux unions affectives de tous les jours, je commence généralement par évaluer les situations du point de vue de Bowen.

Ces termes peuvent-ils être modifiés? En évaluant votre difficile situation, je veux peut-être commencer par utiliser le cadre de la «différenciation de soi». Mais le contenu de ce cadre a légèrement changé, la connexité est un idéal plausible. Le refus de glisser vers la séparation peut être une déclaration d'idiosyncrasie et, par conséquent, une espèce de différenciation. Dans un monde qui attache beaucoup de prix à l'individuation, le refus d'une autonomie radicale peut être une déclaration de valeurs associées à l'autonomie — et c'est ce qui en impose chez Mia, la femme au regard perçant qui était outrée par le commentaire d'Ann Landers.

La définition légèrement rééquilibrée de la différenciation est inhérente au conseil que j'ai donné à Guy au moment où Luce était prête à déménager — celui de rester avec elle, de s'efforcer de se développer en empruntant le style et les valeurs de Luce, en s'affirmant moins, en ignorant certaines de ses propres inclinations, en remplaçant le goût de l'action par la passivité, en acceptant ses limites, en disparaissant. Cette attitude ressemble beaucoup à la «dédifférenciation»; elle est le contraire de ce qu'Emerson proclamait à ses proches. Et son succès se mesure en grande partie en fonction de la croissance ou non de la relation du point de vue de la connexité et de la mutualité. Bien sûr, d'aucuns présenteront cette attitude, celle que j'ai recommandée à Guy, comme étant de la différenciation; elle implique qu'on laisse Luce être elle-même et que Guy abandonne le rôle partiellement faux qui lui a été dévolu dans la relation. Incrusté dans ce type de conseil, quelle que soit la manière dont il est formulé, se trouve un concept de différentiation qui comprend le respect de la connexité ainsi que d'autres valeurs traditionnellement féminines.

■ ■ ■

Même la thérapie familiale du milieu du siècle incluait des voix qui préconisaient de prendre plaisir à la fusion plutôt que de rechercher l'autonomie. Carl Whitaker, collègue et rival de Bowen, a été de ceux qui doutaient de la primauté de la différenciation. À l'époque où je jetais un regard neuf sur ma grand-tante, j'ai rencontré par hasard Whitaker, que je connaissais pour avoir passé un an sur son propre terrain au Wisconsin.

Whitaker était un homme robuste, aux joues creuses, à l'air rassurant. Né sur une ferme, il aimait répéter que son premier thérapeute avait été son petit agneau préféré. Il était radical dans sa technique, mais tout à fait conventionnel dans sa vision de la famille. Par exemple, il trouvait essentiel que les deux parents participent activement à l'éducation d'un enfant. D'une certaine façon, il ne croyait pas au divorce, estimant que chaque être restait lié sur le plan émotionnel à la personne qu'il avait épousée. Whitaker aimait que son cabinet soit bondé durant la thérapie; il refusait de commencer la séance avec un couple tant que tous les ex-conjoints n'étaient pas présents et, parfois, les enfants et les parents du couple aussi. Il ne détestait pas non plus que les parents des ex-conjoints soient présents. Whitaker croyait au pouvoir du groupe et considérait que la différenciation relevait en grande partie de l'illusion. À ses yeux, la question à poser était moins «Dois-je partir?» que «Suis-je capable de partir?» Sa réponse: non. Seul existe le soi-en-relation; et la «relation», c'est toutes les relations dans lesquelles vous vous êtes engagé.

J'ai rencontré Whitaker par hasard et lui ai parlé du «travail» que j'avais fait, par inadvertance et sous l'influence de Bowen, dans ma propre famille, en prenant mes distances par rapport à ma grand-tante. «Oh, a répondu Whitaker, l'air moqueur, Bowen fait beaucoup trop de cas de l'autonomie. Ce qu'il faut faire avec les tantes chéries, c'est régresser et les laisser vous gâter.»

Il est facile de démontrer l'irrationalité des relations intimes et de la vie familiale — avec ses mythes, ses axes de contrôle cachés, ses comportements et ses conflits futiles et répétitifs et, parfois, ses relents d'exploitation. Il est facile d'admirer la capacité d'une personne à trancher les liens qui la retiennent. Mais l'autonomie est finalement illusoire, les plus autonomes étant souvent ceux qui exigent le plus de soutien de la part des autres. La connexité requiert ses propres talents particuliers et apporte ses propres avantages particuliers. Un examen minutieux des relations auxquelles on tient peut rapporter la liberté, mais au prix de l'étrangeté, de l'embarras, d'un sentiment persistant de mécanique et de manque de naturel.

Même s'il ne croyait pas à l'indépendance, Whitaker était emersonien dans son non-conformisme et dans sa réaction à l'injonction: «Abandonne ta théorie comme Joseph a abandonné son manteau dans les mains de la prostituée, et fuis.» Whitaker avait écrit un essai sur l'entrave que constitue la théorie dans la pratique clinique; il y conseillait aux thérapeutes familiaux d'«apprendre à avancer et à reculer à partir de toutes les positions adoptées» et leur rappelait que la famille a le droit de trouver la vie inexplicable, et a même le droit de s'autodétruire.

Selon Whitaker, la vie sans analyse vaut la peine d'être vécue; il y a des illusions qui valent la peine qu'on les conserve. Il disait qu'il faut prendre ce que l'on vous offre et y trouver le goût de la générosité. C'est une autre des raisons qui font que Lou me demande du thé glacé quand nous nous rencontrons, pour me rappeler que l'autonomie contient souvent son propre châtiment et la connexité, sa propre récompense.

11

Impératifs

UNE NOTE sibylline de la main de Lou sort de mon télécopieur. Dans son entièreté, le message se lit de la façon suivante: «Pas de maximes? Pas de métaphores?»

J'ai envoyé à Lou certaines pages choisies de mon manuscrit, celles qui parlent des auteurs que nous avons lus ensemble il y a bien des années: Sullivan, Bowen, Kaiser, Horney, Rogers, Miller, Whitaker, Freud. Je comprends que Lou me demande si on peut dire que le matériel que je lui ai envoyé forme un guide pratique.

Lou me connaît bien. En anticipant ma rencontre avec vous, j'ai joué avec deux séries de notes qui font penser à un guide pratique. La première est une liste de préceptes sur le comportement différencié dans le couple: «Commence par te changer, toi», et ainsi de suite, et l'autre pourrait s'intituler «Tout ce que je sais des relations, je l'ai appris sur les pentes de ski». Je me suis abstenu d'utiliser ces notes parce que, lorsque je me souviens de conseils qui m'ont été précieux toute ma vie, je constate qu'ils ne se sont jamais transformés en maximes figées ni traduits en métaphores préfabriquées.

Je pense, par exemple, aux trois conseils qui ont influencé mon développement en tant qu'écrivain. C'étaient des remarques modestes, incolores, mais parfaitement adaptées à mes besoins. Je les considère comme des exemples du type de conseil que je serais satisfait de donner.

■ ■ ■

Vers la fin de mes études de premier cycle, j'ai senti naître en moi l'impression d'avoir perdu toute capacité d'écrire. Je venais tout juste de terminer la version préliminaire de ma thèse — un long essai sur les idées implicites dans les romans de Charles Dickens. À certains égards, mon texte était solide, mais, dans l'ensemble, il paraissait sans vie. Je me suis rendu compte avec horreur — et non sans délectation — que mon directeur de thèse avait transmis mon manuscrit à Lionel Trilling, critique littéraire, qui passait le semestre dans notre ville.

Trilling était pour moi un héros culturel. Ses coups de cœur correspondaient aux miens: Matthew Arnold, la recherche sans fanatisme de la justice sociale, Rousseau et Diderot, Freud, les auteurs russes de romans moraux. Trilling lui-même avait écrit un roman que j'admirais, *The Middle of the Journey*, et une nouvelle, *Of This Time, Of That Place*, qui rendait bien les tensions du monde dans lequel je vivais. Juif, il avait pourtant réussi dans la plus hostile des grandes universités privées de la Ivy League. Il avait fait partie de l'intelligentsia de New York à une époque où ses membres devaient être capables de faire de l'esprit. Mais par-dessus tout j'adorais le style des essais de Trilling. Il pouvait donner aux choses les plus simples la dimension d'une révélation. Mon écriture n'arrivait pas à la cheville de la sienne. Mon seul talent consistait à trouver un point de vue original et à l'exploiter. J'avais lutté contre cette tendance en préparant ma thèse, j'avais essayé de dire les choses comme il le fallait, mais, comme je n'étais pas Trilling, cet effort n'avait fait que priver mon travail de sa singularité.

Au bout d'un certain temps, j'ai été convoqué à une rencontre avec le grand homme. J'ai traversé la ville comme un défendeur qu'attend un lourd verdict. Cette traversée est restée gravée dans ma mémoire plus profondément que la rencontre elle-même, qui n'a duré qu'une dizaine de minutes. Je suppose que j'ai dû consacrer cinq de ces minutes à calmer ma nervosité. Trilling m'a parlé avec admiration des idées originales qu'il avait relevées dans ma thèse, puis m'a donné un conseil: «Pourquoi ne pas diviser l'essai en trois parties?»

Si quelqu'un disait que n'importe quel commentaire de Trilling m'aurait frappé comme une révélation, je ne pourrais élever d'objections. Mais c'est l'approche de Trilling qui m'a paru particulièrement pertinente. En ne parlant que de technique, il a semblé indiquer que le contenu de ma thèse était acceptable. Et du contenu, il y en avait beaucoup trop pour un seul raisonnement.

Un conseil bien ciblé permet à celui qui le reçoit de profiter d'un trésor de connaissances jusque-là caché. J'ai tiré tout un cours d'écriture des quelques paroles de Trilling. J'ai compris qu'il me disait: attention de ne pas noyer le lecteur; donnez à chaque idée l'espace qu'il lui faut, cherchez à répondre aux petites questions avant de répondre aux grandes. Le message transmis dans le conseil — il n'est pas obligatoire de mener le lecteur à toute vitesse vers une conclusion indiscutable, on peut lui ménager des pauses — me semblait plus large encore. Le lecteur n'est pas quelqu'un d'hostile et a confiance en l'auteur, il peut partir de n'importe où et arriver n'importe où, pourvu que son voyage ait du sens. Il n'est jamais dommageable de se garder quelque chose en réserve; chaque étape d'un essai a ses propres exigences techniques, ce qui fait que divers styles et rythmes peuvent être combinés dans un unique effort.

Chacun de ces préceptes pourrait figurer dans un guide de rédaction, mais un tel guide ne m'aurait pas servi comme l'a fait une petite phrase de Trilling. Rien n'est plus utile qu'un petit commentaire constructif et généreux qui s'applique à notre propre performance. Un mot judicieusement choisi transforme l'angoisse paralysante en un effort concentré et enthousiaste. Pour l'étudiant sérieux et avide d'apprendre, une simple directive peut engendrer une nouvelle compréhension des choses: maintenant je comprends la nature du jeu, la nature de l'effort à fournir et la nature de la personne à laquelle je fais face.

Maintenant, je peux imaginer un conseil sur la rupture qui est équivalent à celui de Trilling au sujet de la révision de ma thèse. Pourquoi ne pas diviser en trois parties le processus de rupture ou le processus de réengagement? Dans des circonstances favorables, ce conseil peut sembler avoir plusieurs significations, incitant ainsi l'interlocuteur à procéder au changement de façon réfléchie plutôt que précipitée, faisant naître la possibilité que ce qui semble un choix entre tout ou rien devienne un processus réversible dans lequel les observations et les décisions se suivent dans le bon ordre. L'objectif est il d'étonner et de blesser le partenaire, de ne constituer qu'un autre élément dans une relation tumultueuse, ou est-il de procéder à la rupture d'une façon qui garantisse une fin propre et permanente à la relation?

Plus généralement, le conseil qui porte sur le comportement interpersonnel — je pense ici à la suggestion que l'on peut faire à un patient qui est trop pressé dans une relation amoureuse — peut transmettre avec concision une très grande quantité d'information. Il contient des messages implicites sur la valeur du patient, sur le rôle de la tactique, sur l'image et la substance de l'autre, et ainsi de suite. En braquant un projecteur sur une lésion précisément définie, le conseil bien ciblé donne aussi une idée sur l'état de santé général du patient. Le conseil ciblé est parfois empreint d'une grande bonté et contient souvent une clé permettant de passer à l'action: commencez par faire ceci ou cela.

* * *

En abordant la question de la structure de ma thèse, Trilling m'a pris, même si ce n'est qu'un tout petit peu, pour un écrivain. Cette bénédiction hésitante du maître est souvent ce que les apprentis recherchent à répétition. Vers la fin de ma résidence en psychiatrie, je me suis trouvé engagé dans le type de projet d'écriture que les jeunes professionnels entreprennent, le récit de leur formation. Un éditeur s'est intéressé à mon travail, et le processus de collaboration s'est déroulé sans anicroche. Puis, au cours d'une consultation, l'éditeur a soudainement adopté le rôle du gourou. Il m'a dit, sans élaborer son propos, qu'il n'était pas sûr que c'était ce livre-là que je voulais écrire.

Cette phrase aussi était un conseil bien ciblé, comme le petit coup de maillet du vitrier qui fait se casser la vitre selon une ligne précise. J'ai compris que l'éditeur me disait que l'écriture devrait procéder de l'envie d'écrire, que j'avais le droit d'entretenir mes propres envies, qu'une insuffisance ou un détournement d'envie transparaissait dans mon texte, que je devais être le juge de mes propres envies puisque l'éditeur le plus critique pourrait, pour des raisons qui lui appartiennent, publier quelque œuvre qui ne corresponde pas du tout à mes envies. J'ai décidé que cet éditeur avait raison. Je ne faisais pas juste ce dont j'avais envie, je ne considérais pas l'écriture comme l'acte libre qu'elle devrait être. J'ai mis mon essai de côté pour écrire un roman. Ni cet éditeur, ni personne d'autre n'a voulu le publier. Mais on m'avait rendu service. Des conseils de cette nature peuvent être perturbateurs, mais de façon utile, dans le domaine des relations personnelles: oui, la relation marche grâce à vos efforts, mais est-ce bien celle que vous voulez développer?

Trois ans environ après avoir accepté le conseil de l'éditeur, je me suis trouvé en compagnie de Lou. Nous nous promenions par une belle journée de printemps, fraîche, tout juste après l'éclosion des bourgeons. Nous nous efforcions de marcher au soleil. J'occupais un poste à l'université; ma carrière de psychiatre progressait de façon satisfaisante. En tant qu'écrivain, j'avais à mon actif un roman non publié, un essai inachevé, une poignée de monographies de recherche et deux ou trois articles publiés dans une revue spécialisée. J'ai confié à Lou que je songeais à quitter l'université pour me consacrer à l'écriture, même si l'idée semblait folle. Je savais que Lou accordait beaucoup de valeur à l'université et croyait que les psychiatres qui s'en éloignent risquent d'être vite dépassés.

— Ce sont eux qui écrivent, a dit Lou.

— Qui?

— Les gens qui sont fous.

Lou me rappelait que l'écriture est un autre type de métier que la carrière universitaire. Il n'y a pas de promotions, pas de titularisation. L'écriture fait appel à des dimensions particulières de l'identité. Impossible d'écrire si l'on a honte de sa folie ou si l'on craint d'être jugé fou. Le conseil était obscur; simultanément, il révélait le risque et atténuait la peur. En me disant que c'était fou, Lou me demandait de réfléchir à ce qui suscitait le plus de passion en moi. Au bout de quelques semaines, je quittais le monde universitaire et travaillais à la trame d'un livre.

Je peux imaginer un conseil du même genre dans une affaire de cœur: oui, vous seriez fou d'unir votre destinée à celle de cette personne féroce et excentrique. Cela ne veut pas dire qu'il vous faut y renoncer, mais si vous poursuivez cette relation, ce doit être par passion. Vous devez être disposé à faire fi de l'opinion des autres et à savourer le non-conventionnel. Certaines relations sont plus exigeantes que d'autres.

Chacun conserve le souvenir d'un conseil qui, qu'il ait été ou non suivi, et, s'il a été suivi, qu'il ait ou non donné de bons résultats, lui a ouvert une fenêtre sur le monde. C'est ce genre de conseil qui m'a convaincu de la pauvreté du discours dénué de conseil, si c'est ce que doit être le discours psychothérapique. À mon avis, les trois petits conseils que j'ai reçus m'ont aidé à choisir une carrière et à affirmer mon identité. Les deux derniers, suivre ses envies et tolérer la folie, m'ont permis d'être une exception aux règles que j'avais respectées en psychiatrie.

Ce type de conseil me semble diamétralement opposé à celui de la plupart des guides pratiques. Imaginez une liste qui contiendrait les conseils suivants: «Si votre essai semble être dans une impasse, essayez de le diviser en parties», «N'écrivez que ce que vous avez envie d'écrire» et «Faites confiance à votre penchant pour l'irrationnel». Dans le meilleur des cas, ces conseils pourraient être utiles à quelques lecteurs. Tout aussi souvent, ils risquent d'aller à l'encontre du but recherché, encourageant l'obsession chez l'écrivain dont les essais sont déjà trop structurés ou le laisser-aller chez celui qui aurait avantage à resserrer sa prose.

Comme le patient déprimé qui réagit au Prozac, celui à qui s'adresse le conseil possède des compétences cachées. Sous l'apparence d'un plan d'action, le conseil adapté au destinataire met au jour toute une série de préceptes que celui-ci a déjà en lui. Il crée un moment d'engagement, c'est-à-dire à la fois l'exposition à une perspective externe distinctive et l'élaboration de perspectives déjà possédées. Ce qui commence peut-être comme un commentaire technique circonscrit devient une occasion de dialectique et la synthèse d'un point de vue nouveau.

Les conseils généraux et publics ont parfois cet effet. «Va dans l'Ouest, jeune homme, et développe-toi en même temps que le pays.» Voilà un conseil qui puise dans toutes sortes de croyances sur l'indépendance, sur l'esprit de pionnier, sur le destin national, sur les étapes de la vie, et ainsi de suite; je peux imaginer qu'un tel conseil perturbe positivement son destinataire au lieu de renforcer ses préjugés. Mais je soupçonne que les préceptes figés n'enrichissent pas leurs destinataires du fait qu'ils ne contiennent aucune évaluation de la situation actuelle de ces derniers — êtes-vous du genre à vous débrouiller dans les contrées en voie de colonisation ou êtes-vous plutôt quelqu'un qui entretient déjà trop d'idées romantiques? Chaque fois que je lis un conseil pratique, je pense que le conseil contraire pourrait tout aussi bien convenir à certaines personnes.

Plus important encore, la liste de préceptes n'est pas aussi efficace que le conseil ciblé, du fait qu'elle a tendance à contenir des messages contraignants. À moins d'être soigneusement formulée, la liste, de par sa seule existence, implique que l'on puisse découvrir de bonnes et de mauvaises méthodes. Elle semble dire que les choses très compliquées peuvent être connues, que les processus mènent à des résultats prévisibles. Elle implique un monde petit et prévisible, tandis que le type de conseil qui m'a aidé — diviser les arguments, surveiller les envies, respecter la folie — témoigne d'un optimisme plutôt hésitant, de l'optimisme que peut susciter une quête dont l'issue est inconnue.

De tels moments ne peuvent être imités de façon fiable durant la rencontre du lecteur inconnu avec la page écrite. Sans doute se produisent-ils le plus souvent en réaction à une fiction, lorsque le lecteur s'engage assez profondément dans un monde imaginaire pour qu'émerge une étrangeté utile. Combien de fois une liste de préceptes ou une métaphore filée pourra-t-elle surprendre le lecteur de cette façon?

J'affiche ma liste de préceptes sur l'écran de mon ordinateur. Pris séparément, ces préceptes sont conventionnels, mais je viens tout juste d'écrire à propos du retour de Bowen dans sa famille et de la réaction d'Emerson à la mort de son fils. Peut-être que dans ce contexte — et entourées d'une étrangeté suffisante —, ces directives ordinaires prendront des qualités que j'estime, celles d'étoffer une perspective et d'être à la fois énoncées et amoindries.

Le point où vous êtes arrivé n'est sans doute pas très loin du point où vous devriez être. C'est le principe des différenciations correspondantes, qui doit toutefois tenir compte de capacités que la culture sous-estime, telle la connexité. Pourtant, c'est un bon point de départ, qui comporte d'utiles corollaires: la personne que vous avez choisie témoigne de la personne que vous êtes et il y a des limites à la transformation que vous constaterez dans votre situation si vous changez de partenaire.

Concentrez votre attention sur la différenciation. Prenez du recul par rapport à vos besoins et à vos exigences. Respectez-vous l'indépendance de votre partenaire? C'est là une question qui incite les gens à se mentir à eux-mêmes. Respectez-vous vos propres sentiments et valeurs; préservez-vous votre identité? Je pourrais ajouter ceci: Offrez-vous et suscitez-vous les concessions mutuelles intimes que Miller appelle la «mutualité»? Excellez-vous dans l'art d'élever le «degré de complexité, de structure et d'articulation dans le contexte des liens humains»? Puisque le vrai changement est un changement dans le degré d'identité, la cible logique de vos efforts de transformation est votre propre degré de différenciation; ce n'est donc pas une question de changement de partenaire.

La différenciation se produit dans les relations. Si vous êtes quelqu'un qui a tendance à sauter d'une relation à une autre, le changement implique que vous restiez. C'est la complexité, l'impossibilité, l'ennui ou la souffrance de la relation imparfaite actuelle qui fournit le contexte au changement.

Changez suffisamment. Pour que vos efforts portent fruit dans votre relation actuelle, le changement doit être marqué et permanent. Rappelez-vous avec quelle ténacité Bowen a travaillé sur sa famille d'origine. Commencez par un objectif réalisable: Pouvez-vous commencer à tirer du plaisir de ce que vous dédaignez dans votre partenaire — un peu comme Guy pourrait commencer à se détendre dans un sofa trop rembourré? Chez certains, le progrès pourrait avoir une autre orientation. Par exemple: pouvez-vous freiner votre tendance compulsive à donner?

Commencez par vous changer vous-même. Quand on parle de changement, on parle de changement en vous — dans le rôle que vous jouez dans votre relation —, pas de l'insistance pour que l'autre change. Heureusement, puisque vous êtes la personne la plus susceptible de répondre à vos efforts de transformation et parce que, lorsque vous appliquez ce précepte, la plainte habituelle — mon partenaire ne veut pas changer — disparaît et ne fait plus obstacle au changement.

Attendez-vous à de l'inconfort. Nul besoin que votre nouvelle attitude vous semble naturelle ou confortable. Vous devrez peut-être l'exagérer. Cependant, elle doit vous convenir dans le sens où vous l'aurez choisie librement, de l'intérieur, sans compulsion.

Attendez-vous à une réaction. Le changement implique que vous tolériez la possibilité que votre partenaire change lui aussi, voire qu'il vous quitte. En fait, la persistance, c'est rester constant tandis que votre partenaire devient étrangement raisonnable ou prend la poudre d'escampette.

Soyez égocentrique. Votre partenaire pourrait bénéficier de vos efforts d'autodifférenciation, en tentant lui aussi de se différencier. Mais, selon ce modèle, l'effort à fournir dans la relation implique que vous investissiez dans votre propre personne, tout comme dans le libéralisme économique, le système fonctionne le mieux lorsque chacun des acteurs essaie de maximiser ses propres gains. Cet égoïsme est nécessaire pour être juste envers son partenaire, en donnant à la relation une chance de survie.

Lorsque je vous imagine en train de lire ces préceptes, je suppose que vous les trouvez un peu familiers. Vous connaissez les règles. (Vous connaissez également les règles contraires, celles qui vous disent de ne jamais tolérer l'inconfort dans une relation, de toujours garder vos valises prêtes.) Le fait de consigner des règles connues a l'avantage de permettre qu'on les examine. Voulez-vous les reconnaître? Vous remarquerez les limites de la liste. Elle sous-estime la passion, l'intimité, l'avantage à laisser les choses tranquilles. Elle vous éloigne d'une attitude qui vous satisfait peut-être, celle de subordonner votre intérêt à celui de la relation. Vous trouvez peut-être que la liste est trop générale, qu'elle ne tient pas compte de votre situation particulière. Elle contient des normes auxquelles vous préféreriez échapper.

Je suis ravi que vous constatiez l'insuffisance de la liste. J'aime imaginer que, lorsque quelqu'un formule une évidence — par exemple, qu'il faut rester vous-même si vous voulez que votre relation marche —, vous trouviez l'énoncé un peu étrange, vous rappelant quelle connivence peut être nécessaire pour qu'une personne goûte ne fût-ce qu'un peu à l'autonomie. Vous êtes frappé par la manière étrange dont le voyage se rapporte à la destination, par le paradoxe voulant que l'autonomie soit la clé d'une relation réussie. Vous trouvez dérangeant que les relations, ces petites oasis de je-toi dans un monde de je-ça, soient d'abord et avant tout considérées comme des serres pour la croissance personnelle. Après tout, ce que vous voulez retrouver dans votre relation, si vous la poursuivez, c'est le confort aveugle ou l'excitation intime qui rend si précieuses les histoires de cœur.

L'autre difficulté que présentent les maximes, c'est que l'on ne sait pas toujours clairement comment les prendre. Les lieux communs figurant sur ma liste ne s'appliquent qu'à certains types de relations, comme celles de Guy et de Luce, d'Anne et de Mathieu, de Maëlle et d'Yves, de Luc et de Chloé. Il y a de bonnes raisons de rester ou de partir, des raisons d'ordre émotionnel, inhérentes à la relation. La décision n'est pas subordonnée à des facteurs externes, comme un embarras pécuniaire dramatique, la présence de jeunes enfants ou la nécessité de faire bonne impression sur l'électorat. Bref, la relation peut sans risque être tout simplement considérée comme une relation. Aucun des partenaires ne maltraite l'autre, tous deux sont fondamentalement de braves gens, faciles à aimer. Votre difficulté est peut-être de déterminer si votre relation tombe ou non dans cette catégorie. Il est facile de se leurrer en ce qui concerne les mauvais traitements ou les contraintes externes — votre problème est-il vraiment particulier ou êtes-vous en train de vous leurrer?

Même si vous estimez que les préceptes s'appliquent à votre cas, il vous reste à vous demander ce qu'ils signifient. Comme Guy, ou comme l'étudiant universitaire si pressé, vous voudrez peut-être dire que vous avez beaucoup changé mais que votre partenaire n'a pas du tout réagi à votre transformation. La question à laquelle la liste ne répond pas est pourtant la plus importante de toutes: qu'est-ce qui constitue un changement adéquat?

Je me suis amusé à filer une métaphore pour exprimer ce que je crois être un changement adéquat.

Imaginez que vous êtes un skieur qui, ayant atteint ses limites, essaie d'apprendre à utiliser ses skis comme il faudrait, c'est-à-dire avec une certaine grâce. Vous vous tenez en haut d'une piste intermédiaire que vous avez précédemment dévalée à peu près, mais pas tout à fait, comme votre moniteur vous l'a demandé. Qu'est-ce qui vous retient? Le moniteur affirme que c'est la peur. Vous protestez. Vous avez skié dans des pentes bien plus abruptes que celle-là, dans des conditions climatiques bien pires, à une bien plus grande vitesse. Et vous avez skié de la façon la plus dangereuse, c'est-à-dire avec une mauvaise technique. Aujourd'hui on vous demande de descendre une pente modeste avec une bonne technique. Vous reconnaissez que vous manquez de coordination. Mais comment peut-on dire que vous ayez peur?

Ce malentendu porte sur l'objet de votre peur. Vous ne redoutez pas les pentes abruptes, vous redoutez de skier sur ces pentes. Vous avez mis au point une façon de dévaler ces pentes sans vraiment skier. Vous tendez les muscles de vos cuisses et enfoncez vos carres pour vous donner l'impression que vous maîtrisez constamment votre descente, alors que la vraie maîtrise requiert d'avoir confiance dans la forme du ski et de sa courbe. Vous projetez votre poids vers l'arrière, sur la partie postérieure de vos skis, vers le haut de la pente. C'est ce que les moniteurs appellent «s'asseoir sur la banquette arrière». Ce qui vous retient sur la banquette arrière, c'est une peur intime, une peur du corps.

J'espère que vous percevez dans cette série d'images une vague correspondance avec le rôle que vous jouez dans votre relation perturbée. Vous n'avez pas peur de votre partenaire tant et aussi longtemps que vous vous réservez le droit de «mal conduire» votre relation. Vous envoyez peut-être des messages sur votre manque d'engagement, par exemple, en flirtant ouvertement avec n'importe qui. Ou, au contraire, vous adoptez peut-être une attitude d'extrême dépendance, alors que ce que vous craignez, c'est de demander d'être traité avec respect. Vous êtes disposé à faire des sacrifices lorsqu'il faudrait plutôt que vous vous affirmiez, ou encore vous vous affirmez alors que vous devriez vous sacrifier. Vous ferez toutes sortes de compromis pour sauver la relation, tant et aussi longtemps qu'ils ne seront d'aucune utilité. Ou encore, comme l'étudiant qui attend désormais un peu plus longtemps avant de téléphoner, ou comme Guy avec Luce, vous ferez les compromis qu'il faut, mais de façon hésitante et inconstante.

J'ai remarqué que Erica Jong, dans son dernier livre, très humoristique, *Fear of Fifty*, se demande ce que son analyste veut dire lorsqu'il affirme qu'elle a peur du mariage. Après tout, Jong a déjà eu trois maris au moment du récit où elle aborde la question, elle ne doit donc pas craindre de se marier. Mais tous ses mariages ont mal tourné; elle a donc raison de se méfier. Moi, je crois que l'analyste veut sans doute dire la même chose que le moniteur de ski lorsqu'il affirme que vous avez peur de skier, même si vous skiez souvent sur des pentes abruptes. Vous avez peur de skier d'une manière engagée, exigeante et confiante. Oui, des choses terribles peuvent arriver aux skieurs, mais ce n'est pas de peurs opposées qu'il s'agit. Même si vous ne craignez pas les pentes ou même si vous craignez les blessures dans une mesure tout à fait raisonnable, vous avez peur de perdre le contrôle — de la même façon qu'une femme peut, d'une part, ne pas éviter les hommes ou les mariages tout en ayant des craintes justifiées, mais peut aussi, d'autre part, avoir une peur irrationnelle de participer pleinement à une union conjugale. Je suppose que la peur de skier renvoie à la première métaphore exploitée par Jong, la peur de voler, bien qu'il s'agisse peut-être aussi de la peur de rester immobile.

La difficulté que présente le ski au-delà du niveau intermédiaire, c'est que, sauf pour les skieurs à qui l'équilibre vient naturellement, il fait appel à l'application simultanée de techniques disparates. L'équilibre requiert des ajustements constants de la prise des carres, de la pression exercée sur les skis et de leur alignement, de l'angulation du corps, et ainsi de suite. Le skieur doit réussir tous ces ajustements. Si vous faites tout ce que le moniteur vous conseille mais que vous reculez le postérieur pour que votre poids s'exerce à l'arrière, tous les changements que vous pourriez apporter à la position de votre corps seront inutiles. Vos skis jailliront vers l'avant, et vous essaierez de déraper et de freiner. Vous ne sentirez pas ce que c'est que de skier vraiment.

Disons que vous ajoutez une technique à votre répertoire: vous placez vos mains au bon endroit. Cela ne produit pas beaucoup d'effet. L'ajout d'une seule technique n'améliore pas votre performance. Même en ajouter trois ou quatre n'a pas d'effet. Dès lors, vous faites des gestes qui vous semblent peu naturels, voire dangereux, et vous skiez plus mal que jamais. Il se peut que vous ayez à améliorer 9 ou 10 éléments pour remarquer une amélioration dans votre performance. Les moniteurs parlent de la règle des 80-20. La première tranche de 80 p. 100 des changements entraîne une modification de 20 p. 100 de la performance. C'est la dernière tranche de 20 p. 100 des changements qui vous rapporte ce que vous vouliez, le grand bond en avant, l'amélioration de 80 p. 100 de votre performance. Comme le dit l'auteur d'un manuel de ski: «Si vous êtes assis sur la banquette arrière et que vous avancez un peu les fesses, vous restez quand même assis sur la banquette arrière.»

En outre, pour vous entraîner à adopter une nouvelle attitude corporelle, vous devez l'exagérer. Vous devez tenter d'en faire deux fois plus que vous le croyez nécessaire pour n'en faire en réalité que la moitié. Votre cerveau craintif vous persuade que votre corps est projeté vers l'avant, alors qu'il est encore trop vers l'arrière. Et puis il y a la force de l'habitude. Chacune de vos manœuvres d'autoprotection inefficaces a été apprise et est enracinée; pour vous en débarrasser, vous devez les désapprendre.

Toutes ces réflexions s'appliquent au sport à risques qui vous intéresse: l'intimité prolongée. Certaines personnes excellent naturellement dans l'art de l'intimité, comme d'autres sont des athlètes naturels. Et, parfois, des accidentés naturels. C'est peut-être ce que l'analyste de Noémie a pensé d'elle dans le récit de Lou, *You Will Be Fine...*; Noémie possédait de nombreuses habiletés et n'avait besoin que de recommencer à les mettre en pratique. Il y a ceux qui se contentent de faire mal ce qu'ils font, d'autres qui choisissent de ne pas le faire du tout. Vous pataugez et vous ne voulez pas vous contenter de patauger; c'est pourquoi vous demandez à quelqu'un d'extérieur à votre relation si le moment ne serait pas venu pour vous de rompre. Pour déterminer si vous devriez ou non partir, il faut peut-être d'abord déterminer pourquoi vous avez essayé de rester. Pour vous, essayer de rester impliquera un certain nombre de changements d'attitude. Ne vous attendez pas à une réaction avant d'avoir considérablement changé — avant d'avoir quitté la banquette arrière.

Cependant, tout compte fait, je me méfie autant des métaphores que des listes de préceptes. Si j'ai un peu de chance, vous connaîtrez l'équilibre dynamique inhérent au bon ski, et vous verrez comment appliquer cette espèce d'ajustement mineur mais constant à votre attitude dans la relation. Mais il se peut que vous associiez les leçons de ski à des exercices classés selon leur niveau de difficulté, à pratiquer dans un ordre invariable. Ou encore, il se peut que vous trouviez que le ski soit le sport de ceux qui ne se refusent rien, de telle sorte que cette métaphore vous semble aller au-delà même du récit de Bowen pour ce qui est de célébrer l'individu.

Les métaphores filées atteignent vite leurs limites. Dire que le mariage et le ski impliquent tous deux un risque est à la fois exact et trompeur. Les risques sont différents, comme le sont aussi les obligations correspondantes. Et la métaphore, si attrayante soit-elle, peut être tout à fait erronée. Les lois de la physique qui régissent le ski sont différentes des lois psychiques, si on peut les appeler lois, qui gouvernent les relations. Peut-être qu'un léger changement symbolique dans votre comportement — le type de changement qui ne vous rapporterait rien sur une pente de ski — pourra, dans votre foyer, susciter chez votre partenaire une petite réaction symbolique qui vous satisfera profondément.

Quel que soit l'attrait des maximes et des métaphores, elles sont les unes et les autres finalement trop éloignées de ma discipline, qui se fonde sur les réactions immédiates de la personne assise en face de moi. Je préfère le chemin que m'a montré Lou dès le début, celui qui consiste à vous construire et, du coup, à définir une perspective au moyen d'histoires qui se recoupent. L'image en résultant ne sera pas toujours au point, mais j'ai le sentiment qu'une bonne perspective n'a pas besoin d'être très nette. La certitude — je pense à la certitude de Freud — est trop souvent destructrice. Je vais donc laisser de côté le message empreint d'une ironie désabusée que Lou m'a télécopié et continuer de vous imaginer. Il me vient à l'esprit que vous vous trouvez peut-être dans une impasse qui n'est pas si rare que cela. Vous vous trouvez dans un type de relation que j'appelle «relation des deux gouttes d'eau». Je vous baptise France et Francis. Vos préoccupations sont tellement semblables que je peux imaginer que, indifféremment, l'un ou l'autre se présente à mon cabinet pour une consultation.

12

France et Francis

VOUS ÊTES dans le milieu de la trentaine et mariés depuis six ans. Les éléments d'un vrai partenariat sont absents de votre relation. Puisque vous ne vous êtes pas entendus pour décider qui de vous deux lirait d'abord la première section du journal du matin, vous avez pris un deuxième abonnement. Vous n'avez pas de compte bancaire commun. Un désaccord sur le moment opportun vous a menés à reporter la naissance d'un premier enfant. Et puis, il y a toute la question des voyages d'affaires.

Lorsque vous voyagez pour vos affaires, vous rencontrez des collègues qui vous fascinent, qui incarnent les vertus qui manquent à votre partenaire. La générosité émotionnelle — Francis est implacablement équitable et mesuré, même si c'est parfois dans la raison qu'il manque de souplesse. La pondération — France est plutôt frivole, même si c'est parfois dans la douceur qu'elle est dure et inflexible. Vous vous engagez dans d'intenses liaisons platoniques. Même lorsque ces liaisons cessent d'être platoniques, elles ne provoquent pas la rupture de votre mariage. Mais elles aggravent l'insatisfaction que vous éprouvez l'un envers l'autre et vous rendent plus acrimonieux. Vos amis ne savent rien de tout cela. Vue de l'extérieur, votre union semble heureuse.

Le moment est venu de décider si vous aurez ou non un enfant. C'est cela ou le divorce, puisque vous voulez des enfants. Il semble injuste de fonder une famille avant d'avoir répondu à certaines questions fondamentales. La vie familiale est-elle possible entre vous deux? Francis est-il digne de confiance? Et France? Un enfant pourrait-il grandir heureux dans une telle famille?

Si vous veniez me demander un conseil, vous me raconteriez une histoire de frustration, de doute, et d'erreurs commises.

Avant de rencontrer Francis, vous avez fréquenté des hommes chaleureux et pleins d'empathie, des hommes modernes, des hommes avec qui vous pouviez discuter, même si chacun d'eux vous a déçu à sa façon. L'un consommait des drogues. Un autre n'arrivait pas à garder un emploi et s'appuyait sur vous financièrement. Un autre encore perdait constamment ses clés et vous appelait au travail pour que vous alliez à sa rescousse. Ces hommes savaient comment entretenir un rapport avec vous, mais ignoraient complètement comment naviguer sur l'océan de la vie. Dès que vous avez rencontré Francis, vous avez su que c'était l'homme que vous épouseriez. Contrairement à vos anciens cavaliers, il était «compétent», tout en tenant compte de votre point de vue et en allant au fond des choses avec vous. Vous saviez qu'il était un peu moins empathique — plus mécanique dans ses égards — que les autres hommes que vous avez connus. Dès le départ, vous avez entendu le murmure d'une petite inquiétude en vous que l'excitation ressentie face à un homme résolument viril n'arrivait pas à faire taire tout à fait.

Ce murmure est désormais clairement audible. Au fil des ans, Francis insiste de plus en plus pour tout régenter. C'est lui qui décide de la manière dont seront classées les factures et les lettres dans les tiroirs du bureau. Il ne se rendra pas aux soirées organisées par des personnes frivoles; allez-y seule si vous le voulez. Il déteste vous voir gaspiller de l'argent, même s'il s'agit du vôtre. Il vous sermonne si vous oubliez d'éteindre les lumières ou si vous ne refermez pas à fond les bouteilles de boissons gazeuses.

Vous avez suivi une psychothérapie au sujet de votre réaction à Francis. Vous êtes consciente que ses gestes quotidiens suscitent en vous une crainte disproportionnée, la crainte qu'il sera comme votre père, qui a dominé votre mère sans pitié. Vous ressemblez à votre père, et aucun homme sur terre ne vous transformera en ce qu'était votre mère, bien qu'il vous arrive de penser que celle-ci trouvait sa vie et son mariage plus satisfaisants que vous ne trouvez les vôtres. Quoi qu'il en soit, chaque fois que Francis vous marche sur les pieds, vous répétez votre mantra (celui que vous ont fourni trois thérapeutes différents): il n'est pas mon père. Ce petit rappel vous soulage pendant un instant, puis tout s'écroule. Souvent, vous regrettez d'avoir épousé Francis.

* * *

Si vous veniez me demander un conseil, vous me raconteriez une histoire de frustration, de doute, et d'erreurs commises.

Avant de rencontrer France, vous avez fréquenté des femmes raisonnables, prévisibles, en quelque sorte des camarades. Le genre de femmes qui faisait se demander à Henry Higgins: «Pourquoi la femme ne peut-elle ressembler davantage à l'homme?» Vous évitiez les femmes impulsives, celles qui jouaient aux ravissantes idiotes et qui obtenaient ce qu'elles voulaient à force de minauderies. Vous avez mis quelques années à vous rendre compte de cette tendance profonde, puisque, en surface, vous aimiez toutes sortes de femmes. Les femmes à la voix sensuelle; les femmes au rire timide. Mais, chaque fois, vous saviez que la femme en question était sérieuse et responsable, une partenaire digne de confiance, sinon vous preniez vos jambes à votre cou. Vous n'alliez sûrement pas vous exposer aux caprices d'une hystérique comme l'était votre mère. Avec le temps, chacune de vos petites amies a fini par vous ennuyer. Vous vous faisiez une fierté de la maturité manifestée durant le processus de séparation. La romance cédait le pas à l'amitié. Dans votre cœur, vous saviez que cette réussite était attribuable à votre grande prudence; vous choisissiez des femmes sans passion et vous vous empressiez d'éteindre la moindre étincelle que vous allumiez en elle.

France était différente. Pratique, méthodique et efficace la plupart du temps, mais également encline à la taquinerie, à la moquerie et au flirt. Provocante et exigeante. Dès le départ, elle vous a irrité, mais vous étiez obsédé par sa conquête. Aujourd'hui, vous ne supportez pas son impulsivité ni ses habitudes dépensières. Vous craignez qu'elle ne vous ruine à cause de ses «besoins» de femme, comme votre mère a ruiné votre père. Vous vous sentez impuissant lorsque France gaspille de l'argent en babioles ou en vacances de luxe qui se terminent toujours par des cris et des larmes. Elle résiste à toute tentative que vous faites pour rationaliser la routine domestique. Vous craignez que la maternité n'ait d'autre effet que de la rendre encore plus indulgente envers elle-même. Pourtant, c'est sa froideur qui vous fait le plus mal. Les autres femmes vers qui vous

vous tournez sont à la fois plus rationnelles et plus en admiration devant vous. Vous vous sentez souvent prêt à rompre avec elle. En même temps, vous êtes conscient de l'insignifiance de vos objections. Les bons côtés de France valent bien les mauvais. Vous appréciez ce qu'elle apporte au ménage. Vous n'avez jamais aimé personne comme vous l'aimez elle — les beaux jours.

La veille de votre visite à mon cabinet, vous vous êtes querellés pour un rien.

C'est le soir où vous êtes censés aller au théâtre (vous partagez un abonnement avec des amis). Vous avez préparé un petit souper pour France, les mêmes pâtes que vous avez mangées durant votre lune de miel. Elle reconnaît votre effort mais semble distraite. Après souper, vous cherchez les billets dans le tiroir du bureau où vous conservez les papiers importants. Vous ne les trouvez pas. Vous remarquez que des factures de règlement par carte de crédit correspondant aux achats que France a faits dans une boutique ont été fourrées n'importe comment dans le tiroir.

Vous êtes irrité par la prodigalité de France et, pis encore, par son manque d'ordre. Vous criez; elle aussi. France fait sa crise et part en claquant la porte. Après vous être ressaisi, vous vous dirigez vers le théâtre où vous rencontrez les amis avec qui vous partagez l'abonnement. Vous expliquez l'absence de France, mais vous êtes incapable de vous concentrer sur le premier acte. À l'entracte, vous enfilez deux verres et vous vous glissez vers la femme d'un ami; vous avez toujours trouvé celle-ci un peut guindée, mais, ce soir, son caractère raisonnable vous transporte. Vous rentrez, sombre et convaincu que vos relations avec France seront glaciales pendant quelques jours. À votre grand étonnement, vous éclatez en sanglots devant France, et elle devant vous. La soirée se termine comme vous auriez pu vous y attendre, par de tendres rapports sous la couette.

Ou bien, c'est le soir où vous êtes censés aller au théâtre. Pour une fois, Francis a daigné penser au souper. Cela vous irrite qu'il souhaite des félicitations pour quelque chose qu'il fait rarement mais qu'il devrait faire régulièrement. Il quitte la table avec un visage de martyr. Comble de malheur, il a égaré les billets de théâtre.

Comme vous vous y attendiez, sa frustration se traduit par une attaque contre vous. Vous tolérez sa petite crise jusqu'au moment où, dépassant les bornes, il s'en prend à votre sens de la réalité.

Pendant une seconde, vous envisagez la possibilité d'avoir égaré les billets. Puis, la rage vous prend: c'est ce que les hommes font toujours, c'est ce que votre père faisait à votre mère. Les hommes s'approprient la réalité. Lorsque Francis décide de verrouiller le tiroir et fourre la clé dans sa poche, c'en est trop. Aucun homme n'a le droit de dominer une femme de cette façon. Vous vous ressaisissez, quittez la maison en coup de vent et vous vous rendez dans un bar que fréquente l'un de vos collègues, un homme compréhensif. Il n'y est pas ce soir; vous rentrez à la maison puis forcez la serrure du fameux tiroir, en abîmant le vernis du meuble. Vous vous calmez dans votre lit, en passant en revue quelques dossiers que vous avez apportés à la maison, mais vous vous sentez désespérée au sujet de votre mariage. Plus tard, vous vous rendez compte que la présence de Francis vous manque; vous êtes émue lorsque vous l'apercevez qui, l'air idiot et contrit, passe la tête dans la porte.

* * *

Alors, Francis ou France, devriez-vous partir ou rester?

Permettez-moi de commencer en vous disant que je vois de la magie dans votre mariage. J'aime la manière dont votre infantilisme est étalé devant nous. J'aime la manière dont vous n'en démordez pas et la manière dont vous vous pardonnez mutuellement des écarts non négligeables. En vous écoutant, je me fie à une drôle de mesure: quelle est l'impulsion que j'essaie de réprimer, l'envie de sourire ou celle de pleurer? Je constate que je réprime un sourire. Je fais mention de l'attrait que présentent vos petites querelles pour dissiper votre anxiété. Je crois que le premier élément de votre question, «devrais-je partir?», est dans le couple l'équivalent de la lamentation qui se retrouve dans toute la psychothérapie individuelle, «suis-je fou?» Vous voulez savoir à quel point votre situation est grave.

J'ai vu bien pire. Vous avez peut-être grandi dans pire, et non seulement la norme suivante compte, mais elle est très exigeante: rendre votre union plus humaine que celle de vos parents. Étant donnée votre réussite dans d'autres domaines, et compte tenu de la chaleur et de la vivacité que vous dégagez devant moi, il semble que vous visiez peut-être encore plus haut que cela. Votre situation conjugale me fait penser à un étudiant universitaire dont l'avenir est prometteur mais qui n'arrive jamais à terminer sa thèse — son point fort, c'est son potentiel. La question qui se pose est la suivante: est-il probable que vous laissiez votre potentiel se réaliser?

Plutôt que de faire des pronostics, laissez-moi vous dire ce que je vois, parce que j'ai une impression en particulier qui est forte. Vous avez réussi le meilleur appariement qui puisse être. Vous avez épousé votre alter ego. Quel que soit celui d'entre vous qui se trouve dans mon cabinet, je dirai la même chose. Je vois deux personnes dont chacune se méfie des excès stéréotypés du sexe opposé et dont chacune évite de reproduire les excès stéréotypés du même sexe. Vous êtes tous deux, dans le sens de la culture romantique traditionnelle, unisexes — tous deux ordonnés, motivés, verbaux et empathiques, amateurs de baseball, de comédies musicales, de la routine domestique et des longues marches dans la forêt automnale.

Et vous concentrez tous deux votre attention sur de petites différences. La moindre expression d'un trait de caractère généralement attribué à un sexe ou à l'autre — Francis qui domine la négociation, France qui manifeste subtilement un certain manque d'organisation — suscite terreur et rage chez le partenaire. Vous me faites penser à la résonance en physique, phénomène par lequel un système physique en vibration peut atteindre une très grande amplitude lorsque la vibration excitatrice se rapproche d'une fréquence naturelle de ce système.

Voici ce qui m'inquiète: vous êtes à peine mariés. Vous partagez peu de choses, vous tentez de régler vos problèmes à l'extérieur du couple. Vous vous tournez vers l'alcool, peut-être pas très dangereusement, mais c'est quand même un signe. Vous vous êtes fait dire, par des thérapeutes et par des amis, que vous tolérez mal l'intimité et que cette intolérance n'est pas étrangère à la confusion de votre partenaire avec un parent. Votre mariage se nourrit de vos disputes.

La colère est la forme la moins élevée d'émotion, celle qui reste lorsque disparaît la capacité de tolérer l'amour, voire l'anxiété et la dépression. La colère est une forme d'intimité. Mais, pour vous, il y a autre chose. La colère rend la peur plus profonde: vous avez survécu à ce qu'un homme, ou une femme, peut faire de pire et vous êtes intact. En outre, la colère vous est familière, c'est un affect qui a imprégné l'atmosphère du foyer dans lequel vous avez grandi.

Rassuré par la colère, vous pouvez tolérer une plus grande intimité. (L'apitoiement sur soi-même joue un rôle analogue de modulation de la distance. En voici la séquence: approche, rejet, solitude confortable que donne le sentiment d'avoir été victime d'une injustice et, ainsi reconstruit, sentiment de sécurité permettant de nouveau l'approche.) Vous tolérez même l'infidélité, sachant que votre relation compte plus que tout et que les aventures ne sont qu'un autre moyen de moduler la distance dans le mariage. Mais si la sécurité ne peut être obtenue d'autres manières, vous devrez toujours vous en remettre aux disputes et aux trahisons. Bien entendu, ces lieux communs ne s'appliquent que dans une faible mesure. Vous vous situez au bas de l'échelle des mariages qui n'ont pas été consommés sur le plan émotionnel. J'ai connu un couple qui s'entretenait par de fréquents lancers de couteaux, méthode plus concrète de modulation de la distance.

Rien de tout cela ne répond à la question que vous avez posée. Compte tenu de votre désir d'avoir bientôt des enfants, le moment n'est-il pas venu de mettre fin à cette charade?

En anticipant ma consultation avec un demandeur de conseil, j'ai essayé le plus possible d'éviter les scénarios dans lesquels il y a des enfants à la maison, parce que mon opinion se fonderait davantage sur leurs besoins que sur ceux du parent. En raison des recherches menées sur les conséquences du divorce, il est moins probable que les thérapeutes prédiront que la fin d'un mariage difficile aidera les enfants; étant donné ce que je pense de l'appariement conjugal, j'ai tendance à m'inquiéter du fait que le divorce et le remariage fourniront aux enfants quatre parents inachevés plutôt que deux. Tout compte fait, le souci du bien-être des enfants serait un prétexte trop facile pour que j'esquive mon demandeur de conseil. Mais votre souhait d'avoir des enfants est autre chose. Il sert à rendre plus urgente — et peut-être à invalider — l'assertion selon laquelle vous devriez poursuivre la relation; si ce n'est que pour apprendre à mieux vous conduire dans votre prochaine relation. Si vous devez en arriver à la conclusion qu'il n'y a plus d'espoir pour cette relation, vous voudrez prendre la décision dès maintenant et passer à autre chose. Ainsi, vous devez renoncer à l'idée de vous servir de la relation comme d'un atelier ou d'une serre — d'un endroit où vous développer.

Bien entendu, l'affaire n'est pas si simple. L'image d'un enfant dans la maison influe sur toute idée que l'on puisse avoir de cette relation. L'un des éléments clés de l'art d'être parents, du moins c'est ce que l'on croit à notre époque, consiste à permettre à l'enfant d'être qui il veut. Cette propension à la tolérance semble absente dans ce mariage. Vous exigez que l'autre vous ressemble en tous points. Si les partenaires acquéraient la capacité d'accepter la différence, le ménage ne s'en porterait pas plus mal.

Vos appréhensions sont construites sur les stéréotypes sexuels qui constituent la langue véhiculaire de nos relations sociales. Vous ne pouvez tolérer les tentatives de Francis pour rendre son environnement ordonné et prévisible parce que vous voyez là un effort typiquement masculin, celui de s'approprier la réalité. Ou bien vous ne pouvez tolérer la désorganisation de France parce que, à vos yeux, le désordre dans le bureau d'une femme laisse présager une séduction à la Circé ou des bouffées de chaleur — stratagèmes de femmes pour mener les hommes par le bout du nez. Vous craignez les comportements stéréotypés.

La bonne nouvelle, c'est que vous avez épousé quelqu'un qui ne possède que peu des défauts généralement associés à son sexe. La plupart du temps, Francis manifeste une tendance à la sympathie et à la communication intime. La plupart du temps, France est ordonnée et méthodique. Inutile de vous inquiéter, vous ne serez pas submergé par l'autre.

Et la vraie bonne nouvelle, la voici: chez un partenaire, vous appréciez secrètement les qualités classiques de l'autre sexe — avec modération. Vous avez épousé quelqu'un qui vous a attiré précisément en raison de points forts associés à son sexe qui manquaient à vos anciennes fréquentations. Contrairement à ce que vous a dit votre thérapeute, France est votre mère ou Francis est votre père. Je veux dire par là que France est dotée d'une partie du flair de votre mère. Elle rend la vie intéressante. Francis possède un peu du caractère décidé de votre père. Il crée un monde autour de lui.

Il est compréhensible que vous fuyiez les personnes qui incarnent les défauts typiques de votre mère ou de votre père. En choisissant un partenaire qui présente des signes de flair — ou de détermination —, vous craignez d'avoir fait quelque chose de très névrotique. Moi, au contraire, je vois ce choix comme une preuve d'optimisme, de confiance en soi.

La manière simpliste de faire face à un parent importun consiste à l'oblitérer, à créer un triangle rigide entre vous, ce parent et un partenaire qui soit à l'opposé de ce parent. En choisissant le partenaire que vous avez choisi, vous avez eu le courage de reconnaître que, malgré les excès dont vous avez été témoin durant votre enfance, il y a du plaisir dans un partenaire élégant — ou audacieux. Vous êtes plus flexible parce que vous essayez de tolérer, voire d'apprécier, les traits du parent. Vous possédez des habiletés en la matière: vous savez comment traiter avec ce type de personne. Vous vous en tirerez mieux maintenant que durant votre enfance, mieux aussi que s'en est tiré le parent de votre sexe.

Souvent, l'exaspération que l'on éprouve pour l'autre sexe contient un élément d'envie. Par exemple: les femmes ont la vie facile, elles n'ont qu'à être mignonnes pour que le monde entier se jette à leurs pieds. Ou encore, les hommes ont la vie facile, le monde les laisse s'emparer sans le moindre scrupule de tout ce qu'ils veulent. N'est-ce pas une forme de victoire que d'avoir envié quelque chose pendant des années et de ne pas oblitérer cette chose mais de l'apprécier dans sa propre vie? Ne serait-ce pas un beau dénouement à votre histoire si vous en veniez à apprécier une femme (modérément) flamboyante ou un mari (modérément) catégorique? Ce genre de dénouement implique que vous transformiez votre identité, que vous acceptiez davantage d'être (modérément) exploité de la même manière que l'a été la victime dans le couple de vos parents; il pourrait y avoir du plaisir dans ce changement, le sentiment de détente que procure le relâchement de la vigilance. Peut-être que les concessions vous apporteront une plus grande satisfaction que si vous quittiez un partenaire exigeant pour en trouver un qui serait ennuyeux.

Je ne veux pas atténuer le défi que présente votre mariage. Personne ne peut être enthousiaste à l'idée d'ajouter des enfants à votre couple tel qu'il est actuellement. Mon optimisme a moins à voir avec votre comportement actuel qu'avec mon évaluation du problème. Celui-ci est en vous. Le problème ne réside pas dans le choix que vous avez fait, mais dans la façon dont vous vivez avec ce choix.

Ainsi la réponse, rester ou partir, dépend de ce que vous croyez ou non pouvoir changer. Vous dites que vous avez déjà essayé de le faire, mais en vain. Malheureusement, vous vous trouvez dans une situation où les petits efforts inconstants ne font qu'aggraver la situation. Ils sont considérés comme des ruses de femme ou comme une nouvelle preuve de ce que les hommes ne comprennent jamais rien.

Il y a, à mon avis, deux sortes de changements dont bénéficierait votre union: vous, vous devriez avoir moins peur de l'autre sexe, et vous, vous devriez être moins provocant, dans le sens où vous ne devriez pas sans raison faire exactement ce qui effraie votre partenaire. Si nous avons de la chance, ces deux-là seront les mêmes: vous êtes le type de personne qui, lorsqu'elle se sent plus sûre d'elle, cherche moins à dominer l'autre, ou vous êtes le type de personne qui, lorsqu'elle se sent plus sûre d'elle, semble moins frivole. Mais comment vous sentir plus sûr de vous lorsque votre partenaire se montre toujours si provocant? Votre conjoint éprouve les mêmes sentiments.

Qu'est-ce que cela veut dire, être moins provocant? Le secret réside dans la constance. Il ne suffit pas d'être gentil la plupart du temps et d'être parfois déconcertant, ou gentil au sujet des bouchons des boissons gazeuses et méchant au sujet des factures. Ce modèle de comportement est précisément celui que votre partenaire redoute, celui dont elle a été témoin durant son enfance — celui des réconciliations et des trahisons. La poétesse et dresseuse d'animaux Vicki Hearne a parlé d'une erreur que commettent fréquemment les gens avec les chevaux fous. Ces chevaux craignent la gentillesse parce que, tôt dans leur vie, un être humain qui leur a d'abord paru gentil les a maltraités ensuite. Approcher de tels chevaux avec gentillesse, c'est s'exposer au risque de blessures graves. Le réentraînement commence par l'adoption d'une attitude d'extrême fiabilité.

Votre partenaire n'est pas fou et vous n'êtes engagé dans le réentraînement de personne d'autre que vous. Mais il se peut que vos premiers efforts en vue d'une réconciliation éveille des soupçons. Si alors vous vous fâchez, surtout si vous réagissez au rejet par la provocation, vous aggraverez votre situation. Vous aurez prouvé à votre partenaire que votre gentillesse n'était que le prélude d'une agression, et à vous-même que l'effort ne sert à rien.

Je pense à la liste des maximes. Le stade où vous êtes arrivé n'est sans doute pas très loin du stade où vous devriez être. La personne que vous avez choisie témoigne de la personne que vous êtes. Changez suffisamment. Commencez par vous changer vous-même. Servez-vous de votre relation comme d'un endroit où vous développer. Attendez-vous à de l'inconfort.

Vous vous êtes enlisé à cause d'une série de réactions automatiques. Un billet égaré, ou l'accusation de l'avoir égaré, peut vous transformer en une parodie de vous-même. Vous êtes hyperrationnel et outré, on ne vous marchera certainement pas sur les pieds. Ce recours à un rôle familial familier est un automatisme, l'expression contrainte d'un moi dans lequel vous régressez lorsque vous rencontrez un obstacle. Cette attitude pue le manque de différenciation. Faire l'expérience de votre partenaire sans régresser, admirer ce que vous avez un jour critiqué, ce serait améliorer la différenciation de votre identité.

Faire un pas en direction de quelqu'un, ce n'est pas lui obéir. L'objectif n'est pas de devenir la personne que votre partenaire espérait que vous seriez. Cette sorte d'asservissement est une solution fréquente et dangereuse menant à la mésentente conjugale. Votre tâche ne consiste pas tant à faire des concessions qu'à apprécier — apprécier ce que vous observez déjà, ce que vous avez toujours su qui était vrai sur votre partenaire —, ce qui, à mon avis, constitue la meilleure garantie que vous ne retomberez pas dans l'exaspération pharisaïque. Vous n'avez pas à compromettre vos valeurs.

Voici une autre façon d'exprimer les choses. Le moment est venu de vous engager dans le changement que vous voulez opérer en vous. Il pourrait être utile de penser à ce que l'«engagement» veut dire dans les cours de ski. Quand on skie, on fait presque toujours porter tout son poids sur un seul ski à la fois; on s'engage à le faire porter sur le ski extérieur. Si vous avez pris cet engagement, vous devriez être en mesure de soulever le ski intérieur n'importe quand. Il ne porte aucun poids. Autre test: pouvez-vous sauter avec la jambe extérieure à n'importe quel moment du virage? Il existe des tests d'engagement analogues pour ce qui est des efforts consentis dans le mariage. S'engager, c'est ne pas se laisser décontenancer lorsqu'on trouve que les factures ont été jetées pêle-mêle dans le tiroir, c'est rester conscient de la personnalité de France dans toutes ses dimensions. Ou, lorsque Francis demande où sont les billets, c'est ne pas avoir le sentiment que tout l'air a été retiré de la pièce. Toutefois, mieux vaut peut-être, comme au ski, commencer par quelque chose de moins difficile. Pourriez-vous constater qu'une bouteille de boisson gazeuse a été mal refermée, voire pourriez-vous la refermer, sans avoir le sentiment qu'on vous a bafoué?

Vous essayez d'adopter une attitude «à l'épreuve des bombes». Je parle d'attitude envers votre partenaire. L'essence de la différenciation dans un mariage entre deux gouttes d'eau, c'est la double capacité de laisser l'autre être différent et d'être inconsciemment soi-même différent. (Voici ce que propose souvent l'un de mes collègues qui conseille des lesbiennes: cessez de porter les vêtements de votre partenaire et cessez de vous inquiéter lorsqu'elle ne porte pas les vôtres.) Vous arriverez peut-être à vous convaincre que le fait que votre partenaire ne se refuse rien la rend plus attirante. Vous vous sentez grand et important — comme si vous aviez chassé un gros gibier — lorsque France planifie un week-end de sybarites ou quand Francis vous aide à décliner une invitation à dîner qui ne vous intéresse pas. L'attitude «à l'épreuve des bombes» dont je parle consiste à prendre plaisir à ce que vous ne pouviez pas supporter auparavant, à être fier de ce que vous qualifiiez d'hystérie chez France, ou de machisme chez Francis. Je vous demande de vous souvenir de ce qui vous a autrefois charmé et excité chez votre partenaire.

Ce changement d'attitude devrait provoquer un changement chez l'autre. Au-delà de la pression «vers le haut» inhérente à la différenciation, il y a ceci: plus vous appréciez l'autre tel qu'il est, moins ce dernier a à se défendre ou à exagérer les aspects de son identité que vous craignez. Il se peut que France, si vous commencez à apprécier son style détendu, le délaisse quelque peu pour devenir plus organisée. Il se peut que Francis, une fois que vous aurez accepté qu'il organise le ménage, commence à trouver l'exercice un peu fastidieux et cesse de tout contrôler. À mesure que vous appréciez la différence de l'autre, celle-ci pourrait bien s'estomper; alors, une nouvelle négociation devra être amorcée. Il se peut aussi que les rôles associés au sexe deviennent plus élaborés. Vous sourirez devant la spontanéité de France, qui deviendra plus enjouée et plus insouciante. Francis, sous votre regard tolérant, gagnera encore en assurance. Vous apprécierez la différenciation fondée sur le sexe de l'autre. Il se peut encore que le mouvement se fasse latéralement, c'est-à-dire dans une direction qui ne soit pas directement reliée au sexe.

Et si vous étiez incapable de changer? Sur le chemin du retour à la maison, vous vous préparez. Mais, dès que vous apercevez la bouteille de boisson gazeuse décapsulée, vous pensez que France n'éprouve que du mépris pour vous. Elle est, si l'on emprunte la métaphore de Graham Greene, comme le bonbon de Brighton Rock, sans surprise à l'intérieur, irréfléchie, gaspilleuse et écervelée. Et méchante en plus. Vraiment méchante, et sachant très bien que vous n'êtes pas à l'aise avec les femmes étourdies, elle refuse de faire la seule chose que vous demandez d'elle. Puis vous vous rattrapez — vous vous rattraperez sûrement si vous êtes bien préparé — et vous vous dites qu'après tout il ne s'agit que d'eau pétillante sucrée, que vous devez rire de tout cela. Cette bouteille non rebouchée est le signe de quelque chose que vous avez toujours aimé en elle, une charmante distraction de sa part. Cette mise en perspective peut vous être utile, si elle se produit. Mais de telles pensées contre-poids ne vous viendront peut-être pas à l'esprit ou, même si elles viennent, vous constaterez peut-être que vous n'arrivez pas à digérer cette histoire de bouteille. Vos efforts ont échoué sur ce plan qui était pourtant le plus facile. Vous vous êtes découvert une limite personnelle que vous êtes incapable de transcender. Si l'on ne craignait pas de donner à cette expérience une interprétation trop importante, on dirait que vous avez entrevu votre angoisse existentielle.

Ces défis faciles à relever peuvent être dévastateurs. Je pense à un couple d'enseignants dévoués et populaires qui sont venus me voir au moment où leur union était sur le point de se disloquer. La femme était la plus conventionnelle des deux partenaires. Dans la vie de banlieusard du mari subsistait une partie de l'attitude décontractée qui avait été la sienne durant les années soixante, lorsqu'il était hippie. Il affirmait être généreux et, vu de l'extérieur, il était disponible et affectueux dans ses gestes. Mais sa femme le trouvait entêté. Tout généreux qu'il fût, il ne lui offrait pas ce qu'elle voulait de lui: la prévisibilité, un comportement social conventionnel et la volonté de la faire participer à la prise des décisions. J'ai demandé au couple si nous ne pouvions pas rouvrir la négociation sur un sujet simple et concret.

La femme a répondu que, oui, elle aimerait que son mari lui prépare parfois le dimanche matin des crêpes aux myrtilles, comme le font certains hommes. Peut-être savait-elle pourquoi cette suggestion n'était pas réalisable; peut-être savait-elle tout simplement qu'elle ne l'était pas. En l'occurrence, la femme a fait la preuve du manque de souplesse de son mari. J'ai demandé à ce dernier s'il estimait cette demande raisonnable. Sans élaborer sa réponse, il a dit que cette tâche lui répugnait, qu'elle faisait de lui le genre de mari qu'il n'était pas. Ma seule question lui a donné le sentiment que sa femme et moi nous nous liguions contre lui, que je ne comprenais pas à quel point il détestait les stéréotypes des rôles sexuels de la classe moyenne et toute notion d'asservissement. Pourtant, il a promis de faire ce que sa femme lui demandait.

Il ne l'a pas fait, et sa femme l'a quitté pour un homme plus conventionnel, quoique sans doute d'un caractère aussi difficile que lui. D'autres raisons expliquaient aussi cette rupture, celles qui en premier lieu avaient incité le couple à consulter un spécialiste. Mais la clarté de la preuve faite par l'histoire des crêpes avait compté. J'ai rencontré cet homme quelques années plus tard, il m'a dit qu'avoir refusé de faire des crêpes avait été la meilleure décision de sa vie.

Je raconte cette histoire pour mettre en lumière l'importance des petites choses insignifiantes mais lourdes d'émotion — l'adhésion d'Yves au club de natation, la décoration intérieure de Luce, les bouteilles non rebouchées de France. Se rendre compte de son incapacité de faire face à des détails aussi insignifiants, c'est prendre conscience de ses limites. Il m'arrive de penser que la méthode de Bowen — déplacer ses efforts sur la génération précédente, sur l'un des parents du patient — témoigne d'un certain génie. Si difficile que cela puisse être, ce l'est sans doute moins que de régler *hic et nunc* une histoire de crêpes.

Si vous êtes incapable de recadrer l'irritation que provoque en vous une bouteille de boisson gazeuse non rebouchée et de vous en tenir à ce recadrage, il est probable que vous partirez. Mais vous partirez l'esprit concentré sur vos limites intérieures. Les personnes qui partent de cette façon pourraient bien s'en tirer, soit seules, soit avec un autre partenaire. D'après moi, pour ce qui est de la bouteille débouchée, il suffirait que vous cessiez de voir dans cette histoire le risque de compromettre vos valeurs et y voyiez plutôt l'occasion d'affronter vos peurs (des femmes désorganisées, des hommes dominateurs) pour que vous choisissiez de rester et de persévérer malgré tout.

* * *

Que se passera-t-il si vous changez et que l'autre ne change pas? Tandis que vous recadrez les défauts de Francis, celui-ci prend de plus en plus de place — impérialiste territorial avançant sur tous les fronts. Ou bien France voit dans votre admiration la permission d'être extravagante. Si vous avez délibérément modifié votre attitude, vous pourriez choisir de rester et de poursuivre la négociation. Plus probablement, vous partirez, parce que la relation est encore moins prometteuse qu'avant. Une relation prometteuse est celle dans laquelle, lorsque vous vous transformez suffisamment, une réaction de réciprocité se produit.

Si vous partez, vous partirez armé d'une nouvelle habileté. Et une personne armée de nouvelles habiletés — différenciation, souplesse de perspective — se tirera toujours mieux d'affaire. Je soupçonne que vous aurez plus de chance dans vos relations futures, si c'est de cela qu'il s'agit. Un ami psychologue a un jour passé en revue son expérience clinique auprès des célibataires en concentrant son attention sur la question de la chance; il a conclu que la chance n'est que de la clairvoyance ou le résultat de l'apprentissage par l'expérience. Ceux qui ont repoussé les occasions de répéter leurs erreurs ont été chanceux. L'apprentissage par l'expérience — refuser de se laisser entraîner dans les impasses familières — est une autre caractéristique d'un renforcement de la différenciation. Un personnage du roman de Joyce Carol Oates, *What I Lived For*, dit: «La chance, c'est le courage.» Moi, je dirais que la chance, c'est la différenciation.

Le fait que je croie en cette chance explique en partie l'approche que je privilégie dans votre cas. Peut-être avez-vous suivi une thérapie de couple qui vous a incité à «investir dans la relation». Mais il arrive que les gens investissent trop et qu'ils doivent rester pour protéger leur investissement, oubliant le grand principe du jeu et de l'investissement selon lequel l'argent du pot appartient au pot. Puisque vous commencez par vous demander si vous ne devriez pas partir — puisque vous vous demandez si la relation est viable —, je souhaiterais que tous les investissements que vous faites soient du genre que vous pouvez emporter avec vous. Investir dans une relation peut vous donner des moyens d'agir dans la mesure où vous apprenez en même temps à raffiner votre habileté à établir une connexion. Ou encore vous pourriez préférer, dans le contexte de la relation, concentrer votre attention sur l'autonomie. Si je vous propose de rester, je voudrai que ce geste de votre part implique un investissement qui améliore votre chance.

Je doute que vous aurez besoin de ce genre de chance. Vos efforts devraient entraîner une réaction. Vos liaisons occasionnelles ou le petit verre de trop que vous prenez de temps à autre en disent plus long sur votre capacité limitée de tolérer l'intimité ou de faire face aux frustrations que sur la pertinence de votre mariage. Vous avez contribué à créer une union qui se situe à la limite même de vos habiletés sociales, ce qui est toujours bon signe. Et vous êtes bien apparié avec votre conjoint pour ce qui est du degré de différenciation, qu'il s'agisse d'autonomie ou de connexion. Francis ou France, voilà la personne que vous choisiriez si seulement vous arriviez à tolérer un peu de différence.

Et si votre mariage n'était pas celui de deux gouttes d'eau, mais celui des contraires qui se sont attirés, celui des deux éléments incomplets qui composent un seul «être» complet? Ils existent ces ménages de séries télévisées composés d'un mari insensible mais compétent, et d'une femme sensible mais sans esprit pratique. Les hypothèses que je formule seraient-elles différentes? Dans ce cas, la priorité ne serait sans doute pas tant de tolérer l'autre que de se permettre de lui ressembler et de récupérer un potentiel qu'on a refusé d'admettre.

Dans toute relation, l'anxiété ou le conflit a tendance à inspirer un repli sur ses positions caractérielles — la personne légèrement passive devient tout à fait passive, et la personne active, tout à fait active. La différenciation est souvent un changement qui va à l'encontre des habitudes et du tempérament, mais qui aboutit à un répertoire plus vaste de réactions. Dans le cas de la personne habituellement généreuse et complaisante, la différenciation implique une retenue; dans celui de la personne habituellement passive et non engagée, elle implique la prise de l'initiative. Ce changement est particulièrement approprié — il rehausse l'identité personnelle — dans une culture qui croit que le tempérament est moins l'expression d'un fantasme inconscient qu'affaire de hasard génétique; aller à l'encontre du tempérament, ce n'est pas trahir une identité soigneusement développée. Apprécier le tempérament des autres et les traits de caractère que l'on a supprimés chez soi, ce n'est pas de l'abnégation mais bien l'expansion du possible. Le truc consiste à agir en fonction de l'examen et de la transformation des besoins en tant qu'expression d'espoir plutôt que de renoncement. Ces pénibles efforts rapportent parfois de grands dividendes, en laissant émerger dans la relation l'apparemment naturel.

En fin de compte, l'urgence que suscite le tic tac de l'horloge biologique ne change pas grand-chose à ce que je pourrais vous dire au cours d'une brève consultation. Y a-t-il quelque chose que je pourrais apprendre sur l'un de vous et qui m'inciterait à vous donner un conseil différent? Bien entendu, ce mariage peut sembler vivant à vos yeux et mort aux miens. Ou une trahison qui vous paraît bien ordinaire peut être pour moi le signe d'une personnalité irrémédiablement endommagée. Il y a toutes sortes de «décisions serrées» à prendre — un peu comme l'homme qui rentre chez lui et qui surprend sa femme en flagrant délit d'adultère avec le voisin et qui dit: «Je commence à soupçonner quelque chose.» Toutefois, si vous avez été aveugle à des signaux pourtant clairs dans votre vie intime, ou si vous avez choisi de les ignorer, il nous faudrait comprendre pourquoi. Dans une culture — chez une espèce, peut-être — où la plupart des gens sont si précis lorsqu'ils se cherchent un partenaire, comment se fait-il que vous, qui possédez les nombreux points forts qui ont incité mon mentor à faire référence à vous pour cette séance de consultation exceptionnelle, comment se fait-il donc que vous vous soyez trompé quant au vôtre?

Humeurs

13

Force majeure

SONGEZ À cette série de couples: Bill et Hillary, George et Barbara, Ronald et Nancy, Jimmy et Rosalyn, Gerald et Betty, Richard et Pat, Lyndon et Lady Bird, John et Jackie. Ces «paires» sont tout à fait différentes les unes des autres, mais il est facile de dire que chacune était bien assortie pour ce qui est de la différenciation. Il semble même y avoir dans bon nombre de ces couples publics d'autres correspondances, par exemple celle du degré d'insécurité ou d'estime de soi, et d'autres traits communs comme la conscience morale, l'aisance en société, l'avidité et l'ambition.

Les archives de la mémoire contiennent toutefois les images de coupes incongrus. Si Murray Bowen avait raison de dire que tous les mariages se contractent entre personnes ayant atteint le même degré de différenciation, il s'ensuit que Marilyn Monroe était aussi mûre sur le plan psychologique qu'Arthur Miller. On pourrait dire: elle possédait des points forts mystiques, elle a ensorcelé ses biographes; lui, de son côté avait aussi des faiblesses qu'il reconnaissait. Un certain nombre de considérations — classe sociale, niveau d'instruction, lentille déformante de la publicité — font qu'il est difficile de comparer le degré de maturité de ces deux personnages. Pourtant, cette thèse manque de validité. Ou de validité du point de vue de l'esprit et du corps — l'esprit de Miller étant moins apparié à l'esprit de Monroe qu'à son corps.

Marilyn Monroe semble avoir été une victime du manque de différenciation. Mue par l'insécurité, incertaine dans ses valeurs, désireuse de plaire, facilement influencée par son entourage, elle avait besoin de drogues, d'alcool et de liaisons humiliantes pour stabiliser un sentiment d'identité fragile. En revanche, Miller, du moins dans sa vie publique — quand en plein maccarthysme il a écrit *Les Sorcières de Salem*, par exemple —, semble avoir été un homme capable de préserver son autonomie malgré des pressions extrêmes. Si on l'observe sous un jour banal, il s'agit d'un mariage entre une femme dont la différenciation est médiocre et qui exploite ses autres atouts — sex-appeal, beauté, gloire — pour gagner le soutien de quelqu'un dont la maturité l'impressionne ou, vu sous l'angle opposé, c'est un mariage entre un homme qui, en contrepartie de sa différenciation, obtient non pas une égale mais une icône.

Il nous est peut-être impossible d'évaluer l'union Monroe-Miller. Mais l'apparence publique qu'elle donne représente quelque chose qui se produit sûrement dans la vie privée: la différenciation le cède à la force majeure. On se choisit un partenaire pour des raisons qui n'ont rien à voir avec la maturité, une extraordinaire beauté en étant l'exemple courant. Lorsque nous disons: «Je me demande ce qu'elle lui trouve», et qu'il s'agit d'une disparité d'apparence, nul besoin de nous demander ce qu'il voit en elle. Il voit ce que nous voyons, qui n'est que superficiel, et nous comprenons qu'il n'a peut-être pas vu d'autres qualités chez cette femme précisément à cause de ce trait-là.

Pourtant, je me demande si la beauté constitue si souvent que cela un cas de force majeure. Lorsque je vois le magnat des affaires accompagné de sa femme-trophée, ils m'apparaissent souvent comme parfaitement appariés. Calmez la femme-trophée agitée, et le magnat au torse bombé se dégonflera dans son bureau. Examinons la situation sous l'angle du marché qu'a fait la personne physiquement attrayante. Généralement, je suis étonné de constater que la beauté se vend pour si peu. En fait, il semble que la femme d'une grande beauté court le risque, si le sens de son identité est faible, d'épouser un homme moins solide qu'elle sur le plan émotionnel, en réaction aux flatteries concrètes d'hommes narcissiques, qui discutent de façon experte de leur vide intérieur et qui ont besoin de la beauté d'une femme pour se protéger de leur propre insécurité.

Pourtant, ce n'est pas seulement la beauté, mais aussi la richesse, la puissance, l'intelligence, les réussites, la classe sociale et les aptitudes sociales qui doivent causer le plus souvent des incongruités dans l'appariement psychique. Le partage d'une expérience particulièrement troublante, que personne de l'extérieur ne peut comprendre — la guerre ou l'internement politique, par exemple, ou, sur un plan plus quotidien, la mort d'un conjoint ou la lutte contre l'alcoolisme — peut parfois être un cas de force majeure. Mais, des problèmes plus fréquents et plus complexes de mauvais appariement résultent de variations extrêmes de l'humeur. La dépression est une forme courante de force majeure.

C'est ici que je travaille. Les personnes souffrant de problèmes d'humeur constituent la majorité de ma clientèle psychiatrique, et la constituaient avant que je publie *Prozac: Le bonheur sur ordonnance?* Murray Bowen considérait la dépression, voire la vulnérabilité à la dépression, comme un signe de non-différenciation. Sa thèse est la suivante: le spectre santé-maladie est un spectre d'autonomie, le trouble mental est dû à la non-différenciation et la différenciation, c'est la santé mentale. Voilà une façon de voir les choses, s'attendre à ce qu'un homme dépressif, mais par ailleurs mûr, épouse une femme manquant quelque peu de maturité.

Toutefois, la maturité et la stabilité de l'humeur semblent souvent exister sur deux axes différents, ou être en corrélation de manière complexe. Un homme dépressif peut être mûr — sûr de ses valeurs, affirmé, connecté sur le plan émotionnel, et ainsi de suite — sauf lorsqu'il est en état de dépression. Cet homme a deux niveaux distincts de différenciation. Celui qui le caractérise la plupart du temps, lorsqu'il n'est pas déprimé, lui semble et me semble être sa «vraie identité», si l'on ne définit pas ce concept si difficile à défendre. Il est peu probable que cet homme se sente compatible avec une épouse immature, et pourquoi le devrait-il?

Les gens font souvent des choix, voire se marient, lorsqu'ils se trouvent dans un état mental sortant de l'ordinaire. C'est ainsi que se forment les liens affectifs dans notre monde hyperprudent; il faut de l'euphorie ou du désespoir pour que l'on fasse le saut. Le narcissique, qui considère que personne n'est à sa hauteur, daignera parfois se marier lorsqu'il est déprimé; ce mariage peut signifier pour lui une fin heureuse à des années d'isolement. Mais la plupart des unions se font sans doute durant des périodes d'euphorie. C'est lorsque les gens oublient la forêt pour voir l'arbre — lorsqu'ils n'ont plus de perspective — qu'ils font le grand plongeon. Dans ces conditions où le regard est trop centré et trop intense, il arrive que les gens se choisissent un partenaire qui leur convienne parfaitement. Dire qu'un homme était déprimé, voir maniaque, lorsqu'il a choisi sa femme ne prouve rien. Les personnes sujettes aux variations extrêmes de l'humeur font parfois de mauvais choix ou du moins, regrettent plus tard le choix qu'ils ont fait. Mais c'est peut-être le regret, et non le choix initial, qui résulte de la dépression.

Bien entendu, la dépression peut être causée par le mariage. Les personnes insatisfaites de leur union ont tendance à être déprimées. Des recherches le confirment et les chiffres sont élevés: la moitié des femmes malheureuses dans leur relation première sont déprimées; les hommes et les femmes engagés dans des relations difficiles sont 25 fois plus susceptibles d'être déprimés que ceux dont la relation fonctionne bien. Et ces résultats ne tiennent pas compte des dépressions mineures, des manies ni des cas où l'union malheureuse s'est contractée durant un épisode dépressif antérieur. Ainsi, la combinaison mécontentement conjugal et trouble de l'humeur est extrêmement fréquente. Étant donné que vous me demandez si vous devriez ou non partir, il y a plus d'une chance sur deux que vous ou votre conjoint soit ou ait été déprimé.

Toute description d'un couple dysfonctionnel qui ne tient pas compte de la dépression est de prime abord inadéquate. Dans chaque cas, il faut se demander quelle est la cause et quel est l'effet de la situation. La séparation va-t-elle améliorer les choses ou les aggraver? (Freud a mal répondu à cette question dans le cas de Frink, lorsqu'il a convaincu ce patient maniaco-dépressif de quitter une épouse apparemment peu excitante et que ce dernier est par conséquent tombé dans une psychose paranoïde.) L'évaluation d'un mariage lorsque les fluctuations d'humeur sont en cause requiert un œil parfaitement détaché. La prémisse à respecter, lorsque quelqu'un nous demande de l'aide professionnelle, c'est que le jugement de cette personne n'est pas fiable ou qu'il ne l'a pas été à une certaine époque.

Mis à part la dépression sévère et la manie, toutes sortes de troubles de l'humeur mineurs et souvent chroniques menacent l'individu. Beaucoup de sujets souffrent d'une «sensibilité au rejet» ou d'une «angoisse de séparation» adulte, c'est-à-dire que la fin d'une relation entraîne pour eux une période profondément douloureuse sur le plan affectif. Ces tendances créent des déséconomies sur le marché de l'intimité: les êtres restent englués dans des relations qu'ils savent être mauvaises pour eux. (Il en va de même pour les personnes extrêmement timides ou atteintes de phobie sociale: elles trouvent parfois difficile de rompre une relation, conscientes qu'il leur sera pénible d'amorcer la suivante.) Une femme sensible au rejet se développe sur le plan émotionnel et, même lorsque ce développement ne se produit pas chez son partenaire, elle reste incapable de le quitter.

Les personnes sujettes à ces variantes mineures des troubles de l'humeur ne peuvent pas réaliser leurs propres souhaits. Comme les femmes battues, elles craignent les conséquences de leur départ; comme les personnes atteintes de la maladie de Parkinson, elles n'arrivent pas à passer à l'action. Elles ont besoin de renforcer leur identité, de s'affirmer davantage et de recevoir des encouragements. Le fait qu'Anne anticipe beaucoup de détresse si elle quittait Mathieu — elle se souvient de la douleur de son divorce — doit peut-être m'inciter à lui conseiller de rompre avec lui; lorsqu'une personne qui craint les ruptures a le moindrement envie de rompre, il faut lui donner une petite poussée dans le dos.

Pendant des années, les répercussions sociales de l'humeur m'ont intéressé. Que dire à une femme déprimée qui se plaint de ce que sa relation soit la cause de sa dépression ou d'un homme déprimé qui affirme que tout ce qui le soutient, c'est son mariage vacillant? Il y a quelque chose de touchant dans l'interaction des troubles de l'humeur et des troubles de l'intimité. Je trouve bouleversant qu'un mariage se disloque à cause d'un trouble de l'humeur non diagnostiqué ou, à l'inverse, qu'un trouble de l'humeur non diagnostiqué fasse en sorte qu'une relation destructrice s'éternise. Je ne serais pas étonné que ce soit ce type de cas que Lou m'ait envoyé.

Peut-être que si l'effet de l'humeur sur les choix sentimentaux est si alarmant, c'est parce qu'il donne lieu à des histoires prêtant aux interprétations les plus disparates.

À un moment où elle sent qu'elle est solide et qu'elle a du ressort, une femme — Émilie — en arrive à croire que, pendant des années, elle a souffert de crises intermittentes de dépression. Cette conclusion colore l'idée qu'Émilie se fait de son insatisfaction conjugale. Avec le recul, elle croit qu'elle s'est mariée durant une période de dépression, pendant qu'elle se trouvait dans un état altéré: viscéralement inquiète et à ses propres yeux laide de corps et d'esprit. Dans cet état de vulnérabilité, elle a pris la décision de s'unir à un homme — Denis — apparemment stable, honnête et sans danger pour elle. Aujourd'hui qu'Émilie se sent mieux, Denis lui apparaît différent: elle interprète aujourd'hui sa rectitude comme de l'entêtement.

Denis est constamment indigné par l'ingratitude des autres. Mais, là où il voit des trahisons en noir et blanc, Émilie voit des zones grises: elle comprend la situation du point de vue des uns et des autres. Elle considère les réactions excessives de Denis comme des signaux sur la manière dont il réagirait à une déloyauté de sa part à elle. Elle lui est reconnaissante de l'avoir soutenue lorsqu'elle en a eu besoin, mais il y a des limites à cette obligation. Elle rêve de trouver l'âme sœur et elle sait que ce n'est pas Denis.

Occasionnellement, Émilie perçoit un léger assouplissement dans l'attitude de Denis, un désir d'être sur la même longueur d'onde qu'elle, maintenant qu'elle a retrouvé tout son ressort. Mais cela est loin d'être suffisant, surtout qu'elle le soupçonne d'être disposé à lui enfoncer la tête sous l'eau afin de retrouver la vie qu'ils menaient à deux du temps où elle lui était plus dévouée.

Émilie croit que, à l'époque où elle était déprimée, elle s'est vendue trop bon marché. Le désespoir l'a convaincue qu'elle aimait Denis. Affranchie de sa dépression et se découvrant sans amour, elle a le sentiment qu'elle devrait mettre fin à sa relation avec Denis. Elle souhaite le quitter. Mais, comme elle a un jour pris la mauvaise décision, elle doute de son propre jugement dans les affaires de cœur. N'est-il pas raisonnable qu'Émilie se tourne vers quelqu'un qui connaît bien la dépression et lui demande: le moment est-il venu de quitter Denis?

L'histoire d'Émilie me fournit ce qui doit être la plus belle occasion de donner un conseil: un mauvais appariement des différenciations dû à une perturbation transitoire de l'identité. Mais cette histoire, même imaginée à grands traits, laisse place à un doute. La révélation qu'a eue Émilie au sujet de son trouble de l'humeur me met mal à l'aise, tout comme son envie de limiter rapidement les dégâts. Avant de conseiller Émilie au sujet de Denis, je voudrais en savoir davantage sur l'historique de ses humeurs et de ses liaisons.

De notre conversation, il se pourrait que j'apprenne qu'Émilie, durant toute sa vie adulte, a ricoché d'une relation à une autre. Depuis l'adolescence, elle a tendance à avoir besoin des autres, à s'en remettre à un amant, à s'orienter vers l'engagement pour ensuite faire un pas en arrière. Ses sentiments changeants à l'endroit de Denis suivent un modèle enraciné. Si c'est le cas, je pourrais imaginer qu'Émilie ferait bien d'acquérir la capacité de se sentir à l'aise en présence d'un homme imparfait envers qui elle a des obligations, ou de tolérer toute une gamme d'états affectifs sans agir impulsivement. Rester auprès de Denis et modifier son identité pourrait être une démarche convenant à Émilie, surtout si l'état antérieur qu'elle appelle dépression peut être du coup compris comme étant un ensemble de sentiments de panique déclenchés par la solitude et remplacés par d'autres sentiments de panique (déclenchés cette fois par l'impression qu'elle est supérieure à l'autre ou par l'impression d'un mauvais appariement), une fois que la solitude est remplacée par l'intimité. Peut-être que si sa femme était plus raisonnable, Denis pourrait se concentrer moins sur son devoir et se comporter des façons qu'Émilie trouve attirantes. Les efforts que fait Émilie en vue d'accepter ses propres sentiments, surtout s'ils suscitent une modification du comportement de Denis, pourraient même réduire l'amplitude de ses variations d'humeur.

Il se peut toutefois que ces efforts ne la réduisent pas. J'ai vu des cas de ce qui semblait être de l'inconstance ne se régler qu'au moyen de médicaments. Chez certains patients, l'enchaînement répétitif de l'approche et de l'évitement doit parfois être considéré comme un trouble cyclique de l'humeur. Pour imaginer la plus mécanique des corrélations, disons ceci: Émilie pourrait bien se rapprocher des hommes l'hiver pour s'en séparer ensuite au printemps, ou vice-versa. Il est peu probable que l'alternance soit si précise, mais l'analyse attentive des antécédents du patient révèle parfois un modèle de comportement.

Pourquoi Émilie est-elle allée jusqu'à épouser Denis? C'est sûrement parce que Denis, plus que tous ses anciens amoureux, possède des qualités qui correspondent à ses besoins et à ses désirs. Mais il se peut que ce ne soit que parce que, tandis qu'elle fréquentait Denis, Émilie a par hasard constaté une modification dans la profondeur et la durée de ses dépressions récurrentes — un changement dans l'intensité de sa démoralisation et de son impulsivité — et que cette humeur prolongée l'a poussée à passer des fréquentations frivoles au mariage.

Émilie demande à ce qu'on la regarde dans une certaine perspective, qui attribue ses problèmes sociaux à un trouble de l'humeur autonome. Son récit doit être pris dans une attitude fictive, mais peut-être est-ce simpliste. Pourtant, la version d'Émilie doit être respectée, non seulement parce que c'est la sienne, mais parce qu'elle est peut-être la bonne, et la bonne dans le sens qu'elle balaierait toutes sortes d'autres considérations.

14

Enfant de Bohème

CE QUI SEMBLE ÊTRE un problème de socialisation est en réalité un problème d'humeur. Ce type d'énoncé émerge d'une perspective centrée sur la psychiatrie, qui traite l'humeur comme un phénomène discret. Dans sa version extrême, cette perspective relève du matérialisme psychologique, selon lequel une humeur aberrante est le plus utilement comprise comme l'expression d'une biologie cérébrale perturbée. La dépression ou la manie, ou l'alternance des deux, est vue comme l'expression d'une condition physiologique qui donne lieu à une série typique de comportements sociaux. Même les psychiatres qui ont une vision plus complexe ou plus agnostique des origines de la dépression vont probablement considérer certains états d'humeur comme stables, difficiles à modifier et profonds dans leurs effets sur le fonctionnement social. Les psychiatres expliquent cela tout simplement: lorsque vous êtes déprimé, votre différenciation s'en trouve réduite; lorsque vous redevenez vous-même, vous vous rendez compte que votre comportement de déprimé ne vous a pas servi. Mais quel est celui des deux états qui rend un mauvais service? La dépression peut vous amener à accepter un partenaire qui ne vous convient pas; elle peut aussi vous pousser à quitter un bon partenaire.

Beaucoup d'études indiquent que le divorce déclenche la dépression. Moi, je crois que, au moins tout aussi souvent, la dépression, non diagnostiquée, est antérieure au divorce et en est la cause. Lorsqu'un patient découvre toutes sortes de défauts dans un conjoint ou un amant, ou lorsqu'il estime tout à coup urgent de régler d'anciens griefs, je trouve utile de considérer un trouble de l'humeur comme une explication possible à la situation. Même les troubles mineurs de l'humeur peuvent provoquer un profond sentiment d'insatisfaction dans la relation, et les troubles mineurs de l'humeur sont parfois insidieux. Lorsque Émilie déclare qu'elle ne veut plus de Denis, je vais jusqu'à me demander si elle ne serait pas déprimée de nouveau, soit d'une manière partielle, soit d'une manière atypique.

J'ai souvent l'impression que je pourrais remplir mon cabinet jour après jour de patients qui cessent d'être amoureux de leur conjoint, tant cette plainte est fréquente. Généralement, le scénario se déroule ainsi. Un jeune couple a depuis longtemps entrepris de fonder une famille — même si ce n'est qu'à une certaine distance que cette initiative semble avoir été prise il y a longtemps. Ce couple vient d'avoir son second enfant et, aux yeux de l'un des conjoints — ce pourrait être l'un ou l'autre, mais je choisis le mari —, cette étape représente le début de la vie familiale. Jusqu'à ce moment-là, le mari avait l'impression d'être célibataire, une femme et un premier enfant n'étant qu'un élégant équipage pour le célibat psychologique. Avec la naissance d'un second enfant, il découvre qu'il est pour toujours mari et père. Puis, un jour, il rentre à la maison et annonce qu'il n'est plus amoureux et qu'il s'en va définitivement.

Il se peut qu'il soit incapable de se souvenir des raisons qui l'ont fait tomber amoureux et de ce que c'est que d'être amoureux, mais qu'il soit désormais convaincu que sa femme est un fardeau, qu'elle est ennuyeuse, qu'elle est la malheureuse victime de l'illusion qu'il avait de savoir ce qu'est l'amour. Ou il se peut qu'il ne soit plus amoureux de sa femme mais qu'il le soit d'une autre, moins domestiquée, moins encroûtée. Et cet amour peut être réciproque ou non.

Les mariages sont des mariages de familles. Les grands-parents des enfants s'en mêleront. Peut-être se feront-ils une joie d'envenimer le désaccord. Plus probablement, ils essaieront de recoller les pots cassés. Avec le temps, ils insisteront pour que les partenaires essaient de résoudre leurs difficultés en consultant un spécialiste. Le mari assistera aux consultations, non qu'il croie qu'elles puissent avoir quelque utilité, mais parce qu'il s'en sent l'obligation devant sa femme et les membres de la famille. Il sait qu'il est inconvenant pour un homme dans la fleur de l'âge de quitter femme et enfants sous prétexte qu'il n'est plus amoureux.

Le conseiller du couple expliquera la situation du mari en recourant à une formule quelconque: angoisse face à l'engagement, crainte de la paternité, anxiété œdipienne par rapport au mariage maintenant que sa femme est mère, répugnance à renoncer aux libertés de l'adolescence et sentiment d'être négligé par sa femme qui consacre maintenant son énergie à ses enfants. L'une ou plusieurs de ces explications sembleront tout à fait pertinentes. En réaction aux interprétations de l'analyste, l'épouse modifiera peut-être son comportement en flirtant comme avant avec son mari, les grands-parents inquiets garderont les enfants dans l'espoir qu'une seconde lune de miel rallumera l'amour entre les parents ou, du moins, resserrera les liens qui les unissent encore.

Tout cela se révèle vain. Insensible aux efforts consentis pour lui, le mari répète à qui veut l'entendre qu'il ne s'agit pas d'angoisse œdipienne ou autre, mais qu'il n'est tout simplement plus amoureux de sa femme. Comment réagir? Tout le monde sait sans le dire qu'au sein d'un couple l'engouement pour l'autre finit par faire place à des émotions d'ordre plus domestique. Pourquoi ce mari ne fait-il pas ce que la plupart des gens font, c'est-à-dire se contenter du possible? Certains amis lui envieront peut-être secrètement son acharnement à vivre une passion.

Les séances d'orientation conjugale échouent; pourtant, il semble encore à l'épouse et aux grands-parents que quelque chose ne va pas et que ce quelque chose pourrait être réparé. Les grands-parents offriront peut-être de payer une consultation chez un psychiatre. Le mari fera peut-être lui-même ce choix, pour prouver une fois pour toutes que tout va bien ou parce que toutes ces histoires ont semé le doute dans son esprit. Même s'il reste pas mal certain de ses sentiments — il ne ressent plus d'amour pour sa femme —, il est disposé, avant de demander le divorce, à faire appel à un autre avis extérieur.

Si vous êtes le mari patient, patient dans le sens où vous avez enduré l'attention non sollicitée que vous ont accordée vos parents, la belle-famille et des professionnels de la santé mentale, qui tous ont refusé de voir les choses comme vous les voyez, c'est-à-dire comme la fin d'un amour, vous entrerez peut-être en contact avec moi, me demandant de confirmer ce dont vous êtes convaincu: que votre mariage est terminé.

Lorsque vous me raconterez votre histoire, je serai à l'affût de signes décelant un trouble de l'humeur. Vous ne répondez pas aux critères de la dépression sévère, pas même à ceux de la dysthymie, terme privilégié pour désigner la dépression mineure. Vous ne vous plaignez pas d'une dépression non plus, seulement de ne plus être amoureux de votre femme et d'être envoyé à gauche et à droite parce que personne ne vous croit. Pourtant, je répéterai mon petit mantra, «la dépression cause le divorce tout aussi souvent que le divorce cause la dépression», et j'essaierai de voir la situation à travers la simple lentille du trouble de l'humeur.

Autrement dit, je serai comme les autres, j'évaluerai la situation autrement que vous le faites. Je commencerai par émettre l'hypothèse médicale voulant que les choses courantes sont courantes; et, dans des cas comme le vôtre, le trouble de l'humeur est une chose courante. Pour l'instant, je ne suis qu'accessoirement intéressé par la cause de votre dépression, bien que, si personne ne l'a encore fait, je sois disposé à vous envoyer faire un test de la fonction thyroïdienne et des autres causes possibles de l'altération de l'humeur. Il se peut que je croie l'une ou plusieurs des hypothèses émises par le thérapeute de couple; la fondation d'une famille suscite des sentiments difficiles, et les sentiments difficiles peuvent déclencher la dépression, terme par lequel je désigne une «entité» substantielle qui va au-delà d'un simple assemblage de sentiments. Je me concentre sur cette entité, dont je veux vous voir débarrassé. Mon but est de vous faire retrouver la forme rapidement, avant que votre femme et vos enfants ne se retournent contre vous et que nous ayons ces problèmes-là de plus à régler. Je veux que vous ayez la possibilité de redevenir vous-même, en supposant pour l'instant que vous ne l'êtes plus.

Voici comment je m'attends à voir votre situation. Votre absence de sentiment amoureux actuelle est une espèce d'anhédonie — incapacité d'éprouver du plaisir —, et cette anhédonie est une parente biologique, voire l'équivalent, de la dépression. Personne n'a identifié votre affection comme étant de l'anhédonie parce que vous avez dit avoir hâte de vous adonner à certaines activités auxquelles vous prenez plaisir. Mais j'ai tout de même tendance à dire que vous souffrez d'une anhédonie sévère.

Vous protesterez. Vous direz peut-être que vous vous intéressez encore à vos affaires, mais je dirai que vous êtes tout simplement en train d'échapper à vos relations avec la société en vous enterrant dans votre travail. Qui plus est, ce qui vous attire dans le travail n'est pas le plaisir mais la compulsion, autre phénomène concomitant de la dépression.

Vous arguerez alors que vous n'êtes pas anhédonique dans les affaires de cœur, comme le prouve votre passion pour la femme libre qui habite près de chez vous. Je connais cette voisine; certains de mes autres patients m'ont donné une impression claire de cette femme — elle gère une boutique et vit depuis de nombreuses années dans la même maison de banlieue —, que j'appelle La Carmencita. Cette Carmen-là aime l'action, les complications, les intrigues, les hommes mariés. Dès que votre tumulte familial sera apaisé et que vous serez dans la rue, vous ne tiendrez pas plus d'un mois avec elle. Lorsque vous dites avoir besoin de Carmen pour vous exciter, vous dites que votre capacité hédonique est si réduite qu'une très vive stimulation est nécessaire pour vous remuer le moindrement. Nous savons que les hommes plus âgés ont besoin de femmes plus jeunes, non pas parce qu'ils sont encore verts, mais parce qu'ils ne le sont plus et qu'ils ont besoin de quelque chose de «spécial» pour être stimulés. J'ajouterais que, dans votre cas, c'est votre diffidence (lire anhédonie) qui a fait que cette femme pleine d'entrain vous a remarqué. Je considère Carmen comme l'une des meilleures diagnostiqueuses, cent fois plus sensible aux frémissements de la dépression que n'importe quel algorithme.

De plus, dans votre état légèrement déprimé, votre différenciation est réduite. Même si vous ne le reconnaîtrez jamais, vous vous sentez indigne de votre femme, moins capable qu'elle de prendre de bonnes décisions. Vous lui laissez de vastes territoires décisionnels, parce que vous vous sentez lent d'esprit, puis vous lui en voulez de tout dominer. Vous vous sentez particulièrement vulnérable dans la famille parce que votre femme, dont le côté fringant vous réjouissait naguère, n'a pas encore compris que vous êtes trop amoché pour vous défendre, qu'elle vous écrase en prenant le contrôle dans des domaines où vous aviez l'habitude de résister à ses empiètements. Dans votre état légèrement déprimé, vous avez glissé, temporairement, au niveau émotionnel de Carmen.

Il en sera de même pour toute autre objection que vous pourrez soulever. Vous aimez encore passer du temps en compagnie de vieux amis? Oui, mais parce que vous buvez et jouez ensemble; compulsion et surstimulation. Ce que vous trouvez auprès d'eux n'est pas du plaisir, mais une trêve à la douleur et au vide.

Et qu'allons-nous penser du fait que vous êtes disposé à rompre le contact avec vos enfants, que vous dites adorer? La vérité, c'est que vous n'arrivez plus à ressentir de plaisir nulle part ni avec personne. Lorsque vous dites éprouver du plaisir dans tel ou tel contexte, c'est que vous avez oublié ce que c'est que le plaisir.

Le fait même que vous soyez disposé à vous présenter au cabinet de toute une clique de professionnels de la santé mentale indique une certaine complaisance ou un automatisme qui suffit à rendre un diagnostic officieux. Protestez tant que vous le voudrez, j'affirme que vous êtes anhédonique, que vous êtes déprimé.

Il y a au moins une perspective que j'adopterai. L'idée que la dépression, même mineure, a souvent une vie qui lui est propre, qu'on peut s'attaquer directement à elle — parfois même sans se préoccuper de ses causes psychologiques —, est l'une des rares contributions caractéristiques de la biopsychiatrie au conseil dans les affaires de cœur.

Cette contribution est importante parce qu'elle fait fi de toutes les considérations que l'on mentionne généralement lorsqu'on discute de la viabilité d'une relation. Un patient peut me dire que lui et sa femme communiquent mal, qu'ils trouvent leurs relations sexuelles ennuyeuses, qu'ils sont en désaccord sur des objectifs de carrière ou d'éducation des enfants, ou encore sur des préceptes religieux ou moraux, qu'ils n'ont plus d'intérêts en commun et qu'ils se disputent constamment sur des questions de pouvoir et de contrôle. Je n'attacherai aucune importance à ces prétendues incompatibilités si je crois que lui ou sa femme est fondamentalement déprimé. Mon hypothèse de travail est que toute récrimination aura un air différent dès que le conjoint déprimé ou anhédonique aura retrouvé sa capacité d'éprouver du plaisir.

L'idée que l'anhédonie est une entité discrète — une «essence», une pépite de réalité, une dimension intrinsèque du soi que l'on conserve dans toute activité —, j'ai envie de l'appeler la «perspective essentialiste». À son extrême, l'essentialisme implique qu'un trait donné ne succombera pas utilement à l'analyse psychologique, et qu'il vaut mieux accepter ce trait tout simplement comme une maladie, un aspect biologiquement fondé du tempérament, ou un niveau d'aptitude. Même les psychologies les plus complexes supposent l'existence d'une base naturelle qu'il faut prendre telle qu'elle est — par exemple, le principe de plaisir ou la pulsion de mort dans le freudisme. L'approche essentialiste est souvent fondée sur la biologie, et les tentatives faites pour modifier des traits essentiels recourent parfois à des moyens biologiques. Si votre crise interpersonnelle est la manifestation d'un trouble de l'humeur, il pourrait être utile de l'aborder par le biais de la psychopharmacologie. Mais aujourd'hui, il y a aussi des psychothérapeutes qui considéreront votre désaffection pour votre femme comme de l'anhédonie. Ils ne considèrent peut-être pas l'anhédonie comme une base naturelle à prendre telle qu'elle est — celle-ci a des causes psychologiques —, mais comme une dimension importante et stable de votre personnalité. En thérapie, ils cibleraient la dépression, pas la mésentente conjugale.

Si l'approche essentialiste occupe le premier plan, ce n'est pas parce qu'elle aide toujours le patient, mais parce que, occasionnellement, elle l'aide d'une manière très complète. La concentration sur l'humeur repose tout à fait sur l'attitude fictive, qui met en doute la prémisse selon laquelle vous prétendez vous être trompé en vous mariant, et y substitue d'autres hypothèses. L'approche essentialiste offre une forme d'espoir caractéristique et précise un moyen d'attaque pour résoudre votre dilemme: cibler la dépression.

Je devrais clarifier un point. Lorsque je parle de biologie, je ne pense pas seulement à la génétique, même si certains psychologues croient que tels ou tels d'entre nous ont de naissance un faible niveau de «jus cérébral réjouissant». Il y a des façons d'élever les enfants qui les abattent. Les enfants élevés dans un état de privation psychologique peuvent plus tard être porteurs d'une vulnérabilité psychologique acquise à l'anhédonie; il me semble que, dans ma pratique, les cas d'absence de joie les plus opiniâtres ont été de ce type. L'origine lointaine de l'affection — innée ou acquise ou, plus fréquemment, une combinaison interactive des deux, c'est-à-dire une nature vulnérable mise à l'épreuve par un milieu hostile ou négligent — est de moins d'intérêt ici que son effet actuel. Chez les sujets prédisposés à l'anhédonie, la moindre tension dans un mariage peut devenir un obstacle majeur au plaisir ordinaire puis à toutes sortes de comportements compensateurs.

Je garderai à l'esprit votre plaidoyer: «L'être humain peut cesser d'être amoureux, n'est-ce pas?» Mais ma première pensée reste que le meilleur moyen de régler votre insatisfaction conjugale sera de traiter votre anhédonie. Tout comme vous tenez à votre point de vue, je tiens au mien. Je déteste le caractère insidieux du trouble de l'humeur comme le cancérologue déteste celui de la cigarette. Je refuse que des familles soient déchirées parce que des gens ne pensent pas que la dépression puisse être la cause du problème au lieu de son effet. Devant vous, il y a des moments durant lesquels je me sens comme Cassandre, clairvoyant et impuissant à obtenir qu'on me croie. Je suppose qu'avec le temps, et en gagnant votre confiance, je pourrai, grâce à la plus simple des interventions, vous épargner, à vous, à votre femme et à vos enfants, des années de douleurs.

La perspective de l'humeur altérée est tout à fait convaincante pour la personne qui s'y trouve. Vous savez que vous avez cru un jour aimer votre femme, mais il vous est absolument impossible de vous rappeler pour quelles raisons, du moins pour quelles raisons qui comptent aujourd'hui. Les raisons du passé semblent éloignées et mécaniques. Votre compréhension actuelle de la situation est la seule qui compte. À une certaine époque, vous vous êtes trompé, vous vous êtes menti à vous-même, vous étiez une menace pour les femmes et pour vous-même. Aujourd'hui vous êtes honnête, ouvert, déterminé à rester sur la bonne voie menant à une vie nouvelle; vous êtes un idéaliste emersonien qui s'éloigne du mensonge.

Existe-t-il une perspective privilégiée? La mienne, que vous êtes presque malade? La vôtre, que votre esprit est enfin éclairé? Pour l'instant, personne ne peut répondre à cette question, même si nous en arriverons peut-être plus tard à mieux comprendre nos points de vue respectifs, voire à être d'accord.

Disons que je plaide mon cas devant vous et que par considération pour votre famille vous décidez de donner une dernière chance à votre mariage. Du fait que je semble fiable à d'autres égards et du fait que le doute commence à frémir en vous — peut-être même un brin de panique en présence de Carmen —, vous acceptez de prendre un antidépresseur. Voici mon conseil. Vous me demandez si vous devriez quitter votre femme, et je vous réponds que vous devriez chercher l'aide d'un psychiatre qui voit les choses comme je les vois et vous faire soigner convenablement. Ou peut-être irons-nous au-delà du conseil et vous soignerai-je moi-même.

Et disons qu'au bout de quelques semaines vous commencez à vous sentir différent: plus à l'aise avec les enfants, plus ferme avec votre femme — vous insistez non pas pour partir, mais pour rester et pour que les choses aillent comme vous le voulez. Vous vous mettrez à passer plus de temps avec les enfants. Bientôt, vous rentrerez au foyer. Avec le recul, La Carmencita vous semblera être une diversion bien curieuse. Crise précoce de la quarantaine, vous direz-vous, comme le diront bon nombre de vos parents et amis.

Ou peut-être votre rétablissement résultera-t-il d'une psychothérapie centrée sur la dépression, bien qu'il se puisse que la psychothérapie soit pour vous une avenue hasardeuse vu que vous manquez de motivation, que vous êtes certain de tout au sujet de votre mariage et que vous ne savez pas que votre capacité de joie est diminuée.

Quelle que soit la manière dont il se produira, votre retour volontaire dans le mariage semblera merveilleux à tous les intéressés. Prudemment, nous célébrerons l'occasion. Qu'il y ait eu ou non intervention psychothérapique, vous repenserez à cet épisode de votre vie. Avec le recul, vous et votre femme conclurez que votre panne de désir remontait à bien avant la conception de votre premier enfant. Afin de prévenir d'autres épisodes du genre, vous et moi examinerons vos appréhensions au sujet de la famille et de la paternité ainsi que vos arrangements avec votre femme en ce qui a trait à la prise des décisions. Je rappellerai à votre femme qu'elle ne doit pas exploiter à son avantage les moments où vous paraissez affaibli. Nous parlerons du besoin qu'ont les adultes de jouer ensemble comme des enfants. Bref, nous ferons les choses que le thérapeute de couple espérait faire il y a plusieurs semaines. Mais nous les ferons après coup, lorsque vous serez de nouveau amoureux ou, du moins, satisfait de vous trouver dans un état ordinaire de confort conjugal.

Ou bien rien de tout cela ne marchera et vous resterez loin de votre femme, qui se ressaisira et refera sa vie. Carmen vous laissera tomber, vos amis prendront de la bouteille et se marieront, la dépression vous accablera, et il semblera que vous soyez déprimé à cause de cette erreur monumentale — votre divorce —, précédée par d'autres erreurs monumentales — votre mariage et votre décision d'avoir des enfants; il semblera donc que votre dépression résulte de la prise de conscience du fait que vous n'étiez pas amoureux et des actes qui ont suivi. J'aurai l'air bête et arbitraire dans le recours à des médicaments. Qui est donc ce charlatan qui voit des troubles de l'humeur à tout bout de champ? Peut-être modifierai-je mon opinion. Plus probablement, malgré l'échec de ma méthode de traitement, je resterai convaincu que votre situation est essentiellement causée par la dépression.

Ou peut-être encore épouserez-vous Carmen et serez-vous heureux ensemble à tout jamais. Vous et moi savons que ce dénouement est peu probable — le fait de la choisir, elle, contient des éléments de haine pour vous-même, de désespoir et de défi. Mais l'improbable se produit parfois. Et il y a sûrement des choses que j'ignore sur vous et sur Carmen. Mon rôle est limité, en l'occurrence c'est celui de vous dire que les troubles mineurs de l'humeur sont très courants et que les régler contribue à donner plus de sens à la vie. Mais ce rôle est important. Dans mon cabinet, certains de mes traitements les plus satisfaisants sont partis de l'hypothèse que ce qui ressemble à une mésentente conjugale est en réalité la dépression de l'un des conjoints.

15

Lux et Veritas

PAR SOUCI de complétude, j'ajoute que je serai également à l'affût de variantes mineures de la manie. Vous êtes quelqu'un qui souhaite être une exception: vous voulez quitter une relation dont tous vos amis croient qu'elle fonctionne bien. Votre décision est motivée ou soutenue par un degré de certitude, un sentiment d'urgence, un degré de détermination et une étroitesse de vision qui, quoique non étrangers à proprement parler à votre attitude habituelle, en constituent une exagération. Vous pourriez profiter d'un conseil, si vous y étiez un peu ouvert.

Voici comment je vous imagine. Vous êtes une mère qui travaille. Vous avez beaucoup de verve et d'élan. On a toujours dit de vous que vous étiez vive, fringante, enthousiaste. Vous avez lancé votre propre petite agence de publicité. Vous y faites tout: sollicitation de la clientèle, rédaction des textes, organisation des séances de photo, mise en page, montage. (Heureusement que vous n'avez besoin que de peu d'heures de sommeil.) Vous êtes reconnue pour votre originalité, votre intelligence et votre capacité de convaincre des clients potentiels de vous accorder des contrats. Vous pourriez prendre de l'expansion ou diriger une division dans une grande société. Mais vous chérissez votre indépendance et, plus particulièrement, le temps que vous pouvez passer à la maison. Vous êtes essentielle à la vie de vos enfants, et vous vous imposez de l'être.

Vos parents étaient alcooliques, indifférents à leur travail et peu fiables au foyer. Les seules images que vous retenez d'eux sont celles des mots d'esprit qui dégénèrent en sarcasmes puis en disputes. Ils ont divorcé avant votre adolescence. Vous vous êtes mariée de façon que vos enfants ne connaissent pas ce que vous avez connu. Maxime n'est pas Roméo, il bafouille un peu dans son travail, mais qu'importe. Vous fournissez l'étincelle. Vous êtes heureuse qu'il fournisse le lest qui stabilise votre famille.

Dans le passé, vous êtes venue de temps en temps me voir pour des consultations de psychothérapie. Pas parce que des choses graves se passaient, mais d'une façon prophylactique, pour vous vacciner contre la possibilité d'une névrose susceptible de nuire à la vie familiale parfaite que vous êtes en train de créer. Je vois cet effort d'un œil sympathique; j'espère que vous réussirez. Je n'ai jamais eu l'occasion de bien vous connaître, parce que vous commencez les traitements et y mettez fin à la vitesse de l'éclair. Un jour que vous venez dans mon cabinet pour une séance, j'interromps votre exposé et je vous demande quelle durée vous envisagez pour le traitement. Je vous fais remarquer que vous mettez rapidement fin à nos rencontres, comme si vous craigniez de découvrir quelque chose de terrible sur vous-même. Cette spéculation est trop lourde de sens pour vous. Vous me fustigez, dénigrez ma personnalité, l'agencement des meubles dans mon cabinet ainsi que mon niveau d'intelligence.

Vous, vous me paraissez plus intelligente que tous les gens qui vous entourent. J'ai l'impression que vous m'avez choisi comme vous avez choisi votre mari, comme un automate qui vous aidera à réaliser vos rêves et votre potentiel. Je suis disposé à jouer ce rôle. Mais je me demande si je devrais voir quelque chose dans la virulence de votre attaque. J'y sens un peu de paranoïa, comme si vous étiez étroitement enroulée sur vous-même, pleine de venin et prête à mordre tout agresseur potentiel qui s'aventurerait trop près de vous.

Chez les personnes accomplies et énergiques, la paranoïa est pour un psychiatre l'élément probable d'un état quasi maniaque. Des critères précis déterminent la manie et sa petite cousine l'hypomanie: grandiloquence, fuite des idées avec logorrhée et «coq-à-l'âne», distractivité, excitation psychomotrice. Vous ne présentez aucun de ces symptômes individuels, donc encore moins tous ces symptômes. Mais, compte tenu de votre vivacité d'esprit et de votre énergie, et de vos habitudes de sommeil, et du fait que vous êtes enroulée sur vous-même, le trouble dont vous ne souffrez pas mais auquel vous me faites penser, c'est la manie.

* * *

Aujourd'hui vous venez me voir non pas pour une psychothérapie, mais pour un conseil. Vous avez un projet, qui va à l'encontre de votre inébranlable détermination de ne divorcer à aucun prix. Vous avez besoin de m'entendre dire que votre raisonnement est sain, même si vous n'avez attendu de recevoir l'aval de personne. Vous avez déjà mis votre plan en œuvre: quitter Maxime pour Jean.

Votre caractère décidé est étonnant. Vous vous êtes engagée auprès de Jean, vous l'avez convaincu de mettre sa maison en vente (vous anticipez son emménagement chez vous dès que vous aurez chassé Maxime). Grâce à votre impressionnante énergie, vous avez mis au point un horaire quotidien qui vous permet de passer beaucoup de temps avec Jean, tout en assumant vos responsabilités professionnelles et familiales habituelles. Votre avocat cherche le meilleur moyen d'obtenir le divorce rapidement. Vous avez mis la main sur les registres financiers de la famille et avez montré à la gardienne comment répondre aux questions (si elle est témoin) afin de démontrer votre extrême compétence en tant que parent et faire ressortir les lacunes de Maxime à ce chapitre. Vous avez même téléphoné au poste de police pour savoir comment la police réagit aux allégations de violence familiale. Vous n'allez pas nécessairement emprunter cette route, mais vous avez songé à des moyens de provoquer Maxime dans l'espoir qu'il vous frappera, ce qui vous permettrait de le chasser immédiatement du foyer. Maxime ne se doute de rien, même s'il constate que vous trouvez constamment à redire sur tout ce qu'il fait, tandis qu'auparavant vous étiez attentive à ses besoins avant même qu'il ne les exprime.

Vous présentez la situation d'une manière plus détaillée, et certainement plus brutale, que tout ce que j'aurais pu imaginer. Vous avez épousé Maxime pour obtenir la sécurité, pour éviter la possibilité de turbulences dans votre vie et dans celle de vos enfants. Mais c'est vous qui avez toujours assumé la tâche de motiver et d'orienter la famille. Pour quel résultat? Les enfants se sentent en sécurité, mais ils pataugent comme leur père. Un changement ne leur ferait pas de tort et pourrait même les aider. Le divorce ne serait pas pire pour eux qu'une vie passée avec une mère chroniquement insatisfaite.

Et insatisfaite vous l'avez été. N'est-ce pas pour cette raison que vous m'avez consulté si fréquemment? Une personne ne peut continuer à se mentir à elle-même de cette façon, à se priver de passion. C'est exactement ce que vous vous êtes fait, vous vous êtes privée de la seule chose qu'avaient vos parents, malgré tous leurs échecs, c'est-à-dire de la capacité de prendre la vague à sa crête et de se remplir le cœur jusqu'à ce qu'il déborde. Avec le recul, vous constatez que vous aimez Jean depuis des années. C'est un photographe publicitaire; vous avez eu recours à ses services à plusieurs reprises. Un esprit libre, un artiste, l'âme sœur. Et le sexe avec lui est quelque chose de fantastique!

J'ai un peu de difficulté à prêter attention à votre liste des vertus de Jean. J'ai entendu dire que les personnes atteintes d'une manie trouvent le sexe bon, autre preuve que le cerveau est le principal organe sexuel. Pour le reste, Jean me semble ressembler beaucoup à Maxime, c'est un homme que l'on peut manier. Il est sans doute plus faible que Maxime s'il s'accroche à vous tandis que vous êtes dans cette situation bizarre. Au fil des ans, ce que vous m'avez raconté sur Maxime m'a conduit à l'aimer; pour les enfants, son caractère tranquille et compréhensif doit faire un agréable contrepoids à votre style incisif. La manière dont vous dévaluez un homme et en surévaluez un autre m'en dit plus long sur vous que sur eux.

Le style de votre discours me perturbe. Vous enfilez les clichés: les hommes sont comme ceci, les enfants du divorce sont comme cela, la famille moderne est ceci ou cela. Vous vous confiez: «Vous savez qu'une femme issue d'une famille dysfonctionnelle cherchera un homme excessivement stable. Cette sorte de compromis a tendance à se disloquer. La moitié des femmes de cette ville sont en train de divorcer pour cette raison-là.» Vous faites entrer de force votre propre situation dans le moule de ces clichés, puis vous me regardez gentiment, comme si vous et moi étions complices.

J'ai plutôt l'impression d'être, je l'avoue, comme Maxime et comme Jean. Je n'ai pas l'esprit assez vif pour vous répondre, et je frémis à l'idée de ce qui se passerait si je l'avais. Je comprends votre point de vue. Vous m'avez presque convaincu — sauf que mon attitude de psychiatre a pris le dessus. Dans la partie clinique de mon cerveau, je me dis: «cette pauvre femme a perdu la raison».

Laissez-moi être plus précis. Selon les critères stricts établis, vous n'êtes pas mentalement malade. Vous n'êtes même pas bien différente de ce que vous êtes depuis de nombreuses années: vive, intuitive, sûre de vous. Le juge de la cour des divorces ne vous trouvera pas pire que les autres femmes déterminées et insistantes qui ont défilé devant lui. Si votre mari réclame une évaluation psychiatrique pour vous, vous vous en tirerez très bien. Vous ne gaspillez pas votre argent, ou si vous le dépensez vite vous pouvez justifier chacune de vos dépenses. Je crois que vous pourriez rester dans cet état frénétique de détermination indéfiniment, sans qu'il dégénère. Mais vous êtes séparée de moi par un mur. Vous utilisez le vocabulaire de l'intimité, mais il reste impossible de vous atteindre pour l'instant et pour quelque temps encore.

Pendant que vous essayez de me faire perdre pied avec votre raisonnement, l'une des nouvelles de Lou me revient à l'esprit: *Lux et Veritas*. On y voit une ménagère des années cinquante qui, après de nombreuses années de bonheur conjugal, est abandonnée par son mari, homme d'affaires, qui obtient le divorce. La femme abandonnée est désemparée. Comment cela a-t-il pu arriver? Les liens du mariage étaient si solides et l'amour du mari, si profond.

La ménagère consulte un psychanalyste. Celui-ci, technicien rigide et moraliste, croit que la vérité libère les hommes et, plus souvent encore, les femmes. Il aide sa patiente à passer sa vie en revue à la lumière crue de la réalité. Durant toute leur vie commune, le mari a été hypomane, ce qui, pour l'analyste signifie également superficiel sur le plan émotionnel (opinion répandue à cette époque). Ce que la femme a pris pour de l'amour n'était que l'énergie et l'intensité de son mari. Avec le recul, il est clair que le mari n'a jamais vraiment vu sa femme, qu'il n'a jamais été capable de tenir compte d'elle. Tandis que tous les épisodes de la relation sont analysés, il apparaît que c'est la femme qui a fourni tout l'affect au ménage, le sien et, par l'imagination et l'attribution, celui de son mari. Il n'y a jamais eu de seconde personne dans le couple, seulement un écran vide sur lequel l'épouse a projeté une histoire d'amour. Tout dans sa vie était fondé sur ce mariage, et ce tout est dénué de sens: elle n'a jamais été aimée.

La vérité, bien entendu, est insupportable pour la femme et elle y réagit en se prenant d'un amour dépendant pour le processus de psychanalyse et pour l'analyste, ou du moins pour une image idéalisée de celui-ci. Il se rend compte trop tard qu'il s'est trompé dans son travail, que le seul espoir pour cette patiente était, dès le début, de voir se renforcer ses illusions. Désormais, il doit entretenir l'illusion de la psychanalyse, sinon sa patiente sera profondément désespérée. À la fin de la nouvelle de Lou, l'analyste trop moraliste se trouve interminablement engagé avec sa naïve patiente dans une feinte recherche de profondeur. Cette nouvelle est troublante, d'une façon elle va au-delà de la critique implicite de la psychanalyse, de ses maigres outils, de ses interprétations et de ses intuitions. Elle sème le doute sur la présence de l'autre. Jusqu'à quel point est-on seul?

Je crains que vous ne soyez vous aussi un peu aveugle comme ce mari et que vous n'ayez un peu la même tendance que sa femme d'imaginer les autres de façons qui vont dans le sens de vos rêves. J'ai mon opinion là-dessus. Restez avec Maxime, à tout prix. Restez avec lui et faites-vous soigner. Même si vous ne répondez à aucun critère discret de diagnostic, il se peut que j'envisage de vous demander d'essayer des médicaments normalement réservés au traitement de maladies mentales plutôt sérieuses. À tout le moins, je veux que vous attendiez avant d'agir, pour voir si votre état va se calmer.

Énoncer ce qui précède reviendrait à me jeter devant un train filant à toute allure. Cette suggestion serait malsaine pour moi, et il est peu probable qu'elle ralentirait l'évolution de la situation. Ma stratégie sera donc de faire l'innocent, puisque vous avez déjà manifesté la volonté que je joue ce rôle.

Je dirai donc quelque chose de conventionnel: «Pourquoi pas une thérapie de couple?»

Vous aurez vos raisons d'être contre cette idée: je ne sais pas à quel point Maxime est obstiné et il finirait par convaincre les enfants de se ranger de son côté.

J'insisterai, obstiné moi aussi dans mon conventionnalisme; j'ai connu des cas comme celui-ci où la thérapie de couple a été utile. J'éviterai de donner des raisons; je ne veux pas vous fournir de munitions qui vous permettraient de me contredire, de faire de moi l'objet de votre paranoïa. Je m'inquiète de vous voir devenir isolée, peut-être isolée avec Jean. Je crains que vous n'ayez plus beaucoup d'amis lorsque vous mettrez votre plan à exécution.

Je serai tenté, pendant que je dirai quelque banalité, de vous jeter un regard entendu qui vous révèle comment je vois vraiment la situation, un regard qui dise que, vous et moi, nous ne sommes pas dupes. Mais vous vous retourneriez contre moi en un éclair. Pour ne pas vous perdre, je m'efforcerai de prendre parti pour vous sur le plan émotionnel. De dire «Ah! les hommes!», voire «Tous les hommes sont des salauds!», lorsque vous me direz quelque chose que Maxime aurait fait de travers. Je suis tout entier dans votre camp — c'est mon travail, je dois adopter la même perspective que mes patients, puis osciller entre cette perspective et d'autres —, bien qu'en attaquant les hommes j'essaie de créer des remous. Je veux me tenir à l'écart du cercle des hommes méprisés et y pousser Jean, afin de briser vos certitudes, de vous perturber, de vous faire réfléchir sur vous-même.

Mon jeu modifie la nature de notre dialogue. Ce qui compte, ce n'est pas le conseil que je vous donne — il est peu probable que vous m'écoutiez —, mais l'endroit où je me situe par rapport à vous. Vous aurez raison de vous méfier de moi. J'essaie doucement de vous manipuler, de vous ralentir. Il serait peut-être plus honnête de vous dire tout bonnement comment je vois la situation et me faire rejeter par vous. Mais votre intérêt me tient trop à cœur pour que je sois honnête d'une manière si étroite; je crois qu'en l'occurrence l'authenticité se trouve dans la dissimulation.

Je doute que je puisse ou que quiconque puisse vous atteindre. Je pense que vous êtes incapable d'écouter un conseil. Vous y êtes fermée et, comme l'a dit Martin Buber, cela indique que, dans certaines conditions, telle la paranoïa, l'isolement de la perspective n'est pas un choix mais un état imposé, «la personne paranoïaque ne s'ouvre pas ni ne se ferme elle-même, elle est tout simplement fermée». Vous affirmerez que c'est moi qui suis paranoïaque, parce que je ne vous fais pas confiance même lorsque tout ce que vous dites est raisonnable. Dans la vie, il y a des gens qui se rendent compte qu'ils se sont trompés; il y a des gens qui trouvent la passion. Une perspective s'oppose à une autre, et il est impossible de juger laquelle est la bonne, à moins que votre humeur ne change et que vous ne reveniez dans mon cabinet pour me dire «vous savez, il y avait quelque chose qui clochait en moi à cette époque, et je suis surprise que vous ne l'ayez pas perçu» ou que vous ne tombiez dans une maladie mentale claire et nette et que vous vous rétablissiez. Il est peu probable que l'un ou l'autre de ces dénouements se produise, et nous resterons fermés l'un à l'autre.

Vous me demandez un conseil, mais vous attendez de moi une affirmation. Si je ne vous la fournis pas, si j'hésite sur le moindre détail, vous allez me rejeter. «Vous connaissez les psychiatres, ils font une maladie de l'impulsion humaine la plus ordinaire!» Vous vous estimez en bonne santé — vous avez enfin retrouvé votre vraie identité. Vous êtes une femme énergique qui a cessé d'être amoureuse d'un homme pour ensuite tomber amoureuse d'un autre. Et même si vous êtes un peu perturbée, n'avez-vous pas le droit de l'être, vu que votre mari vous refuse tout?

Si j'abordais cette question, vous essaieriez de prouver que vous êtes incomparablement plus différenciée et connectée qu'auparavant. Vous êtes activement engagée dans votre famille, vous sculptez les valeurs familiales et vous êtes sûre des vôtres. Vous êtes imperméable à la pression du groupe, inébranlable malgré les doutes que peuvent nourrir vos amis et parents. Vous dites en chœur avec Ralph Waldo Emerson que vous ne cacherez plus jamais vos aversions, que dorénavant vous vivrez dans la vérité.

De l'extérieur, en tant que psychiatre habitué aux troubles de l'humeur, je vous vois habitée par un démon que j'arrive à peine à nommer mais que j'aimerais néanmoins exorciser. D'accord! Compte tenu de votre perspective inébranlable, vous satisfaites à la définition technique d'une personne parfaitement différenciée. Puisque c'est le cas, vous mettez en question la validité de cette définition. Je considère que vous n'avez jamais été moins mûre qu'en ce moment. Ce n'est pas tant que vous êtes coupée d'une personne en particulier, c'est que vous l'êtes de tout ce qui vous est extérieur. Vous êtes enfermée dans votre point de vue et cette différenciation frise la psychose.

Pourtant, je suis accablé par un fardeau que vous ne sentez pas, par des moments d'ambivalence et d'incertitude. Même si je vous vois fermée aux autres d'une manière peu caractéristique, je reconnais que vous avez toujours accordé beaucoup de valeur à vos propres points de vue et que vous les avez toujours protégés contre les influences extérieures. Vous avez raison de dire qu'il y a une continuité dans votre vision du mariage. Durant vos visites précédentes à mon cabinet, vous vous êtes souvent plainte du manque d'imagination de Maxime, vous vous êtes souvent demandé à voix haute si vous n'aviez pas eu tort de construire votre vie familiale en opposition avec celle de vos parents. Si Maxime disait qu'il vit maintenant avec une autre femme que celle qu'il a épousée, j'aurais tendance à être d'accord avec lui. Sauf que cette femme vous ressemble beaucoup; pendant tout votre mariage vous avez été presque comme cela.

16

Regard sans équivoque

VOUS ÊTES sobrement habillée et me saluez discrètement. Vous êtes peu engageante. Dès votre entrée dans mon bureau, je prends conscience d'une sensibilité critique. Vous approuvez, je pense, le choix de photos encadrées qui ornent mes murs, bien que vous fronciez les sourcils devant l'une d'elles — que vous avez déjà vue et que vous jugez prosaïque. Lorsque vous apercevez l'ordinateur, vous avez un mouvement de recul, comme si sa présence dans une pièce réservée aux rencontres privées constituait un affront. Une fois assise, vous mettez du temps avant de commencer à parler. Vous avez besoin de vous imprégner de l'atmosphère du cabinet.

De votre voix douce, vous dites qu'il vous sera difficile de raconter votre histoire. Vous avez su presque depuis le premier jour qu'il y avait des choses qui n'allaient pas dans votre mariage. Aujourd'hui que vous en avez l'occasion, vous tenez à vous faire aider dans votre décision: partir ou rester?

Votre récit est riche. Les personnages sont nombreux; vous jouez habilement tous les rôles, avec des mots ou avec des mimiques. Vous êtes une fine observatrice de votre entourage; votre présentation a une texture à laquelle un lecteur attentif, un psychanalyste, pourrait réfléchir pendant des heures. J'essaie de prêter attention aux détails, mais comme je serai appelé très bientôt à vous donner un conseil, je me concentre surtout sur l'ensemble de votre discours, pour y repérer des schèmes.

* * *

Vous et Marc vous êtes mariés tout de suite après la fin de vos études secondaires, puis avez quitté votre ville d'origine. Aucune des personnes que vous voyez aujourd'hui ne se souvient de vous deux autrement que comme d'un couple. On dit toujours Marc et Sarah ceci, Marc et Sarah cela, comme si les deux mots formaient une paire, comme chaud et ensoleillé ou, dernièrement, comme frais et nuageux.

Vous vous êtes mariés parce que vous vous sentiez des âmes sœurs. En classe, vous étiez les enfants qui comprenaient pourquoi l'œuvre d'Emily Dickenson plaît encore aujourd'hui. Vous vous entendiez tous deux pour dire qu'il est ennuyeux d'être quelqu'un. L'alcool, qui fascinait vos camarades de classe, n'avait aucun attrait pour vous. Vous aviez été témoins d'assez de disputes causées par l'alcool dans vos propres familles. Vous vous teniez à l'écart des autres adolescents. Parfois, ils vous faisaient peur. Pas parce que les gestes qu'ils pouvaient poser risquaient de vous étonner, mais parce que vous aviez subi assez d'affronts et que vous vous étiez implicitement promis de vous protéger l'un l'autre.

Vous vous êtes souvent demandé si une sensibilité partagée — que vous voyez aujourd'hui plutôt comme une hypersensibilité — est une base adéquate pour un mariage. Ni vous ni Marc ne souhaitez vraiment faire concurrence à vos collègues dans votre milieu de travail. Pour les raisons sociales usuelles, la carrière de Marc est plus importante que la vôtre, et il éprouve du ressentiment de devoir endurer le stress de la compétition au travail et les pressions découlant de son statut de soutien de famille. Il se sent peu apprécié le soir quand il rentre à la maison.

Trop tôt durant votre enfance, vous avez dû assumer la responsabilité d'élever vos frères, et vous n'avez jamais eu l'impression de faire ce qu'il fallait. Vous avez donc paniqué lorsque Marc, lui aussi investi trop jeune de lourdes responsabilités, s'est appuyé sur vous d'une manière puérile. Vous n'étiez pas certaine de pouvoir rassurer une autre personne. La pensée que Marc allait rentrer épuisé et assoiffé d'affection suffisait à rendre votre journée lugubre. Lorsqu'il franchissait le pas de la porte et qu'il vous voyait déjà vidée, il s'éloignait de vous. Ayant renoncé à la colère, il ne pouvait exprimer sa douleur que par le biais de la distance. Vous sentiez son retrait comme un autre signe de votre incapacité à éprouver de la sympathie ou à la susciter. Face à cet échec et à ce rejet, vous êtes devenue désespérée et l'ampleur de vos besoins a dépassé ce que Marc pouvait supporter.

Vous avez retardé le moment d'avoir des enfants. Dieu merci! Vous vous sentiez tous deux déjà surchargés. Marc doit avoir songé souvent à vous quitter. Et vous avez envisagé de le quitter. Ce qui vous a en partie retenue, c'était votre terreur de vivre seule, et le sentiment de ne pas pouvoir endurer le processus de séparation d'avec Marc. Vous avez la phobie des séparations. Mais ce qui a surtout contribué à entretenir votre union les premières années, ce sont les nombreuses liaisons que vous avez entretenues avec des hommes mariés.

Vous décrivez ces hommes avec précision, leurs efforts évidents d'avoir l'air soucieux de votre bien-être, leur boulimie émotionnelle, leur vanité. Vous décrivez un modèle presque immuable. Un homme, parfois le mari d'une connaissance, vous met le grappin dessus, comme ce genre d'homme excelle à le faire, au plus fort de votre dépression. Pour lui, votre vulnérabilité est aphrodisiaque. Pour vous, un homme en adoration devant votre personne vous console de l'isolement que Marc vous impose. Mais vous vous sentez sale, puisque vous avez adopté l'un des comportements qu'enfant vous vous étiez juré de ne pas adopter, l'un des comportements de votre père. En même temps, vous avez l'impression de ne pas avoir le choix, que la vie est trop morne sans au moins une feinte admiration de la part des autres. Vous donnez à votre amant ce qu'il veut; vous êtes vraiment étonnée de constater à quel point il est facile de faire plaisir aux hommes autres que Marc.

Marc demeure distant à la maison. Comment pourriez-vous vous en plaindre, lorsque vous savez que vous lui faites du mal? Un mari sensible doit sûrement sentir d'une manière subliminale où va l'énergie de sa femme. Vous ne voulez pas le rendre fou, comme l'héroïne du film *Hantise*, en exigeant de lui l'engagement pendant que vous le trahissez.

Avec le temps, la nouvelle assurance de Marc dans sa vie professionnelle déborde dans sa vie personnelle. Marc vous en demande moins et vous en donne plus. Vous sentant vous-même un peu plus forte, vous rompez avec votre amant actuel, un homme marié, ce qui vous soulage tous les deux. Puis quelque chose dérape au moment où vous ou Marc devez affronter un problème qui vous oblige l'un ou l'autre à demander davantage ou à donner moins. Et il y a un autre homme marié à qui il vous semble nécessaire de plaire. Vous vous demandez s'il reste encore des couples honnêtes.

Ce qui vous étonne dans tous ces cycles, c'est la tendresse immense que vous continuez d'éprouver pour Marc. Il se démène dans un monde pour lequel il n'était pas fait, et parfois il réussit. Ses exigences envers vous, celles qu'il exprime ouvertement, sont peu nombreuses et raisonnables. Il reste solidaire de vous malgré votre humeur qui doit lui paraître extrêmement changeante et votre totale imprévisibilité. Il manifeste un raffinement dans ses manières, un goût pour les arts et pour l'art de vivre au quotidien qui vous plaisent beaucoup. Mieux vous connaissez vos amants, plus vous appréciez votre mari.

Vous avez l'air charmée et vous êtes charmante lorsque vous décrivez les qualités de Marc; je comprends comment vous pouvez plaire aux hommes. Je me demande quelle est donc exactement votre question, puisque mon expérience m'enseigne qu'il ne faut pas changer les choses. Au contraire. Après avoir observé pendant des années le fonctionnement de couples perturbés, j'ai constaté que, une fois créés, ces équilibres complexes peuvent se maintenir indéfiniment.

Comme pour répondre à ma pensée, vous me dites que l'équilibre a commencé à se briser dernièrement, de façon inattendue.

Depuis que vous êtes mariée, vous sautez d'un travail à temps partiel à un autre: emballage de cadeaux dans une pharmacie ou chez un fleuriste, organisation des étalages dans un magasin d'aliments fins, décoration des vitrines dans des boutiques de luxe. Chaque fois, vous consacrez beaucoup plus d'heures au travail que celles qui vous sont payées et, vu votre bon goût et votre dévouement, vous êtes déjà sous-payée au départ. Aiguillonnée par un amant ou un autre, vous quittez parfois votre emploi, parce qu'une commerçante n'a pas la vision qu'il faut pour vous suivre, ou parce qu'elle est jalouse de vous et que vous n'avez pas envie de remettre les pendules à l'heure. De toutes façons, vous détestez le monde du travail parce qu'on y exploite ceux qui ne se défendent pas assez. Vous préférez rester à la maison.

Depuis deux ou trois ans, toutefois, votre série d'emplois précaires a pris des allures de carrière. Votre travail dans un magasin de tissus vous a valu des demandes de consultations en décoration intérieure. Vous avez suivi des cours pour apprendre à donner à la peinture l'apparence du marbre ou du bois, et pour peindre en trompe-l'œil. À votre grand étonnement, vous êtes désormais très demandée. On vous a chargée de peindre à la main des cadres de fenêtres et des manteaux de cheminée dans la petite bibliothèque privée de votre localité. Un ancien amant a commencé la production commerciale, à petite échelle, de vos créations: miroirs, boîtes et cadres décorés, sur lesquels vous apposez un modeste logo «Sarah» de votre cru. Vous avez réussi — quelle chance! — à être récompensée pour être la personne que vous êtes.

Cette chance, ou peut-être n'est-ce que l'âge, vous a permis de vous sentir en plus grande sécurité mois après mois. Fini les amants! même si, avec votre ami entrepreneur, vous avez laissé la porte ouverte, plus particulièrement depuis que son ménage est sur le point d'éclater. Vous êtes plus apte à accepter Marc, qui vous semble être moins un fardeau qu'auparavant. Mais, dernièrement, votre relation avec lui a connu des hauts et des bas extrêmes. Pendant quelque temps, au moment où votre travail prenait de l'essor, vous avez négligé Marc. Il est alors devenu pleurnichard et irascible, plus que les pressions de son travail ne pouvaient le justifier. Il semblait désapprouver votre réussite commerciale, comme si vous étiez passée dans les rangs de l'ennemi, parmi les grosses huiles, d'une façon qui allait à l'encontre de votre vision conjointe du monde. Ensuite Marc a commencé à laisser voir un autre côté de sa personnalité, en se montrant perceptif, ouvert et enthousiaste à l'égard de votre créativité. Mais cette dernière phase vient peut-être tout juste de s'expliquer d'une manière assez drôle.

Marc a une maîtresse. Enfin, presque une maîtresse. Une petite amie platonique. Il vous l'a avoué il y a à peine quelques semaines. Il tient à ce que vous soyez au courant de cette quasi-aventure, parce que, à ses yeux, celle-ci remet en question votre mariage. Il ne veut pas agir en cachette; il veut vous inclure dans les décisions importantes de sa vie, même dans celle-là. Pendant que vous me parlez de la confession de Marc, vous portez la main devant votre bouche pour reprendre votre souffle, en souriant de la manière discrète et coquine que privilégient Meryl Streep ou Emma Thompson lorsqu'elles feignent d'être agréablement surprises.

Dernièrement, vous vous êtes surprise à penser que c'était le moment opportun de quitter votre mari, de faire de vous-même une femme indépendante. Vous savez toutefois que ce serait profiter de la situation. Marc ne veut pas vraiment d'une maîtresse. Simultanément, il vous implore de rester et se protège contre la perte que représente pour lui votre départ possible. Il demande d'être rassuré, et malgré votre succès, vous voulez encore de lui.

Vous croyez vouloir le quitter. Mais vous n'arrivez pas à imaginer que vous faites le saut. C'est terrifiant. En même temps, vous ne voulez pas rassurer Marc pour le quitter dans deux ou trois ans. Si vous devez partir, c'est aujourd'hui ou jamais.

J'espère que vous ne vous sentirez pas diminuée de m'entendre dire que je reconnais cette crise. En bref, disons que votre mariage est une union de mélancoliques. Maintenant que vous n'êtes plus déprimée — que vous êtes considérablement transformée — vous vous demandez si vous devez rester avec votre mari.

Les personnes atteintes de troubles sévères de l'humeur ont tendance à trouver un conjoint qui soit dans la même situation qu'elles; par exemple, les maniaco-dépressifs épousent des maniaco-dépressives. Par conséquent, même si le trouble de l'humeur nuit au choix du partenaire, ce trouble peut également en rendre le choix plus précis, les dépressifs allant au-delà de la différenciation pour trouver quelqu'un qui présente des signes d'une vulnérabilité analogue à la leur. Ce processus de sélection est évident dans le travail clinique. J'ai traité des patients qui s'acharnaient à s'associer avec des personnes atteintes de dépressions à répétition, de la même façon que certains enfants d'alcooliques sont à la recherche d'alcooliques. La combinaison que vous me décrivez est courante: l'homme légèrement mélancolique qui épouse la femme légèrement mélancolique, ou le couple de jeunes adultes qui ont eu tous deux une enfance difficile.

Avoir traversé une enfance difficile fait de vous un être spécial, différent, et l'une des solutions à vos besoins est de vous marier jeune, avec une personne qui vous ressemble assez pour comprendre vos expériences et promettre de ne jamais les reproduire. De tels mariages comportent des difficultés particulières. Vous et Marc avez tous deux connu l'échec, comme ce doit être le cas avec tous les enfants, lorsque vous n'êtes pas arrivés à élever vos frères et sœurs respectifs dans des foyers tumultueux. Cette expérience vous a donné l'impression d'être incompétents devant les personnes qui ont besoin de vous. Mais lorsqu'on se marie jeune, on a de forts besoins de dépendance. Vous et Marc avez déposé dans la corbeille nuptiale une horreur pour vos besoins respectifs.

Votre mariage est celui, particulièrement étouffant, de deux gouttes d'eau, rendu excessivement stable par la promesse de ne jamais changer, de ne jamais «faire de folies». Votre caractéristique commune, ce n'est pas la méfiance envers le sexe opposé, c'est l'hypersensibilité, la vulnérabilité à l'abattement. Les personnes sujettes à la dépression ont besoin de contrer un mélange d'insécurité, de compulsions et de sautes d'humeur. Le mariage peut avoir un effet stabilisateur. Les mariages entre personnes sensibles sur le plan émotif peuvent être des modèles de ce que les êtres humains peuvent réussir de meilleur. Mais le résultat peut également ressembler à celui que vous décrivez: les facteurs de stress ordinaires sont considérés comme des menaces, les menaces mènent à la démoralisation, la démoralisation de l'un des conjoints devenant alors un facteur de stress pour l'autre. Cet effet de ping-pong d'affronts perçus et d'incompétences ressenties peut provoquer la dislocation de l'union. Il n'est pas du tout rare d'aller chercher la stabilisation à l'extérieur du ménage, comme vous l'avez fait en prenant des amants et comme Marc semble le faire maintenant en ayant une «maîtresse».

Le mariage a ses complexités et ses insatisfactions, puis l'un des partenaires change — il s'intègre dans le milieu social en s'éloignant de la perspective obligée de la mélancolie. Vous ne vivez plus les événements de la même façon qu'avant, de la façon dont votre mari les vit encore. Votre mariage n'est plus celui de deux gouttes d'eau. Impossible de retourner en arrière à l'ancien mariage, du moins je ne verrais pas cela d'un bon œil.

Aujourd'hui, à une époque où la dépression peut se traiter vigoureusement, cette crise — une transformation s'opérant sur l'un des partenaires dans un couple dépressif — est tout à fait probable. Je pense ici aux patients «transformés» par un médicament. Vous avez progressé dans la vie en réussissant sur le plan professionnel. La réussite professionnelle modifie souvent l'image que l'on se fait de soi-même, résout les dilemmes et rend les enjeux familiaux plus clairs et plus précis. Lorsqu'une personne est paralysée dans le domaine de l'intimité, j'essaie souvent (comme Lou me l'a appris) de déplacer l'attention vers le domaine du travail, où le changement est peut-être plus facile à opérer, l'espoir étant que le changement dans un domaine pourra provoquer un changement dans l'autre domaine. Mais lorsque le rétablissement est attribuable à une pilule ou à un travail, la question reste la même: que faire maintenant que la mélancolie de votre mari a perdu l'attrait ou l'emprise qu'elle avait sur vous?

Vous évaluerez votre obligation. L'obligation est un facteur à considérer dans toute séparation, mais il y a des considérations spéciales dans les cas où la dépression entre en jeu. Je vous poserai des questions sur vos valeurs, bien entendu, et sur vos inclinations. Mais je dresserai l'oreille d'une manière particulière, sachant que les mélancoliques ont tendance à être imprégnées de culpabilité et à être rigidement idéalistes. La situation ici ressemble à celles qui mettent en jeu des conjoints sensibles au rejet ou des personnes qu'une transition rend anxieuses — peut-être que, si vous avez une quelconque inclination à partir, devriez-vous le faire.

Devriez-vous d'abord suggérer à Marc de faire soigner sa dépression? Il est difficile de répondre à cette question lorsque c'est le style de personnalité et non une maladie qui est en cause. Il faut au moins poser cette question: est-il probable que Marc change? Il semble inopportun de poursuivre le mariage tel qu'il est, avec du ressentiment de la part des deux conjoints et un recours constant à des amants.

L'argumentation en faveur d'un départ est facile. Votre mariage était une solution à des problèmes de l'adolescence. (Vous pourriez le considérer comme une longue période de rétablissement de l'alcoolisme de vos parents, comme aiment à l'appeler les associations d'enfants d'alcooliques.) Il n'y a aucune raison de croire qu'un tel arrangement conviendra à l'âge adulte, à moins que vous en fournissiez une, votre affection pour Marc par exemple. Votre union semble être un cas où vous devez évaluer qui vous êtes, puis considérer votre mariage à la lumière de cette évaluation. C'est-à-dire que le moment est au remariage ou à la séparation.

L'argumentation contre un départ fait appel à des considérations de différenciation. En modifiant votre relation avec le milieu de travail, et avec vos amants, vous avez fait un pas dans le sens de la différenciation. Marc réagit. Il n'est pas étonnant que ses premières réactions soient gauches. La tentation pour lui est de s'éloigner de vous, ou de retourner à un état familier d'immaturité et de dépression.

Si vous ne bougez pas et restez concentrée sur la relation, il se pourrait que vous voyiez la colère s'emparer de Marc, ce que je verrais comme un progrès. Au lieu de cela, vous constaterez peut-être qu'il fera un pas en avant pour se joindre à vous, et vous serez en mesure de juger, après toutes ces années de vie commune, si oui ou non une période de vrai mariage est possible. Ce serait une victoire pour vous d'achever la tâche que vous avez commencée, celle de vous guider mutuellement dans la vie. La question est de savoir si ce type de victoire convient à Marc, s'il veut vous accompagner telle que vous êtes maintenant, ou s'il préfère rester là où il est, peut-être avec sa maîtresse actuelle, ou une autre, qui partage ses anciennes valeurs.

Il y a des raisons d'être optimiste. Les réactions de Marc à votre comportement sont précises. Lorsque vous réussissez un peu mieux à la maison, il réussit un peu mieux au travail. Sa retenue par rapport à vous est une attitude tout à fait compréhensible s'il perçoit que vous n'êtes pas vraiment présente. Même le geste de prendre une maîtresse platonique témoigne d'une certaine générosité; au moment où vous commencez à vous réintégrer dans le monde, il vous offre un moyen de vous sortir de votre mariage.

Dans un sens, on peut dire que vous avez créé Marc. Il correspond exactement à ce que vous avez été capable d'endurer. Un compagnon perceptif sans être importun. Un mari non menaçant, qui tolère presque n'importe quel comportement de votre part. Vous l'avez gardé à sa place, exigeant de lui qu'il assume une plus grande responsabilité financière qu'il n'en est capable sans être mal à l'aise, en lui donnant de son dû en tant qu'homme un peu moins qu'il serait nécessaire pour faire de lui une personne complète. Peut-être que si vous êtes capable de lui donner davantage, il sera en retour capable d'être davantage pour vous.

Nous pourrions aussi raconter l'histoire d'une autre manière, en disant qu'il vous a créée. Il a lancé des signaux indiquant qu'il ne voulait pas assumer la responsabilité d'une femme et, pendant des années, il a fait apparaître le monde du travail beaucoup plus intimidant qu'il ne l'est. Mais, dernièrement, il vous a d'une certaine manière permis de vous développer. Nous pourrions même émettre l'hypothèse que vos progrès étonnants en tant que designer sont en partie attribuables à la nouvelle capacité de Marc de tolérer une femme qui réussit dans le vilain monde du travail. Compte tenu de vos efforts à tous deux, votre relation commence à bien fonctionner, et la question est de savoir si l'un ou l'autre d'entre vous est disposé à la laisser fonctionner.

Puisque vous avez beaucoup d'affection pour Marc et que vous admirez un si grand nombre de ses qualités, et puisque vous avez parcouru tout ce chemin avec lui, vous pourriez choisir de laisser votre mariage se dérouler encore un peu. Il est vrai que vous manquez peut-être une occasion en or de partir à un moment où vous vous sentez forte et où il est peu probable que Marc mette des bâtons dans les roues. Mais si vous avez vraiment atteint un nouveau niveau d'indépendance, vous pourrez partir n'importe quand; et cette indépendance pourrait bien réussir à votre mariage.

Songez-vous à divorcer et à épouser votre patron entrepreneur? Comment pourrait-il en être autrement? C'est là une réaction fréquente lorsqu'on se rétablit d'une longue dépression; on se lance, avec un intense soulagement, dans un mariage extrêmement «normal», concentré sur le plaisir plutôt que sur des idéaux, sur l'avenir plutôt que sur le passé. Cette solution présente des risques. Ce patron est peut-être un homme qui aime et exige d'une femme qu'elle soit dépendante. Vous avez chèrement gagné votre autonomie et acquis durement vos nouveaux points forts: une tranquille solidité, un équilibre à toute épreuve. Je ne voudrais pas vous voir faire un pas en arrière. Et pourtant, dans mon rôle de reporter (sullivanien) des probabilités, je dirai que j'ai vu ce genre de situation bien fonctionner; j'ai vu des gens ayant eu une enfance difficile finir par entrer dans des mariages conventionnels fondés sur la réussite et sur la consommation, et s'y trouver très satisfaits. Peut-être que votre entrepreneur vous chérira, vous stimulera et se réjouira avec vous de la générosité de la vie; peut-être que vous retiendrez ce qu'il y a de précieux dans votre tristesse sans laisser la tristesse vous posséder.

Je suis rassuré par votre œil de lynx. Vous êtes une fine observatrice des choses et des hommes. Dans votre carrière, vous avez trouvé le moyen, sans vous trahir, de traduire votre vision en action. Guidée par votre sensibilité esthétique, vous avez réussi à découvrir une voie ouverte. Il m'apparaît que le seul conseil utile que je puisse vous donner est de vous dire que vous devrez vous colleter à ce problème comme vous l'avez fait pour les autres, silencieusement, en marge, à votre propre rythme. Vous devrez être une artisane, ici comme ailleurs, et vous fier à votre solide sens de ce qui convient. Oui, vous devez vous demander si vous ne devriez pas quitter votre mari — c'est ce genre de moment que vous vivez —, mais je ne suis pas convaincu que vous vouliez prendre la maîtresse platonique de Marc comme prétexte. Vous me semblez être de ceux qui préfèrent trouver le moment opportun de partir et de réaliser leur départ d'une manière satisfaisante, s'ils choisissent de partir.

17

Signaux contradictoires

UN JOUR que vous bavardiez avec votre frère, il vous a posé cette question: «Comment les gens choisissent-ils?» La question était si simpliste que vous avez été pris de court. Que voulait-il dire? Il a ajouté: «Le désir mis à part.»

Pendant un moment vous avez entrevu ce que c'est que de vivre une vie comme la sienne, une vie dans laquelle il n'y a aucun accès à des indices sur le caractère des autres. Il disait qu'il avait un handicap — une espèce de daltonisme ou de manque d'oreille — qui l'empêchait de percevoir les nuances dans les relations interpersonnelles. Vous avez pensé: «Voilà qui explique son choix de femmes.» Au fil de la conversation, il a renoncé à sa question et a refusé l'interprétation que vous en faisiez. Mais depuis ce moment, vous soupçonnez qu'il lui manque un sens dont vous croyiez que tout le monde était doté, le sens de la correspondance.

Le problème de votre frère n'est pas un problème d'humeur, mais je veux situer son histoire dans la perspective de celles de Sarah, d'Émilie, de la femme de Maxime et de l'homme qui avait cessé d'être amoureux. Vous craignez qu'il n'y ait un petit noyau de réalité, quelque défaut dans la personnalité de votre frère qui entrave le processus d'appariement.

Voici comment vous vous présentez.

Vous entrez d'un pas énergique dans mon cabinet et vous vous asseyez. Mis à part sa situation — au centre, flanqué d'une table sur laquelle je pose mon calepin —, mon fauteuil est identique aux autres. Pourtant, la situation de mon fauteuil est suffisamment marquée pour que, en 10 années de pratique, seulement deux autres patients aient pris place dans le fauteuil que vous occupez. L'un était un narcissique éblouissant, l'autre un escroc doué. Vous n'avez ni l'onctuosité du fraudeur ni la suffisance de celui qui a tous les droits propre à l'égocentrique. Au contraire, vous avez l'air réservée, incertaine et avide de conseils. Vous commencez à parler de votre frère, Denis. Devrais-je vous interrompre et vous rappeler que vous êtes là pour parler de votre problème, pas du sien? Mais mieux vaut peut-être vous suivre dans votre cheminement.

Denis, dites-vous, est l'homme le plus gentil du monde, mais son goût en matière de femmes est inexplicable. Voici ce qui se passe généralement. Denis vient dîner chez vous accompagné d'une femme superficielle et égocentrique. Elle se pomponne, rit d'un ton perçant, volette d'un sujet à l'autre, attire l'attention. Elle raconte fièrement comment elle a tiré parti d'une échappatoire dans un contrat commercial et comment elle recourt à ses charmes auprès des réparateurs pour obtenir des rabais. Lorsque vous lui demandez si elle et Denis s'entendent bien, elle dresse la liste des cadeaux qu'il lui a offerts et des restaurants où il l'a emmenée. Vous souriez dans votre tête. Votre frère a connu son lot d'ennuis avec les femmes. Pourquoi ne se paierait-il pas une petite soirée en belle compagnie?

Le lendemain Denis vous téléphone et vous demande: «Alors, qu'est-ce que tu penses d'elle?»

Vous répondez: «Denis, tu veux savoir ce que je pense d'elle!»

Il continue: «Oui, de Camille.» Heureusement, vous hésitez avant de répondre, parce qu'il ajoute: «J'ai l'intention de l'épouser.»

Vous êtes abasourdie. L'idiot! Il tombe chaque fois dans le panneau. Devriez-vous le mettre en garde? Vous lui avez dit ce que vous pensiez de sa dernière fiancée, il l'a épousée de toute façon, et, quelques mois plus tard, après qu'elle l'eut quitté, Denis a laissé entendre que cet échec avait quelque chose à voir avec le fait que vous lui aviez fait douter d'elle. Pourtant, vous ne savez pas s'il a les moyens de supporter une autre aventure du genre. Vous vous ressaisissez et lui dites: «Denis, déjeunons ensemble vendredi.»

Denis répond: «Camille t'adore. Elle sera ravie de se joindre à nous.»

Vous le contredisez: «Sans Camille, Denis. Rien que toi et moi.»

* * *

Vous savez très bien comment se déroulera le déjeuner. Vous demanderez: «Denis, qu'y a-t-il en elle que tu aimes?»

Il répondra qu'il aime son ouverture d'esprit ou la manière dont elle communique. Il donnera des exemples. «Elle m'a tout dit sur sa famille» ou «Ce qu'elle trouve le plus important dans une relation, c'est la réciprocité.» Ou encore: «Lorsque je lui révèle quelque chose sur moi, elle me révèle quelque chose sur elle.»

Denis n'est pas le meilleur reporter du monde. Pourtant, il vous apparaît clairement que ses conversations avec Camille sont superficielles. Les deux interlocuteurs ont lu les mêmes scénarios sur l'intimité. Si nombreuses que soient les occasions où quelqu'un tente de lui parler d'ouverture d'esprit, de communication, de réciprocité ou de confidences partagées, il ne comprendra jamais ce que signifient ces mots. Il agit comme un ordinateur qui répond à certaines phrases clés. Si une femme vide utilise le vocabulaire qu'il faut, Denis conclura qu'elle a de la substance. Lorsque vous entendez Denis faire l'éloge de Camille, vous vous sentez accablée par une désagréable impression de futilité.

En psychothérapie, il arrive souvent qu'un patient évoque les difficultés d'un ami et, ce faisant, qu'il aborde et élude des vérités difficiles sur l'identité. Je me demande si l'histoire que vous racontez sur votre frère est de cette nature — si vous prenez un chemin détourné pour parler de vos propres préoccupations — ou si Denis est bien l'«histoire de cœur» au sujet de laquelle vous sollicitez un conseil. Je décide que, dans un cas comme dans l'autre, mieux vaut vous laisser poursuivre votre récit.

«Futilité?», dis-je. Denis a toujours été comme cela — même votre mère l'a dit dernièrement, au cours d'un conversation portant sur votre neveu, le fils de votre sœur, qui venait d'avoir cinq ans. Votre sœur se demandait si elle devait le faire entrer à la maternelle. Votre neveu ne «sent» pas comment se déroule la vie en classe; il a besoin qu'on lui fasse connaître les règles explicitement. Le fait qu'il sache déjà lire et additionner rend la décision de votre sœur difficile. Un pédopsychologue, qui a examiné l'enfant, a dit que celui-ci était immature pour son âge et que votre sœur devrait sérieusement envisager de le laisser en prématernelle.

Votre mère a ri en entendant cette suggestion. Vous vous rappelez comment était Denis? s'est-elle exclamée. S'il y a jamais eu un enfant immature, c'était bien lui. Mais, à l'époque où il fréquentait l'école, l'élève idéal était celui qui pouvait rester assis tranquillement et remplir des questionnaires ronéotypés. Denis a sauté une année. Aujourd'hui, on met l'accent sur les jeux de groupe et on retient les garçons comme Denis. Elle a poursuivi en demandant à quel âge Denis se serait qualifié pour la maternelle d'aujourd'hui. À 10 ans? À 20 ans? Il faut encore lui mettre les points sur les i. Votre mère a dit enfin qu'elle n'était pas certaine que le problème des hommes de sa famille soit celui de l'«immaturité»; si c'était le cas, ils finiraient par en sortir.

Votre mère a toujours diminué tous ses enfants. Elle aime même les brouiller entre eux. Vous commencez à protester — aujourd'hui Denis s'en tire très bien dans les groupes —, mais, même lorsque vous contriez les arguments de votre mère, vous croyiez qu'elle avait raison, pour une fois. Denis ne sent pas la dynamique dans un groupe. Les gens doivent se montrer indulgents avec lui.

Il semble que vous soyez venue dans mon cabinet pour parler de Denis. Vous dites que Denis est un homme solide. Mis à part les histoires de cœur, il réussit bien et il a des amis.

Denis se fait facilement des amis? Tout le monde l'aime. S'il donnait une fête, il pourrait remplir une salle immense. Mais pour ce qui est de son cercle intime d'amis, il s'en tient aux gars qu'il a rencontrés à l'école secondaire. Pour ce qui est des nouvelles connaissances, Denis manque un peu de discernement. Il laisse tout un chacun entrer dans sa vie; ceux qui se sont révélés loyaux au fil du temps deviennent des amis. Tout le monde s'entend pour dire que Denis est facile à vivre, mais une évaluation moins généreuse de sa personnalité serait de dire qu'il est incapable de juger rapidement les gens.

«Encore immature?» ai-je demandé.

Dans les affaires de cœur. S'il est difficile de le qualifier d'immature, c'est que dans son lieu de travail Denis est considéré comme un leader. Il n'hésite jamais. Il est parfait lorsque vient le temps de diriger des projets, d'aider ses collègues à se concentrer sur la tâche à accomplir et de susciter chez eux des solutions non conventionnelles. Quand il défend une bonne idée, Denis est persévérant; il ne se laisse pas facilement influencer. Mais l'indépendance de jugement qui le sert si bien dans son travail lui cause des ennuis dans sa vie privée. Les femmes qu'il choisit! N'importe qui, sauf lui, verrait qu'elles sont des coquilles vides. Lorsqu'on parle de quelqu'un qui ne sait pas juger les gens, on pense immédiatement à Denis. Mais qu'est-ce que le jugement? Il semble presque que ce soit une affaire de perception. Il n'a pas d'oreille pour saisir les fausses notes qui indiqueraient à n'importe qui que ces fréquentations ne peuvent rien lui apporter de bon.

Lorsqu'un homme se trompe à répétition dans ses choix pour une épouse, on parle de névrose d'autodestruction. Vous ne voyez pas Denis comme cela: il n'y a rien de névrosé chez lui. Comme un borgne, Denis éprouve de la difficulté à évaluer la profondeur. C'est ce que vous offrez comme défense de Denis contre l'accusation implicite selon laquelle il doit avoir des défauts qui correspondent à ceux de ses ex-femmes, et plus précisément aujourd'hui au manque de profondeur et à l'avidité de Camille. La qualité des partenaires de Denis ne révèle rien sur Denis, soutenez-vous, parce que les facteurs qui président normalement au choix n'existent pas pour lui. Vous voulez savoir si je gobe ou non votre version de la réalité — autrement dit savoir si quelqu'un m'apparaît parfois comme Denis vous apparaît.

Comme n'importe qui qui travaille sur les problèmes d'intimité, j'ai rencontré des gens qui semblent toujours se tromper. Je me demande, comme vous, s'ils sont socialement aveugles ou si, comme le voudrait la psychanalyse, ils sont socialement voyants mais mettent leur vue au service d'une envie compulsive d'échouer.

J'exerce ma profession dans une ville universitaire; on me demande souvent d'évaluer des étudiants qui sont bien pires que Denis. Dans mon cabinet, ces jeunes hommes et ces jeunes femmes semblent avoir beau plumage et beau ramage. Mais la société qui les entoure les confond. Ses intentions et ses exigences leur semblent impossibles à interpréter. Leur cercle d'amis se compose de quelques «étrangers» comme eux-mêmes le sont, ou bien ils n'ont pas d'amis intimes. Leurs relations sentimentales avec le sexe opposé sont douloureuses pour tous les intéressés. Ces étudiants sont incapables de prévoir l'évolution de leurs amitiés, de prévoir les trahisons.

Parmi ces étudiants se trouvent des jeunes hommes qui ont transgressé le code social de façons particulières, en s'«imposant» à de jeunes femmes. Ces hommes ne sont pas du type insouciant et égoïste qui vous vient à l'esprit lorsque vous entendez parler de cas de viols commis par une connaissance. Ce sont plutôt des jeunes gens déconcertés par ce qui leur arrive, complètement déphasés dans leur contexte social, incapables d'interpréter les messages subtils. Je me demande s'ils se sont mis bêtement dans le pétrin parce qu'ils sont incapables de jauger l'ambivalence d'une jeune femme difficile à déchiffrer ou parce que, dans un moment malheureux, ils sont passés à l'attaque, frustrés par leur incapacité de comprendre même ce qui se passe entre deux êtres humains.

On commence à croire — un peu moins dans la psychiatrie conventionnelle — que certaines personnes perçoivent mal les signaux sociaux, et qu'il s'ensuit des conséquences fâcheuses pour leur bonheur. Nous n'avons pas de terme pour désigner la capacité de saisir les nuances sociales, mais un mot, la «dyssémie», a été proposé pour désigner la condition d'une personne qui ne l'a pas. Le terme dyssémie a été récemment inventé par Stephen Nowicki fils et par Marshall Duke, psychologues à l'université Emory. Ils l'ont construit à partir de l'élément «sémie» (du grec *sêmeion*, «signe», comme dans sémaphore ou sémiologie) et du préfixe «dys» (du grec *dus*, «difficulté, mauvais état»), sur le modèle de dyslexie (trouble de la capacité de lire), de dysgraphie (difficulté dans l'acquisition ou l'exécution de l'écriture) et de dysthymie (trouble de la régularité de l'humeur, littéralement trouble du thymus, que les Grecs considéraient comme le siège des émotions). La dyssémie est donc une anomalie dans la production ou la compréhension des signaux non verbaux utilisés dans les relations sociales.

La notion de dyssémie est issue de l'observation selon laquelle de nombreux enfants «socialement mal adaptés» manifestent un problème quelconque relativement à la communication non verbale. Ils interprètent mal les signaux qui permettent aux enfants de se reconnaître entre eux ou ils produisent mal les signaux indiquant leurs intentions. Nowicki et Duke sont d'avis qu'un problème fondamental de communication non verbale — sa production ou sa compréhension — sous-tend toute une série de difficultés sociales durant l'enfance. Le groupe d'Emory reconnaît cinq domaines du langage non verbal dans lesquels les enfants peuvent être handicapés: utilisation de l'espace (se tenir trop près des autres); gestuelle (signaler le rejet alors qu'on veut signaler l'acceptation); rythme (défaut d'interpréter la situation comme exigeant qu'on se hâte); expression faciale (incapacité à distinguer les signes d'émotion);

«paralangage» (mauvaise utilisation ou interprétation du ton de la voix, du débit ou de l'intonation, sans égard au contenu); et l'«objectique» (manque d'attention aux facteurs concrets comme le style des vêtements des autres ou leur odeur corporelle).

Cette liste correspond aux traits que j'observe chez les jeunes adultes. Les étudiants d'université dont j'ai parlé lorsque vous m'avez demandé si j'avais déjà rencontré des gens comme Denis, parlent parfois trop fort ou d'un ton monocorde, ou bien sermonnent au lieu de converser. Ils ont parfois de la difficulté à déterminer ce que j'attends d'eux ou la manière dont j'ai réagi à l'un de leurs commentaires. Et ils sont déroutés par les défis que présente la vie sur le campus. Ces étudiants font le récit de malheurs bien familiers: il y a trop de cliques, personne n'est comme moi, mon colocataire manque de considération, les valeurs traditionnelles ne sont plus respectées, impossible de rencontrer quelqu'un si on ne sort pas, si on ne boit pas. Mais, pour ces étudiants, ces malheurs sont plus intenses et plus paralysants.

C'est comme si ces étudiants étaient incapables de se servir des nombreux signaux qui devraient leur permettre de distinguer des amis potentiels; même s'ils utilisent ces signaux, ils ont de la difficulté à se faire comprendre. Une série de recherches, dont les premières remontent à la Deuxième Guerre mondiale, concluent que des tests relativement simples portant sur la capacité de saisir des signaux non verbaux — par exemple, celle d'identifier l'émotion exprimée par un acteur — peuvent permettre de faire des prédictions assez justes de l'intégration sociale des sujets. Même les étudiants brillants et équilibrés sur le plan affectif tendent à avoir moins d'amis lorsqu'ils se méprennent sur les signaux non verbaux.

Les problèmes causés par un jugement défectueux sur les autres ont tendance à se compliquer. Les divers degrés de sensibilité à la communication non verbale sont établis très tôt dans la vie. Souvent, les étudiants dyssémiques arrivent à l'université après avoir vécu une série d'échecs dans leurs relations, et avec le sentiment d'être incompétents. Certains trouvent des moyens de faire face à la situation, comme cela a été de toute évidence le cas pour Denis. Mais pour d'autres, les problèmes de communication deviennent masqués par une couche de ressentiment, d'insécurité, de désespoir, d'anxiété et même de paranoïa. Le concept de dyssémie permet au thérapeute de regarder au-delà de ce qui semble être de graves symptômes psychiatriques et de concentrer son attention, dans le cas de certains étudiants, sur l'adaptation à la vie universitaire malgré un problème définissable d'encodage et de décodage.

Il se peut que, durant les premières années de la vie, la dyssémie puisse se soigner directement. On estime, certaines preuves à l'appui, que des écoliers peuvent être formés afin de mieux réussir dans les domaines particuliers où ils ont eu un mauvais score dans un test de dyssémie, et que cette amélioration entraînera une plus grande intégration sociale. Mais je trouve que ma clientèle d'âge universitaire me présente un grand défi. Il y a tellement de couches successives à enlever; et la difficulté qu'ils ont à s'exprimer les rend quasi opaques pour qui tente de les déchiffrer.

Il y a quelques années, un fantasme momentané m'a fait comprendre à quel point un handicap même mineur dans la communication non verbale peut être dévastateur. Je venais tout juste de lire le nouveau code de conduite sexuelle d'Antioch College, les règles «Puis-je faire ceci? Puis-je faire cela?» qui ont suscité une discussion nationale en 1993. (Je me souviens d'une caricature publiée dans le *New Yorker* où l'on voyait une mante religieuse en train d'embrasser son partenaire inquiet et de lui murmurer: «S'il me faut demander la permission pour chaque bouchée, chéri, nous allons nous accoupler toute la journée.») En exigeant un consentement exprès pour chaque acte sexuel et en prohibant tout geste censément accepté par des signaux non verbaux, Antioch a créé un campus de dyssémiques de droit. À cette époque, je traitais un certain nombre d'étudiants mal à l'aise en société, et mon fantasme était que la solution à leurs problèmes résidait dans un transfert à Antioch.

N'importe qui pourrait se sentir plus en sécurité de fréquenter le sexe opposé après l'adoption du code de conduite sexuelle d'Antioch, mais imaginez l'importance que pourrait avoir l'interdiction des signaux non verbaux pour une jeune femme consciente de toujours les décoder de travers. J'ai reçu dans mon cabinet des jeunes femmes manquant d'assurance, qui avaient l'habitude de fuir les hommes dès que leurs cours devenaient déroutantes pour elles. Malgré leur incertitude quant aux signaux non verbaux qu'elles émettaient ou recevaient, ces femmes pourraient peut-être, sous le régime d'Antioch, laisser se dérouler l'approche d'un homme qu'elles trouvent déconcertante. Seuls compteraient les mots. Le résultat pourrait bien être une augmentation et non une diminution de l'activité sexuelle sur le campus, puisque les règles permettraient aux étudiants comme mes patients d'être permissifs durant les premières étapes du contact sexuel, ce qui leur procurerait une forme d'entraînement dans le domaine des rapports sociaux. Et songez aux avantages de cela pour les jeunes hommes déroutés. La clarté est un avantage pour ceux qui déchiffrent mal la complexité.

Mon fantasme était que l'imposition légale universelle d'un handicap pourrait aider ceux qui sont déjà atteints de ce handicap. Mais dès que j'ai commencé à envisager des scénarios précis, mon optimisme initial s'est étiolé. Les pièges sont trop nombreux pour les dyssémiques. Si une femme est incapable de jauger la personne avec qui elle se trouve, l'obligation de répondre oui ou non à une série de questions ne fera que révéler sa confusion. Pour ce qui est de l'autre, du maladroit qui pose les questions, il paraîtra encore plus gauche lorsqu'il sera obligé de préciser ce qu'il veut. L'être humain est un émetteur de signaux; une série limitée de règles ne saurait le libérer de l'obligation d'envoyer et de traiter des messages à de multiples niveaux. Les règles d'Antioch peuvent réussir en tant que moyen mécanique pour modifier les relations de pouvoir entre les sexes, mais l'écart entre les émetteurs de signaux experts et non experts est trop large pour que la loi arrive à le combler.

Ayant travaillé avec des étudiants maladroits dans leurs relations sociales, je suis en mesure d'envisager la perspective que vous proposez: Denis décode mal les données dont se servent la plupart des gens pour évaluer la compatibilité. Il est une exception à la règle des degrés appariés de différenciation. Denis n'a aucune idée du degré auquel Camille se révélera être une femme immature, exigeante, vide et capricieuse. La chose la plus gentille que l'on puisse faire pour Denis serait de lui faire prendre conscience de ce qu'il ne voit pas. Comme Harry Stack Sullivan, vous voudrez saper son projet désastreux en vous exclamant: «Bonté divine! Imaginons ce qui s'ensuivra!»

Je vois que vous êtes découragée. Que votre mère et vous-même soyez d'accord pour dire que Denis est différent, c'est une chose. Mais c'en est une autre que je me dise d'accord avec vous et que je qualifie cette différence. La crainte que la psychiatrie n'ait pas de terme pour désigner ce qui afflige ceux que nous aimons fait contrepoids à la crainte qu'elle en ait un. Le modèle de l'entité concrète — maladie, handicap, défaut — a tendance à façonner l'approche de la psychiatrie. Vous demandez que Denis soit considéré comme exceptionnel, mais vous voulez que la vision soit moins catégorique.

En vérité, la vision psychiatrique de la différence sociale peut être encore plus inquiétante. Il y a des raisons de croire que le concept de dyssémie est incomplet ou inexact — que des défauts dans les fonctions simples comme la perception ne sont pas à l'origine des malentendus sociaux. Il y a de nombreuses années, les psychologues ont examiné les difficultés qu'éprouvent les patients schizophrènes avec les signaux non verbaux. Les patients ont assez bien réussi à identifier les émotions exprimées dans des enregistrements vidéo d'expressions faciales; mais, si l'expérimentateur ajoutait des indices supplémentaires, comme des gestes ou des intonations, qui auraient été utiles à la plupart des observateurs, le jugement des patients schizophrènes ne s'améliorait pas pour autant. Ils pouvaient percevoir n'importe quelle sorte de signal, mais ils étaient incapables d'intégrer les signaux multiples ou d'absorber des schèmes complexes d'information sociale. Le problème de Denis, et celui de mes patients étudiants, pourrait ressembler davantage à cela. Même s'ils ne sont pas schizophrènes, ils éprouvent comme mes patients schizophrènes de la difficulté à intégrer les signaux sociaux.

Ils partagent avec ces derniers d'autres aspects de la schizophrénie. Supposez que vous ayez un second frère, jumeau identique de Denis, et que ce jumeau souffre de schizophrénie. Même durant les périodes où il n'a pas d'hallucinations ni de fantasmes, le frère schizophrène a tendance à s'isoler sur le plan social, à être gauche et raide dans ses manières, à manifester réserve et méfiance, à manquer tout à fait de subtilité dans sa réaction aux relations sociales. Dans ce cas, nous pourrions nous demander s'il n'y aurait pas un lien entre le handicap social de Denis et la schizophrénie de son frère jumeau. Pour des raisons de génétique ou à cause peut-être d'un aspect quelconque de l'environnement familial (style d'éducation des enfants, exposition à des virus ou des bactéries, santé de la mère durant la grossesse), les membres de votre famille éprouvent une difficulté particulière quant à la communication sociale, qui se manifeste de façon bénigne même chez ceux qui ne sont pas du tout mentalement malades. Bien entendu, vous n'avez pas besoin d'un jumeau identique pour manifester des signes de schizophrénie; la manière la plus utile de comprendre ce qui semble être de la dyssémie chez Denis est de la considérer comme étant située dans le continuum de la maladie mentale.

La perspective essentialiste en psychiatrie prend souvent cette forme, conceptualisant les comportements normaux comme s'ils se situaient à l'extrémité saine d'un spectre qui s'étire jusqu'à la maladie mentale. Et ce ne sont pas les maladies mentales qui manquent. Voici une autre manière de considérer le handicap de Denis. Tout aussi important que de savoir à quoi ressemble telle ou telle émotion, il faut savoir ce que l'on ressent lorsqu'elle nous prend. Le problème de Denis n'est peut-être pas tant une absence d'information brute sur l'autre (il y a de nombreux moyens de savoir que la personne en face de nous est triste), qu'une incapacité à rassembler de l'information par le plus subtil des moyens, l'empathie. L'empathie envers l'autre est une résonance qui dépend de notre familiarité avec nos propres sentiments. Les renseignements empathiques peuvent manquer de fiabilité — des inadaptés sociaux, voire des vendeurs habiles, peuvent parfois tromper la personne empathique en lui envoyant de faux signaux. Mais normalement l'harmonie empathique saisit les accents de l'émotion: la nature de la tristesse, son intensité, la sincérité qui se rattache à elle, le degré de désespoir tacite, de stoïcisme. La capacité d'harmonie empathique varie grandement d'un être humain à un autre. Pour revenir à la maladie mentale, disons que l'une des caractéristiques principales de l'autisme est une apparente absence de réaction empathique.

L'autisme et ses variantes moins sévères comportent toute une gamme de traits dyssémiques. Il existe une variante de l'autisme, dénommée trouble d'Asperger, dont l'une des caractéristiques est le discours pédant. Les adultes qui en souffrent sermonnent au lieu de converser; ils n'ont aucune idée du degré de détail, de la longueur de réponse ou du niveau de vocabulaire qui conviendront aux autres. Chacun a déjà rencontré une personne atteinte d'un cas léger de cette maladie. Il s'agit souvent d'une personne obsessionnelle, qui s'adonnera, par exemple, à un hobby de manière excessive. Elle semble s'intéresser davantage aux faits, aux machines ou au travail routinier qu'aux subtilités des relations. Dire que ce type de personne est atteinte d'une dyssémie d'expression ne rend pas compte de toute la vérité. Sa personnalité comporte un mélange de traits distinctifs: fragments de dyssémie, conduite d'évitement, obsession, empathie limitée. Il est probable qu'un psychiatre considérera une telle personne comme étant située à l'extrémité saine du continuum comprenant l'autisme et le trouble d'Asperger.

Si vous recherchez des manifestations de la dyssémie, vous pourrez la trouver dans toute une gamme d'affections. Les enfants souffrant de troubles de l'attention, d'hyperactivité ou de troubles d'apprentissage sont également souvent atteints de problèmes sociaux; et ces problèmes pourraient subsister même lorsque les problèmes d'impulsivité, de réussite scolaire ou d'estime de soi auront été résolus. L'incapacité sous-jacente ressemble souvent à une difficulté à interpréter les signaux sociaux. Certains patients atteints d'une névrose obsessionnelle manquent d'intuition dans leurs relations et interprètent mal l'ambiguïté. À l'extrémité saine du continuum de la névrose obsessionnelle, se trouvent les personnalités obsessionnelles, des personnes qui, bien que normales, souffrent des mêmes limites dans leurs rapports sociaux. Un traumatisme psychique, surtout un stress sévère subi durant l'enfance, peut nuire à la perception sociale. Des recherches sur les primates l'ont prouvé. En effet, des singes isolés des autres aux étapes cruciales de leur développement initial, même s'ils se comportent normalement à d'autres égards, seront enclins à l'âge adulte à mal interpréter les signaux non verbaux, comme les menaces proférées par les mâles dominants. Et ils réussiront médiocrement dans leur société.

Peut-être un marqueur biologique sera-t-il un jour découvert, au moyen d'une analyse sanguine par exemple, qui démontrera que ces maladies sont un phénomène de «tout ou rien»: vous avez la maladie ou vous ne l'avez pas. Mais pour l'instant, il semble que la plupart des maladies mentales aient des présentations partielles. Certaines personnes saines sont hypersensibles à des stresseurs mineurs et font des erreurs de perception, un peu comme les personnes atteintes du syndrome du stress post-traumatique; d'autres sont hypervigilantes et font des erreurs de perception, un peu comme les personnes atteintes de schizophrénie paranoïde, et ainsi de suite. Au lieu de simplement étiqueter de «dyssémie» le problème de Denis, je voudrai peut-être vous demander comment il se comporte une fois la relation amorcée. Que signifie le fait qu'il vous blâme pour l'échec de l'un de ses mariages? Comment se fait-il que, lorsque vous avez énuméré les défauts de sa femme, il n'ait pas pu se les ôter de l'esprit? Y aurait-il ici une touche d'obsession, voire de paranoïa? Pour que je puisse vous répondre quand vous me demandez de vous aider à planifier votre déjeuner avec Denis, à mettre au point une approche susceptible de l'atteindre, il me faudra me faire une opinion. Peut-être Denis fait-il bien de mettre le grappin sur Camille.

Voici le dilemme familier qui ressort de la perspective psychiatrique essentialiste. La dyssémie (avec ou sans ses corollaires, comme l'obsession mineure, la paranoïa, l'hypersensibilité ou un besoin de distance sociale) n'est-elle qu'un obstacle au choix social précis ou est-elle le signe d'une différenciation faible? Dans ses discussions avec vous, Denis semble un peu immature. Lui et Camille ont peut-être plus en commun que vous n'êtes disposée à le reconnaître.

Les références fréquentes que fait Camille aux repas dans les restaurants et aux cadeaux vous font penser qu'elle est cupide. Lorsque vous parlez de la laideur de son caractère, vous voulez dire qu'elle mérite le genre d'étiquettes que j'ai apposées aux patients qui ont pris place dans le fauteuil que vous occupez maintenant: narcissiques, voire inadaptés sociaux. Cependant, mieux vaut parfois considérer comme dyssémiques les personnes qui nous paraissent narcissiques ou socialement inadaptées. Il se peut que Camille éprouve de la difficulté à évaluer l'affection sans tenir compte des avantages matériels qui concrétisent ce sentiment. Lorsque Camille se vante d'exploiter sa sensualité pour manipuler les autres, vous avez un mouvement de recul. Il se peut toutefois qu'elle soit incapable de jauger l'effet de ses paroles sur les autres; peut-être compte-t-elle sur son sex-appeal parce qu'elle ne possède aucun autre moyen de persuasion.

Je ne dis pas que Denis aura la vie facile avec Camille. L'union de deux êtres qui lisent mal les signaux sociaux — l'un ne s'engage pas assez et est enclin à jeter le blâme sur les autres, l'autre est exigeante et habituée à exploiter sa sensualité pour établir un rapport avec autrui — peut mener à des ennuis. Les autres femmes de Denis l'ont quitté, et il semble que Camille fera de même. Mais l'appariement de Denis avec Camille ne paraît désormais plus inexplicable.

Nous sommes en train d'envisager deux manières opposées de considérer la décision prise par Denis d'épouser Camille. Il a pris une mauvaise décision parce qu'il est «handicapé» ou bien, du fait qu'il est «handicapé», le choix qu'il a fait est plus approprié qu'il ne le semble à première vue. Mais ces façons de formuler la réalité exagèrent les problèmes de Denis. Celui-ci n'est pas paranoïaque, il a toujours eu de nombreux amis. Qu'est-ce que cela peut bien faire qu'il ne perçoive pas des signaux sociaux qui sont essentiels pour d'autres que lui? Qualifier cela de handicap témoigne du refus de juger Denis en fonction de ses propres valeurs.

Denis a des points forts — comme vous dites, dans son travail, il a l'air mûr. Vous avez mentionné l'éclectisme social de votre frère. Il répugne à juger les autres, trait que les gens admirent en lui. Même son manque de personnalité, son incapacité à percevoir les indicateurs d'hostilité, de jalousie ou d'embarras chez les autres le rendent attirant. Les gens n'ont pas l'impression d'être disséqués par lui. Il accorde beaucoup de liberté à ses collaborateurs et leur donne l'occasion de prouver leur valeur par leurs actions. Il y a des formes de rivalité que Denis ne suscite pas. Son côté terre-à-terre encourage les membres de son équipe à exécuter leurs tâches sans la référence constante à l'ego qui risquerait d'infecter l'équipe si celle-ci était dirigée par un homme plus perspicace. Les capacités de Denis se reflètent dans ses croyances. Il croit injuste que des gestionnaires se fient à leur intuition pour évaluer leurs subalternes; ce sont les résultats qui devraient compter, pas les traits de personnalité.

Denis incarne un certain idéal masculin américain. Il a de la décision. Il comprend que certains problèmes doivent être résolus sur-le-champ puisque des informations supplémentaires sur le sujet ne changeraient rien au choix de la solution. Il n'est pas du genre à se faire du souci, ni à avoir des regrets, ni à présenter ses excuses. Le fait de n'avoir aucune tendance à la névrose ne handicape pas Denis mais l'avantage. Chaque fois que je rencontre quelqu'un comme lui, je me rends compte à quel point ce genre de personne fonctionne mieux en groupe que moi. Si Denis devait évaluer mes capacités de leader, il me trouverait trop sensible. Il me conseillerait d'ignorer une bonne partie de ce que je vois et de laisser les gens faire tranquillement leur travail. Et il aurait raison. On aurait envie de dire: à chacun ses talents. Les personnes sensibles et les personnes insensibles ont des talents différents; ni les premières ni les dernières ne possèdent toutes les qualités.

Après tout, l'acuité dans les relations sociales n'est pas sans excès. J'ai parfois l'impression de voir des patients atteints d'hypersémie. Il se peut qu'une femme sache très bien à quoi s'en tenir avec un homme. Lorsqu'il lui dit qu'il l'adore, elle perçoit dans quelle mesure ce sentiment est attribuable à son besoin compulsif de placer les femmes sur un piédestal et de leur attribuer des traits de personnalité comme la docilité et la douceur. Elle considère cet homme comme inquiet et dans l'erreur. Le potentiel de rage caché en lui est apparent pour cette femme, de même que son narcissisme, la difficulté qu'il éprouve à s'engager et son besoin exagéré de tout contrôler. Elle est facilement blessée par les petits gestes révélant qu'il la néglige, petits gestes dont il n'a pas conscience si elle ne les lui fait pas remarquer, ce qu'elle évite de faire sachant qu'il la trouverait mesquine. Elle a le sentiment qu'il n'est jamais tout à fait présent, même durant les relations sexuelles.

Le monde de cette femme est peuplé d'hommes comme lui, et les signaux d'ambivalence et de manque de sérieux qu'émettent ces derniers ne manquent pas. Selon elle, beaucoup d'hommes sont sourds à leurs propres besoins, d'autres sont carrément hypocrites. Ces opinions qu'elle entretient sur les hommes lui inspirent du ressentiment, et elle a conscience à tous les instants qu'elle est différente d'eux. La multitude d'indices qu'elle perçoit la submergent; elle arrive à peine à distinguer l'homme solide de celui qui l'est moins. Face à un homme qui n'est que légèrement déficient, elle se révèle incapable de sourire devant ses défauts et d'espérer qu'il grandira. Le défaut lui est trop apparent. La femme hypersémique qui veut amorcer une relation doit faire un effort conscient pour ignorer ce qu'elle perçoit avec une extraordinaire acuité. Chaque liaison requiert d'elle qu'elle fasse un acte de foi, un bond les yeux fermés. Soit qu'elle choisira de ne pas bondir, soit qu'elle bondira au mauvais moment, vers un homme dont le manque de sérieux n'est pas léger mais total. Malgré tout son discernement, cette femme pourrait bien avoir autant que Denis besoin d'un conseil.

L'observation d'hypersémiques en action contredit toute idée simpliste selon laquelle l'«intelligence des émotions» serait quelque chose de mesurable par, disons, la façon dont une personne parvient à identifier le contenu affectif d'un enregistrement vidéo. Votre frère Denis ne voit pas les détails, mais, dans bien des contextes, son inattention au superflu le rend plus efficace. En ce qui concerne l'intelligence des émotions, ce qui compte avant toute chose, n'est-ce pas ce que vous faites à partir de ce que vous voyez? Bon nombre de personnes sensibles et perspicaces semblent délicieusement autodestructrices. Pour ce qui est de Denis, voulez-vous vraiment essayer de prouver qu'il n'a aucune idée de la personne qu'est Camille?

Camille aborde Denis en portant de grandes pancartes, au lettrage bien clair: je suis sexy, exigeante, passionnée et émotive. Il est capable de lire ces signaux, qui l'attirent. Vous vous inquiétez: il ne perçoit pas toutes sortes d'autres signaux tels que Camille manque de sérieux, elle est superficielle et égoïste. Pour ce qui est du manque de sérieux, même Denis doit comprendre que les femmes tapageuses, ou les hommes tapageurs, peuvent causer des ennuis. Nul besoin d'être un analyste très fin des comportements sociaux pour le croire. Si Denis décide d'épouser Camille, il doit rechercher les ennuis. Le mot «ennuis» est peut-être trop fort. Denis veut avoir le sentiment d'être lié à quelqu'un.

Du moins, telle est l'impression que me font les gens comme Denis. Ils ne sont pas mentalement malades, et ils disposent généralement d'un arsenal d'autres moyens pour rassembler de l'information, arsenal qui leur suffit généralement à rester en contact avec la réalité sociale qui fait consensus. Mais, les signaux subtils leur échappant, ils ont l'impression d'être un peu en dehors du coup. Ils sont sensibles à ce qui leur manque et recherchent quelqu'un qui puisse le leur donner. Ce que Denis cherche, ce n'est pas la stabilité dans sa vie; Denis est stable. Ce qui lui manque, c'est l'intensité des sentiments, et Camille peut lui apporter cela.

En vous faisant du souci pour Denis, vous sous-estimez l'altérité de l'autre. Denis ne voit pas le mariage comme vous le voyez. Même si vous partagez avec lui des gênes et une certaine éducation, il est différent de vous de par ses valeurs. Il est moins déterminé que vous à réussir son mariage. Son travail compte pour lui, et ses amis de toujours aussi. Les histoires conjugales ne seront peut-être jamais au cœur de sa vie. Il n'a pas le sentiment que les unions sont prédestinées, qu'une seule femme lui est destinée. Il sait que quelque chose en lui s'anime lorsqu'il est en compagnie de Camille; il espère seulement qu'il pourra faire face à ce qu'elle lui apportera d'autre.

Vue de cette façon, l'histoire de Denis montre à quel point il est compliqué d'évaluer la différenciation des êtres et l'appariement des différenciations dans une relation. Si nous interprétons la différenciation comme étant la capacité d'autonomie, nous dirons que Denis est plus différencié que Camille. Le fait qu'il la choisisse, elle, n'est peut-être pas une erreur. Les personnes qui sont ankylosées sur le plan émotionnel et qui ont perdu le contact avec la passion épousent souvent des personnes dont la capacité d'autonomie ou la maîtrise de soi est inférieure à la leur.

Arthur Miller épouse Marilyn Monroe parce que la maturité n'est pas tout ce qui compte. Dans son autobiographie, il écrit: «Elle avait une imminence dans mon imagination, la vitalité d'une force que l'on ne comprend pas mais qui semble sur le point d'éclairer de vastes étendues obscures.» Il ajoute qu'elle lui a rappelé les «mythes de l'enfance» et donné la permission d'écrire. Peut-être se ment-il à lui-même et que ce ne sont que le sexe, la beauté et la gloire qui l'ont attiré vers Marilyn, mais il la présente comme une muse, comme un lien avec des forces nécessairement chaotiques, voire infantiles. La première fois qu'il envisage l'éventualité du suicide de la jeune femme, il sait qu'il doit l'épouser. Miller étant exagérément différencié — moins en contact avec le chaos qu'un écrivain pourrait raisonnablement souhaiter l'être —, il recherche l'instabilité patente de Marilyn, qui l'appelle «Papa» et le voit comme un bouclier contre la maladie mentale. Le lien entre l'auteur et l'actrice repose sur l'écart de leur capacité d'autonomie respective; la distance entre la manière dont ces partenaires appréhendent la vie forme la base de leur histoire d'amour.

Ne se pourrait-il pas que le lien entre Denis et Camille soit de cette nature-là? De telles alliances sont difficiles, car il est probable qu'elles seront marquées par une idéalisation mutuelle perpétuellement déçue; mais elles sont tout aussi irrésistibles que beaucoup des relations fondées sur un appariement parfait. Et ces mariages peuvent être des «appariements» si nous supposons que la capacité de connexité est un élément de la différenciation. Les marqueurs même du manque de maturité — impulsivité, spontanéité, désir, vitalité, sentiment d'urgence, personnalité tapageuse, besoins multiples — sont également des marqueurs de la connexité et peut-être aussi d'une certaine forme d'indépendance.

Nous avons consacré tant de temps à la relation de Denis que nous n'avons pas eu le loisir de discuter de la vôtre. Vous me demandez si vous pouvez revenir pour une deuxième rencontre. Il vous faut du temps pour vous sentir à l'aise. Vous voulez un conseil. Vous ne savez pas trop comment prendre le comportement de votre partenaire: un petit peu malhonnête au travail, un petit peu égoïste à la maison. Vous vivez la réalité qu'a dépeinte Hitchcock dans son film *Soupçons* (1941), c'est-à-dire le mariage avec une personne impossible à connaître, dont chacun des gestes est explicable mais dont les intentions générales restent opaques.

Je veux vous rencontrer de nouveau. Je devine que vous êtes atteinte d'une variante plus mineure de ce dont est atteint Denis. Vous n'êtes que moyennement capable de «lire» votre monde social. Vous n'êtes pas seule dans votre cas; nombreux sont ceux qui sont moins bons juges des autres qu'ils devraient l'être selon la théorie des différenciations appariées. Pour ces personnes particulièrement, intimité implique incertitude. Votre inquiétude tacite de ne pas bien décoder les situations compliquées vous incite à chercher conseil — ce que vous considérez comme légèrement égoïste, je risque de le considérer comme bien plus grave. Comme vous, j'espère protéger ceux qui ont de la difficulté à interpréter les signaux sociaux.

Pour ce qui est de Denis, vous pourriez lui conseiller de ralentir le pas, mais je doute qu'il vous écoute. Avec le temps, il saura peut-être si Camille satisfait ses besoins. Il est également possible qu'il se soit royalement trompé sur son compte, dans lequel cas des ennuis le guettent. Il est difficile d'aider ceux qui ne parviennent pas à saisir les signaux sociaux; les décisions dans les affaires de cœur sont tellement subtiles — c'est là le cœur de notre propos — que personne ne peut les prendre à la place de quelqu'un d'autre. Il y aura plus de tâtonnements dans la recherche de Denis que dans celle de la plupart des gens. Ne vous étonnez pas s'il lui faut contracter quelques mariages avant de trouver chaussure à son pied. Selon mon expérience, il est difficile d'épargner des tourments à quelqu'un qui ne voit pas les choses du même œil que vous.

En fin de compte, l'appariement des différenciations est un principe tout aussi sujet aux exceptions que n'importe quel critère pouvant servir de point de départ dans l'évaluation des relations. Peut-être que la plus grande utilité de ce principe est de servir de métaphore pour notre remarquable capacité de nous trouver les uns les autres. Cette capacité a toutefois ses limites. Tout le monde n'est pas clairvoyant. Les êtres humains émettent des signaux ambigus, voire trompeurs; l'habileté à la détection s'oppose donc à l'habileté au secret. À ces complications s'ajoutent la variété de nos appétits et la discontinuité de notre personnalité qui est, en partie, soumise aux fluctuations de notre humeur. Le jugement est obscurci par notre inertie une fois que le lien est tissé et par notre crainte de la solitude, crainte qui nous pousse à ignorer les vérités qui nous déplaisent. Notre ambivalence en ce qui concerne les valeurs — autonomie ou connexité? — complique l'évaluation mutuelle des êtres. Il est finalement difficile de dire laquelle est la plus remarquable: notre perspicacité ou notre capacité de vivre une vie cachée? Et pourtant, je constate que la combinaison de deux perspectives déficientes — celle des limites humaines, exprimée par la psychiatrie essentialiste et celle de la possibilité humaine, exprimée dans l'idéal (modifié) de la différenciation — crée un squelette utile, bien que modeste, sur lequel draper les fictions susceptibles de nous aider à comprendre la relation et ses alternatives.

Pour quiconque est versé dans la pensée psychanalytique, ces fictions paraîtront superficielles. Selon la psychanalyse, les difficultés sociales surviennent lorsque l'inconscient individuel devient manifeste. Le monde dans lequel l'individu vit est façonné par ses peurs et ses désirs intérieurs. Ne parler que de concepts généraux, comme la «différenciation», ou d'«essences», comme la dysthymie ou la dyssémie, c'est se tromper sur la manière dont les relations sont inspirées et entretenues. Votre histoire personnelle vous oblige à créer des scénarios particuliers dans les affaires de cœur. Je suis resté loin du paradigme analytique, en grande partie parce que j'ai le sentiment qu'en me demandant un conseil, vous m'avez signalé que vous ne voulez pas qu'on s'immisce dans vos affaires et qu'on vous «analyse». Mais il est vain de nous limiter à une évaluation extérieure de votre situation si celle-ci est le produit de forces irrationnelles qui s'exercent en vous.

Doutes

18

La blonde et l'oisif

L'INTÉRIEUR façonne l'extérieur. La personne que vous êtes détermine les personnes que vous rencontrez. Au premier niveau, ce principe est affaire de perception: le paranoïaque est entouré d'ennemis parce qu'il voit les autres comme tels. La paranoïa a été l'un des premiers troubles mentaux qu'a analysés Freud. Il a conclu qu'elle se caractérisait par la projection — tendance à voir chez autrui des pensées, traits, sentiments ou souhaits qui nous troublent ou que nous estimons coupables. Au lieu de reconnaître qu'il s'accuse lui-même, le paranoïaque imagine que ce sont les autres qui l'accusent. La projection est un moyen de défense du moi contre les répercussions des états intérieurs perturbateurs.

Votre projection devrait fournir un moyen de vous cerner. La manière dont vous me voyez reflète vos fantasmes secrets. Je recourrai à l'outil de la projection; j'essaierai de suivre les signaux de votre radar. Mais je prendrai avec scepticisme les résultats de cette enquête, car la projection est un concept qui n'est simple qu'en apparence et qui conduit à toutes sortes de problèmes. Comment le thérapeute est-il censé déterminer lesquels des pensées ou des désirs refoulés sont représentés par la projection?

Voici le premier cas dans lequel Freud utilise le concept de projection, un cas qui illustre sa tendance à comprendre l'«évidence» de manières qui exaspèrent le lecteur moderne: une jeune célibataire commence à s'imaginer qu'elle est observée et persécutée. Elle croit que ses voisins ont pitié d'elle, qu'ils insinuent qu'elle a été plaquée par un ancien pensionnaire, une vague connaissance qui, plusieurs années auparavant, avait loué une chambre dans la maison familiale. La sœur aînée de la jeune femme informe Freud d'un incident impliquant le pensionnaire, incident que Freud rapporte: «La jeune sœur avait fait la chambre du pensionnaire tandis que celui-ci était encore couché. Il lui avait demandé de s'approcher de son lit, ce qu'elle avait fait innocemment. Ensuite, l'homme avait placé son pénis dans la main de la jeune femme. Il n'y avait eu aucune suite à cet incident (...)» L'homme a quitté la ville. Plus tard, la jeune femme a été troublée par des symptômes paranoïaques périodiques. Aux yeux de Freud, le rapport était évident: «Un sentiment a été refoulé, et nous pouvons deviner duquel il s'agit. Elle avait sans doute été excitée par ce qu'elle avait vu et par son souvenir de la scène. Par conséquent, elle évitait de s'adresser à elle-même le reproche d'être une "mauvaise femme". C'est cette auto-accusation qu'elle transpose et projette sur les autres.»

Un siècle plus tard, ce récit sur la projection illustre tout ce qui nous sépare de Freud. À une époque où fait rage le débat sur les «faux souvenirs», nous sommes moins convaincus que Freud que la scène décrite ait vraiment eu lieu. La maladie de la jeune femme est peut-être plus ancienne que ne le croit sa sœur aînée, de telle sorte que la scène de la chambre à coucher n'en serait pas la cause mais la manifestation paranoïaque. Ou encore, certaines dimensions de l'histoire sont peut-être manquantes. La jeune femme a peut-être été abordée par le pensionnaire plus souvent que ne le dit la sœur aînée. De notre point de vue actuel, le comportement du pensionnaire apparaît sexuellement agressif plutôt qu'invitant; il se peut que, même à l'époque, cette façon de voir les choses ait été conventionnelle. La jeune femme a été sexuellement agressée; il est rare que les cas d'agression de ce genre soient isolés. L'agression était peut-être un rappel d'un traumatisme antérieur. Dans le débat sur les «faux souvenirs», si nous nous rangeons dans l'autre camp, nous serons ouverts à la possibilité que la jeune femme ait été traumatisée durant son enfance, et que la paranoïa soit le résultat de blessures psychiques répétées.

Il est probable que le lecteur moderne construira quelques scénarios de rechange mettant en cause le rôle de la sœur aînée, des voisins et même de Freud, qui a dans d'autres cas été accusé de falsifier les faits. Toute une gamme d'histoires, dont celles que j'ai esquissées — la jeune femme n'a jamais été agressée mais souffre tout simplement d'un trouble paranoïaque progressif, ou encore elle a été agressée de façon répétée et souffre d'un syndrome semblable à celui du stress post-traumatique —, sont plus plausibles que celle que rapporte Freud, c'est-à-dire qu'on peut trouver toute la genèse de la maladie de cette jeune femme dans un seul matin. Une perturbation mentale — une «essence», soit la paranoïa, soit le syndrome du stress post-traumatique — met en évidence la relation avec le pensionnaire dans l'imagination de la patiente ou l'incite à s'accrocher à des potins au sujet du pensionnaire comme à un moyen d'expliquer des sentiments intérieurs perturbateurs.

Le danger qu'il y a à s'en remettre au concept de la projection pour comprendre les pensées et les sentiments cachés de la jeune femme devient évident lorsque nous portons notre attention sur ce que Freud prétend avoir été refoulé: «Elle avait sans doute été excitée...» Eh bien, il se peut que ce soit Freud qui ait été excité. Pour ce qui est de la jeune femme, il semble plus probable qu'elle ait été humiliée ou terrorisée. Si elle entretenait quelque fol espoir, il aura été anéanti plutôt que ravivé. Ici Freud semble cruellement aveugle à la situation des femmes, illustrant exactement ce dont ses critiques l'ont accusé. Il attribue à la victime des auto-accusations intolérables au sujet de ses pulsions, alors que le problème est qu'elle a été laissée meurtrie et désespérée. La jeune femme, comme tout un chacun, a une perspective distincte. Voici ce que dit à ce sujet Leston Havens: «Par l'intermédiaire d'un système nerveux génétiquement unique, que nous avons personnellement façonné, nous observons un monde qui ne peut être vu qu'à ce moment-ci, que de cet endroit précis, et par nul autre que nous.» Mais que signale donc cette perspective? Parmi de nombreuses causes possibles de l'inconfort de la jeune femme dans son voisinage, Freud en choisit une seule. Et ce choix semble moins fondé sur l'imagination de celle-ci que sur celle de l'auguste psychanalyste. L'analyse de la projection présente précisément le risque que ce qui est découvert en dise plus long sur le médecin que sur sa patiente.

Même pour l'analyste moderne qui, avant d'émettre une hypothèse, passerait beaucoup de temps à discuter avec son patient, la version qu'a Freud de la projection comporte un défaut. Freud tient pour acquis l'existence d'un soi stable facile à situer — un soi construit sur un «esprit structuré», une banque de pensées, de traits de caractère, de sentiments ou de souhaits que l'on peut identifier par le biais des projections qu'ils suscitent. Freud saisit l'extrémité du fil et se laisse entraîner dans le labyrinthe, jusqu'au noyau central du patient. La psychanalyse ne croit plus qu'il existe un noyau central discernable; tout ce qui existe peut-être n'est qu'un fil emmêlé. C'est l'interaction du patient et de l'analyste qui crée l'ordre apparent. La théorie contemporaine insiste sur les nombreuses manières fortuites dont le thérapeute influence le patient. Le soi authentique n'est pas découvert, mais créé; il résulte des efforts consentis par le patient pendant que l'analyste est présent sur le plan émotionnel.

Toutefois, la plus grande difficulté que présente la projection, en ce qui concerne son utilisation en psychanalyse, est le fait qu'elle n'est pas le reflet de ce que vit l'analyste dans le cabinet. Dans les relations intimes, y compris dans celle qui se tisse entre l'analyste et son patient, ce qui est en jeu tient moins de la perception que de l'action. Le patient paranoïaque ne fait pas que percevoir un monde hostile, il le crée.

Le patient paranoïaque peut parler avec une circonspection telle que l'analyste a l'impression de jouer le rôle de l'avocat poursuivant, qui lui arrache des détails un à un et qui spécule follement afin d'atteindre le niveau d'information et de certitude dont il a besoin pour se sentir à l'aise. Cette forme de projection «de fait» où, par exemple, un patient non seulement voit son médecin comme indiscret mais le traite aussi comme tel, fait sentir au médecin qu'il l'est et l'incite même à l'être davantage, s'appelle identification projective. Dans ce cas, le patient ne fait pas que rejeter ses pensées, ses traits de caractère, ses sentiments ou ses souhaits inacceptables et les attribuer à autrui; il fait activement apparaître autour de lui quelque chose qui ressemble à sa réalité intérieure.

Durant ce temps, l'analyste influence son patient. Il voudra peut-être dire à son patient qu'il adopte une attitude «neutre» exempte de réaction afin de le laisser «être lui-même». Mais une attitude neutre, cela n'existe pas. Des psychologues ont fait des expériences au cours desquelles des mères réagissent aux avances de leurs bébés en gardant le visage «impassible». Ces visages impassibles énervent et frustrent les bébés, et finissent par les enrager ou les déprimer. Chez certains adultes, les comportements semblables à celui du visage impassible suscitent des réactions analogues. La passivité de l'analyste peut très bien avoir suscité l'anxiété du patient. Et l'analyste a ses propres besoins: un flot d'associations libres qui suffisent à lui fournir les données dont il a besoin pour échafauder des hypothèses, en plus d'un contact émotionnel adéquat et d'une certaine intensité de détresse manifeste à laquelle réagir. Bref, il a besoin d'un «patient». En faisant preuve de retenue et en interrogeant son patient, en l'observant et en l'aiguillonnant, il invente une personne qui correspond à l'image qu'il s'est faite, c'est-à-dire une personne atteinte de paranoïa.

En surface, ni le patient ni l'analyste n'ont reçu ce qu'ils veulent et tous deux risquent de s'en plaindre: l'analyste pourrait dire qu'il préférerait un patient plus confiant, et le patient qu'il voudrait un analyste qui le soutienne davantage. Mais chacun a reçu quelque chose d'assez familier et d'assez irrésistible pour permettre à la relation de subsister. L'analyste est totalement engagée dans le traitement parce que son patient a désespérément besoin de lui. Le patient est attaché à son analyste imparfait parce qu'il reconnaît qu'il est désorganisé et impuissant, et parce que, dans son état actuel, il se méfierait encore davantage d'un autre analyste.

Ce qu'il y a d'étrange dans cette relation, c'est le degré d'absence de l'un et de l'autre. Les participants ne se sont pas trouvés; ils ont tout simplement suscité des identités nouvelles et peu authentiques qui sont engagées dans un processus qui semble nécessaire, urgent et vital. Pourtant, l'un comme l'autre imaginent que la fin de cette relation pourrait être un soulagement.

Vous pouvez voir que, de ce récit de psychanalyse à un récit de mariage en difficulté, il n'y a qu'un pas, un tout petit pas.

■ ■ ■

Vous êtes l'ami de Francis, et donc l'homme dont la femme a été abordée par celui-ci durant l'entracte au cinéma de répertoire. Vous en avez assez de votre union actuelle. Votre femme est un bloc de glace — elle vous rejette et vous laisse sur votre faim sexuelle. La séduction mutuelle a été un élément agréable de vos fréquentations. Vous avez épousé Myriam parce qu'elle était sensible et chaleureuse, au lieu d'être froide et de rejeter arbitrairement les gens, comme le faisait votre mère. Les relations sexuelles ont été harmonieuses au début de votre mariage, mais depuis deux ou trois ans votre femme vous bat froid. Le moment n'est-il pas venu pour vous de la quitter?

Votre plainte est claire. Pourtant, après vous avoir entendu la formuler, je me demande — comme le feraient beaucoup de membres de notre culture — si vous n'êtes pas quelque peu ambivalent en matière d'intimité sexuelle, ou de chaleur féminine.

Durant mon investigation préliminaire, j'ai interrogé Myriam avec votre permission. Elle m'a dit qu'il lui était difficile d'être excitée par un homme qui trouve toujours à redire au mauvais moment. Lorsque je lui demande des explications, elle précise qu'elle est souvent disposée à avoir des rapports sexuels lorsqu'elle se prépare à dormir, mais que vous choisissez généralement ce moment de la journée pour provoquer une dispute. L'argent est votre sujet de prédilection. En vous brossant les dents, vous apercevez son relevé de carte de crédit qui traîne dans la salle de bain. Les reproches commencent alors à fuser: comment peut-on dépenser son argent si follement? Et les frais d'intérêt! les banques sont des vampires qui vous vident de votre sang!

Une fois votre litanie récitée, Myriam n'a plus envie de faire avec vous ce que vous faisiez ensemble durant vos fréquentations. Plus précisément, elle n'a plus envie de faire ce qu'elle voulait faire il y a une demi-heure, lorsqu'elle a fermé le téléviseur et qu'elle vous a proposé de vous coucher tôt.

Elle ne supporte pas votre rapport à l'argent, qui lui rappelle celui de son père. Si elle laissait les lampes allumées, son père la sermonnait à n'en plus finir. Elle essaie d'oublier la manière dont son père traitait sa mère — pourtant, sa famille n'était pas pauvre. Pas étonnant que sa mère soit devenue amère et acerbe. Le père de Myriam avait toujours le mot vampire à la bouche — comment ce mot vous est-il venu à la bouche à vous et où avez-vous trouvé l'audace de l'employer? Quelle déception! Avant votre mariage, vous étiez tendre, tout à fait le contraire de ses parents cyniques et sarcastiques. Bien entendu, Myriam ne prend plus plaisir aux rapports sexuels avec vous.

Il existe plus d'une manière d'aborder un problème comme celui-là. Je n'ai pas l'impression, comme vous, que la prochaine étape est la séparation. Je pourrais envisager une consultation avec un sexologue. Ou encore une intervention sur le comportement. Je pourrais vous recommander de réserver un moment particulier de la journée pour parler d'argent. Je pourrais aussi vous dire que si vous tenez à avoir des rapports sexuels, ne provoquez pas de querelles avant de vous coucher.

N'importe laquelle de ces recommandations pourrait être utile. Mais, quelle que soit la façon dont j'aborde la relation, je serai enclin à essayer de la comprendre dans la perspective de l'identification projective. Vous et Myriam jouez une pièce dans laquelle chacun attribue à l'autre un rôle désagréable mais reconnaissable. Comment expliquer autrement qu'elle laisse traîner son relevé de carte de crédit dans la salle de bain? Comment expliquer que vous utilisiez le mot même qui fait de vous son père à ses yeux? Vous avez tous deux trouvé le moyen de vous refroidir l'un l'autre sur le plan sexuel. Comment éviterais-je de vous soupçonner, vous, de vouloir inventer une femme frigide et elle, un mari qui la critique continuellement?

Je ne suis pas absolument convaincu qu'il s'agisse d'un cas d'identification projective; je ne connais à peu près rien de votre famille d'origine et rien de vos fantasmes, de vos espoirs, de vos peurs. Mais j'ai tendance à me demander si l'indifférence sexuelle de Myriam ne commence pas dans votre imagination, si la sculpture des blocs de glace ne serait pas l'une de vos spécialités non désirées, tout comme la fabrication des êtres impitoyables en matière de discipline pourrait en être une pour Myriam. Cette spéculation comporte les défauts de la méthode freudienne: risque de prendre un tempérament permanent pour un comportement social de réaction, confiance en des récits historiques non vérifiés, danger probable de rejeter le blâme sur la victime. Si déficiente que soit l'identification projective, elle fait partie de l'«évidence» dans notre culture. Et comme d'autres perspectives que nous appliquons, l'identification projective mutuelle a ses racines dans la psychiatrie du milieu du XXe siècle.

■ ■ ■

En 1967, l'année où Murray Bowen a étonné ses collègues avec le récit de son séjour à Waverly, un psychanalyste britannique, Henry Dicks, publiait un ouvrage qui allait lui attirer de nombreux disciples: *Marital Tensions*, un compte rendu sobre du travail effectué au service de consultation conjugale de la clinique Tavistock de Londres, institut de psychanalyse fondé en grande partie sur l'œuvre de la rivale d'Anna Freud, Melanie Klein.

Klein a fondé l'une des principales écoles de psychanalyse, celle de la «relation d'objet», où le mot «objet», qui n'a pas le sens de chose concrète qu'on lui attribue dans le langage courant, désigne autrui, non spécifiquement personnalisé. Les théoriciens de la relation d'objet croient que ce qui motive les individus, ce ne sont pas tellement les pulsions interdites qui pullulent dans l'inconscient freudien, mais plutôt des constellations émotionnelles entières, c'est-à-dire de gros blocs de sentiments et de fantasmes prélevés dans une relation tendue entre soi et un personnage important. Dans ce modèle, le comportement d'autodestruction remonte généralement à un attachement non résolu envers un parent, attachement qui a suscité une grande frustration. Dans sa version la plus pessimiste, la théorie avance que les hommes n'ont pas seulement envie d'épouser leur mère, mais qu'ils veulent revivre la douleur qu'ils ont éprouvée dans l'aspect le moins satisfaisant de leur relation avec elle. Dans cette théorie se trouve, bien que latente, la notion de compulsion créatrice: ces hommes doivent s'acharner jusqu'à ce qu'ils réussissent.

C'est Klein qui a accouplé deux concepts freudiens pour inventer l'«identification projective». Elle a mis l'accent sur les circonstances dans lesquelles une personne fait en sorte qu'une partie d'elle-même qu'elle déteste apparaisse chez l'autre, généralement un intime; ainsi, elle se débarrasse de ce qu'elle répudie tout en restant en contact avec cette part d'elle-même. L'identification projective représente pour Klein la manière usuelle dont les gens gardent vivante l'image de relations tendues. Lorsque l'homme ne peut épouser sa mère, il fait ressembler à celle-ci l'épouse qu'il prend.

Comme la psychanalyse freudienne, la théorie de la relation d'objet s'intéresse à la structure — la manière dont certaines dimensions des relations que poursuit l'individu avec ambivalence sont encodées de façon stable dans son esprit. Mais la relation d'objet est également la forme ancienne de psychanalyse qui se préoccupe le plus des relations interpersonnelles. Il ne faut donc pas s'étonner qu'elle ait donné naissance à une théorie du couple, dont on peut dire qu'elle est celle qui prédomine à notre époque.

Ce processus commence avec Henry Dicks, un petit homme énergique et extraordinairement aimable. À l'époque où le sectarisme marquait la psychanalyse, il a pu nouer des amitiés dans tous les camps. Après la Deuxième Guerre mondiale, une fois démobilisé, Dicks a fondé une clinique à partir de l'idée que le mariage et ses vicissitudes sont le plus facilement compréhensibles sous l'angle de l'identification projective mutuelle. Entre 1949 et 1967, Dicks a travaillé auprès de plus de 2000 couples, et il a rapporté ses découvertes de façon tout à fait convaincante. Les techniques thérapeutiques ont évolué, mais ce qui distinguait le *Marital Tensions* de Dicks était la qualité de la description qu'il faisait des individus en crise et l'application de la théorie au fonctionnement du couple. Pour ce qui est de la description et de l'analyse, cet ouvrage n'a pas encore été surpassé.

Dans *Marital Tensions*, les illustrations prennent la forme de notes concises rédigées sur des cas, dans lesquelles les maris sont désignés par l'abréviation M. et les femmes par F. Dès le départ, Dicks a travaillé sur le problème de Sophie et de Joël. Voici sa description de la première patiente qu'il a traitée dans la perspective du couple, en 1949.

> Séduisante blonde décolorée, 35 ans, d'origine irlandaise modeste. Semble un peu rude, fantasque, mais est essentiellement franche, plus mûre et plus intelligente que M., capable de vifs sentiments d'amour et de haine.
>
> (...) De son unique sœur, F. a dit: «Elle aime les Allemands et les nazis — moi, je préfère le genre européen de l'Est ou méridional. Elle a épousé un sale type.» Il semblerait que l'exogamie était bien marquée.
>
> À 18 ans, F. a épousé un homme tapageur. Innocente, elle a aimé profondément son premier mari, ainsi que leurs trois enfants. D'une façon un peu pathétique, elle m'a dit qu'elle ne serait plus impressionnée aujourd'hui par un type comme lui, mais il était évident qu'elle l'idéalisait encore (...)

Après la mort de l'un de ses enfants, la femme a quitté son homme tapageur. Déprimée, elle a épousé son mari actuel, «un Juif londonien d'une beauté romantique et d'une élégance bon marché, un oisif de troisième ordre typique de l'époque», à propos duquel Dicks a posé un diagnostic de «psychopathe paranoïaque inadéquat». (L'expression «psychopathe paranoïaque inadéquat» est difficile à définir; pour faire court, disons que ce n'est pas un bon parti.)

La femme s'est plainte à sa travailleuse sociale de ce que son mari l'agressait violemment; le couple a alors été dirigé vers la clinique de Dicks pour y recevoir un service innovateur, une évaluation conjugale comprenant des entrevues psychanalytiques séparées. La question que Dicks pose est la suivante: pourquoi cette femme reste-t-elle avec son mari, même si celui-ci est violent, même si elle ne l'aime pas et même si un juge lui a conseillé de le quitter? Il se demande aussi pourquoi, vu la solidité évidente de l'attachement des partenaires, le mariage est aussi turbulent. La réponse de Dicks commence par l'hypothèse selon laquelle, malgré les défauts évidents du mari, la femme apporte au drame «sa pleine part d'ambivalence et de motivation de représailles». Nous percevons les sentiments contradictoires de la femme dans ses propres propos.

> (Au début), je l'aimais bien; il ne semblait pas être à la recherche de sexe (...) Il avait l'air négligé — j'ai commencé à m'occuper de lui (...) mais j'ai été déçue et je me suis mise à le mépriser; il semblait froid, sans désir réel (...) J'aime un homme qui est dur et qui me domine, même s'il est un peu malhonnête. J'aurais aimé qu'il me malmène — j'avais faim d'un vrai homme (...) Je me suis trompée sur son compte, je pensais qu'il était espagnol donc passionné —, mais il était mollasson et manquait de nerf (...) Je lui ai donc dit des méchancetés — oui, je l'ai harcelé. Maintenant, je sais que je suis comme sa mère (...)

Une femme choisit un homme qui la laissera être forte et maternelle, mais bientôt elle le harcèle pour qu'il manifeste une virilité rude. Même si Dicks estime que cette femme est plus mûre et plus intelligente que son mari, il reconnaît l'existence de solides éléments d'«appariement» dans ce ménage. Avec précision, le mari et la femme ont trouvé ou se sont créé l'un pour l'autre un partenaire qui satisfaisait un ensemble de besoins émotionnels et érotiques puissants, bien que signalant une inadaptation.

Ce que l'oisif voit dans la blonde chaleureuse et fantasque n'est un mystère pour personne, c'est une mère séduisante; le problème est que pour masquer sa dépendance et son incompétence sexuelle, il devient violent. Plus précisément, il fait alterner le sadisme et les larmes d'excuses. Mais elle, que voit-elle en lui?

Dicks conclut que la femme a commencé par chercher une version idéalisée de son père — un homme qui posséderait la capacité de son père d'assurer sa protection, mais qui ne mépriserait pas comme lui la sexualité des femmes. La femme veut la sécurité relevée de romantisme. Elle a en fait absorbé beaucoup des valeurs de son père; elle est dominatrice et elle se méfie de ses propres pulsions. Elle espère transmettre sa force à un homme, faire en sorte que cet homme apprécie sa sexualité de femme et, par conséquent, en arriver elle-même à apprécier sa propre sexualité. Même si elle a dit s'être un jour réjouie du manque d'avidité sexuelle de son nouveau mari, elle a choisi ce qu'elle croyait être un Méditerranéen, pensant qu'il serait affranchi des scrupules traditionnels. C'est au moment où il la déçoit à cet égard que les problèmes commencent. La femme ne se plaint pas de ce que son mari la batte, mais de ce qu'il pleure. Son mari n'est pas assez viril à son goût.

Ce récit illustre le principe posé par Dicks: la tension conjugale résulte de la déception, et la déception survient lorsque les partenaires ne se comportent pas selon les modèles préconçus dans l'imagination de l'un et de l'autre. Le mari espère que son épouse sensuelle et maternelle fera de lui un homme, comme sa mère méprisante refusait de le faire. L'épouse espère que son mari, en acceptant l'image de force qu'elle projette puis en approuvant ses appétits, fera d'elle une femme. Chacun a l'intention d'aider l'autre à se développer. Mais l'indépendance de la femme est trop menaçante pour le mari, et le mari est trop doux au goût de sa femme. Il résulte de tout cela ce que Dicks appelle un «mariage entre chien et chat».

Ce que Dicks ne dit pas dans sa réflexion sur cet ancien cas, mais qu'il en vient à croire lorsqu'il acquiert de l'expérience, c'est que le chat crée le chien et que le chien crée le chat pour satisfaire des besoins très profonds. Voici l'enchaînement complet:

Une personne s'engage dans une relation, portant le fardeau d'une image inconsciente ou d'un ensemble de sentiments provenant d'une relation antérieure perturbée. La femme, par exemple, a absorbé certains aspects des contacts difficiles qu'elle a eus avec son père, un homme critique, méprisant et dominateur.

La personne s'éprend ensuite de quelqu'un sur qui elle peut projeter une idéalisation. En l'occurrence, malgré des signes antérieurs indiquant le contraire, la femme voit le mari comme un homme très viril qui apprécie la sexualité des femmes. Cette projection peut inclure des tentatives pour remodeler le mari, pour faire de lui ce qu'il devrait être, tentatives qui se traduisent peut-être, en l'occurrence, par la manière dont la femme materne son mari et s'offre à lui sur le plan sexuel.

Si l'idéalisation mutuelle s'écroule, c'est la déception. Le mari n'accepte qu'imparfaitement la projection «idéalisante», et la femme se rend compte qu'il n'est ni viril ni romantique. En réalité, le mari est méprisant, comme l'était le père de la femme, et comme l'est celle-ci envers elle-même.

Dans un couple qui a du ressort, où l'idéalisation initiale n'était pas désespérée et où l'intensité de la déception subséquente est tolérable, des efforts seront consentis en vue d'accepter ou de modifier la partie rejetée du soi qui apparaît dans l'autre. Les couples moins flexibles réagissent aux attentes déçues en s'engageant dans des formes destructrices d'identification projective mutuelle. Chacun des partenaires se comportera de la façon même qui suscitera chez l'autre les caractéristiques exagérées du parent conflictuel. En aiguillonnant son mari, la femme contribue à créer un homme violent, une parodie de son père dominateur. Le mari, en frustrant sa femme, fait d'elle une copie de sa propre mère qui le critiquait toujours.

Dicks explique les tensions conjugales ainsi. Chacun des partenaires a été choisi en fonction de ses différences par rapport à un parent, puis idéalisé; chacun des partenaires déçoit les attentes de l'autre; par le biais de l'identification projective mutuelle, les partenaires sont transformés en parodies des parents; cette transformation détermine une relation destructrice très stable, en partie parce que chacun des partenaires incarne des traits inacceptables qui, tant que le mariage dure, n'ont pas besoin d'être vécus ou affrontés comme éléments du soi. Beaucoup de dimensions du soi et de l'autre restent cachées. Le mariage perturbé est le domaine de créatures modifiées, créées par la projection mutuelle.

Présenté abruptement, le schéma de Dicks peut sembler forcé, mais c'est celui que les gens utilisent constamment pour évaluer les relations. Revenez à l'histoire de Anne, l'éditrice qui trouve son courrier électronique rempli de preuves de la trahison émotionnelle de son amant. Quoi qu'ils croient, Anne et ses amis en arriveront à la même conclusion que moi: Mathieu a besoin que Anne soit une «figue de Barbarie» et, par le biais de ses indiscrétions, il essaie de la rendre telle. Simultanément, les amis de Anne et moi-même demanderons pourquoi Anne a donné tant de latitude à Mathieu. L'homme intègre qui déçoit sa femme, voilà un personnage qui pourrait très bien sortir de l'imagination de Anne.

Ou encore, songez à la bichonnée Luce et à Guy l'hirsute. Luce accepte passivement l'attitude de supériorité de Guy, et nous pouvons nous demander si elle ne l'aiguillonnerait pas, l'incitant à douter encore plus de lui-même et déclenchant son mépris envers elle. Guy a certainement l'air d'avoir besoin d'une femme qui le rejette, image de Luce à laquelle il s'accroche même lorsqu'elle prouve qu'elle ne ressemble en rien à cela.

Aujourd'hui, le bon sens consiste à prendre conscience de l'identification projective mutuelle. Sans que le concept ait été présenté explicitement, j'ai vu (et vous aussi, je suppose) toutes les histoires de cas racontées à travers la lentille de l'identification projective mutuelle: Luc rend Chloé belliqueuse et celle-ci rend Luc ridiculement raisonnable. France amplifie les traits dominants de l'homme avec qui elle vit, et Francis amplifie l'irrationalité de France et sa trop grande indulgence envers elle-même. La délicatesse de Marc et de Sarah se révèle moins comme étant un fait que comme étant un rôle mutuellement requis.

Lorsque Murray Bowen affirme sa différenciation, on peut aussi considérer qu'il affirme son immunité contre les projections. Grâce à des préparatifs compliqués, il évite de se laisser habiter par les images que sa mère ou son frère se font de lui. En même temps, il décline toutes les invitations à réinventer ses parents selon ses propres besoins. La différenciation est en grande partie la capacité de refuser de subir et d'utiliser l'identification projective.

En tant que perspective sur les couples, le concept d'identification projective mutuelle est exploitable parce qu'il va au-delà des traits manifestement blâmables de chacun des partenaires. Dans cette approche, on suppose une responsabilité conjointe probable pour ensuite poser une question des plus éclairantes: quel «drame» ces traits alimentent-ils? Pour ce qui est de votre relation actuelle, le caractère de votre partenaire fait davantage qu'indiquer votre degré de différenciation. Les facettes les plus désolantes de votre partenaire servent de point de départ pour l'analyse de vos besoins et fantasmes. Votre propre comportement, difficile à modifier, jette un éclairage révélateur sur les besoins et les fantasmes de votre partenaire. Vous récoltez ce que vous avez semé.

Toutefois, l'identification projective n'échappe pas aux limites de son origine, la projection. D'accord, chaque individu façonne le monde qui l'entoure, mais faut-il que la manière dont il le fait révèle toujours l'empreinte psychologique d'anciennes relations? Comme pour pratiquement tout le reste de la théorie psychanalytique, l'identification projective mutuelle trouve sa limite dans la perspective essentialiste: la «nature» d'une personne — anhédonique, maniaque, dyssémique — crée aussi des besoins et suscite des réactions.

La meilleure illustration de cette limite est sans doute un exemple tiré directement du domaine du développement de l'enfant. David Reiss, psychiatre et théoricien de la famille à l'université George Washington, a collaboré avec des généticiens à l'analyse des milieux dans lesquels les enfants sont élevés. En comparant les expériences familiales d'enfants de mêmes parents mais avec des degrés différents de ressemblance génétique, Reiss a constaté que les gènes d'un enfant façonnent son environnement. Cette constatation est contre-intuitive, c'est-à-dire qu'elle est vraie contre l'intuition première, puisque l'on s'attend généralement bien plus à ce que les parents façonnent les enfants qu'à l'inverse. Mais le travail de Reiss indique l'existence d'«effets génétiquement modulés» de l'enfant sur la chaleur des parents, sur le contrôle qu'ils exercent, sur leur constance et plus particulièrement sur le conflit qu'il vit avec eux — pouvant aller jusqu'au châtiment sévère et à la violence verbale. Une partie de ce qui semble venir de l'extérieur — c'est-à-dire relever de l'influence du milieu par opposition à l'apport héréditaire (ou «nature») — pourrait en fait être la nature de l'enfant qui s'exprime dans les réactions de ses parents.

Les gènes pourraient augmenter les possibilités que l'enfant soit comme ceci ou comme cela — hypersensible, impulsif, obsessionnel, agressif ou timide —, et chaque manière d'être suscite chez les parents des comportements différents. Examinons un exemple limité que propose Reiss: l'hyperactivité de l'enfant est en partie héréditaire. Les parents d'un enfant hyperactif ont tendance à être dominateurs et négatifs; ils risquent de devenir insensibles même aux signes de communication positive de l'enfant. Si un médicament allège les symptômes de ce dernier, donc atténue l'hérédité, les parents deviendront plus souples, plus positifs et plus chaleureux.

Ce type d'analyse restreint l'applicabilité de l'identification projective. On pourrait formuler l'hypothèse selon laquelle un enfant hyperactif possède un modèle intérieur de parent insensible et projette ce modèle sur ses parents, suscitant du coup le comportement pertinent; mais cette idée est méprisante pour l'enfant — comme celle que Freud se faisait de la jeune sœur paranoïaque, cette idée rejette le blâme sur la victime. Lorsqu'on dit que des comportements impulsifs sont motivés inconsciemment, on prétend généralement que les enfants souhaitent des réactions parentales plus intenses. Une explication plus respectueuse de l'altérité et aussi plus crédible serait que les parents qu'a l'enfant hyperactif ressemblent peu à ceux que celui-ci souhaiterait avoir. Oui, l'enfant exerce une influence sur son milieu, à travers des comportements qui sont déterminés par sa composition neurologique et qui suscitent l'une ou l'autre des réactions à l'impulsivité persistante qui composent le répertoire limité dont disposent les parents dans notre culture. Lorsqu'un médicament ou une thérapie du comportement remodèle la famille, c'est en diminuant l'hyperactivité de l'enfant sans égard aux fantasmes de ce dernier, bien que ses idéaux, ses images et ses besoins doivent nécessairement changer lorsqu'il sera en mesure de mieux se concentrer.

L'effet génétiquement modulé qu'exerce un enfant est un exemple frappant d'influence intime sur autrui qui n'a rien à voir avec l'identification projective. D'une manière analogue, à l'âge adulte, il se peut que vous modeliez le comportement de votre partenaire de manières qui ne reflètent pas aucunement un conflit inconscient ou des images intérieures. La tension dans votre relation révélera quelque chose sur votre «système nerveux génétiquement différent et individuellement modelé», sans pour autant nécessairement refléter l'idéalisation déçue que Dicks estimait si importante.

Dicks est connu pour avoir appliqué aux couples la théorie de l'identification projective mutuelle. Mais comme Harry Stack Sullivan, et comme Freud lorsqu'il mettait dans le mille, Dicks était si conscient des détails pratiques de la vie quotidienne que sa sagesse ordinaire submerge sa théorie. Lorsque Dicks dit que ce sont les attentes déçues qui rongent les relations difficiles, il ouvre la porte au monde extérieur. Il y a toutes sortes d'attentes et de déceptions dans la vie. Un mari perd son emploi et déçoit les attentes de sa femme sur le plan de la sécurité. (Imaginez à quoi ressemblerait l'histoire de Myriam et de son mari dominateur si nous savions qu'il vient tout juste de perdre son emploi et qu'elle a été contrainte de réintégrer le marché du travail. Nous pourrions encore faire appel à l'identification projective mutuelle pour expliquer leurs chamailleries, mais non sans avoir d'abord fait allusion aux facteurs de stress, extérieurs à la psychologie du mariage, qui ont anéanti leurs attentes respectives sur le plan de la sécurité et de la liberté personnelle.) Une épouse éprouve des douleurs vaginales durant les rapports sexuels et déçoit ainsi certaines attentes du mari sur le plan de la satisfaction sexuelle. L'émigration dans une nouvelle culture modifie les normes relativement à l'équilibre de l'effort et du pouvoir entre mari et femme. Les gens ont des attentes; la vie trouve le moyen de les décevoir.

Dicks était conscient de ce fait. S'il s'est intéressé aux couples, c'est en grande partie en réaction à l'épidémie de divorces qui a sévi en Angleterre après la guerre. Il considérait les divorces fréquents comme inévitables dans l'évolution de la société vers une forme d'organisation moins autoritaire et plus permissive, surtout en ce qui concernait la sexualité de la femme. Mais Dicks considérait aussi le divorce comme une source de souffrances et de perturbations pour les enfants, c'était donc pour lui un sujet digne de l'attention des spécialistes. Dans son ouvrage, *Marital Tensions*, il examine les facteurs qui ont évolué rapidement durant la première moitié du siècle: les normes applicables au mariage et à la structure familiale, le rôle des femmes, le métissage des cultures, la distribution des revenus, l'équilibre entre la vie rurale et la vie urbaine, le logement et les mécanismes de soutien à la famille nucléaire. Les gens se plaignent d'agents de stress semblables à la fin de ce siècle. Les bouleversements sociaux font naître des problèmes même en ce qui a trait aux attentes conscientes et explicites. Le partenaire que vous trouvez ne peut jamais vraiment être celui auquel vous vous attendez, parce que la culture est en constante évolution.

La conscience des probabilités sociales qu'avait Dicks a pour effet de miner les prétentions de la théorie. Le récit qu'il fait de la blonde oxygénée et de l'oisif «élégant» peut être vu comme une histoire de métissage culturel. Dicks amorce son récit en précisant que la femme est d'ascendance irlandaise, et le mari juif, parce que les stéréotypes jouent un rôle capital dans les attentes de chacun. Dyssémiques sur le plan interculturel, les partenaires décodent mal les signaux. Le mari n'est pas l'amant méditerranéen qu'il semble être; la femme n'est pas la jeune Irlandaise enjouée qu'il croit. Il n'y a rien là qui soit subtil ou inaccessible à la conscience; parlez-en à la femme, elle vous le confirmera. Elle a mal décodé son mari. Elle a mal compris sa forme de corruption; il est paresseux et il s'apitoie sur lui-même, tandis qu'elle aime les hommes durs et résolus, sur le modèle du garçon tapageur. Bien entendu, la femme aiguillonne son mari, pour exprimer sa déception, pour «faire de lui un homme». Nous pouvons qualifier cette attitude d'identification projective, mais ce serait en dire trop par rapport à notre compréhension d'un mariage dont les difficultés sont apparentes une fois que Dicks en situe l'origine dans la confusion interculturelle.

Pour ce qui est des raisons qui font que les partenaires déçus restent quand même ensemble, elles sont de tous ordres, notamment d'ordre pratique, comme le souhait de donner aux enfants deux parents. En tant qu'observateurs, nous nous inquiétons (Dicks aussi peut-être) en réaction à la violence du mari. Si nous adoptons la perspective énoncée par la femme — que la violence n'est qu'une préoccupation intermittente —, le fait que cette union subsiste n'est peut-être pas si remarquable. Ou encore nous pourrions adopter une perspective opposée: la violence du mari fragilise la femme et crée une dépendance. Dans ce cas, nous comprendrons également pourquoi ce mariage dure, et cela sans qu'il faille dire que la femme se crée un mari conforme à ses souhaits.

Dans toute relation, tant de phénomènes ont cours — l'influence de traits de personnalité qui n'ont rien à voir avec l'imagination inconsciente, la satisfaction ou la non-satisfaction d'attentes suscitées par l'évolution de la société, les effets d'un mauvais décodage des signaux dû à des différences culturelles (et chaque «famille d'origine» constitue une culture distincte), les variations dans la santé ou dans l'humeur —, que l'identification projective mutuelle doit coexister avec des éléments de l'attitude fictive beaucoup plus prosaïques et beaucoup moins intéressants sur le plan créatif. Dicks lui-même a parlé d'un trait qu'il a appelé «potentiel relationnel» et de l'«aptitude pour le mariage», mesure globale (pas tout à fait dissemblable à la différenciation) de l'engagement d'un couple, de sa souplesse, de son intuition, de son assurance sexuelle, et ainsi de suite — mesure qui fait de l'identification projective mutuelle un facteur beaucoup moins capital qu'il pourrait autrement sembler l'être.

Pourtant, il est peu probable que je vous écoute sans rechercher dans votre discours des schèmes d'identification projective mutuelle. Du point de vue positif, l'identification projective mutuelle est l'un des fleurons de l'intimité. Dans le meilleur des cas, le mariage vous confère des qualités attirantes: par le biais de l'idéalisation, on vous attribue toutes sortes de nouveaux points forts; et vous les assumez, tout comme les enfants en viennent avec le temps à assumer les points forts imaginés dans les fantasmes acceptables de leurs parents. L'identification projective mutuelle, vue sous cet angle, est l'un des arguments qui militent en faveur de la connexité et contre la différenciation extrême — un cas de perte de soi mais de gain en possibilités.

Toutefois, si vous ou votre partenaire vous êtes refaçonnés l'un l'autre par l'intermédiaire d'une version plus cruelle de l'identification projective mutuelle, devriez-vous partir? Vous êtes responsable d'une partie de ce que vous reprochez à votre partenaire. Il pourrait être logique pour vous de rester et de vous débattre, surtout parce que, en vous rapprochant de l'autre, vous commencez à accepter certaines dimensions de votre personnalité et à permettre à l'autre d'être différent. Comme Héraclite, la psychanalyse postule que le caractère est la destinée; où que vous alliez, vous emporterez avec vous vos fantasmes et votre besoin de les projeter. Mieux vaut peut-être les accepter *hic et nunc*.

Il y a un autre côté à cet argument, et il est souvent décisif. Une partie de ce que vous êtes — allumeuse et cuisses-fermées, impuissant et rageur, frigide et impitoyable — résulte des pressions exercées par les fantasmes de votre partenaire. Dans une relation destructrice, l'identification projective mutuelle fait en sorte que les ressources du couple seront inférieures à la somme des ressources des partenaires; l'un et l'autre se voient privés d'une partie de leur force. Vous pourriez avoir avantage à partir. Sans avoir à lutter contre votre identité, vous pourriez être plus chanceux la fois suivante. À titre de conseiller, si je pense que votre problème est un cas destructeur d'identification projective mutuelle, il se peut que je vous recommande de partir.

Dans une large mesure, le profond sentiment de décompression après une séparation ou un divorce est attribuable au fait que l'on répète l'expérience du soi à l'extérieur du champ magnétique de l'ex-conjoint; c'est le sentiment que Joël a exprimé après avoir quitté Sophie. Même les patients pas mal malades sur le plan mental pourraient voir leur état s'améliorer considérablement lorsqu'un mariage compliqué se termine, pas tellement parce qu'ils sont libérés des déceptions, mais plutôt parce qu'ils retrouvent le champ entier de leur personnalité. Il ne leur est plus nécessaire de se conformer aux exigences du mariage. Cet effet se révèle le plus puissant dans les cas d'abus, lorsque chez l'un des conjoints, esclave de l'autre, s'est créée une dépendance aux mauvais traitements. Malheureusement, c'est lorsque les gens sont engagés dans de telles relations qu'il est le plus difficile de les aider à transformer leur relation ou à la rompre.

La femme d'ascendance irlandaise dit qu'elle provoque délibérément la violence de son mari. Jusqu'à quel point son explication de ses désirs est-elle digne de confiance? Dicks a la réputation d'être un interviewer fiable, et nous ferions bien de nous rappeler que les générations sont différentes les unes des autres et que les gens le sont dans leurs désirs. La variété est implicite dans le concept d'identification projective; elle a pour but d'expliquer pourquoi les individus créent et tolèrent des relations bizarres. Pourtant, il nous est facile d'imaginer que cette femme est beaucoup plus désespérée et qu'elle tolère beaucoup moins bien la violence que ne le sous-entend son récit. Après tout, elle a recherché l'aide d'un thérapeute. Comment cette femme — un esprit libre, selon elle — apparaît-elle à l'extérieur de son couple? Nous ne le savons pas. Si elle a suivi une thérapie, celle-ci ne l'a pas libérée d'un mariage qu'elle prétend avoir abhorré. Les conseils n'ont pas été efficaces non plus. Malgré les recommandations répétées des juges et des travailleurs sociaux, elle n'a jamais quitté son fainéant de mari. Ou plutôt, elle l'a quitté et elle lui est revenue huit ou neuf fois au cours des huit années suivantes. Par la suite, elle, son mari et leur enfant de 10 ans n'ont plus été suivis.

19

Un cadeau

VOUS ME DEMANDEZ si je veux savoir comment vous avez quitté cet homme. Un jour, en rentrant à la maison, il vous a demandé de lui rendre sa bague de fiançailles afin qu'il puisse en faire cadeau à sa maîtresse. Si sa maîtresse était malheureuse, lui aussi le serait, et il savait que vous souhaitiez qu'il soit heureux. Vous étiez sortie de votre propre corps et vous vous regardiez en train de laver le plancher de la cuisine, terrifiée à l'idée qu'il y trouve une tache et qu'il se fâche contre vous, qu'il vous traite de mauvaise ménagère. Mais lorsqu'il vous a demandé la bague, vous êtes rentrée *illico* dans votre corps, en riant. Ce n'était pas un rire nerveux ni hystérique, mais un rire franc et fort qui semblait vouloir demander: «Mais à qui donc crois-tu t'adresser?» Vous vous souvenez d'avoir remercié le Seigneur de vous avoir fait le cadeau de cette sotte demande de la part de votre mari. D'aveugle que vous étiez, vous avez recouvré la vue. Vous avez hoché la tête; vous n'en reveniez pas. Vous le regardiez, lui, puis votre bague en strass, en pensant à la pauvre femme qu'il dupait, et aux années perdues de votre vie commune, à laquelle vous alliez mettre un terme. Vous aviez perdu l'appétit depuis quelque temps; vos doigts avaient minci; vous avez pu facilement faire glisser la bague, que vous avez lancée sur la table. Au moment où il s'est précipité pour l'attraper, vous êtes sortie de la maison, pour ensuite traverser la pelouse, sonner chez le voisin et téléphoner à la police afin de faire éjecter votre mari de votre vie.

* * *

Vous me demandez si je veux savoir comment vous avez quitté cet homme. Vous l'avez vu se quereller avec un client. Ses arguments ne tenaient pas debout, mais il se disputait quand même, comme il le faisait à la maison. Vous l'avez vu fouiller dans sa poche et en sortir une poignée de pilules amaigrissantes; il les a avalées avec une gorgée de café, puis a continué à prendre à partie son interlocuteur. De pures menaces, des fanfaronnades! Et vous vous êtes alors rendu compte que c'étaient les pilules qui faisaient agir votre mari. Vous avez compris que vous viviez une relation avec un cerveau grillé par les stimulants. C'est avec ça que vous couchez tous les soirs; c'est de ça que vous attendez sécurité et amour. Soudainement, vous vous êtes sentie libérée. Il vous a fallu un peu de temps pour partir — le temps de trouver un emploi, de retenir les services d'un avocat et de dénicher un appartement. Entre-temps, vous avez commencé à chercher ses cachettes de pilules et à les faire disparaître dans la cuvette des toilettes. Un jour, juste avant votre départ, vous vous trouviez au bureau avec lui et vous l'avez vu fouiller dans sa poche et en ressortir une main vide. Exactement à ce moment, vous l'avez enguirlandé en lui disant tout ce que vous aviez toujours eu peur de lui dire. Va te faire foutre! Trouve-toi une autre conne! Fous-le camp! Sors de ma vie! Vous ne compreniez pas pourquoi il vous avait fallu tant de temps pour réagir; vous croyiez être une femme forte. Mais vous vous sentiez mal dans votre peau. Et il vous a fallu des années ensuite avant de pouvoir de nouveau faire confiance à quelqu'un.

Voilà. Après une vingtaine d'années dans la profession, tout ce que je sais sur la fin d'un esclavage, c'est que vous recevez parfois un cadeau et que, si c'est votre cas, mieux vaut que vous le reconnaissiez comme tel et que vous l'acceptiez.

Généralement, j'entends parler des cadeaux après coup. Une femme qui commence à aller bien et qui souhaite aller encore mieux relate une période d'asservissement qu'elle a vécue. Comment a-t-elle quitté son mari? Elle me racontera le geste incroyable posé par son «maître». Il a engrossé une mère célibataire de quatre enfants et veut qu'elle et sa famille emménagent chez vous, le temps que les choses s'arrangent. Ou bien il peut s'agir d'un geste si insignifiant qu'il semble indifférenciable du comportement habituel du mari; il l'a insultée devant des gens à qui elle voulait cacher la turbulence de sa relation ou il a dragué sa meilleure amie.

Il est difficile de déterminer comment interpréter la notion de cadeau. Peut-être est-ce une représentation, sous forme d'histoire, d'un changement plus graduel de la situation — un nouveau soutien reçu de la part d'amis, la réussite d'une psychothérapie, un déplacement du pouvoir dans la famille d'origine, une modification spontanée de l'humeur de la femme possédée, l'amélioration de la position politique des femmes.

Les hommes peuvent être possédés eux aussi, comme le prouvent les films *L'Ange Bleu* (Sternberg, 1930) et *L'Emprise* (Cromwell, 1934), mais dans mon cabinet, la plupart du temps, c'est une femme qui est la victime. Il y a pas mal de temps, j'ai évalué une femme qui avait passé des années dans une relation avilissante. Au cours d'un examen, on a découvert qu'elle souffrait d'un trouble de la thyroïde qui n'avait jamais été diagnostiqué. Une fois l'hormonothérapie commencée, elle a été piquée au vif par un commentaire de son partenaire qui disait à son fils qu'il était trop laid pour être vu en public et trop maladroit pour être laissé seul à la maison. Cet homme avait souvent adressé les mêmes reproches à sa compagne, mais cette fois, et au nom de son fils, elle a réussi à lui dire qu'il était allé trop loin. Elle a rompu. Quel était le cadeau, l'insulte ou l'hormonothérapie?

Quand y a-t-il cadeau? Pour Anne, est-ce que la suggestion de Mathieu qu'elle s'occupe de Shatzi est un cadeau? Le paquet de messages électroniques, est-ce un cadeau? Anne peut-elle raisonnablement prendre le risque de croire en la promesse de fidélité de Mathieu?

Les cas d'asservissement présentent un défi pour qui envisage de prodiguer un conseil. L'ancien cas raconté par Henry Dicks peut être vu comme étant une histoire de possession: la femme ne peut pas rompre, malgré les conseils répétés de son entourage. Si le conseil est inefficace dans ces cas-là où toute la société s'entend pour dire la même chose, quelle est son utilité? Et pourtant, parmi les psychothérapeutes, même les puristes y iront de leur conseil lorsqu'il y a violence conjugale: voici l'adresse d'un refuge pour femmes; voici le nom d'un avocat; je téléphone tout de suite à la police. Quoi qu'il en soit, il est probable que la relation avilissante se poursuivra.

De certaines manières, les problèmes sont plus difficiles à résoudre lorsqu'il n'y a pas de violence physique mais bien ce que Leston Havens appelle des «offenses mentales» ou des «possessions psychologiques». J'ai déjà mentionné que mon travail clinique le plus gratifiant est souvent celui que je fais auprès de patients atteints de formes insidieuses de dépression. Eh bien, mon travail le plus frustrant est souvent celui que je fais auprès de patients possédés sur le plan psychologique. Ils sont ombrageux. Un seul mot de travers et ils partent — vivre les horreurs qui sont évidentes pour moi —, sans que je puisse appeler la police.

L'un des pièges à éviter est la tentation de devenir un autre maître du patient possédé — de substituer la domination du thérapeute à celle du maître actuel. Judith Lewis Herman, psychiatre qui travaille auprès de patientes gravement traumatisées, a son francparler à ce propos. Pour elle, la femme doit être l'«auteur et le juge de son propre rétablissement. Les autres, ajoute-t-elle, peuvent offrir des conseils, un soutien, une aide active, de l'affection et des soins, mais pas la guérison.» Elle recommande une psychothérapie délicate, qui s'attache à fournir à la patiente un milieu sûr, à nommer l'esclavage et à en reconstruire ou rappeler les causes, et à créer une communauté dans laquelle la possédée puisse se sentir liée à d'autres personnes. Les conseils, tout comme les cadeaux, semblent être de futiles outils face à ce qui est requis. Mais dans le cas de patientes plus subtilement possédées, j'ai constaté l'efficacité du cadeau et, chaque fois que je vois qu'il en existe un, je ne manque pas de le faire remarquer à ma patiente.

Dans les cas où il n'y a pas de cadeau, si je donne un conseil, il se peut que je m'inquiète de savoir si c'est pour moi que je le fais, si c'est pour que soit consigné le fait que j'ai mis ma patiente en garde contre certains dangers. Si je donne un conseil de cette manière formelle, la femme me dira: «Mais vous ne comprenez pas!» Il existe un grand nombre de raisons, des raisons concrètes reliées à l'argent, à la carrière ou aux enfants, ou des raisons psychologiques reliées à la façon dont elle voit son mari ou dont elle a conscience de sa propre personne. Lui conseiller de partir, c'est ne pas tenir compte de sa perspective imposée, laquelle constitue précisément le nœud de son problème. Lui conseiller de partir, c'est nier la réalité de l'offense mentale et de la possession psychologique. La première question à se poser n'est pas de savoir s'il faut ou non donner un conseil, mais comment prendre pied dans son monde si rétréci. La tâche suivante consiste à l'aider à se construire ou à se reconstruire une identité, peut-être même l'identité qui lui permettra de partir. Il semble souvent que les cas dans lesquels le conseil est le moins controversé soient également ceux dans lesquels il est le moins productif.

Lorsque le moment est venu de donner un conseil, comment procéder? Nous avons besoin d'une rhétorique du conseil. Dans quel cadre présenter l'opinion, compte tenu du pouvoir hypnotique du maître et de la paralysie de la possédée?

En réfléchissant au cas de Dicks, celui de la blonde oxygénée irlandaise que j'appellerai désormais Lili, je me rends compte que je n'en sais pas assez long sur sa situation. Peut-être refusait-elle de quitter son mari, appelons-le Alain, parce que les tribunaux accordaient toujours à celui-ci la garde de leur enfant. Peut-être faisait-elle preuve de réalisme en comprenant que son mariage avec Alain était ce qu'elle pouvait avoir de meilleur dans la vie. Peut-être tolérait-elle d'être frappée. Peut-être encore appréciait-elle le pouvoir dont elle jouissait dans son couple.

Selon une recherche récente, il est plus probable que l'homme recourra à la violence dans un ménage où il jouira de peu de pouvoir pour ce qui est de la prise des décisions quotidiennes, et où le style de communication de la femme — elle se replie sur elle-même et donne des réponses évasives — relèvera d'un stéréotype masculin. La relation de Lili et d'Alain était peut-être comme cela. La conclusion voulant que ce soient les hommes impuissants qui frappent leur femme semble contre-intuitive jusqu'à ce que l'on considère la violence comme une compensation pour l'incapacité de l'homme à imposer ses souhaits par des moyens non violents. Il est difficile de savoir si, dans son ménage, Lili est puissante ou possédée. Le récit de Lili nous laisse croire qu'elle pourrait être les deux.

Si j'étais le travailleur social de Lili et qu'elle venait me consulter au sujet d'Alain; si je croyais que l'incapacité de Lili à quitter son mari était un cas de possession psychologique; si je savais qu'un conseil direct a échoué huit fois sur neuf; si Alain était encore violent, et si Lili était une bonne mère et que les tribunaux étaient disposés à lui confier la garde de l'enfant — ce sont les nombreux «si» nécessaires pour que la situation devienne «évidente» —; que ferais-je? Peut-être me contenterais-je de rechercher un cadeau sonore. J'essaierais de percevoir dans notre conversation l'indice de quelque chose qui possède encore le pouvoir de choquer Lili. Si Lili finissait par mentionner un moment où Alain aurait essayé de lui faire accepter un degré manifestement plus bas d'avilissement, j'en aurais le souffle coupé, incrédule, abasourdi. Durant tout le récit de Lili, mon attitude empathique m'aurait permis d'absorber avec équanimité les coups assénés par Alain, tout comme Lili le faisait; seule la dernière offense me couperait le souffle. Ce geste de ma part contiendrait l'entièreté de mon conseil, quand bien même certains objecteraient qu'avoir le souffle coupé, ce n'est pas tout à fait la même chose que prodiguer un conseil.

En vous imaginant, j'ai jusqu'à présent fait en sorte que vous ne demandiez pas conseil au sujet d'une relation de maltraitance. J'ai supposé que vous étiez en pleine possession de vos moyens et autonome. Cette anticipation a été une expression d'espoir autant que de conviction. Parce que l'offense est insidieuse. Havens affirme que certains de ceux qui croient être des géants ne se rendent pas compte qu'ils ont été avalés par une baleine, dans le ventre de laquelle ils sont «prisonniers et psychologiquement digérés». Il est certain que le confinement et la digestion peuvent échapper au regard de ceux qui rencontrent des personnes possédées. Peut-être Lou s'est-il mépris sur votre dilemme. Ou encore il se peut que, derrière votre demande anodine, Lou ait perçu le désespoir de la personne en cage et qu'il vous ait dirigé vers moi selon le principe que, dans ces situations-là, un médecin se réjouit de la moindre ouverture qui lui soit offerte.

■ ■ ■

Vous franchissez le seuil de ma porte, vous, la sœur de Denis, afin de discuter de votre propre mariage. Vous commencez par me mettre en garde. Vous ne voulez pas que je me fasse des idées; vous et Michel entretenez une relation merveilleuse. Le motif qui vous a poussée à me consulter me semblera insignifiant. Michel vous a passé un savon durant une réception récente, et l'hôtesse, Maëlle, vous a prise à part. «Line, vous a-t-elle dit, si tu ne restes pas ici avec moi ce soir et si tu ne dis pas adieu à Michel une fois pour toutes, tu dois au moins me promettre que tu consulteras un spécialiste.» Vous savez comment la scène avec Michel est apparue à Maëlle. Vous me demandez si je suis d'accord avec vous lorsque vous dites qu'on parle beaucoup trop d'agression aujourd'hui, qu'on saute beaucoup trop vite aux conclusions.

Il vous arrive de ne plus avoir d'espoir pour votre relation. Et la crise de Michel vous a fait peur, surtout parce qu'elle a bouleversé votre hôtesse. Lorsque, plus tard durant la soirée, vous avez engagé la conversation avec un vieux psychiatre, vous lui avez demandé s'il ne connaîtrait pas quelqu'un qui puisse vous donner franchement un conseil. Il y a longtemps, et récemment aussi, vous avez consulté des thérapeutes, qui ont déterré de vieilles histoires, de celles qui ne mènent nulle part, ou qui vous ont recommandé les compromis mutuels. Des compromis, Michel n'est pas prêt à en faire; quant à vous, comment pourriez-vous en consentir davantage? En fin de compte, il ne reste plus qu'une seule question: devriez-vous partir?

Vous voulez que je comprenne à quel point Michel peut être un homme bien. Vous insistez pour que ce soit là mon point de départ: le Michel tel qu'il était au moment de votre première rencontre, un homme capable d'être plein d'égards pour vous. Vous vous demandez souvent pourquoi vous n'arrivez pas à faire renaître cet ancien Michel. Vous savez que vous l'avez déçu. Vous croyez à la valeur inhérente de la durée dans une relation. S'il subsiste un espoir pour vous et pour Michel, vous voulez poursuivre votre relation. Mais vous aimeriez parfois que l'on vous dise dans quelle mesure vous êtes folle d'être à ce point idéaliste.

Dieu bénisse le narrateur faillible! Je veux dire par là que nous sommes tous des narrateurs faillibles, pas nécessairement des enfants de p..., comme dans l'œuvre de Ford Madox Ford. En réalité, l'expression «narrateur faillible» n'est-elle pas pléonastique? En plus, nous ne sommes qu'imparfaitement maîtres de nous-mêmes. La prémisse de la «différenciation» et de l'«identification projective mutuelle» est que chacun est, dans une certaine mesure, soumis à l'influence des autres.

Je pense, Line, que vous êtes une espèce d'idéaliste. Mais je sais que je détesterai les idéaux que vous servez; je sais que votre histoire sera atroce à entendre et que, au-delà des idéaux, elle mettra en jeu toutes sortes de motivations contradictoires — la peur, l'inquiétude et, oui, le type de dépendance que Maëlle a perçu dans votre réaction à Michel.

La situation est pire que je ne le croyais. Votre choix de fauteuil dans mon cabinet l'autre jour — cette petite erreur —, lorsque vous

vous inquiétiez de la fascination de votre frère pour Camille, n'était pas le signe d'une dyssémie, pas du tout. Vous êtes quelqu'un qui se tire généralement d'affaire grâce à une façade, et le fait que vous ayez par distraction choisi le mauvais fauteuil m'a indiqué que votre façade commençait à se fissurer. Vos vêtements étaient à la mode, mais chiffonnés, empilés les uns sur les autres, comme si vous les aviez pris dans votre panier à linge. J'ai alors pensé que vous n'aviez pas le sens de l'agencement, mais je comprends maintenant que vous étiez sans doute simplement démoralisée et inattentive aux détails qui habituellement comptent pour vous. Je constate aujourd'hui que vous êtes capable d'être élégante et je me demande, en vous regardant dans votre tailleur si bien coupé, si vous ne seriez pas anorexique aussi. Je devrais avoir honte de ne pas l'avoir remarqué plus tôt. C'était un cas d'inattention sélective de ma part — votre habileté à vous nier à vous-même votre situation, et ma complaisance à faire comme vous.

C'est le contraste entre la présentation que vous avez faite de vous même au cours des deux rencontres qui en révèle le plus sur vous. Dépendante des apparences, vous n'êtes plus toujours capable de les sauver. Votre concentration vous fait parfois défaut. Vous sombrez dans ce que certains ont appelé une «dépression souriante», et vous n'êtes pas toujours concentrée sur votre jeu.

Je ne vous dis pas cela pour vous critiquer. Je suis un grand admirateur des façades, qui ont leur beauté propre. Elles sont souvent utilisées par générosité, pour protéger les autres. Ce qui compte, c'est ce que vous faites cachée derrière cette façade et jusqu'à quel point vous la prenez au sérieux lorsque vous vous regardez dans le miroir. Nul doute que je devrais commencer par vous voir comme vous vous efforcez de m'apparaître, satisfaite et maîtresse de la situation. Havens rappelait toujours à ses disciples de travailler avec le patient en partant de l'image projetée pour arriver à la personne refoulée. Pour le moment, je ne tiendrai pas compte des connotations désespérées de vos propos et je vous inciterai à raconter votre histoire comme vous l'attendez.

Ce que vous aimiez chez Michel, c'était son assurance, son calme malgré les turbulences, son indépendance. Vous êtes consciente de vous être laissée aller, ce qui a été une amère déception pour lui. Mais à cette époque vous étiez séduisante — vous vous demandez si je peux le croire — et habituée à susciter des réactions de la part des hommes. En Michel, vous avez trouvé un homme qui perçoit, audelà des apparences, la vraie valeur d'une personne. Il a fait en sorte que vous souhaitiez gagner son admiration. Vous avez parfois l'impression de n'avoir travaillé qu'à cela depuis votre rencontre.

Vous vous souvenez du moment: le bruit diffus des conversations dans le centre des congrès, ponctué par un drôle de bruit, semblable à celui du ricochet de toutes les exclamations sur les murs de béton. Vous vous sentez toujours écrasée quand vous vous trouvez dans un immeuble démesuré. Et devant vous se tenait Michel, vif et sûr de lui. Vous connaissiez son nom pour avoir lu certains articles dont il était le coauteur. Vous estimiez avoir de la chance de pouvoir lui parler. Son attitude un peu formaliste vous rassurait. Les hommes sont parfois si indiscrets! Vous lui avez montré combien vous aviez intégré son approche dans la vôtre, dans les petits contrats que vous sollicitiez à titre de consultante indépendante. Vous espériez avoir été cohérente. Vous vous sentiez chancelante; vous n'étiez pas sûre de devoir parler plus fort ou moins fort, de devoir donner plus de détails ou moins.

Plusieurs jours plus tard, Michel vous a étonnée en vous téléphonant: participeriez-vous à un projet avec lui? Vous étiez renversée. Vous aviez déjà rêvé à cela. Vous avez fusionné vos affaires avec les siennes — c'était tellement plus facile de décrocher des contrats lorsque son nom figurait sur les devis. C'était la belle époque, les beaux mois. Vous étiez follement amoureuse de lui; lui semblait passer, lentement, des relations d'affaires aux «fréquentations». Vous étiez contente d'avoir rencontré un homme qui ne vous impose pas de fardeau en vous surestimant.

Michel parlait bien, avait belle apparence, avait de l'avenir. Il plaisait à votre famille. Votre meilleure amie, toutefois, lui reprochait de faire le commerce de la créativité des autres et de s'en attribuer tout le mérite. La langue acerbe de Michel, qui vous semblait étrangement familière, la mettait en colère. Avec le temps, vous avez fini par couper les ponts avec cette amie, qui n'appréciait pas la condescendance de Michel envers ceux qui sont sans talent.

Lorsque vous avez appris que vous étiez enceinte de Michel, vous étiez secrètement enchantée. Vous vous étiez crue stérile, parce que, après des années de relations sexuelles non protégées avec votre ancien amant, vous n'aviez jamais été enceinte. Dès lors, vous portiez l'enfant d'un homme très bien.

Michel s'est transformé en bloc de glace — comment pouviez-vous lui faire cela? Ce n'est que plus tard que vous avez compris ce qu'il voulait: il ne vous épouserait qu'à la condition que vous vous fassiez avorter. Vous n'étiez pas contre l'avortement, mais l'idée d'avorter vous écœurait, d'autant plus que vous aviez craint d'être stérile pendant si longtemps.

Vous compreniez que, en gardant le bébé, vous alliez perdre Michel. Quel choix, vraiment, aviez-vous? Vous vous êtes fait avorter. Cela a été plus horrible pour vous que Michel n'aurait pu le croire, ou que vous auriez pu lui dire, puisque vous vouliez qu'il épouse le type de femme qu'il voulait, une femme heureuse.

Il vous a épousée; il a ainsi tenu parole, mais à contre-cœur. Après tout, vous l'aviez bousculé un peu. Le plus drôle, c'est que vous l'aimiez plus que jamais, que vous aimiez son aversion puérile pour l'intimité, que vous aimiez le voir affronter le monde pour lui vendre ses idées. S'il vous critiquait, c'est qu'il avait de bonnes raisons de le faire. Après le mariage, vous avez commencé à perdre tous vos moyens, à le décevoir de manières insignifiantes mais importantes. Vous ne respectiez pas une échéance; vous ne transmettiez pas les messages téléphoniques; ou encore, durant une réunion, vous faisiez le genre de commentaire qui le mettait hors de lui. Il a commencé à vous isoler des clients, à exiger de vous — avec raison — que vous restiez dans le bureau et assumiez les tâches sans importance.

Vous savez que vous ne l'avez pas rendu heureux. Vous n'êtes plus la beauté que vous étiez. Lorsqu'il a finalement été prêt à avoir des enfants, vous n'êtes pas arrivée à lui en donner. Vous le soupçonnez de vous en vouloir pour cela, même s'il n'a jamais exprimé le moindre ressentiment à ce sujet. Parfois, vous vous demandez s'il n'y aurait pas une autre femme dans sa vie.

Qui pourrait l'en blâmer? Si Michel vous dit des choses blessantes, comme il l'a fait à la fête, c'est votre faute. Vous l'exaspérez au point qu'il en a perdu tout son raffinement. Vous appréciez le fait qu'il prenne la peine de vous corriger. Parfois, lorsqu'il vous traite de grosse truie, vous cessez de manger pendant des jours. Vous puisez cependant vos calories dans l'alcool.

Vous êtes terrifiée à l'idée qu'il vous quitte. Vous vous sentez flasque et affaiblie, incapable d'attirer un homme, mais pas du tout faite pour l'isolement. Vous craignez la solitude, vous avez adopté trois chats, vous buvez jusqu'au trou noir lorsque Michel est parti en voyage d'affaires. Vous ne l'accompagnez pas, parce que vous ne pouvez pas voyager, de crainte de vomir. Au début, vous supportiez les voyages en avion si vous étiez assise près de l'allée et que vous aviez toujours accès aux toilettes. Michel ne peut plus endurer vos «simagrées». Il est plus commode pour tout le monde que vous restiez à la maison.

Y a-t-il d'autres femmes dans sa vie? Parfois, quand il est de retour de voyage, il porte lui-même ses vêtements chez le nettoyeur. Et vous avez trouvé un étrange document, qui semble indiquer qu'il est copropriétaire d'un appartement avec une femme qui travaille chez l'un de vos concurrents. Il crie pour un oui ou pour un non, alors vous n'osez pas imaginer ce qui arriverait si vous lui parliez de cet appartement. Ce genre de problème inquiète certaines femmes plus que d'autres. Vous êtes si peu utile à Michel... ou à quiconque.

Vous vous sentez sotte de demander conseil. Ce qui vous a convaincue de le faire a été un mot prononcé par Michel durant sa diatribe contre vous: il vous a traitée de pruneau. Vous avez compris qu'il voulait dire stérile. Vous ignorez pourquoi, mais cette épithète semble avoir été de trop. Vous avez pris conscience, dans un moment de confusion, qu'une partie de ce qui vous retient dans ce mariage, c'est la loyauté envers votre grossesse interrompue, envers le fœtus que vous avez perdu. Après ce que vous avez sacrifié, ce mariage doit réussir.

Maintenant que vous êtes assise dans mon cabinet, vous voyez que votre sensibilité aux termes utilisés par Michel est mesquine. Les gens ne comprennent pas qu'il a été bien bon de rester auprès de vous si longtemps. Vous vous sentez idiote de vous demander si vous devriez quitter un homme qui vous aime et qui a enduré tous vos défauts.

La seule rhétorique que j'utilise est l'air que je prends lorsque vous prononcez le mot «pruneau»: ni horrifié ni étonné. Toute réaction vive de ma part risquerait de vous pousser vers l'autre pôle de votre ambivalence. Ce que je vise, c'est votre affect. Votre affect et un peu plus. Je veux mettre l'accent sur ce que vous avez dit, vous demander de réfléchir un peu à cette idée de loyauté envers votre fœtus et à ce qu'elle implique.

Si je croyais que vous me le laisseriez passer, si vous n'étiez pas trop ombrageuse, je vous conseillerais également de partir — pas dans l'espoir que vous suiviez mon conseil, mais pour planter une graine et parce que je trouve important, en votre présence, de montrer que quelqu'un peut être clair et direct. Mais je soupçonne qu'il est trop tôt pour un conseil ouvert.

La spécialité de Leston Havens est de joindre le difficile à joindre, par le biais de la rhétorique non verbale de la psychothérapie, par des soupirs, des grognements et de brèves expressions de surprise. Havens s'intéresse également à ce que les philosophes linguistes appellent le «langage performatif» — la différence qu'il y a entre le «éliminé!» crié par un fan et le «éliminé!» crié par l'arbitre. Le contexte, tout autant que la syntaxe et le vocabulaire, détermine le sens et l'effet du langage. Les paroles du psychiatre provoquent parfois des actes. Par exemple, lorsque durant une audition il déclare qu'un individu est psychotique et dangereux, et que, légalement, on peut l'interner. De même, il peut être efficace pour un psychiatre de vous dire que votre partenaire vous maltraite — mais seulement si le fait que vous soyez disposé à le croire a donné au psychiatre l'autorité de rendre le langage performatif, et seulement s'il y a une échappatoire.

Du fait que j'ai des convictions au sujet de votre relation avec Michel — du fait que son caractère destructif est plus qu'évident —, je voudrai que mon geste et mon comportement soient efficaces. Plus tard, quand les mots pourront vous atteindre, je vous dirai que Michel vous maltraite et que vous devez le quitter. Pour le moment, je ne m'aventurerai qu'à dire: «Vous avez l'air épuisée; j'aimerais vous rencontrer quelques fois de plus, pour vous aider à prendre des forces en vue du défi qui vous attend.»

Vous dites vouloir un conseil, mais je crains que, si je vous le donne, vous ne preniez la poudre d'escampette. Mon but premier est de ne pas vous perdre; mon deuxième est de vous faire vous ouvrir un peu, pour que vous cessiez d'être isolée dans votre perspective appréhensive.

Pour ce qui est de l'asservissement, les théories sont multiples, mais aucune ne l'explique de façon satisfaisante. Au début, Freud a avancé que la motivation principale de l'asservissement est le plaisir, plus particulièrement le plaisir sexuel ou la libido; il croyait que le comportement d'autodestruction était en grande partie provoqué par le sentiment de culpabilité suscité par le désir illicite. Mais la tendance à tolérer, voire à rechercher la douleur est si répandue que Freud s'est plus tard senti obligé d'aller au-delà du principe du plaisir pour proposer le principe du nirvana ou «instinct de mort» ainsi que l'automatisme de répétition ou «répétition obsessionnelle». La perspective de Freud est essentialiste: les individus vont tout simplement à l'encontre du but qu'ils recherchent, pour une quelconque raison fondée sur la constitution humaine. L'«instinct de mort» et la «répétition obsessionnelle» sont surtout des manières d'exprimer l'ignorance et l'étonnement. Lorsqu'une si grande partie de la vie de tous les jours est régie par la recherche de récompenses et par l'évitement des punitions, pourquoi certaines des décisions les plus importantes, au sujet de l'amour et même de l'attachement à la vie, devraient-elles être régies par le renoncement?

Aujourd'hui, nous tenons pour acquis que les individus vivront à répétition des relations destructrices. Nous croyons que les enfants qui ont été maltraités chercheront, une fois adultes, à être maltraités ou à maltraiter les autres. Certains individus dont l'enfance a été pénible jouent tous les rôles inhérents à une relation de maltraitance: ils battent un amant et se laissent battre par un autre; ils minent l'assurance d'un de leurs enfants et consentent à des sacrifices démesurés pour un autre. Certaines dimensions de ce comportement sont manifestes chez d'autres espèces; les jeunes animaux traumatisés deviennent des adultes soumis ou des adultes qui traumatisent les autres. Curieusement, certains humains qui semblent avoir connu une enfance heureuse tolèrent eux aussi l'asservissement émotionnel.

La vulnérabilité à l'asservissement est si frappante et relève d'une telle inadaptation qu'elle requiert une explication. Comment un tel trait de personnalité peut-il subsister? Parfois, il me semble que l'asservissement est un phénomène d'hypnose. Le «maître» substitue sa volonté à celle de son «sujet». Il agit comme un vampire qui tire sa force de sa victime, tandis que celle-ci s'étiole; le cadre supérieur autoritaire et décidé que vous rencontrez le jour se nourrit la nuit du sang de sa femme, la domination de l'un étant alimentée par la soumission de l'autre. Cette vision de l'asservissement comme étant de nature quasi hypnotique rappelle certains traits d'esprit apparents dans d'autres domaines: loyauté envers le chef, hystérie collective, extase religieuse, perte d'identité provoquée durant l'écoute d'un récit. L'asservissement résulte peut-être de qualités qui servent le plus souvent à la fonction d'adaptation, par exemple, les capacités d'attachement, de loyauté et de transcendance créatrice.

L'attachement est certes une pulsion essentielle, aussi fondamentale que le sexe ou la faim. Il y a déjà une quarantaine d'années que le psychologue Harry Harlow a démontré que les bébés singes préféreront une poupée recouverte de tissu — à laquelle ils peuvent s'accrocher — à une «mère» de fil métallique qui donne du lait; et certains aspects du besoin d'attachement durent toute la vie. Nul ne sait comment satisfaire la pulsion d'attachement; au mieux, les interventions psychiatriques éliminent les obstacles à l'attachement ou (dans les cas de possession) modifient ou font dévier les attachements qui relèvent de l'inadaptation. Étant donné la nature instinctive de la formation des liens affectifs, il est difficile de savoir s'il est plus inexplicable que l'asservissement existe ou qu'on ne le rencontre pas plus souvent.

Chez les espèces animales dont la vie sociale est organisée en fonction de l'ordre hiérarchique (et c'est là une forme d'organisation sociale ancienne et répandue; non seulement les singes, les loups et les lions, mais aussi les homards et les écrevisses possèdent les structures cérébrales de la domination/soumission), la majorité des individus sont soumis. La soumission est soutenue sur le plan biochimique, par la création de voies neuronales et par des changements stables apportés aux taux cérébraux de neurotransmetteurs et d'hormones. Ces taux sont influencés par des facteurs génétiques et par les traumatismes. Il se peut que l'asservissement soit une forme extrême de la soumission.

Dans notre espèce, il est facile d'imaginer des systèmes qui s'enraient d'une façon telle que l'état de soumission extrême de l'individu commence à lui sembler constituer sa personnalité authentique. Il arrive que les gens aient une plus grande conscience de leur propre valeur lorsqu'ils réagissent à un antidépresseur. Lorsque change l'affect, changent aussi la pensée et la volonté. Voilà donc une façon d'aborder l'asservissement qui va de pair avec les grognements et les gestes. Si vous êtes plus sensible aux médicaments qu'aux conseils, et surtout si la dépression imprègne votre manière de vous présenter, il pourrait être logique de vérifier si un médicament ne viendrait pas élargir votre perspective.

* * *

Certaines personnes semblent tout à fait désespérées et désorganisées, avides d'être possédées afin de ne pas devoir fournir l'effort qu'il faudrait pour qu'elles prennent leur vie en main. Mais chez d'autres, la dépossession est plus mystérieuse. Ailleurs qu'au foyer, ces personnes sont productives, en harmonie avec leur milieu et réfléchies. Ce n'est que dans leur relation intime qu'elles sont obséquieuses et terrorisées. Chez ces dernières, la vulnérabilité à la domination semble être un défaut précis, déphasé par rapport à ce qu'elles sont par ailleurs. Au foyer, elles correspondent à la définition du manque de différenciation qu'a donnée Murray Bowen; elles sont incapables de préserver leurs croyances ou leurs valeurs, mais, une fois à l'abri de l'influence de leur «maître», elles manifestent un degré élevé de compétence.

J'ai vu des cas de possession extrêmement subtile, fondée ni sur la violence ni sur l'intimidation. Une femme romantique, peu sûre d'elle, entretient avec un homme arrogant ce qui semble être une relation dépourvue d'amour. Pourquoi ne rompt-elle pas? Parce que, selon elle, il est parfois si tendre. Des questions plus pointues révéleront que ce «parfois» est en fait un «rarement»: une fois il y a 10 semaines et une autre fois juste avant la séance chez le psychiatre, comme s'il avait voulu affaiblir la détermination de cette femme à changer. Voilà l'œuvre d'un renforcement intermittent. La femme obtient rarement ce qu'elle désire; elle est à la fois de plus en plus liée à l'homme et de plus en plus désespérée. La thérapie de couple semble efficace — l'homme y réagit immédiatement —, mais les effets en sont fugaces et s'inscrivent dans le cadre du renforcement intermittent qui maintient la femme dans sa privation. Ce type de mariage pourrait bien être fréquent.

* * *

Leston Havens considère l'asservissement comme l'une des dimensions de la condition humaine, un corollaire de la réalité qu'est le pouvoir. Sa perspective est intelligemment paranoïaque; c'est celle de l'enfant d'un père enclin à juger, d'un père insaisissable, secret, impénétrable et un peu trop malin, d'un père méprisant qui, selon Havens, «trouvait l'ordinaire ennuyeux lorsque, en réalité, il est souvent extraordinaire». Dans l'univers de Havens, il y a des victimes et des bourreaux, des importuns et des importunés. La plupart du temps, Havens se range du côté des victimes. Afin d'éviter d'être découverts et possédés, bon nombre d'individus menacés par le pouvoir des autres jouent un rôle et portent un masque, ou encore vont jusqu'à rester inachevés. L'une des métaphores de Havens que je préfère est celle qui dit qu'en psychothérapie, certains individus sont comme des États-nations fragmentés: ils doivent créer un gouvernement provisoire afin de se donner un vis-à-vis avec qui négocier.

Les patients qui font l'objet des écrits de Havens sont souvent des femmes magnifiques, possédées et très bien de leur personne. Avec leur opulente chevelure châtain, leur grâce naturelle, leurs mains fines et leur capacité de se déplacer sans faire de bruit, ces femmes sont prisonnières à la fois d'un type particulier d'homme et de leur propre image. Le port altier d'une femme conduira les hommes à croire à tort qu'elle s'appartient et avivera leur souhait de la posséder. Pour une telle patiente, Havens espère catalyser l'autopossession, concept qui a certains éléments en commun avec la différenciation.

Havens admire ces femmes pour leur sollicitude. Elles semblent se faire plus de souci pour leur médecin que pour elles-mêmes. Havens réagit avec une attitude qui clame: «Merci, c'est gentil de votre part, laissez-moi faire la même chose pour vous.» Sa tâche consiste à faire en sorte que ces patientes qui s'autodénigrent se sentent dignes de son attention. Le traitement se fonde sur la position. Métaphoriquement, Havens est assis à côté de sa patiente et regarde le monde avec elle. Il lui laisse sa liberté, lui permet d'être elle-même et prend soin de ne pas juger à sa place. Havens reste toujours conscient de son rôle d'intermédiaire: «Dans mon cœur, je sentais qu'elle aurait dû se mettre en colère, crier "Personne ne me traitera de cette façon!", mais c'est elle qui devait le faire, pas moi.» Il se garde d'imposer sa volonté, puisqu'il traite un trouble de la volonté. Pour susciter la transformation, il faut créer un contexte dans lequel le dernier tison de volonté créera un brasier.

L'un des cas de Havens nous fournit une définition à la fois de la possession et de la non-possession: «Elle n'était pas en possession d'elle-même, c'est-à-dire que ses objectifs étaient incomplets et non reconnus et qu'elle n'acceptait pas les faits.» (Pour Havens aussi la non-possession ressemble beaucoup à la non-différenciation.) Havens parle ici d'une jeune femme de 19 ans, riche, Jeanne, dont les parents lui ont offert un «masque», celui de la jeune fille belle et riche, ainsi qu'un but, le mariage avec un prince charmant. Jeanne ne se sent pas coupable (au sens classique du freudisme) de ces traits et elle n'est pas inhibée dans sa capacité d'éprouver du plaisir. Elle n'est pas une mystificatrice non plus; selon les critères de sa culture, elle est belle et riche. Ce sont là des faits sullivaniens, évidents même pour elle. Lorsque les hommes disent qu'elle est belle, elle les décontenance en acceptant leur déclaration comme une vérité pure et simple. Mais, même si ce sont des faits, leurs implications lui demeurent étrangères. Elle ne se sent pas investie de la valeur romantique que lui attribuent les hommes qui l'adorent. Au contraire, les images d'elle-même que lui proposent ces hommes la menacent — comme ses parents, les hommes veulent la submerger. La résistance de Jeanne — le sentiment qu'elle a de la non-réalité de ces images — est ce qui ressemble le plus chez elle à de la possession de soi.

Havens essaie de s'asseoir près de sa patiente et d'observer avec elle les princes charmants. Une partie de ce processus consiste à dire: «J'espère qu'il en vaut la peine.» À imiter donc, et à amplifier la voix intérieure de Jeanne. Lorsqu'elle entend mieux sa petite voix intérieure, Jeanne commence à s'organiser, à tenter un brave mouvement en direction d'une identité qu'elle peut admettre. Et pourtant, Havens reste hésitant. Il continue d'adopter une attitude fictive, c'est-à-dire de penser que toute histoire, même lorsque Jeanne commence à la raconter, doit être écoutée avec scepticisme et que d'autres versions de celle-ci doivent être envisagées. Jeanne se sera sagement dissimulée; elle doit conserver le droit de se révéler graduellement, par de faux départs et quelques cas de tromperie. Ce serait une erreur, par exemple, de faire l'éloge de traits qui pourraient se révéler lui avoir été imposés. Il faut qu'on l'aide à se sentir digne, mais pour cela, il faut d'abord la cerner.

Havens met plusieurs fois le lecteur en garde contre les conclusions prématurées. Il cite l'affirmation d'Emerson selon laquelle la plus grande part de l'homme n'a pas encore été inventoriée.

> Nous nous rendons tous de temps à autre coupables d'une folie, celle de juger les autres du premier coup d'œil, et à distance, dans une pièce bondée. Les premières opinions, par nature, classent: accepté ou rejeté, fort ou faible, intelligent ou idiot, naïf ou perspicace (...) Au fond, les jugements relèvent du tribalisme: l'individu observé est-il membre de ma tribu, ou suis-je capable de l'emporter sur lui? Ce raisonnement n'est pas folie aux portes d'une ville en état de siège. Mais il l'est si c'est comprendre la

> nature humaine que nous voulons et non pas décider de qui peut ou ne peut pas faire partie de nos petites aristocraties.

Il y a deux modes de perception: l'un convient aux situations d'urgence et l'autre, au type d'appréhension sérieuse qui devrait régir l'intimité. Havens se dirait d'accord avec Lou lorsque ce dernier s'inquiète de ce que le conseil relève de trop d'hypothèses sur l'autre, un être impossible à connaître. Mais je suis rassuré par la conscience qu'a Havens de ce qu'il sait vraiment. Il ne feint pas d'ignorer la richesse et la beauté de Jeanne, non plus que l'attraction exercée par ces traits sur des hommes prédateurs — ces traits sont visibles à distance, dans une pièce bondée. Havens oscille entre une compétence sullivanienne face aux faits de la vie quotidienne et une insistance existentialiste sur son ignorance des buts et des valeurs de la personne inachevée se trouvant devant lui. Même s'il prend garde de ne pas empiéter sur le territoire qu'il tente de libérer, Havens semble dès le départ mû par un souhait, celui de voir Jeanne échapper à l'influence indue de ceux qui veulent la posséder. Je considère comme une forme de conseil le geste de Havens qui s'assied métaphoriquement aux côtés de son patient. Ce geste montre au patient qu'il existe d'autres relations que celles dans lesquelles les autres veulent lui imposer leur volonté. Il lui dit aussi de prendre le temps et l'espace nécessaires pour laisser s'épanouir sa propre identité, ses propres buts et ses valeurs, qui méritent qu'il les attende.

Des degrés moindres d'intrusion et de possession sont à l'origine de beaucoup de perturbations dans les relations. La position de Bowen peut être reformulée en ces termes. Ce qui peut être réparé, c'est la tendance à céder une partie de soi aux autres, phénomène que Bowen appelle faible différenciation. Havens considère certes que les gens empiètent régulièrement sur l'esprit des autres. Les exigeants imposent leurs attentes. Les loyaux sont exploités à cause de leur loyauté. L'opinion qu'a Havens des mariages déficients est un cauchemar d'identification projective: «(L'un des partenaires) souhaite faire plaisir à l'autre et, par conséquent, l'investit d'un certain pouvoir. Les couples passent des années à faire ce que ni l'un ni l'autre ne veut faire mais ce que chacun a imaginé.» La possession est donc une métaphore recouvrant des problèmes plus subtils.

Dans un passage particulièrement pessimiste, Havens propose ceci.

> Arrangez-vous pour ne posséder aucun autre être humain ni abuser de personne, et pour ne pas lui échapper, et vous verrez vite le mince rideau qui sépare notre espoir de civilisation des pratiques sauvages de l'esclavage et du cannibalisme. La plupart des couples d'amoureux amorcent leur relation en se jurant de s'aimer et de se respecter mutuellement. Et pourtant, ils ont à peine le temps de sortir de l'église que la lenteur de l'un ou la hâte de l'autre, ou que la déception de telle attente ou la réalisation non souhaitée de telle autre fait déjà gronder la bête.

J'ai un jour skié avec Eric Nesterenko. Aujourd'hui moniteur de ski, Nesterenko a survécu pendant 21 ans dans la Ligue nationale de hockey, dont 16 comme ailier droit de l'équipe des Blackhawks de Chicago, qui avait dans ses rangs des Stan Mikita et Bobby Hull. Nesterenko compare le hockey à un jeu de possession. Par l'intimidation, un joueur gagne de l'espace au détriment d'un autre. Le jeu consiste à trouver la faiblesse de l'adversaire et à l'exploiter impitoyablement. Un joueur «possède» un autre joueur. Si le joueur dominé veut reprendre possession de lui-même, il doit affronter sa peur et endurer la souffrance. Nesterenko a appliqué sa philosophie du hockey au nouveau sport qu'il pratique — le skieur qui se possède est celui qui défie constamment ce qui l'effraie. D'autres métiers ou professions, et certaines formes d'éducation, peuvent donner à l'individu cette perspective où il faut posséder de crainte d'être possédé, laquelle est ensuite appliquée à toutes les dimensions de la vie, dont celles de l'amour et du mariage. Une vie bien vécue implique l'affrontement répété de ses peurs et une vigilance constante contre l'empiétement des autres.

À ma première rencontre avec Havens, je l'ai perçu comme un homme déterminé à bloquer toute possibilité de possession. C'est à Havens, entre autres, que je pensais lorsque j'ai dit qu'à ma faculté de médecine les psychiatres traitaient les étudiants comme des patients en analyse. Havens se démarquait des autres d'une manière presque provocante, refusant de jouer le rôle du professeur qui répond à l'étudiant enthousiaste et consciencieux. Au début, j'ai cru qu'il voulait me posséder, en me montrant ce que j'appellerais maintenant un «visage immobile». Avec le temps, j'ai compris qu'il voulait exactement le contraire: ne pas me posséder et ne pas me faire porter un masque. Son attitude perplexe m'empêchait de m'offrir à lui, comme le font les étudiants zélés. De plus, il repoussait les intrus que sont parfois les assistants ambitieux. L'air d'être à part des autres que projetait Havens indiquait qu'il n'est pas facile de connaître les gens et que ce qu'ils offrent d'eux (ce que j'offrais de moi) doit être reçu avec une attitude fictive.

Havens, tout comme Bowen, a façonné mon appréciation de la différenciation. En gardant ses distances, Havens m'a forcé à m'en remettre à mes propres ressources. Sa «circonspection» était une forme de conseil; il voulait que je me donne et que je consulte mes propres valeurs et mes propres passions. Lorsque j'ai mieux connu Havens, il m'a semblé plus tendre, bon et généreux. Je me suis demandé s'il avait changé ou si l'attitude qu'il avait d'abord manifestée, cette manière insistante de contrer la projection, n'était pas une forme de générosité.

Je reconnais en Havens une passion: celle de protéger les possédés, surtout ceux qui ne sont pas conscients de leur asservissement. Cette passion est équivalente à la passion que j'ai, moi, de protéger autrui contre la dépression insidieuse. Dans la dialectique entre l'autonomie et l'intimité, Havens accorde de l'importance à l'intimité, mais, comme Bowen, estime que l'autonomie est une condition préalable. Trop d'êtres humains se font dévorer tout entiers sur l'autel des relations. Une bonne partie de la vie est consacrée à se ménager un espace de sécurité.

La prudence était aussi un élément de la perspective de Lou, et ma formation s'est déroulée à l'ombre de la circonspection. Mais la direction opposée m'inquiète également: on peut être trop conscient du danger de l'empiétement des autres. On peut être trop maître de soi, inutilement préoccupé par le risque d'incursion des autres, incapable de puiser dans une relation autant de force qu'on pourrait le faire sans danger. Oui, je rencontre des patients possédés. Mais plus souvent qu'autrement, je vois dans les gens la qualité que je vous ai initialement attribuée, un degré raisonnable d'autonomie qui vous permet d'écouter un conseil sans vous sentir menacé dans votre autonomie et de risquer la méthode de rotation. Bien que je comprenne l'applicabilité de la métaphore de l'intrusion, je trouve que l'asservissement n'est pas une condition universelle mais particulière, ou qu'il n'est que l'une des dimensions de l'universel.

En tant que thérapeute, j'entre et je ressors constamment des champs de force créés par mes patients. Pour faire un peu de bien, pour vous connaître, je dois me laisser posséder pendant un certain temps, me soumettre à votre identification projective et aux autres influences que vous exercez. Cette expérience de distorsion ou d'étirement est à la fois un outil technique (un moyen de vous cerner) et un privilège de la psychothérapie en tant que profession (un moyen de découvrir et de développer des aspects de l'identité). Cette expérience intermittente et répétée, rendue sécuritaire par le retour du thérapeute à une position d'autonomie relative, reflète la découverte de soi et la création de soi, plus profondes, qui constituent le bon côté des incursions permises caractérisant la plupart des relations intimes.

J'ai voulu me situer pour vous, et le concept de possession pourrait être une pierre de touche dans ce processus. Dans le large horizon que constitue la société, je serais vu comme un pessimiste modéré. Même parmi les psychothérapeutes — si on me compare à Carl Rogers, disons, ou à certains psychologues du moi —, je suis austère. Mais, comparé aux thérapeutes que j'admire le plus, aux traditionalistes comme Lou ou aux existentialistes comme Leston Havens, j'apparais comme un optimiste léger. Je reconnais l'existence de la possession pathologique, qui m'inquiète autant que m'inquiète le totalitarisme sur le plan politique: c'est une menace constante, mais ce n'est pas une condition universelle.

Les gens se fascinent les uns les autres, s'impressionnent, se tiennent sous le charme. Nous avons peut-être programmé en nous une certaine inertie, une tendance à nous lier pendant un certain temps — sept ans, disait-on autrefois, avant que la démangeaison ne revienne; et je me souviens vaguement de recherches étayant cette théorie —, tout comme il semble que soit programmée en nous, sur le plan de l'humeur, la tendance à être optimistes d'une manière un tantinet irréaliste. Même s'il est dangereux, cet abandon naïf de soi est utile. Il permet la résolution d'incompatibilités mineures.

Parfois, la tendance d'une personne à se lier est exploitée par une autre personne qui souhaite posséder. Mais, sur le plan de l'évolution, il y a des arguments contre la possession: elle diminue les ressources totales d'un couple, tout comme le totalitarisme, malgré sa logique d'ordre et d'organisation, réduit la somme des ressources de la société. J'incline à penser que la possession est probablement la forme prédominante d'organisation dans les couples. Je soupçonne que chacun de nous veut être marié à une personne à part entière — bien différenciée ou habile dans l'art de la connexité — et être soi-même une personne à part entière, parce que c'est ce qui marche. Puisque la possession (réversible) est une forme de communication, de pollinisation croisée, d'échange des perspectives, le fait de posséder l'autre et d'être possédé par lui de manière intermittente — comme c'est le cas en psychothérapie et dans les relations où l'intimité est intense — donne au couple un degré de coordination qui ne devrait qu'améliorer sa capacité à affronter les difficultés.

L'idée que la possession est une dimension ordinaire et utile, lorsqu'elle est modérée, d'une relation, me permet de considérer le conseil comme une entreprise raisonnable, même s'il implique que j'exerce temporairement l'autorité. Et les cas de possession destructrice dans les relations ne servent qu'à mettre en évidence l'importance d'une perspective distincte, externe et experte chez le psychothérapeute.

J'ai fait référence plusieurs fois, mais rapidement, à la philosophie de Stanley Cavell. J'ai rencontré Cavell pour la première fois à un cours où il présentait une façon toute nouvelle de lire *Le Roi Lear* de Shakespeare. Au début de cette tragédie, Lear propose de diviser son royaume entre ses filles si celles-ci lui déclarent leur amour pour lui; Cordélia, sa fille aimante, restée silencieuse, est déshéritée. Lear est à la merci de ses aînées au cœur froid, Régane et Gonerille. Cette présentation du sujet de l'intrigue est traditionnellement comprise comme étant une formalité, un fragment incorporé d'une pièce antérieure peut-être, un simple conte de fées prélude à la pièce elle-même. Au cours d'une conférence qu'il allait plus tard intégrer à un essai plus large, Cavell demande ce qui peut s'ensuivre de notre lecture si sérieuse du début de cette pièce. Il considère que pour Cordélia le refus d'avoir une relation cérémonielle avec son père est en fait une quête d'intimité et de mutualité authentiques. De plus, Cavell considère que Lear est conscient de cette requête tacite et la rejette, parce qu'il n'est pas prêt à supporter la force de l'amour et de la fidélité de sa fille.

Plus récemment, Cavell a proposé une lecture semblable de l'histoire biblique de la bénédiction d'Isaac. Comment lirait-on cette histoire si l'on présumait que le père aveugle est capable de reconnaître la voix de ses fils, de distinguer Ésaü de Jacob, et si l'on se dit qu'il est tacitement le complice de Rebecca et de sa ruse du ragoût et des peaux de chevreau? Peut-être Isaac a-t-il tout compris et souhaite-t-il créer une exception — faire fi de la tradition, récompenser son vrai héritier et réaliser le souhait de sa femme. Et peut-être que Rebecca savait qu'Isaac saurait. Du point de vue de Cavell, ce qui semble être une mauvaise communication est le plus souvent la meilleure des communications.

J'ai assisté à la conférence de Cavell sur *Le Roi Lear* durant ma première année d'université, et son discours s'accordait avec la manière dont je sentais que les êtres se connaissaient habituellement: le malentendu apparent masque souvent une appréhension tout à fait précise. Au moins, ce point de vue est l'un des deux pôles de la vérité; nous nous connaissons bien malgré la confusion créée par le discours ou par le silence.

L'une des scènes de mon ouvrage préféré de Havens, *Coming to Life*, me rappelle celle de Lear et de Cordélia. Havens donne vie de façon admirable à une jeune femme dévouée qui refuse des cadeaux de manière répétée. «Deux fois, elle a refusé d'accepter la bague que lui offrait une personne chère sur son lit de mort.» Au début, Havens voit ces refus comme de l'abnégation masochiste. Il comprend ensuite que la jeune femme veut se comporter avec la personne à l'agonie comme elle l'avait fait avec sa mère, qui était morte longtemps auparavant. La jeune femme ne cherche pas à posséder parce qu'elle comprend ce qui constitue une relation. Elle ne veut pas moins que ce qui est offert, mais plus.

Je ne dois pas accepter la permission que vous m'offrez de vous donner un conseil, si le faire revient à nier ce qui constitue une relation. Si vous avez rempli votre vie de personnes autoritaires qui vous dictent votre conduite, je ne souhaiterai pas valider ce modèle. On ne doit pas en arriver au sacrifice de son identité. Mais que faire si l'identité a déjà été sacrifiée et qu'il faille désormais la racheter? Il pourrait alors être nécessaire d'accepter votre cadeau de vous-même, en quelque sorte en «dépôt fiduciaire», ou de donner de la substance aux fragments d'identité qui pourraient vous rester.

Voilà pourquoi je considère cet autre cadeau, celui que votre maître vous offre en se montrant parfaitement déraisonnable, comme un élément essentiel de notre échange. C'est parce qu'il vous appartient ce cadeau, dans le sens où votre réaction à celui-ci vous appartient. En mettant l'accent sur ce cadeau, j'espère valider ce qui reste de votre perspective, en vous disant oui, vous avez bien jugé. Le conseil obéit à l'admonestation de tous les guides qui insistent pour que vous écoutiez votre propre voix, à cette exception près: je pointe le doigt en direction de l'une de vos voix intérieures et je vous dis: «Celle-là, pas les autres.» La voix qui dit: aucun être humain ne devrait se faire demander ni de donner ce que cet homme exige ni d'accepter ce qu'il impose.

Mérite

20

L'équité

POURQUOI est-il évident que Line devrait partir? Parce qu'elle souffre tandis que Michel se développe bien. Parce que la relation est inéquitable et que rien n'indique qu'elle changera. Parce que Michel ne peut plus prétendre à la loyauté ou à la confiance de Line. Mais qui prétend que les relations doivent être justes?

Tout le monde le dit. Lorsque vous me demandez si vous devriez partir, l'équité fait aussi partie de l'enjeu. Est-il déloyal de votre part de partir? L'engagement pris envers vous est-il respecté? Abuse-t-on de vous? Un cas isolé de trahison est-il le signe que vous êtes maltraitée ou reste-t-il quelque plan sur lequel votre conjoint reste digne de confiance? Votre marché implicite est-il corrompu ou honnête?

L'équité ne joue aucun rôle dans la plupart des psychothérapies. La psychothérapie se fonde sur des théories psychologiques qui s'intéressent à ce qui se passe et non pas à ce qui devrait se passer. Là où la psychologie se rapproche le plus d'une perspective relevant de la justice, c'est lorsqu'il y a un sentiment de culpabilité, et c'est souvent la victime qui se sent le plus coupable. Pourtant, lorsque l'on réfléchit à la question posée — devrais-je partir? —, il faut considérer d'abord l'éthique puisqu'elle est une manière de comprendre le «devrais-je».

Ce qui vient en partie appuyer le conseil révisé d'Ann Landers à l'épouse d'Iowa — rester elle-même au lieu d'adapter ses intérêts à ceux de son mari —, c'est l'équité. Pourquoi a-t-il le droit d'être fidèle à lui-même et elle pas? Comment peut-elle s'épanouir si elle demeure la subordonnée de son mari? Elle le pourrait sans doute dans une culture où la déférence envers le mari constitue un idéal, mais pas dans nos sociétés avancées où cette exigence est considérée comme injuste.

Pour ce qui est de Anne, ce qu'il y a d'inquiétant dans sa décision de rester avec Mathieu est le fait qu'elle investit dans une relation où elle n'aura peut-être rien à gagner. Il serait plus facile de l'encourager à rester avec Mathieu s'il était plus clair que ce dernier s'est fait un capital de mérite grâce à des actes antérieurs — capital qui justifie peut-être qu'Anne lui fasse encore confiance malgré l'affaire Marie.

Les calculs en matière d'équité, de confiance, de loyauté et de droits coloreront probablement l'évaluation de toute relation. Lorsque Yves déçoit Maëlle relativement à l'adhésion au club de natation, celle-ci peut rester avec lui parce qu'il semble digne de confiance et qu'il a pris des risques pour elle. Le désaccord de Francis et France laissera perplexe un observateur extérieur qui jugera équitables leurs compromis. La décision de la femme quelque peu maniaque de Maxime de quitter celui-ci pour vivre avec l'ami photographe Jean est douteuse, parce que les complots de celle-ci semblent déloyaux et sournois. Si la relation de Marc et de Sarah a quelque chose de positif, étant données ses aventures à elle et sa liaison platonique à lui, c'est la manière dont mari et femme n'ont pas ménagé leurs efforts l'un pour l'autre au fil des ans. Ce sont des questions de confiance et d'exploitation qui déterminent notre réaction à Jeanne et à son prince charmant, à Lili et à Alain, ou à Michel et à Line.

La thérapie de couple s'intéresse rarement aux questions d'équité. Par conséquent, elle est sujette à la même critique que l'on adressait autrefois à la psychanalyse: en allégeant l'inconfort de ceux qui devraient être mal à l'aise, elle maintient un statu quo inacceptable. Elle provoque des réconciliations dans des relations qui devraient se dissoudre vu que l'un des partenaires donne trop et l'autre trop peu. D'un point de vue féministe qui considère le mariage comme déséquilibré sur le plan du pouvoir et des avantages, la thérapie de couple soutient une société injuste à tous égards.

En tant que culture, nous sommes fascinés par certaines affirmations d'ordre démographique — par exemple, que le mariage comporte pour les hommes des avantages sur le plan de la santé et, pour les femmes, des inconvénients —, en partie parce qu'elles sont des indicateurs d'équité. Ces conclusions sont des faits sullivaniens, dont un conseiller ferait peut-être bien de tenir compte, mais ce sont également plus que des faits, ce sont des indicateurs de la répartition des fardeaux. Si vous vous élevez contre l'idée que des femmes engagées dans des mariages chancelants y restent pour régler les problèmes, vous êtes peut-être motivé par l'équité. La solution de Murray Bowen aux conflits conjugaux — une augmentation de l'investissement dans l'identité — est séduisante parce qu'elle n'exige pas une adaptation supplémentaire de la part de ceux qui ne se sont déjà que trop adaptés.

Il pourrait sembler que toute évaluation des couples devrait commencer par l'examen de l'équité. Mais à ma connaissance, parmi les psychothérapies laïques contemporaines, seule la «thérapie contextuelle» d'Ivan Boszormenyi-Nagy reconnaît à l'éthique un rôle important.

Nagy, fils, petit-fils et arrière-petit-fils de juges de la Cour suprême, est né en Hongrie en 1920. Il a émigré aux États-Unis à la fin de la Deuxième Guerre mondiale. Comme Bowen, il a commencé par étudier la schizophrénie, puis, en réaction aux difficultés d'application du modèle analytique à la psychose, il a dirigé son attention sur le fonctionnement de la famille. Bowen considérait que Nagy était le spécialiste qui allait le plus probablement jeter un pont entre la psychanalyse et la perspective familiale.

Nagy excellait dans ce qu'il appelait la «partialité multidirectionnelle», c'est-à-dire l'art d'adopter tour à tour, dans une discussion, le point de vue de chacun des participants, afin que chacun se sente compris en présence des autres et entende son point de vue présenté sous un jour favorable. (Je considère la partialité multidirectionnelle comme une variante systématisée de l'attitude fictive: le thérapeute répète constamment l'histoire de la famille avec la voix imaginée de chacun des membres de celle-ci.) En tant que théoricien de la psychiatrie, Nagy vise un point de vue qui englobe tout, qui intègre le plus grand nombre de points de vue possible, le tout couronné par sa propre contribution.

La théorie de Nagy reconnaît quatre dimensions à la réalité relationnelle de l'individu. La première regroupe les «faits objectifs», comme les données génétiques et l'état de santé physique (éléments de ce que j'ai appelé le point de vue essentialiste), ainsi que les pressions et contraintes sociales, tels les taux de chômage ou de divorce (le genre de faits qui comptaient pour Sullivan et pour Dicks). La seconde dimension est celle de la «psychologie» individuelle, c'est-à-dire du monde mental intérieur, y compris les mécanismes de défense telles l'identification projective et l'inattention sélective. La troisième dimension, dite «transactionnelle», concerne les comportements typiques manifestés dans une relation et fondés sur des facteurs comme la communication et le pouvoir. Ces trois dimensions nous sont familières. Ce qui distingue des autres la théorie de Nagy, c'est l'accent qui y est mis sur la quatrième dimension, celle de l'«éthique relationnelle», que Nagy appelle aussi l'éthique de la «considération méritée» ou de la «confiance méritée».

À cet égard, Nagy puise dans la philosophie de Martin Buber. Buber s'intéresse à la «réalité existant entre homme et femme», qui comprend la justice. En 1957, Buber a prononcé une série de conférences à l'intention des psychiatres américains. Il a raconté l'histoire de Melanie, une patiente «aux dons plus intellectuels que spirituels (...) mue par un besoin d'amour plus impétueux que passionné». Melanie a fait du mal à une autre femme en lui volant son fiancé et, plus tard, en accusant cette dernière d'avoir feint sa tentative de suicide. Lorsque Melanie est à son tour supplantée, elle est frappée par un trouble hystérique de la vue. Ses symptômes sont guéris par un psychanalyste qui la soulage de son sentiment de culpabilité en la convainquant qu'elle est un «génie de l'amitié», ce qui l'aide à jouer de nouveau un rôle actif dans la société. Buber commente, non sans mépris: «Le prix payé pour calmer la brûlure a été la perte définitive de toute occasion de devenir l'être qu'elle était destinée à devenir grâce aux meilleurs côtés de son tempérament.» Même si Melanie semble aller bien, elle reste inachevée en tant que personne. Elle s'est comportée de manière injuste avec sa rivale, et un traitement complet aurait nécessité qu'elle aborde le domaine de la justice humaine. Nagy apporte cette dimension à la psychiatrie.

Invisible Loyalties, la contribution révolutionnaire de Nagy à la thérapie familiale, a été publiée en 1973. Lorsque Lou m'a fait connaître cet ouvrage, j'ai adopté le concept des dimensions de Nagy, mais je me suis toujours demandé que faire de ce drôle de canard qu'est l'«éthique relationnelle». Nagy insiste pour dire qu'en utilisant le mot «éthique», il ne fait pas référence à des valeurs mais à un aspect de la réalité. La relation est réelle — c'est ce qu'affirme

Buber, en parlant de la substantialité du «face-à-face» —, et la «confiance méritée» est l'une de ses qualités, tout autant que la neurochimie et l'histoire individuelle sont des qualités de ses participants. C'est là une idée difficile à saisir. Ce qui m'attire vers elle, c'est que beaucoup de patients traitent cette dimension comme si elle n'était pas que substantielle, mais aussi primaire.

La loyauté et la déloyauté sont des choses importantes dans la ville multiethnique où je pratique. Le mot «loyauté», comme une poupée russe, contient les nombreuses vertus traditionnelles des cultures soumises au stress. Supposons un instant que vous soyez un immigrant fraîchement débarqué des Açores, de Sicile, de la campagne irlandaise, de l'Asie du Sud-Est ou du Moyen-Orient. Ou encore que vos racines en Amérique plongent loin dans le passé et que vous descendez d'une famille qui a une longue tradition militaire ainsi que des règles et des normes très sévères. Vous avez épousé une jeune femme de votre propre groupe ethnique, mais qui est un peu plus «moderne» que vous, un peu plus acculturée. Les choses vont bien jusqu'au jour... et vous commencez à entretenir des doutes l'un sur l'autre.

Votre femme n'endure pas en silence ses problèmes, elle en parle, pas seulement avec sa mère, mais aussi avec ses collègues de travail ainsi qu'avec de purs inconnus que vous considérez comme ses amis. Elle parle de votre rétrogradation au bureau, de votre tendance à lever le coude, de votre tempérament, de vos déficiences entre les draps. Son comportement vous est tout à fait intolérable parce qu'il vous paraît déloyal, et, à vos yeux, la loyauté est la marque de quiconque est digne de confiance.

Dernièrement, vous avez subi une série de crises de panique, et votre généraliste vous a recommandé de voir un psychiatre. Vous avez refusé, mais lorsque vous en avez rencontré un à une réception, vous lui avez demandé s'il n'y aurait pas quelque chose dans la profession qui permette de donner un petit conseil discret. Vous avez un problème, mais n'avez personne à qui en parler. À votre arrivée dans mon cabinet, vous dites que votre problème, c'est votre mariage, et que vous savez que vous devez rompre. Vous aimeriez profondément votre femme si au moins vous pouviez lui faire confiance. Sans discrétion sur l'intimité, la confiance n'est pas possible; sans confiance, on ne peut avoir le sentiment d'être au foyer, d'être chez soi. Qu'est donc le mariage sinon la création d'un foyer?

Pour répondre, je dois manifester une certaine partialité pour votre point de vue: vous avez besoin de loyauté. Votre femme vous doit de respecter le caractère intime de votre union. Un examen plus complet de votre situation révélera jusqu'à quel point votre malaise est attribuable à d'autres dimensions: faits (par exemple, votre rétrogradation), psychologie (votre anxiété), transactions (répartition du pouvoir dans le ménage). Mais la blessure qui vous trouble, l'injustice, ne peut être réduite à l'une ou l'autre de ces dimensions.

Il se pourrait que je sois tenté de considérer votre problème comme étant purement psychologique. La peur de l'incompétence vous a rendu rigide et satisfait de vous-même. Sur le plan de la structure, votre position ressemble à celle de Guy envers Luce, un complexe d'infériorité déguisé en supériorité culturelle. Il y a peut-être du vrai dans cette façon de formuler la situation; c'en est certes une que des thérapeutes, voire vos voisins, pourraient faire. Mais il y a des risques à traduire en sentiments les récriminations d'ordre éthique, les mêmes risques qu'il y avait au début du siècle à qualifier d'hystériques les femmes frustrées. Il se peut que, comme vous le dites, une injustice ait été commise.

Votre femme se considère comme la partie lésée: vous avez été incapable de lui offrir la sécurité ou la compagnie implicite dans le contrat de mariage. Vu son isolement, comment ne chercherait-elle pas une oreille sympathique à l'extérieur de la relation? Elle ne croit plus que vous soyez en mesure d'être généreux, voire simplement raisonnable, sur le plan émotionnel. Elle refuse que le mariage la ramène dans une culture où les femmes sont dominées par leur mari, surtout du fait qu'elle ne dispose pas des mécanismes de soutien traditionnels que la culture mettait à la disposition des femmes. L'enjeu ici n'est pas d'abord celui de l'absence de bonheur; comme vous, elle pourrait endurer une certaine absence de bonheur dans une relation équitable avec un partenaire digne de confiance. Vous et votre femme, vous vous entendez sur un point: émotions et situation mises à part, la relation est perturbée par un conflit dans le domaine de l'éthique relationnelle.

Comment une personne dont la foi a été trompée décide-t-elle de rester? Nagy se reporte à ce qu'il appelle la confiance résiduelle. La perte de confiance ou de mérite est rarement absolue. Nagy affirme que chaque relation comporte une espèce de carnet de banque implicite dans lequel s'inscrivent «mérites» et «préjudices». Les partenaires déposent leurs gestes dignes de confiance, gagnent des droits mérités et sont redevables de certaines obligations. Pour Nagy, les droits gagnés ont cours légal dans le royaume relationnel.

Je lui ai un jour demandé s'il pouvait faire en sorte que la dimension de l'éthique et le concept des droits gagnés soient plus concrets pour moi. Il m'a alors parlé des cigognes qu'il a vues prendre soin de leurs petits dans un village où il a passé ses vacances durant son enfance, en Hongrie. Les cigognes recherchaient de la nourriture et prenaient soin du nid, tâches risquées et épuisantes. Lorsque les petits avaient toutes leurs plumes et quittaient le nid, les parents restaient ensemble et semblaient savourer leur compagnie. Nagy compare la considération due et la loyauté aux fonctions des parents par rapport à leurs petits. Lorsque ces fonctions sont assumées, elles rapportent des récompenses mentales et physiologiques. Donner des soins et traiter équitablement les autres sont des attitudes si essentielles que le simple fait de fournir à quelqu'un l'occasion de donner des soins, comme le fait un nouveau-né, pourrait lui valoir des droits.

Nagy attribue aux droits mérités les mêmes avantages que ceux rapportés aux femmes par la connexité, selon l'avis de Jean Baker Miller: capacité accrue d'enthousiasme, créativité, confiance, audace et générativité, ainsi que ce que Nagy appelle «la liberté accrue de revendiquer sa propre place dans une relation, y compris son indépendance par rapport aux parents». Cela revient à dire que les droits mérités engendrent la différenciation. Et comme Bowen l'affirme dans le cas de la différenciation, Nagy avance que l'ampleur des droits mérités est un facteur puissant dans la sélection d'un partenaire.

Au sein d'une relation ou d'une famille, les droits mérités figurent au crédit du grand livre. Un bon bilan est le signe d'un mariage stable. Mais si l'un des partenaires provoque constamment des découverts sur le compte, l'autre se sentira en droit d'user de représailles ou de partir, bien que des facteurs des autres dimensions, comme une sexualité satisfaite (fait), un sentiment de culpabilité (psychologie) ou une nouvelle répartition du pouvoir (transactions) puissent compliquer la décision.

Ce qui vient brouiller les choses, c'est le fait que les gens sont de mauvais comptables. Ils reportent les débits et les crédits aux mauvais comptes. Selon Nagy, les relations éthiques sont transgénérationnelles. Un enfant a le droit de recevoir des soins fiables de ses parents. S'il ne les reçoit pas, il a droit à une réparation; mais, une fois adulte, il n'y a personne d'habilité à lui donner réparation. L'enfant privé entamera la vie adulte armé de droits destructeurs, qui sont tout aussi néfastes pour lui que les droits mérités sont salutaires. Examinant son propre livre comptable, la personne armée de droits destructeurs croit qu'on lui doit quelque chose et croit pouvoir prendre sans donner. Dans le mariage, les droits destructeurs aggravent l'injustice puisque ce n'est pas le conjoint qui a provoqué le déséquilibre comptable. Peut-être exigez-vous une loyauté excessive parce que partout ailleurs vous avez été traité d'une manière déloyale, tout comme votre femme demande le soutien qu'on lui a refusé partout ailleurs. Si l'un traite l'autre injustement, toutes les ressources de confiance de la relation s'épuiseront encore davantage.

Buber écrit: «Vivre, c'est rencontrer.» Pour Nagy, la rencontre commence par le dialogue, verbal et gestuel. Il se peut que la solution à un problème que vous et votre femme éprouvez naisse d'un dialogue silencieux. Une gentille caresse de votre part peut révéler que vous la soutenez. De sa part, ce geste peut vous faire sentir l'attrait non avoué de l'acculturation, la conscience cachée que ses potins intimes ont leurs équivalents dans le comportement des femmes de votre pays d'origine ou de celles des générations passées. Vous pourriez tous deux modifier votre perception de l'équilibre ou du déséquilibre de votre livre comptable. Il se peut que la coupe de la confiance ne soit pas à moitié vide.

Comme Bowen, Nagy se tourne vers des solutions transgénérationnelles en thérapie. Vous pourriez souhaiter régler la situation avec vos parents dans l'espoir qu'un règlement négocié avec cette génération vous libérera, vous permettant ainsi de traiter équitablement avec votre conjoint. L'«exonération» des autres par rapport à leurs dettes passées peut éteindre les droits destructeurs et enrichir la relation actuelle. La mesure dans laquelle les solutions de ce genre sont possibles me permettra de me faire une opinion sur la possibilité ou l'impossibilité que vous vous entendiez avec votre femme, trop moderne à votre goût.

La première fois que j'ai lu l'ouvrage de Nagy, j'ai demandé à Lou comment la justice pouvait être une dimension des relations séparées de la psychologie. Étudiant en médecine, j'évaluais une jeune femme à la santé mentale fragile que son employeur avait prise pour maîtresse pour ensuite rompre abruptement. C'était un chef d'entreprise reconnu pour son extraordinaire narcissisme. Ma patiente l'a décrit comme quelqu'un qui se baladait dans la vie en prenant quelque chose à chacun mais sans jamais rien donner, et persuadé néanmoins de traiter les autres équitablement. Sa réussite était en partie attribuable à sa conviction sincère de traiter les autres équitablement — élément d'actif psychique et interpersonnel de grande valeur. Toutes les histoires qu'a racontées la femme au sujet de cet homme se terminaient de la même manière: il souriait, l'air débonnaire, aveugle aux dégâts humains qu'il avait causés autour de lui. S'il devait quelque chose aux autres, cette dette lui était invisible. J'ai demandé à Lou comment les praticiens de la thérapie contextuelle réagissaient à la satisfaction des personnes dénuées de conscience ou de celles qui, dans les transactions éthiques, font toujours pencher la balance en leur faveur.

L'unique et immédiate réponse de Lou a été une admonestation: écoute tes patients! Mais, un an plus tard, Lou a publié une nouvelle, *Pinkerton Sings*, inspirée selon moi de notre conversation. Dans cette nouvelle, le narrateur, non identifié mais que le lecteur reconnaît vite comme étant le «méchant» de *Madame Butterfly*, est assis sur une véranda dans un pays tropical et réfléchit à sa vie. Avec le charme d'un conteur imaginé par Somerset Maugham en train de savourer un verre de whisky à un bar maritime, l'officier de marine à la retraite se rappelle ses voyages autour du monde. L'ironie découle du fait que nous connaissons déjà ce personnage, que nous l'avons connu ailleurs que dans cette histoire — du fait que nous savons qu'il doit son bien-être à l'ignorance des ravages qu'il a causés dans la vie des autres, du fait qu'il est passé maître dans l'art de l'inattention sélective. C'est un homme heureux, le chef admiré d'une famille réussie.

Lou semblait dire que, en ce qui concerne l'étique relationnelle, celui qui s'impose à lui-même des normes relâchées mais qui en impose de sévères aux autres a un avantage pour ce qui est du sentiment d'avoir des droits mérités. Y a-t-il vraiment une différence entre la satisfaction qu'éprouve l'altruiste lorsqu'il donne et celle de l'égoïste lorsqu'il reçoit? S'il y a une différence, en faveur de qui est-elle?

J'ai depuis lu beaucoup d'ouvrages sur la thérapie contextuelle sans trouver de réponse à l'objection selon laquelle un comportement égoïste mène souvent à la satisfaction. À mes yeux, les droits mérités sont fonction du système de valeurs ou de la psychologie de l'individu. Nagy affirme le contraire: une obligation peut être «ontologique», un élément nécessaire de toute éthique concevable ou de tout ensemble de relations humaines. Par exemple, l'enfant a droit à des soins; s'il ne les reçoit pas, la dette qui en résulte déséquilibrera le livre comptable familial, et il y aura un prix à payer par tous les intéressés. Mais peu d'obligations sont aussi claires que celle de prendre soin d'un enfant dépendant. Et un manquement à cette obligation affectera les gens d'une manière différente: Jean-Jacques Rousseau semble avoir négligé ses enfants sans le moindre scrupule.

Il n'est pas clair non plus que le fait de ne pas tenir compte de l'éthique relationnelle rende toujours un mauvais service aux patients. Buber critique le thérapeute qui a ignoré les obligations morales de Melanie. Mais, en mettant l'accent sur les points forts de celle-ci sur le plan social, le thérapeute l'a aidée à retrouver ses amis et collègues; cette approche semble annoncer l'attention que Jean Baker Miller allait accorder à l'aptitude à la connexité. La réintégration dans un groupe social a pu être un traitement idéal pour Melanie, un traitement qui lui a fourni le contexte dont elle avait besoin pour continuer de se développer selon ses propres lumières. Lorsqu'il laisse entendre que Melanie possède en elle une identité meilleure qu'elle peut développer, Buber manifeste une forme d'idéalisme rigide. En postulant que les droits sont objectifs, le thérapeute risque de se trouver dans la position supérieure d'un juge — comme Buber lorsqu'il insiste pour que Melanie reconnaisse sa culpabilité.

Même l'attitude recommandée par Nagy, la partialité multidirectionnelle, pourrait ne pas protéger le thérapeute contre l'arbitraire. La partialité multidirectionnelle demande que l'on examine chaque point de friction dans la perspective de chacun des intéressés. Mais sur quel plan doit-on se montrer partial — sur le plan superficiel, qui peut présenter une autojustification défensive, ou bien sur un plan plus profond, voire inconscient, qui peut être plus autocritique? Vous affirmez avoir l'intention de vous comporter équitablement, voire généreusement, avec votre femme. Comment prendre cette affirmation? Certainement avec une crédulité empreinte de scepticisme; à l'ère de l'authenticité, l'intention consciente est suspecte.

Pourtant, je constate que j'accorde de l'attention à la dimension de l'éthique mise de l'avant par Nagy, malgré toutes les difficultés qu'elle présente, car le choix opposé — ne pas tenir compte de l'équilibre des obligations dans une relation — semble tout à fait déraisonnable.

La notion de droits nous aide à mettre le doigt sur ce qu'il y a de si troublant dans certaines impasses auxquelles font face les couples. Songez à un contretemps qui est loin d'être rare: à la suite d'un bref badinage amoureux, un homme marié rend enceinte une célibataire qu'il connaît à peine, et celle-ci choisit de mener sa grossesse à terme. L'éthique relationnelle nous éclaire vite sur ce qui est impossible dans ce cas. L'étendue des obligations de l'homme marié envers sa maîtresse enceinte est certes discutable; dans certaines sous-cultures par exemple, la femme serait censée se faire avorter. Mais (sauf pour ce qui est des théologies dans lesquelles les péchés des parents sont transmis aux enfants) les droits de l'enfant sont clairs: il a droit à autant de soins que n'importe quel autre enfant, ce qui, dans notre culture, inclut l'attention d'un père. Simultanément, la femme légitime de l'homme en question a pleinement droit à l'attention loyale d'un mari. Ces dettes sont impossibles à éteindre. Ce qui est fait est fait, et il y a un prix à payer. Bien entendu, les relations ont du ressort, et il existe des moyens pour l'homme de se racheter. Il pourrait «compenser» psychologiquement le tort fait à sa femme tout en soutenant financièrement l'enfant. Mais, quels que soient les faits, la psychologie et les transactions, ces quatre personnes portent le fardeau d'une difficile réalité dans le domaine de l'obligation.

La notion de droits aide également à aborder les cas de ménages dans lesquels l'un des partenaires n'est pas entré tout à fait librement. Souvent, le premier mariage est une réaction à une subtile coercition. Afin de s'extirper d'une famille d'origine qui la menace ou la maltraite, une jeune femme acceptera la proposition d'un homme beaucoup plus âgé qu'elle. Les critères qui gouvernent généralement le choix d'un mari, comme l'appariement des différenciations, n'entreront pas en ligne de compte ou y entreront d'une manière bizarre, l'homme étant aussi mûr que la femme, mais seulement en raison de son âge. Il pourrait, en fait, se révéler à peine meilleur que le père dominateur de la femme. La femme pourrait bientôt souhaiter quitter son mari, mais se sentir liée par le devoir. La manière la plus directe de l'aider consiste à aborder directement la question du devoir.

En quoi consiste donc exactement l'obligation de la jeune épouse? Puisque le marché était corrompu dès le départ — le mari ne méritant que peu de droits —, l'obligation de la femme est limitée. Tel est, à mon avis, le consensus social, et le thérapeute contextuel peut l'affirmer au nom de la culture et peut-être aussi au nom de la femme, par le biais de la propre voix de celle-ci. Fidèle à la partialité multidirectionnelle, le thérapeute voudra aussi faire entendre la voix du mari ainsi que celle des parents. Il sera utile de séparer les voix, de ne pas obliger la femme à parler au nom de son mari et de ses parents. Une fois les points de vue exprimés, la femme pourra trouver comment y réagir d'une manière juste et proportionnée, peut-être par la rupture. Une thérapie de ce genre a beaucoup en commun avec le conseil simple et direct. Cette version de la partialité multidirectionnelle contient le message suivant: personne n'a le droit absolu de ruiner une vie jeune.

Dans des relations plus équilibrées, qu'est-ce qui est juste? C'est la grande question que se posent les couples de notre époque. L'un des motifs qu'invoquent les femmes pour expliquer les tensions conjugales, l'envie de divorcer et la requête en divorce est le fait que le mari n'assume pas sa juste part des tâches domestiques. Si les maris en assument un tant soit peu, le divorce pourrait bien entraîner un surcroît de travail domestique pour la femme, ainsi qu'une perte financière. On peut alors présumer que la femme fait le calcul suivant: elle est disposée à renoncer à des avantages dans le domaine des faits pour en obtenir dans le domaine de l'éthique relationnelle. Plus que de l'aide occasionnelle, elle veut l'équité.

Qu'est-ce qui est équitable? Si mari et femme mènent tous deux une carrière, est-il juste qu'il assume autant de tâches domestiques qu'elle? Et s'il s'occupe plus de son enfant que le faisait son père à lui ou son père à elle, mais beaucoup moins qu'elle? Le fait qu'il gagne plus d'argent qu'elle rend-il la situation équitable? Peut-il arguer du fait qu'il donne beaucoup plus qu'il aurait jamais cru donner, et peut-être plus qu'elle aurait cru qu'il donnerait? Pourquoi devrait-il faire des choses qui ne faisaient pas partie du marché le jour du mariage?

De toute façon, elle est trop exigeante en ce qui a trait à la maison. Lorsqu'il était célibataire, il tolérait l'évier rempli d'assiettes sales pendant des jours, et ne s'en portait pas plus mal. Il est injuste qu'elle lui demande de faire le travail sans le laisser décider des normes. Oui, il est disposé à aller dans le même sens qu'elle, mais il l'a déjà fait et, soit dit en passant, tandis qu'il se comporte en mari idéal du point de vue de la femme, où est la vraie équité, où peut-il voir qu'elle essaie d'être la femme idéale de son point de vue à lui?

Le meilleur moyen d'aborder cette chaîne d'arguments consiste à analyser les prétentions de chacun des partenaires en matière de droits, par l'intermédiaire de la partialité multidirectionnelle.

* * *

La thérapie contextuelle s'intéresse à une question qui, autrement, ne semble pas avoir sa place en psychologie: le sens du contrat de mariage ou de la convention implicite dans n'importe quelle relation. S'engager, c'est établir une norme morale régissant le changement, celle à laquelle on fait allusion dans certaines cérémonies de mariage lorsqu'on dit «pour le meilleur et pour le pire», et ainsi établir un prix à payer, en ce qui concerne les droits, pour l'abandon du conjoint. L'engagement établit le seuil de la rupture, qui ne se produira pas pour des motifs temporaires ou frivoles ni simplement pour trouver un partenaire encore plus désirable que celui qu'on a. J'ai déjà fait allusion au dédain pour l'entropie, au penchant pour la continuité et la complexité. Ces préférences sont des aspects non seulement de la psychologie mais aussi de l'éthique.

L'attention accordée à l'éthique semble nécessaire. Mais à l'éthique de qui? Lorsque la société change, on ne s'entend pas sur ce qui est ou non équitable. Comment un thérapeute peut-il catalyser la justice ou un conseiller accéder à la possibilité de justice en l'absence d'une norme commune? On ne peut pas se fier aux normes du couple. La psychologie et le pouvoir influent sur le jugement. Les personnes blessées sont souvent injustes envers elles-mêmes. Lorsque Michel s'attribue le mérite des idées de Line, qu'il lui vole son commerce, qu'il l'estropie sur le plan psychologique et qu'il la trompe, celle-ci déclare qu'elle l'a déçu et qu'elle devrait lui donner davantage. Line est une narratrice qui n'est pas digne de confiance parce qu'elle est un juge qui ne l'est pas non plus. Comment être partial envers une personne qui ne l'est pas envers elle-même?

La thérapie contextuelle propose des réponses à ces objections. Nagy parle du «surdon», dont il dit qu'il prive l'autre de l'occasion de mériter des droits. La version de Line — selon laquelle elle n'aurait pas donné suffisamment — pourrait changer au fil de discussions destinées à la soutenir; ou encore ce que j'ai appelé un «cadeau» pourrait l'inciter à examiner de nouveau son livre comptable, à y apporter des changements et à découvrir les dividendes des droits. Mais que se passe-t-il si Line reste convaincue qu'elle ne donne pas assez? Dois-je adopter avec elle cette croyance? Lorsqu'il est question d'équité, le thérapeute, ou conseiller, est souvent ramené à ses propres valeurs; le relativisme peut être carrément dangereux, comme dans les cas de mauvais traitements.

Il y a une autre difficulté: l'éthique relationnelle existe dans un monde dominé par les faits, la psychologie et les transactions. Peut-être que, pour ce qui est des faits et des transactions, Michel est heureux dans sa prospérité et son pouvoir. Peut-être le sera-t-il encore plus si, après avoir vidé Line de son sang, il cache sa fortune et divorce, afin d'épouser une femme-trophée. Il perd ainsi des tonnes de mérites mais gagne dans la dimension des faits. Pourquoi ne pas sacrifier des mérites en échange de relations sexuelles extraordinaires, de la constante admiration de sa femme et de beaucoup d'argent? Un thérapeute ou un conseiller qui voudrait le bien de Michel devrait peut-être se dire d'accord avec lui et lui conseiller de mettre ses plans à exécution. (Je devrais cependant dire: ce n'est pas là-dessus que mon conseil portera; mon rôle n'est pas de vous aider à obtenir ce type de satisfaction.) Jérémie ne demandait-il pas: «Pourquoi la voie des méchants est-elle prospère? Pourquoi tous les perfides vivent-ils en paix?»

Après avoir chanté les louanges de la thérapie contextuelle, je devrais ajouter que je m'étonne qu'elle n'ait pas gagné en popularité ces dernières années. L'idée que la réussite d'une relation dépende de son équité semble en harmonie avec le sentiment de plus en plus répandu que la psychothérapie devrait comporter des codes spirituel et religieux. Et l'éthique relationnelle aurait dû susciter un plus vaste appui, vu que l'on s'intéresse depuis un quart de siècle à la biologie de l'altruisme.

Les éthologistes, notamment Frans de Waal, zoologiste principal au Yerkes Primate Research Center, à Atlanta, parlent aujourd'hui d'une «capacité morale» innée, semblable aux structures grammaticales innées dont parlent les linguistes. Des comportements requérant la loyauté, la confiance et l'équité ont été observés chez les singes, tandis que des fragments des mêmes tendances sont évidents chez les baleines, les éléphants, les chiens et les chauves-souris. Les mammifères semblent avoir été programmés pour avoir des comportements d'aide, et ils actualisent ces comportements avec créativité dans les situations qui font appel à un jugement complexe. Les femelles protesteront si un âne dominant est trop vigoureux dans sa poursuite d'un mâle subordonné rétif; chez bon nombre d'espèces, le troupeau prendra soin d'un membre handicapé, même s'il en coûte à la communauté. Chez les humains, selon la théorie, s'il est vrai que toute programmation laisse indubitablement place à des codes éthiques différents, il est faux de conclure que tout code arbitraire fera l'affaire; la plage des comportements qui «semblent appropriés» a ses limites.

Bien entendu, l'altruisme animal constitue en quelque sorte le bas de gamme de la moralité. Il a cours dans un troupeau hiérarchisé duquel l'équité est absente. Dans son ouvrage intitulé *The Moral Sense*, James Q. Wilson écrit que, quelle que soit la sympathie innée que nous ayons, «elle est facilement éveillée mais vite oubliée; lorsqu'elle revient en mémoire sans susciter d'action, ce défaut d'action est facilement justifié après coup». Et l'immoralité, de l'égoïsme au penchant pour la tromperie, pourrait également avoir ses racines dans notre héritage animal.

Pourtant, la croyance selon laquelle l'éthique relationnelle est un aspect inné de la psychologie humaine est beaucoup plus répandue aujourd'hui qu'à l'époque où Nagy a proposé sa thérapie. *The Moral Animal*, l'ouvrage de Robert Wright dans lequel celui-ci affirme que les sentiments moraux sont souvent des impératifs biologiques, a été un best-seller (même si Wright estime également que l'agression et la tromperie sont appropriées dans certaines circonstances). Walter Burkert, dans *Creation of the Sacred*, trouve une base à la religion dans l'éthologie darwinienne. Le titre de l'un des chapitres de ce livre plairait bien à Nagy: «La réciprocité du don». L'époque me semble mûre pour une perspective qui tienne compte du prix interne qu'a à payer une personne qui abuse d'une relation d'engagement ou qui la rompt.

Qu'il existe ou non une norme naturelle de comptabilité dans le domaine de l'éthique, les gens ont le sentiment d'avoir été bien ou mal traités, et la plupart se sentent une obligation au sein d'une relation. Avec le temps, les partenaires exploitent cette sensibilité pour se créer une histoire commune relativement aux droits, bien que souvent chacun se réserve le loisir de lire l'histoire à sa manière. Cette histoire finira par sembler objective, fondée sur la réalité. Celui qui réussit à assumer ses obligations dans les paramètres de cette histoire gagne en estime de lui-même; inversement, il y a un prix à payer pour celui qui ne donne ou ne reçoit pas équitablement. Aucune autre manière de faire ne peut se substituer à l'approche directe de cette dimension des droits mérités.

La décision de partir se prend en partie en fonction de ce que l'on est convaincu ou non qu'il est juste de le faire — en fonction de la valeur que l'on accorde à son contrat de mariage lorsque l'on est marié, ou de la loyauté due à son partenaire en retour des sacrifices qu'il a consentis, ou de ce que signifie le fait que son partenaire soit gravement malade. À titre de psychiatre, j'ai vu des gens devoir décider s'ils allaient rompre ou non leur relation parce que leur partenaire était interné dans un asile psychiatrique. La notion de bonheur rivalise avec celle d'obligation, et l'idée de ne pas assumer une obligation importante jette une ombre sur tout bonheur futur, sous forme d'une menace de perte de droits, peut-être exprimée sous forme de perte du respect de soi.

Il semble inévitable que, durant notre rencontre, nous ayons à aborder les questions touchant l'équité. Peut-être avez-vous l'impression d'être mal traité? Votre relation a toujours eu ses limites, mais jusqu'à ce que vous vous sentiez exploité, vous n'avez jamais envisagé de rompre. Lorsque vous me demandez si vous devriez partir, vous vous placez sur le plan de l'éthique relationnelle: ce partenariat est-il équitable? Cette question tourne souvent autour de la nature du contrat conclu. Lorsque vous et votre partenaire vous êtes engagés, à quoi vous êtes-vous engagés?

21

L'art du marché

VOUS ÊTES un homme d'affaires sérieux, un homme de parole qui, précisément en raison de cette qualité, réussit dans une entreprise et une industrie où les petits malins sont trop nombreux. D'origine juive, vous êtes marié depuis 10 ans à une catholique non pratiquante, avec qui vous avez eu une fille aujourd'hui âgée de 9 ans. Vu de l'extérieur, vous êtes le partenaire le plus désirable et le plus attirant du couple, mais vous n'avez jamais été sûr des sentiments des autres à votre égard. Vous vous sentez indigne d'être aimé. Vous n'avoueriez jamais ce sentiment, et bien peu de gens imagineraient que vous l'éprouvez. Vous aviez l'habitude de dire que vous étiez chanceux dans votre mariage. Vous consolidiez cette chance avec des cadeaux et des compromis, essayant de faire de votre foyer et de votre relation conjugale ce que votre femme souhaitait qu'ils soient. Vous cherchiez particulièrement à plaire aux membres de sa famille — plus qu'elle ne le faisait elle-même —, en tenant compte de leurs priorités dans la planification des fêtes, en leur venant en aide lorsqu'ils étaient dans le pétrin et en faisant passer ses parents avant les vôtres.

Votre femme n'en a pas moins été malheureuse. Malgré l'abondance que vous lui fournissez, elle s'est sentie mal à l'aise, inutile, déracinée, pas à sa place. Elle a entrepris une psychanalyse. Vous aussi, mais vous avez l'impression que les thérapeutes ignorent que faire de vous tant vous êtes complaisant et peu intéressé par les aspects sombres de la vie. Vous acceptez qu'un certain degré d'insatisfaction soit ce qu'il y a de mieux à espérer. Vous recherchez ce que les autres craignent: un mariage sans tempêtes. Ce que vous espérez éviter, par votre constance et les efforts supplémentaires que vous consentez en temps de crise, est le désespoir total qui marque périodiquement la vie émotionnelle de votre femme.

Cette fois, cependant, c'est différent. Votre femme a franchi une frontière absolument interdite. Elle a décidé, par l'intermédiaire de sa psychothérapie, que le seul moyen de régler son problème d'anomie serait un retour dramatique à ses racines. Elle vous a dit qu'elle a l'intention d'inscrire votre fille à un cours de catéchisme — qu'elle y est obligée si elle veut se sentir en accord avec elle-même — et qu'elle insistera pour que l'enfant assiste à la messe tous les dimanches, habitude que votre femme a reprise depuis peu. Votre fille reste neutre sur ce sujet. Vous sentez que la religion ne l'intéresse pas, qu'elle aurait plutôt tendance, vu qu'elle connaît bien l'Ancien Testament, à une forme de judaïsme très croyant mais non liturgique. Mais vous savez aussi qu'elle se sent plus proche de ses nombreux parents catholiques que de ses quelques parents juifs, et que, comme pour vous, il est dans sa nature d'essayer de satisfaire les autres.

Avant votre mariage, vous et votre femme avez longuement discuté de vos différences religieuses. Vous étiez tous deux conscients que les mariages mixtes se disloquent souvent à la naissance des enfants, lorsque se posent les questions d'éducation religieuse ou d'affiliation à une Église. Les conversations ont commencé dans la bonne humeur. Ni vous ni votre femme ne pouviez prétendre croire en Dieu. Des penchants communs — l'amour des livres et des soirées tranquilles — semblaient plus importants que les différences religieuses. Néanmoins, vous avez commencé à être anxieux chaque fois que la conversation portait sur la religion, comme si une force puissante et occulte pouvait venir vous ravir votre famille. Vous et votre femme avez convenu que vos enfants ne seraient élevés ni dans la foi catholique ni dans le judaïsme. Vous vous êtes facilement mis d'accord sur les jours de fête, sur l'enrichissement culturel et sur l'âge auquel l'enfant déciderait librement de son choix.

L'élaboration de cette entente, toutefois, vous a été si difficile que vous avez arraché une seule promesse à votre femme, celle de ne plus jamais aborder ce sujet. Cette négociation vous a rendu malheureux à un point que vous ne pouviez vous expliquer. Vous saviez toutefois qu'une personne qui vous aimait vraiment ne reparlerait plus jamais de religion avec vous. Au fil des ans, chaque fois que le sujet de l'éducation religieuse de votre fille se présentait, vous quittiez la pièce, vous boudiez ou vous rappeliez, furieux, à votre femme que vous étiez un homme souple, prêt à plier dans tous les domaines, mais que vous considériez son silence sur ce sujet comme une question d'honneur.

Vous venez dans mon cabinet et me dites qu'une psychothérapie ne vous intéresse pas. Vous en avez déjà eu assez (et votre femme, un peu trop). Vous voulez un simple conseil. Votre femme s'est montrée indigne de votre confiance, insensible, ingrate et plus attachée à ses parents par le sang, notamment à sa fille, qu'à vous. Cette trahison n'est pas votre seul problème. Au cours des dernières semaines, vous vous êtes regardé comme vous ne l'aviez jamais fait durant la psychothérapie. Vous vous êtes trouvé esseulé. Après avoir tant fait pour cette famille pendant des années, qui est de votre côté? Un homme ne peut pas donner tant et recevoir si peu en retour. Vous avez décidé de quitter votre femme. Puis, à une réception, vous avez bavardé avec un inconnu, un psychiatre, et durant cette conversation, vous aviez l'esprit confus. Comme un petit garçon bredouillant une question sotte, vous lui avez demandé s'il était possible d'obtenir un conseil pour le choix important que vous aviez à faire.

Mieux vaut peut-être commencer par où vous avez commencé, c'est-à-dire par le pacte rompu. Je comprends que vous connaissiez bien les contrats puisque vous êtes un homme d'affaires, vous savez comment tournent les marchés. Moi aussi, je suis témoin de marchés. Parfois je me demande, comme vous le faites maintenant, ce qui fait qu'un marché réussit ou pas. Au début de ma carrière, j'ai vu réussir un contrat invraisemblable. Je traitais une femme souffrant de dépression chronique lorsque son fiancé a proposé un marché qui m'a coupé le souffle: il l'épouserait à la condition qu'elle ne se suicide pas durant la première année de leur mariage.

Vous êtes irrité que je mentionne cette proposition bizarre. Vous dites que j'interromps notre réflexion sur une entente conjugale ordinaire pour discuter d'une entente de toute évidence absurde.

Pourquoi un marché serait-il moins absurde que l'autre?

Vous dites: «À cause de ce que signifie le fait d'être suicidaire.» Lorsque les gens sont déprimés et suicidaires, ils se comportent de manière irrationnelle et impulsive. Le suicide est moins un choix qu'un impératif. Cette femme peut difficilement conclure un contrat pour se garder en vie. Quel recours aura l'homme si elle ne respecte pas le marché conclu?

Tout cela ressemble à une farce: que fera-t-il, la tuer? Mais les psychothérapeutes eux-mêmes exigent parfois un tel contrat de la part de leurs patients suicidaires, dont ils exigent qu'ils leur téléphonent s'ils ont l'intention de se tuer. Les liens humains — obligations, confiance, engagements — sont puissants. Ce n'est pas seulement la crainte du châtiment qui donne sa force au contrat. Surtout dans les relations intimes, vous respectez vos promesses parce que vous tenez à l'autre et à votre propre intégrité. Votre propre désaccord avec votre femme concerne tout autant l'intégrité que les conséquences.

Malgré cela, vous ne voyez pas comment il pourrait être raisonnable d'épouser une femme déprimée et suicidaire. Et solliciter un engagement d'une durée d'un an, c'est ne pas comprendre la nature du mariage.

Pourtant, c'est précisément ce qui fait toute la beauté de ce contrat. Le bon sens de l'homme réside dans le fait qu'il ne demande qu'une seule année d'engagement. Qui, au fond du désespoir, peut envisager l'avenir sur plus d'un an? Le fiancé sous-entend qu'il ne demande que ce que la femme peut imaginer. Pour celle-ci, un an représente l'éternité; on lui en demande plus qu'à la plupart des autres futures mariées, pas moins. En même temps, l'homme met son optimisme en jeu, il dit accorde-moi un an de ton amour, et je te donnerai des raisons de vivre. Il y a là-dedans une audace séduisante. Et peut-être y a-t-il dans ce codicille explicite une exigence utile, tacitement imposée à la fiancée: puisque ce futur couple n'envisage qu'une seule année d'union, il peut s'attendre à ce que celle-ci consente un petit effort de plus, l'intensité d'un sprint là où la plupart des futures mariées envisagent un marathon. Même si je suis d'accord avec vous sur l'absurdité apparente d'une telle proposition, à mes yeux cette absurdité est teintée d'un certain humour noir. Il se peut que le pouvoir de convaincre une femme timide et amère que possède cette proposition réside dans son côté ridicule. L'humour a le pouvoir de contourner les défenses, de prévenir les objections.

Je vous réponds en profitant du recul dont je dispose. Si j'avais osé donner un conseil, je me serais trompé. À chacun des partenaires, j'aurais dit ce que vous me dites. À l'homme j'aurais dit:

«Pourquoi vous lier à quelqu'un de si peu attaché à la vie?» À la femme: «Cette obligation vous fera-t-elle paniquer? Vous poussera-t-elle à commettre l'irréparable?» Je nourrissais des craintes pour les deux à l'approche du mariage. Je me souviens des pensées non formulées que j'ai eues avant ce mariage: elles me servent de mises en garde contre l'illusion que je peux prédire le cours des relations.

Mes préoccupations ne tenaient pas compte de ce que David et Manon voyaient l'un dans l'autre: sa ténacité à elle, son talent à lui pour le déni. Nous considérons le déni comme une forme de cécité, mais c'est en réalité une forme de vision: on occulte le monde tel que les autres le voient pour le remplacer par une réalité plus amène. David était passé maître dans l'art du déni, un visionnaire. C'est le déni qui lui a permis de rester enthousiaste durant l'enfance, de grandir dans la joie malgré une situation objectivement désespérée. J'ai parfois souhaité posséder moi aussi cette incroyable capacité de déni. Je l'ai souvent souhaitée à mes patients les plus grièvement blessés.

Manon était une femme de principes. Elle tenait toujours parole, parce que le monde n'avait jamais tenu ses promesses avec elle. Lorsqu'elle a consenti au «marché» du mariage, elle s'en est voulu d'avoir été flouée encore une fois. Elle savait qu'elle ferait tout pour respecter le marché conclu, même si cela signifiait une année de souffrances inutiles. Au cours de ses conversations avec moi, elle a exprimé toute sa méfiance envers les institutions et envers la vie. Mais dans l'union de la célibataire sans illusion et de l'homme visionnaire, la vision doit avoir l'avantage, sinon pourquoi se marier?

Contre toute attente, ces deux êtres malmenés sur le plan psychologique ont amorcé un mariage qui allait durer (jusqu'à ce jour) 16 ans. Manon s'est gardée en vie 12 mois, puis a renouvelé le pacte. Au fil des ans, la reconduction de celui-ci s'est faite presque automatiquement, même si le suicide restait pour elle une avenue, le soulagement souhaité de la douleur qui la tenaillait chaque jour.

Manon récriminait contre le marché conclu avec David, marché qui lui imposait des souffrances, mais elle se sentait tant d'obligations que sa conscience ne lui permettait pas de choisir l'avenue la plus facile. L'impuissance de la famille de David la gardait en vie. (Un praticien de la thérapie contextuelle dirait qu'elle était soutenue par des droits mérités — elle compensait dans le domaine de l'éthique relationnelle ce qu'elle ne pouvait pas changer dans le domaine de la psychologie.) Pas une semaine ne se passait sans que Manon ait à venir à la rescousse de sa belle-famille, dont tous les membres étaient des cibles dans le grand jeu truqué de la vie, des Candide dont la seule protection résidait dans le cynique esprit pratique de Manon.

Le génie de David résidait dans le domaine de l'appariement des différenciations. Il était issu d'une famille perturbée et, mis à part le déni, l'optimisme et un bon jugement, il disposait de peu d'outils pour affronter les dangers émotionnels. Mais, de tous les enfants de la famille, c'était lui qui avait le mieux réussi son mariage. Ses frères et ses sœurs avaient choisi des personnes tout aussi désorganisées et démunies qu'eux-mêmes. David avait trouvé une femme dont la faiblesse était concentrée dans une seule dimension de la vie. S'il arrivait à la garder vivante, Manon serait par ailleurs compétente. Il savait dès le départ — c'est ce qui rend le marché rationnel — que Manon, une femme si souvent déçue, ne pouvait supporter de décevoir les autres et trouverait dans le devoir une raison de vivre.

Manon et son mariage ont survécu à de nombreux coups de malchance: maladies chroniques, déceptions professionnelles, ennuis financiers. David et Manon ont eu de la chance, ou plutôt ils ont fait un meilleur pari que quiconque dans leur entourage.

Il y a tellement de promesses qui ne sont pas tenues: promesses de ne plus boire, de ne plus jouer, de ne plus courir les jupons, de ne plus être violent. Le marché conclu par David ne se distingue en rien de ces promesses peu susceptibles d'être tenues, et pourtant il réussit, parce que le don constant de Manon réussit là où le vôtre échoue. Mais comment?

L'une des réponses à cette question a beaucoup à voir avec la «rencontre», dans le sens où Buber l'entend lorsqu'il dit que «vivre, c'est rencontrer», ou lorsqu'il dit que ce que le «je» sait du «tu» est «simplement tout». (Ivan Nagy utilise le terme «dialogue», une révélation de soi mutuelle et non défensive.) Je considère la proposition fait main de David comme relevant de la rencontre. David indique qu'il apprécie la perspective de Manon. Il l'acceptera telle qu'elle est si elle l'accepte lui tel qu'il est. L'offre reconnaît que ce mariage repose sur la décision de Manon de vivre, décision toute personnelle. David ne peut attendre de Manon qu'elle s'engage envers lui que si elle est également libre de revoir sa décision à intervalles raisonnables. Ce respect du caractère privé de sa décision doit être rassurant pour Manon. L'étrange proposition de David convient à Manon d'une manière dont ne le peuvent les vœux de mariage traditionnels.

Implicitement, David dit ceci: «Je sais que tu as des défauts et je me fiche pas mal de la manière dont tes défauts nous discréditent l'un ou l'autre.» David n'ignore pas la lutte que mène Manon, mais il ne se croit pas meilleur qu'elle, même lorsqu'elle traverse ses pires moments. Si la proposition de David témoigne de son humilité — la conscience qu'il a de ne pas être lui-même, selon certaines normes, un bon parti —, elle est empreinte aussi de fierté et d'assurance, beaucoup plus que ne le sont bon nombre d'affirmations «musclées» de sa valeur personnelle. Par cette proposition, David laisse entendre qu'il comprend que Manon sera souvent déprimée et irritable, qu'elle pourra parfois même juger que David est fou d'être si optimiste. Tandis que, dans sa forme, la proposition de David est contraignante — tu ne te tueras point! —, elle est permissive dans son contenu. La proposition indique l'appariement des différenciations tout en étant en soi un acte de différenciation, une acceptation explicite de ce qui distingue Manon. Et c'est un acte qui donne des droits, un acte de générosité dans son acceptation de Manon et dans l'occasion qui lui est fournie de donner en retour.

■ ■ ■

En faisant référence à la «rencontre» et au «dialogue», j'espère que je ne vous ai pas fait penser à la «communication». Je soupçonne, lorsque vous me dites que vous en avez assez de la thérapie, que l'on vous a conseillé de mieux «communiquer». Le mot «communication» est celui que les patients en psychothérapie détestent le plus.

Je suis partagé pour ce qui est de la valeur de la communication telle qu'on la comprend généralement. D'une part, je respecte les recherches qui concluent que le style de communication est un indicateur du potentiel de survie d'un mariage. Il y a des impasses relationnelles qui relèvent essentiellement de la communication, des modèles d'interaction qui sont si néfastes et si enracinés qu'ils requièrent une interruption provenant de l'extérieur. Enseigner aux partenaires de couples en difficulté à s'écouter l'un l'autre et à exprimer leurs insatisfactions de manière constructive améliore probablement la satisfaction conjugale. En fait, l'efficacité de ce type d'intervention simple est l'une des raisons qui font que les thérapeutes de couples ont tendance à préférer que vous poursuiviez votre relation — il suffit de peu de choses pour sauver beaucoup des couples en consultation.

D'autre part, les patients qui me consultent connaissent généralement ces choses-là. Tout le monde est conscient du consensus social qui règne au sujet de la communication. Mon propre sentiment — le sentiment qu'aborde l'interprétation que fait Stanley Cavell de l'histoire de Lear et de Cordélia — est que la communication humaine est remarquablement efficace. Les gens se connaissent suffisamment bien pour provoquer des appariements fondés sur de complexes calculs de différenciation ou de droits mérités. Afin de jouer l'identification projective mutuelle, chacun des partenaires doit même savoir quels sont les comportements qui ont le pouvoir de susciter chez l'autre telle ou telle réaction. La prémisse de bon nombre de perspectives psychothérapiques est que nous nous connaissons bien l'un l'autre sur le plan concerné par la théorie de la communication, mais qu'il reste les problèmes de la tromperie et de l'inattention sélective. Ces problèmes ne peuvent être résolus par la «communication»; ils requièrent l'attitude fictive, qui arrive souvent à les résoudre.

Si nous évitons le «dialogue» ou la «rencontre», c'est souvent dans le but de nous garder le droit à l'inattention sélective ou d'éviter le compromis inhérent aux marchés. Mais les êtres humains communiquent avec une précision étonnante. Nous décodons des signaux trop subtils pour être transmis par le langage. Être privé de ces habiletés, c'est être différent, handicapé. Nous sommes en grande partie transparents les uns pour les autres.

* * *

L'assertion selon laquelle, en tant que «cultures» distinctes, les hommes et les femmes ne se comprennent pas a donné naissance à une véritable industrie «littéraire». À première vue, il est peu probable que cette affirmation soit vraie. Les hommes et les femmes sont élevés dans les mêmes familles; ils participent aux mêmes conversations et observent les conséquences des comportements. Comme le fait lucidement remarquer la féministe Katha Pollitt, hommes et femmes sont différents, mais pas de manières particulièrement déroutantes. Dans la mesure où des différences existent, hommes et femmes sont spécialement adaptés, c'est-à-dire capables de traiter les uns avec les autres (cette adaptation, chez toutes les espèces, même la drosophile, est étudiée par les spécialistes de l'évolution du comportement), et le comportement humain a tendance à se fonder sur la communication, plus particulièrement sur le décodage des intentions.

Au cœur du prétendu malentendu entre les sexes se trouve une simple observation: la femme veut que ses sentiments soient validés; l'homme veut résoudre des problèmes. Beaucoup de livres et de comédies télévisées sont fondés sur cette simple prémisse. Le fait que cette différence soit réelle ou non et, si elle l'est, la manière dont elle se concrétise reste vague, me semble-t-il, de même que beaucoup d'autres idées sur ce que seraient les hommes et les femmes. L'hypothèse moderne de la différence est préférable à celle qui a eu cours pendant des siècles et qui voulait que les femmes soient irrationnelles ou incompréhensibles; mais même si une différence existe, elle a sans doute pour principal corollaire non pas le fait que les hommes ne comprennent pas les sentiments des femmes, mais plutôt qu'ils ne veulent pas toujours y réagir.

Ce que l'on qualifie de mauvaise communication peut être souvent de l'inconfort. Les hommes comme les femmes refusent d'offrir un degré d'intimité qu'ils trouvent importun; lorsqu'on les presse d'offrir une plus grande intimité, ils risquent d'éviter la discussion parce que, plus souvent qu'autrement, le but de la discussion est d'intensifier l'intimité. Les hommes comme les femmes veulent partager activement leur inconfort — mettre leur partenaire mal à l'aise —, et lorsqu'on leur demande de rationaliser leur communication, ils risquent de refuser, la communication rationnelle n'étant pas suffisamment liante. Les êtres engagés dans des relations laissent beaucoup de situations non abordées ou non réglées — ils choisissent ce qu'il régleront —, mais il est sûrement rare qu'ils n'aient aucune idée de leurs points de départ respectifs.

Ce qui vous fait peut-être redouter la «communication», c'est que, malgré une impartialité feinte, la pression s'exerce dans un sens seulement, celui de la discussion explicite. Peu de spécialistes de la communication affirmeront que l'être qui exprime couramment ses émotions devrait se taire et manifester son amour en réparant la maison. On vous a peut-être conseillé de dire à votre femme ce que vous pensez de l'éducation religieuse de votre fille, mais ce conseil prend parti pour votre femme, contre vous, l'entente étant que vous n'aborderiez plus jamais la question. Même en l'absence d'une telle discussion, votre femme pourrait difficilement ne pas être consciente de ce que vous souhaitez.

Ou encore, il se peut après tout qu'un problème de communication existe. Vous êtes moins sûr qu'auparavant de ma manière de décoder les messages non verbaux de votre femme; une subtile dyssémie est venue compliquer la «communication». Il semble que des réactions en apparence dyssémiques soient en fait contextuelles. Dans des études menées depuis le début des années 1980, John Mordechai Gottman, spécialiste et observateur prudent de l'interaction conjugale, conclut que les hommes engagés dans des mariages perturbés sont sélectivement sourds aux messages de leur femme. Au cours des tests, on a demandé aux femmes de transmettre un message ambigu, comme «j'ai froid, pas toi?», sous-entendant «j'aimerais me coller près de toi» (et non pas «monte le thermostat»). Les maris heureux en ménage étaient capables de décoder le message. Les autres maris pouvaient le décoder s'il était émis par d'autres femmes que la leur. Ces derniers maris, malheureux en ménage, souffraient d'un «déficit de décodage» spécifique aux signaux non verbaux de leur femme.

Les hommes que Gottman a étudiés se sont révélés vulnérables sur le plan émotionnel et même sur le plan physiologique — pour ce qui est des réactions cardiovasculaires et hormonales — aux fortes émotions négatives dont ils faisaient l'objet de la part de leur femme. La méthode choisie pour se protéger et désamorcer le conflit était le repli sur soi. Il en résultait une apparente perte d'habileté sociale au sein du mariage. Cette réflexion ajoute une complexité utile à l'affirmation selon laquelle les hommes «ne comprennent tout simplement pas» les femmes. Même s'il est fréquent de prétendre que les difficultés émotionnelles dans les relations sont attribuables à une mauvaise communication, le comportement qui a l'air d'être un problème de communication pourrait avoir ses racines dans un conflit émotionnel existant. Il est plus probable que les hommes parviennent à décoder un message lorsqu'ils ne se sentent pas menacés.

Vous nierez peut-être que vos aptitudes à la communication soient en cause. Vous comprenez les messages. C'est votre femme qui ne saisit pas les signaux non verbaux. En ayant tant fait pour votre femme et pour sa famille, vous avez manifesté votre engagement par l'action. Pour mal interpréter votre message, il faudrait que votre femme soit stupide ou encore incapable de gratitude. Qu'en est-il de la recommandation des thérapeutes pour que votre générosité soit reconnue comme une forme de communication expressive et valable? Qu'en est-il de la reconnaissance que l'inscription de votre fille à une école religieuse est une forme de communication agressive qui requiert une meilleure justification que celle que votre femme a bien voulu vous donner?

Si vous et votre femme êtes en train de communiquer, il est logique que vous vous demandiez ce qui est dit. Je veux, pour le moment, que vous jouiez le rôle d'un praticien de la thérapie contextuelle et que vous vous montriez partial envers votre femme. Il se peut qu'elle vous dise que vous lui donnez ce que vous voulez qu'elle veuille — non pas ce qu'elle veut vraiment — et que vous revendiquiez ensuite des droits.

Barbara Krasner, étudiante et collègue de Nagy, affirme que les gens sont plus souvent mariés au contexte de leur mariage qu'à leur partenaire. Vous aimez le mariage et la famille, mais aimez-vous votre femme? Cette dernière croit que vous vous intéressez davantage à ses parents et à sa fille qu'à elle-même. Vous avez forcé votre femme à vivre un mariage conventionnel alors qu'elle souhaitait plutôt qu'il soit un geste de rébellion. Votre gentillesse, à laquelle il est difficile de résister, a étouffé sa rébellion et, par conséquent, son individuation. Elle vous dit ceci: «Si tu aimes mes parents à ce point-là, allons jusqu'au bout et donnons-leur ce qu'ils souhaitent vraiment, une petite-fille catholique. Puisque tu n'as pas permis à ta femme de former un nouveau type de famille, elle a réévalué sa relation avec toi du point de vue de ses racines à elle.»

Ou encore peut-être votre femme croit-elle que vous avez tenté d'acheter son affection en faisant la conquête de ses parents au lieu de lui faire la cour à elle, au lieu de la laisser vous aimer pour la personne que vous êtes réellement. Vous vous êtes comporté comme si elle n'allait pas accorder de valeur à votre affection. Votre femme, qui a eu besoin de votre soutien, s'est désormais tournée vers l'Église, ce qui vous a rendu libre de moins donner; mais souhaitez-vous être libre de cette façon?

Votre femme pourrait vous demander pourquoi vous êtes plein d'égards pour sa famille d'origine et si négligent envers la vôtre.

Cette asymétrie fait que votre générosité n'est pas digne de confiance. Elle est, dans une certaine mesure, de nature défensive, comme s'il s'agissait d'un prétexte pour éviter ce qui vous donnerait vraiment des droits, c'est-à-dire vous occuper de vos parents et de votre femme. Peut-être êtes-vous plus sûr du lien que vous avez avec votre fille que de celui qui vous unit à votre femme, et que votre femme rétablit l'équilibre en vous forçant à lui faire face. Vous dites que vous avez trop donné, mais dans un sens vous n'avez pas assez demandé à votre union. Vous n'avez pas fait confiance à votre femme, vous n'avez pas cru qu'elle pouvait créer une union entre vous et elle seule, vous n'avez pas cru qu'elle reconnaîtrait votre valeur indépendamment de ce que vous faites pour sa famille.

L'attitude fictive appliquée au comportement de votre femme jette une lumière tout à fait différente sur la question de sa trahison. Beaucoup de trahisons, dont les liaisons sexuelles, sont des quêtes de rencontres ou des signaux que la rencontre n'a pas eu lieu. Dans un sens, le mariage n'a pas eu lieu, ou le remariage est exigé, dans lequel cas le contrat est accessible sous réserve d'une renégociation. Dans le jargon de Buber, on vous demande de passer du discours «d'apparence» au discours de «dialogue», au «discours signifiant».

Déjà, vous êtes plus éveillé sur le plan émotionnel que vous ne l'avez été depuis des années. Ce que votre femme vous donne, d'une manière perverse, c'est le courage d'avoir des besoins, le courage d'être aimé. Peut-être que votre femme est comme Cordélia et que mieux vaut considérer comme une ouverture à la mutualité et à la franchise ce qui ressemble à une insulte. Dans ce cas, sa transgression n'est pas si grave que vous ne l'avez fait paraître. Vous voudrez peut-être rester auprès de votre femme et défendre votre point de vue relativement à l'éducation religieuse de votre fille. Que risquez-vous d'apprendre qui soit si grave? Qu'on vous estime en tant que source de sécurité, mais que vos sentiments et vos croyances sont sans importance? Et bien, pendant des années, vous avez agi comme si c'était le cas.

■ ■ ■

Cette question «de vie ou de mort» n'est pas rare dans les mariages tranquilles, ceux qui se caractérisent par l'évitement des conflits. Les chercheurs qui se penchent sur la typologie conjugale affirment que l'évitement des conflits entraîne souvent la stabilité du couple, mais comporte certains risques: celui d'endurer des problèmes résolubles qui ne sont jamais résolus, celui d'être indûment effrayé par les émotions négatives, et celui de ne pas posséder les habiletés nécessaires à la solution des conflits lorsqu'un conflit inéluctable se produira. Les partenaires des unions caractérisées par l'évitement du conflit sont souvent ceux qui éprouvent de la difficulté à se sortir d'«états absorbants», ces attitudes négatives qui, une fois adoptées, sont difficiles à abandonner. Vous pouvez être absorbé par un grief. Vous décidez que votre partenaire n'est plus digne de confiance. Une frontière a été franchie et le contrat est annulé.

Qu'est-ce qui rend un contrat viable? Je pense à un codicille qui incite parfois le couple à consulter un thérapeute. Un homme et une femme s'épousent en convenant explicitement de ne pas avoir d'enfants. Généralement, cette décision se prend durant les fréquentations. Si l'un des partenaires a un profond besoin émotionnel d'avoir un enfant et que l'autre éprouve le besoin opposé, il ne devrait sans doute pas y avoir de mariage. Mais que se passe-t-il si le partenaire qui veut des enfants accepte le codicille et change plus tard d'avis?

Disons que des partenaires qui ont été blessés durant leur propre enfance ont juré de ne jamais devenir des parents. La femme, aujourd'hui enceinte à cause d'un accident de contraception, a décidé de ne pas se faire avorter. Le mari se sent trahi. Il n'a eu qu'une seule exigence ferme, celle qu'on ne fasse pas de lui un père, et ce n'était même pas une exigence, mais une convention mutuelle librement consentie.

La femme reconnaît que la revendication de son mari est juste. Mais elle a changé. Elle a accepté sa famille d'origine et ses souvenirs d'enfance; elle se sent capable d'être mère et croit que son mari ferait un bon père. Elle n'a pas choisi de tomber enceinte, c'est un heureux accident. Elle a conclu un marché, certes, mais l'obliger à le respecter serait ignorer la psychologie humaine. Elle serait du même avis si c'était elle qui voulait avorter et lui qui souhaitait devenir père. En fait, elle croit qu'il a l'obligation morale de rester marié avec elle, pour le meilleur et pour le pire, et de l'aider à élever cet enfant.

Il répète que le mot «père» semble une malédiction. Il a toujours évité l'église durant sa vie adulte à cause de ce qu'il ressent chaque fois qu'il entend l'expression «Dieu le Père». Et pourtant, s'il doit être père, il ne peut supporter l'idée d'être un mauvais père.

Des discussions poussées ne mettent à jour aucune ambivalence susceptible d'être exploitée d'un côté ou de l'autre. Les sentiments manifestés sont puissants, et la pression du temps qui passe rend urgente la prise d'une décision. Le mari sent à quel point il se sentira abandonné si la grossesse se poursuit. La femme s'est découvert un besoin quasi viscéral d'être mère. Réaliste, elle se trouve trop âgée pour compter sur un divorce, un second mariage et une grossesse éventuelle. Si elle doit avoir un enfant, ce sera celui-ci.

Il y a une analogie entre les motifs qui ont conduit à ce mariage et certains contrats écrits que les tribunaux ont examinés dans les cas de mères porteuses. Quelle que soit la décision prise, les juges accordent toujours beaucoup d'importance aux sentiments de la mère biologique. Les sentiments que la mère porteuse éprouvera lorsqu'elle devra renoncer à son bébé ne peuvent pas être connus d'elle avant la naissance de l'enfant. Dans les cas d'adoption, on exige généralement un délai avant que le contrat d'adoption devienne définitif, étant donné que la société comprend que les sentiments suscités par de telles décisions ne peuvent être connus à l'avance.

Le mariage convient mal aux ententes fermes et restrictives. Au bout d'un certain temps, le mariage doit être alimenté par les éléments d'actifs accumulés, appelez-les confiance, droits mérités, voire inertie. Conclure un contrat selon lequel on n'aura jamais d'enfants, même si cela est fréquent et semble raisonnable à première vue, c'est se méprendre sur la nature du mariage. Les êtres humains changent, et le contrat de mariage global est, pour le mari et la femme, de travailler ensemble durant cette évolution. Le père récalcitrant et la femme enceinte doivent se «rencontrer» *hic et nunc*, c'est-à-dire s'entendre du mieux qu'ils peuvent.

En revanche, la conscience, voire l'espoir, du changement est intégrée dans le contrat de Manon et David. Malgré sa réalité accablante, le codicille est sans malice. Il promet un mariage qui tolérera l'absurdité et la différenciation imprévues. Leur contrat annonce le dialogue. Lorsque vous vous montrez si raisonnables dans la forme du marché — lorsque vous vous appréciez l'un l'autre à ce point —, vous pouvez demander l'impossible et l'obtenir.

Les interdits plus restrictifs attirent généralement des ennuis. Le fruit de l'arbre de la science du bien et du mal sera consommé. La boîte de Pandore sera ouverte. Nous choisissons souvent des partenaires qui recréeront les problèmes mêmes que nous nous sommes juré d'éviter, puis nous restons à l'affût du moindre signe de transgression — Francis parlant d'hystérie, et France, de machisme. Les interdits donnent une idée des histoires sur lesquelles les couples travaillent.

Les psychothérapeutes parlent souvent de «frontières». Celles-ci comprennent les plus simples des règles accessoires: le patient se présentera à telle heure, il paiera tels honoraires, et ainsi de suite. Mais les patients arrivent en retard, oublient de régler ce qu'ils doivent et téléphonent entre les séances précisément parce que, dans un sens, les frontières fournissent un domaine d'expression intense, de mise à l'épreuve et de définition de la relation. J'enseigne aux résidents que de porter attention à la conversation durant la séance mais d'ignorer les frontières fera moins de bien que l'inverse.

Bon nombre de types d'interdits créent un conflit avec l'idée du mariage, voire d'une simple relation. La relation implique la création d'une sphère de confort dans laquelle peut se dérouler le développement. Au sein d'une relation, on s'attend à une expression personnelle très affirmée et à de l'expérimentation. Des livres entiers ont été consacrés à décrire comment les relations servent de décor à l'agression et à la rébellion — comment, si elles cessent de résister aux incursions de la culture ou des parents, elles deviennent moribondes. Interdire le changement crée un codicille qui contredit le contrat, qui menace de l'anéantir, d'autant plus que toute l'énergie du changement ne manquera pas de s'accumuler autour des termes du codicille.

Peut-être la plupart des gens prononcent-ils leurs vœux de mariage de la même manière que l'on permet aux papes de conclure des contrats, avec des réserves tacites dans le cœur. Tant que tu ne te mettras pas à boire comme mon père le faisait. Tant que tu ne me forceras pas à faire face au sentiment d'incompétence que j'éprouve. Tant que tu ne m'obligeras pas à déménager à plus de deux coins de rue de la maison de mes parents. Tant que tu resteras aussi belle. Tant que tu ne contracteras pas une maladie terrible qui me rappellera celle que ma mère a eue. Ces réserves tacites servent surtout à délimiter les domaines où la négociation a été différée et devra être reprise une fois que la relation sera plus solide.

Un contrat imparfait empêche une rencontre entre vous et votre femme au sujet de l'éducation religieuse de votre fille. Une chose est sûre: vous n'êtes lié par aucun codicille. Vous n'êtes pas obligé de partir sous prétexte que vous vous êtes toujours dit que vous le feriez. Oui, vous admirez ceux qui démissionnent pour une question de principe, mais le principe est ici plutôt obscur. La manière dont votre ménage évoluera si vous restez n'est pas évidente non plus. Vous craignez d'être encore plus marginalisé par votre femme. Mais peut-être vous trouvez-vous à un point tournant qui fera évoluer la situation dans la direction opposée. Nous ne pouvons pas savoir non plus comment les choses iront entre vous et votre fille, et entre votre fille et Dieu. Selon ce que vous dites, votre fille n'est pas douée pour la religion. Peut-être possédera-t-elle autant d'autonomie que vous et votre femme.

Il ne me semble pas que vous soyez sur le point de quitter votre femme. Votre incertitude initiale au sujet de la rupture était un report du désespoir et une manifestation de votre appréhension relativement aux habiletés sociales dont vous disposez. Mais vous êtes doué pour la négociation; peut-être choisirez-vous d'exploiter ce talent à la maison. Lorsque vous me demandez si vous devriez partir, je vous entends poser une question bien plus urgente: puis-je finalement m'engager dans mon mariage?

Vous avez des parents en Israël auxquels vous aimeriez rendre visite avec votre fille, mais votre femme a toujours dit que c'était trop dangereux. Vous avez accepté son point de vue, parce que vous n'avez pas voulu faire de vagues et parce que vous avez souhaité éviter de parler de quoi que ce soit qui se rapproche un tant soit peu de la religion. Aujourd'hui votre femme a mis sur le tapis le sujet de la religion. Pour vous, la visite en Israël semble moins dangereuse que le cours de catéchisme.

Je vois que vous vous êtes préparé à négocier. Bien qu'un tantinet agressive, votre position de négociation n'est pas dénuée d'optimisme — d'éléments de partialité multidirectionnelle. En évoquant la crainte de votre femme, vous l'aidez à appréhender la vôtre, bien que, si j'ai raison au sujet de la communication, votre femme soit déjà consciente de votre crainte et s'adresse à vous par le biais de celle-ci. Peut-être votre fille combinera-t-elle le cours de catéchisme et la visite au mur des Lamentations. Peut-être votre femme vous accompagnera-t-elle en Israël. L'espoir d'en arriver à sentir que vous êtes traité équitablement ou, si vous décidiez de partir, de le faire convaincu d'être un homme digne d'amour et de mériter mieux, cet espoir-là vous fait pencher en faveur de la décision de rester et de renégocier votre mariage.

Le manquement à un codicille restrictif empêche l'inattention sélective et met les partenaires face à face. Si Cavell a raison de dire que le seul vrai mariage est le remariage, alors le seul contrat de mariage valide est celui qui prévoit sa propre révision par l'intermédiaire d'une rencontre.

■ ■ ■

C'est la veille de votre visite. J'éprouve des sentiments contradictoires. Je vous suis reconnaissant de vous être mis à ma disposition comme ma «seconde personne»; je me demande si j'aurai le sentiment d'une perte lorsque vous apparaîtrez en chair et en os et fermerez l'univers des possibilités de rechange. Simultanément, j'attends votre arrivée avec impatience. Parfois, je pense que les êtres humains ont délibérément été créés avec une imagination inadéquate, de crainte qu'ils choisissent les fantasmes au lieu de la réalité. C'est ce qu'il y a de faux dans la vieille farce sur l'homme qui préfère la masturbation — «On rencontre ainsi un meilleur type de femmes» —; elle omet de tenir compte de la qualité de la rencontre, de la réaction neurologique à une présence. Lorsque nous sommes en présence d'une autre personne en particulier, nous constatons à quel point l'imagination est pâle comparée à la réalité. J'ai hâte de vous rencontrer.

Comment allons-nous procéder? Vous me raconterez votre histoire et, si j'ai une opinion, je vous en ferai part. Peut-on dire que je me suis préparé ou — si vous avez regardé par-dessus mon épaule — que je vous ai préparé? Si la théorie n'est que de l'autobiographie déguisée, peut-être n'ai-je fait en tout et pour tout que me présenter, comme héritier d'une tradition américaine éclectique qui tolère la diversité, qui admire l'idéologie et s'en méfie, qui accepte le pragmatisme.

En fin de compte, les opinions se fondent-elles sur la théorie? Pendant que vous me parlerez, je me fierai ou non à l'évaluation que je ferai de ces traits chez vous: duplicité, inattention, différen ciation, connexité, engagement, dysthymie, hypomanie, dyssémie, projection, asservissement et droits. Ces concepts et ceux qui caractérisent les manières d'appréhender le patient — attitude fictive, perspective essentialiste, partialité multidirectionnelle — ne sont que de maladroites approximations des manières dont les êtres humains s'appréhendent les uns les autres. Lorsque je vous écouterai, je perdrai sans doute le fil de la théorie. L'issue de l'impasse dans laquelle vous vous trouvez me semblera évidente. Je dirai: «Partez!» Ou: «Renouvelez votre engagement!» Ou encore, je façonnerai un petit conseil destiné à vous faire voir votre relation sous un jour nouveau. Je vous proposerai une perspective, vous l'ajouterez à celles dont vous disposez déjà, et vous resterez, vous partirez ou vous continuerez d'hésiter.

Rencontre

22

Mercredi, 10 heures

La sonnette retentit. Je traverse la salle d'attente pour ouvrir la porte. Vous êtes quelqu'un sur qui je sais déjà trop de choses. Vous êtes Lou.

Je suis confus, comme l'invité d'honneur attiré par la ruse à une surprise-partie, lequel, à son arrivée, voit des amis à travers la fenêtre mais n'entre pas encore. Me voyant décontenancé, vous me prenez par le coude et m'accompagnez jusqu'à mon propre cabinet. Vous trouvez votre siège, et moi le mien.

Vous me présentez vos excuses. Vous avez abusé de ma confiance. Voici ce qui est arrivé. Vous réfléchissiez à des moyens de m'aider à mieux arrêter mon projet de conseil, peut-être en m'encourageant à imaginer telle personne en particulier qui chercherait un conseil. Vous vous êtes ensuite trouvé à la réception donnée chez Maëlle et Yves, et quelque chose d'étrange est arrivé. C'était comme un rêve éveillé; les invités ont commencé à donner des indices sur les difficultés qu'ils rencontraient dans leurs relations. Une grande femme, impressionnante, une éditrice, vous a parlé de l'agression un peu violente qu'elle avait fait subir à un amant infidèle. D'autres invités vous ont parlé, ou vous avez entendu leurs conversations. Un type hirsute, ressemblant un peu à Woody Allen, n'arrivait pas à décider s'il allait ou non déménager avec sa maîtresse, une svelte jeune femme qui venait d'être mutée. Une publicitaire parlait avec animation de son plan: quitter son mari pour s'acoquiner avec un collègue photographe. Un couple, mal à l'aise, plaisantait au sujet de billets de théâtre égarés. Une femme décrivait à une amie comment la crise de la quarantaine que traversait son mari avait été allégée par un médicament. Une autre femme demandait à Maëlle comment elle et Yves avaient réglé leur différend au sujet de l'éducation religieuse de leur fille. Vous avez ensuite été témoin d'un échange bouleversant: un homme réprimandait sa femme si sévèrement que Maëlle a cru bon d'intervenir, de prendre la femme à part et de la consoler. Où que vous posiez le regard, des gens discutaient des réalités de la vie quotidienne et se répétaient à quel point il est difficile pour deux personnes de nourrir et entretenir l'intimité.

Les personnes de votre entourage semblaient faire allusion — à un point tel que vous vous sentiez paranoïaque — à des aspects de votre propre ménage avec Terry: malentendus, humeurs déformant la réalité, sentiment permanent d'avoir fait le mauvais choix. Et vous avez alors pensé que c'était vous qui aviez besoin d'un conseil. Vous avez songé à m'envoyer l'éditrice, mais l'idée de soumettre une âme inconnue à une expérience hasardeuse vous mettait mal à l'aise. Mieux valait vous y soumettre vous-même. Si je n'allais pas, en fin de compte, rencontrer un inconnu à la recherche d'un conseil, j'aurais néanmoins bénéficié de rencontres avec un être imaginaire.

«Vous et Terry?» ai-je demandé. Même si je préférerais ne pas avoir l'air choqué, je l'ai. C'est vous qui m'avez appris à quel point les mécanismes du couple sont cachés. Vous aviez l'habitude de citer Jane Austen: «Quiconque n'a jamais vécu à l'intérieur d'une famille est incapable de dire quelles peuvent être les difficultés de l'un ou l'autre de ses membres.» Pourtant, je porte encore en moi l'image idéalisée de certains mariages, dont le vôtre.

Je serais tenté de penser que vous allez amorcer une autre de nos discussions sur la psychiatrie, que vous avez l'intention de me dire à quel point vous estimez peu judicieuse l'idée de donner des conseils. En même temps, je constate qu'il est vrai que vous êtes venu ici pour vous-même. L'idée de vous donner un conseil à vous me fait perdre courage. Vous avez peut-être raison lorsque vous dites que cette entreprise est impossible. Vous et Terry êtes des personnes d'une telle complexité, d'une telle substance! Mais, quand même, je considère — du moins, je me dis que je le fais — tous les humains comme des êtres de complexité et de substance; peut-être le conseil doit-il, de par sa nature, aller trop loin.

Vous me demandez si j'aimerais que vous commenciez votre récit. Ai-je le courage de mes convictions? Je fais signe que oui.

Vous me dites qu'il ne s'agit pas d'une chose en particulier, mais de tout. Vous étiez encore sous le coup d'une déception sentimentale quand vous avez épousé Terry. Pendant un certain temps, tout a baigné dans l'huile, comme c'est le cas pour la lune de miel prolongée d'un second mariage: le soulagement de savoir que ce n'est plus le premier mariage et ses indignités particulières, le plaisir d'être de nouveau capable de savourer la présence d'une autre personne, l'ouverture aux merveilleuses possibilités de chaque journée qui passe, la substitution de l'opérette à l'opéra. Votre lune de miel n'aurait pu être plus agréable, grâce au joyeux sens de l'organisation de la vie que possède Terry. La pétulance de Terry s'accordait merveilleusement bien avec votre tendance à la litote. Vous vous taquiniez constamment, l'atmosphère était à la fête.

Je vous interromps pour vous demander ce que vous-même m'avez demandé: «Voulez-vous aller jusqu'au bout?»

Absolument. Votre visage est impassible. Cette image, c'est l'outil de votre métier: pas de sombre détermination, pas d'autodérision. Vous me mettez à l'épreuve, et pourtant je vois qu'il ne s'agit pas seulement d'une épreuve: vous voulez vraiment un conseil.

Et pourquoi pas? Je vous connais assez bien pour faire l'analyse grammaticale du sujet sous-jacent. Vous me dites que le moment est venu d'abandonner notre numéro d'étudiant face à son maître ou de l'inverser. Je ne suis pas beaucoup plus jeune que vous. Pourquoi devriez-vous être celui qui porte le fardeau du sage? Si je suis qualifié pour donner un conseil à un adulte et disposé à le faire, pourquoi pas à vous? Pourquoi ne pourriez-vous pas dire ce que vous avez en tête et vous attendre à recevoir une réponse qui vous soit utile?

L'ennui, c'est que je me sens privé d'outils. Bowen, Whitaker, Sullivan, Miller, Kaiser, Nagy, Horney, Dicks, Rogers, Havens et les diagnostiqueurs psychiatriques — qui sont-ils? Oui, ce sont des gens brillants, mais pas plus que vous ne l'êtes. Ce sont simplement des hommes et des femmes qui ont exprimé sous forme de théorie leurs propres histoires, leurs propres perspectives. Le rappel de Havens me revient à l'esprit: nous regardons tous avec un système nerveux unique un univers en constante mutation. Les théoriciens ne sont pas plus utiles que les Léon Tolstoï, Charles Dickens, Honoré de Balzac, Thomas Hardy et George Eliot. Me sentant seul et dénué d'expertise, je me console en me rappelant l'exhortation de Hellmuth Kaiser à écouter simplement, comme nous pouvons écouter un voisin qui nous demande si à nous aussi l'électricité a été coupée.

Au début, vous racontez consciencieusement votre histoire. Le point principal de votre récit, c'est qu'il n'y a pas de date ou d'événement particulier — pas de messages électroniques, pas de promesse faite durant les fiançailles qui n'a pas été tenue —, mais simplement le sentiment d'un éloignement graduel, de problèmes personnels non résolus par le mariage, du bonheur se trouvant ailleurs. La période de lune de miel n'a pas créé un lien suffisant. Il est bizarre que, dans notre profession, aucune théorie n'explique ce qui compte vraiment, pourquoi certaines relations créent l'illusion de la nécessité tandis que d'autres, tout aussi raisonnables, semblent à tout jamais contingentes.

Sans transition et du même ton régulier, vous commencez à parler de la mort. Vous êtes constamment conscient de votre mortalité. N'est-ce pas là l'enjeu du mariage? Il vous arrive de vous demander, la vie étant si courte, pourquoi essayer d'avoir ce que l'on veut, pourquoi faire des vagues, pourquoi causer du chagrin aux autres. Puis vous vous répondez que, puisque vous n'avez qu'une seule vie, vous n'avez aucune raison de la passer avec cette personne limitée. Comment peut-on se satisfaire de moins qu'une pleine mesure?

«Une pleine mesure?» ai-je demandé.

Vous dites que vous ne savez pas quelle mesure suffirait. Vous n'êtes pas d'accord avec les contextualistes qui disent que c'est le dialogue radicalement honnête qui donne aux relations de la valeur. Vous avez eu beaucoup de cela durant votre premier mariage, avec Leslie, et cela vous a menés directement au divorce. «Ce peut être quelque chose de très méchant le "dialogue signifiant", n'est-ce pas?» demandez-vous. Mais en lisant les documents que je vous ai envoyés cette semaine, vous vous êtes rappelé combien souvent votre vieil ami Ivan Nagy met dans le mille — à quel point compte l'équité. Vous savez que vous ne pourriez pas être heureux si vous faisiez faux bond à Terry; vous lui devez trop. Mais, au fil des ans, les «droits mérités» par Terry ne feront que croître, ce qui explique en partie que vous vouliez la quitter maintenant, avant de lui devoir encore plus, avant que quelque chose de vraiment terrible ne vous arrive à l'un ou à l'autre. Lorsque les maladies chroniques associées au vieillissement vous frapperont, vous ne serez plus capable de déserter (ou de libérer) Terry. La moralité est une drôle de chose. On peut partir parce qu'on anticipe de mauvaises nouvelles, on trouve excitant de quitter de justesse le bateau qui coule, mais, dès lors que la malchance a frappé, il faut rester jusqu'au bout.

Vous aimez le commentaire que je cite et qui dit qu'il y a plus de gens mariés à un contexte qu'à un conjoint. Terry vous donne un bon contexte. Vous lui en donnez un bon vous aussi. Vous faites tous deux votre travail, les enfants peuvent vous rendre visite ou non, tout baigne dans l'huile. Vous fournissez du lest, de la gravité, un second revenu. Terry est une organisatrice pleine d'énergie, de projets, de bonnes intentions. Mais un bon contexte ne suffit pas à vous retenir dans ce mariage.

Nagy a raison de dire qu'une personne peut mériter des droits en fournissant à l'autre l'occasion de donner. Je sens de la générosité dans le fait que vous jouiez le rôle de la personne conseillée, bien que je ne sois pas tout à fait persuadé que vous habitiez pleinement ce rôle. Lorsque vous soulevez des enjeux sérieux, vous le faites comme un patient à qui son psychothérapeute a dit d'employer la technique de l'association libre. Vous ne me parlez pas, vous parlez devant moi. Même pour vous, vous exprimez l'alternative de manière simpliste: déserter Terry maintenant ou souffrir pour toujours — comme s'il n'y avait pas mille autres options que tout un chacun peut choisir dans sa vie privée. Votre discours est teinté de ce que Kaiser appelait la duplicité: il n'a pas de caractère immédiat. Kaiser décrit un patient pris entre deux pensées obsessionnelles: «L'une dit: "(...) et cela durera toujours! C'est atroce!" L'autre dit: "À un moment donné, tout cela cessera, et ce sera comme si rien n'était jamais arrivé." Et cette seconde pensée est tout aussi terrible!» Kaiser présente cette rumination dichotomique comme la voix d'une personne qui évite la prise de conscience de soi.

La perception d'une certaine duplicité dans votre voix me permet de me sentir dans mon rôle, de nouveau à l'aise dans mon cabinet. Je me demande immédiatement, comme vous m'avez appris à le faire, quelles attentes vous êtes en train de projeter. Dois-je jouer le rôle d'un gourou? Vous me demandez quelle est, à la lumière (ou dans l'ombre) de notre mortalité, la fonction d'une relation. Je ne peux répondre à cette question. Si vous désirez tirer davantage du mariage, faites-le; si vous acceptez de vous contenter de moins... vous n'êtes pas le seul à le faire. Mon rôle n'est pas de définir vos valeurs et vos désirs, mais seulement de parler des possibilités de réussite de votre mariage, vu de l'extérieur.

«C'est tout?» vous ai-je demandé. Aucun problème concret; rien qu'une relation en train de se faner. Je ne le crois pas. Je ne crois pas cette histoire de dérive au hasard, de détérioration tranquille, tout comme je ne crois pas au «suicide philosophique»; je comprends que, sur la base réfléchie de son existence, une personne puisse décider que la vie ne vaut pas la peine d'être vécue, mais, dans tous les prétendus cas de «suicide philosophique», je veux une analyse plus poussée qui révèle un trouble de l'humeur, une toxicomanie, une tumeur au cerveau, ou encore une falsification des données ou un détournement de fonds sur le point d'être rendu public. Votre récit ne me fournit pas encore le type de détails auxquels je puisse réagir. Bowen avait l'habitude de dire: «Vous pourriez vivre avec le diable si vous le deviez.» Il est certain qu'avec un minimum d'efforts vous pourriez vivre en harmonie avec une personne qui partage vos intérêts et votre histoire comme c'est le cas de Terry, et qui vous donne un bon contexte. Vous ne m'avez pas permis de comprendre le dilemme. Frottant le pouce contre mes doigts, je dis: «J'ai besoin de plus de texture.»

Vous plongez. Si je suis en train de m'informer subtilement sur votre vie sexuelle, que je me rassure, le problème n'est pas là. Vous désirez Terry. Depuis que les enfants ont quitté le foyer, vous et elle avez vu se rallumer la flamme de la passion physique. Il est étonnant de voir à quel point une famille peut étouffer l'ardeur. Vous avez remarqué que vos rapports sexuels les plus intenses ont généralement lieu après la fin d'une visite aux enfants, surtout si Terry a réussi à vous ridiculiser sur quelque plan insignifiant. Néanmoins, vous êtes reconnaissant au ciel pour cette ardeur à votre âge; vous accepterez d'être légèrement humilié si cela suffit à vous en donner. Vous appréciez même le nouveau poids de Terry. Et vous aimez l'effet qu'a une longue familiarité, la combinaison d'aise et de surprise occasionnelle. Mais depuis peu il semble que le sexe ne soit plus qu'un élément du bon contexte. Il ne rend pas votre relation plus profonde; c'est plutôt l'un des avantages qu'elle apporte.

Un avantage? Vraiment? Je trouve plutôt inusité que de bonnes relations sexuelles comptent si peu dans un mariage. Et qu'est-ce que cela signifie donc de se méfier du dialogue et de dévaluer le contexte simultanément? Que votre objectif n'est ni l'intimité ni le confort? Je perçois de la duplicité dans votre discours: vous ne tenez pas compte du fait que tout cela ne rime à rien. Je considère votre empressement à plonger dans une discussion sur des choses extrêmement privées comme un signe d'inattention sélective, comme une tentative de faire de moi un complice qui vous aidera à éviter quelque perspective douloureuse sur votre identité. Je demande: «Si le problème n'est pas celui du désir physique, quel est-il?» Finalement, vous m'offrez un peu de texture.

Il y a quelques mois, Terry s'est blessée en jouant au tennis — une entorse, rien de très grave, mais ayant nécessité, comme d'habitude, les bandages, la glace, l'élévation du pied, l'aspirine et même le Darvon. Voilà donc Terry installée sur le sofa du salon, près de la cuisine où vous prépariez le souper. Terry pouvait à peine voir ce que vous faisiez, mais de son sofa vous arrivait un flot ininterrompu de conseils. Saisis les oignons dans l'huile. Déveine les crevettes. N'écrase pas l'ail. Sale l'eau des pâtes. Ne mets pas trop d'eau dans les courgettes. Ce déluge de conseils a attiré votre attention pour une simple raison: Terry cuisine rarement et toujours à contrecœur.

Les personnes souffrantes ou sous l'influence de puissants médicaments jacassent, c'est vrai. Mais c'est votre réaction qui vous a troublé; vous auriez préféré mourir que de suivre un seul des conseils de Terry. Vous résistez aux conseils. Dans la cuisine, vous n'arriviez à faire que le contraire de ce que Terry vous ordonnait. Votre repas a été immangeable: crevettes caoutchouteuses dans une sauce à l'ail amère, sur un spaghetti pâteux, accompagnées par des légumes aqueux et du thé trop léger.

Pire encore, vous saviez très bien que Terry n'essayait pas de se montrer autoritaire. Terry donne des conseils, elle l'a toujours fait et elle le fera toujours. Ses derniers mots seront sûrement des conseils à son embaumeur. À votre avis, ce n'est pas qu'elle souhaite dominer les autres ou rivaliser avec eux. Vous ne lui reprochez pas le droit d'exprimer son opinion sur tous les sujets, mais vous ne tolérez pas la manière dont ces opinions exercent un contrôle sur vous en vous incitant à faire le contraire. Ces opinions vous font prendre conscience du petit noyau de non-différenciation qui marque votre caractère.

Depuis ce souper-là, le bavardage de Terry vous fait grimper dans les rideaux. Disciple de Bowen et attaché à la psychanalyse, vous avez travaillé durant toute votre vie adulte pour atteindre à la différenciation. Pourquoi devriez-vous être si affecté par les suggestions de Terry? Vos parents se mêlaient-ils de votre vie privée? Vous ne vous en souvenez pas. Vous croyez que Terry et vous êtes tout simplement comme cela: une conseillère qui ne se prend pas au sérieux et un conseillé rébarbatif. Depuis que vous êtes enclin à rechercher de l'«intentionnalité», vous en trouvez dans tout ce qu'elle dit: tentatives de faire pression sur vous, de vous corriger, de modifier votre point de vue et vos sentiments. Vous souhaiteriez une relation moins encombrée par la communication, une relation dans laquelle les partenaires peuvent être ensemble tout en se laissant tranquilles l'un l'autre.

Une semaine après la blessure de Terry, vous vous êtes rendu sur la côte ouest pour assister à un congrès; vous vous êtes alors rendu compte à quel point vous aimiez le silence. Vous avez passé un peu de temps en compagnie d'une collègue ravissante. Rien ne s'est passé. Ce que vous avez apprécié, c'est l'absence d'intentionnalité durant cette rencontre. Bien sûr, il y avait peut-être des intentions cachées de s'engager plus profondément, mais il n'y avait aucune volonté de changer l'autre, de transmettre des messages tacites, de modeler l'autre à coup d'éloges ou de critiques. Vous aimiez le silence. Vous savez que je vous dirai que cette collègue n'avait rien misé sur vous encore et qu'il n'y a pas eu de conseil, parce qu'il n'y a pas eu de relation.

«Qu'est-ce qu'une relation?», demandez-vous à voix haute. Ce n'est pas, comme Nagy et Buber le voudraient, une entité concrète; c'est une illusion dans l'esprit de l'individu. Une fois le charme hypnotique rompu, tout semble nu. Vous éprouvez de la sympathie pour Frink qui s'exclame: «Comme un cochon!» La magie disparue, il n'y a plus rien de spécial chez Terry, et vous doutez que vous vous laisseriez prendre par la magie si elle réapparaissait. Peut-être que la capacité de vivre une relation — l'«aptitude au mariage» de Dicks — est d'ordre biologique et que vous ne l'avez jamais eue pleinement. Il vous manque le talent naturel d'écouter sélectivement et fictivement avec générosité, le talent de tromper sa propre identité.

En prenant conscience d'une tendance à l'intrusion chez Terry, vous avez eu de troublantes intuitions. La légèreté de Terry, cette qualité qui vous a attiré vers elle tandis que vous essayiez d'oublier Leslie, est vraiment quelque chose qui relève du désengagement.

Tout mariage requiert des efforts, mais voilà que vous en consentez au nom de quelqu'un chez qui les thèmes troublants qui vous émeuvent n'ont aucune résonance. La sociabilité de Terry vous garde à distance. Vous trouvez étonnant qu'une personne si vive puisse être si peu engagée. C'est comme si vous n'étiez pas mariés du tout, sauf en ce qui a trait au contexte.

Même si personne n'a menti, vous avez perdu confiance. Vous ne croyez plus ce que vous dit Terry. Tandis que vous connaissez les modestes réussites d'un vieux psychiatre, Terry les savoure avec vous. Mais ses éloges vous paraissent toujours faux. Dans votre propre maison — à moins que ce ne soit de la paranoïa de votre part, ce qui ne serait pas bon non plus — on rit secrètement de vous.

Bref, on rit secrètement de vous et on vous donne ouvertement des conseils. La relation est trop endommagée pour être réparable. Vous en avez occasionnellement parlé à des amis, qui trouvent votre insatisfaction déconcertante, mais la seule évocation de votre possible départ vous remplit d'espoir. En même temps, vous savez que vos amis ont raison de dire que les adultes ne vivent pas de «révélations» de cette sorte et que, lorsque c'est le cas, ils les voient d'un œil soupçonneux.

Je suis ébranlé par l'intensité de votre détresse, par votre certitude quant à l'échec de ce second mariage. C'est une chose de savoir que des dimensions importantes de l'identité restent cachées chez des personnes avec qui l'on est intime, c'est une tout autre chose que de vous entendre dire ici que votre vie est en ruines. Je veux vous dire à quel point je suis désolé et vous remercier de m'avoir fait savoir que vous aviez des raisons personnelles de ne pas aimer les conseils, des raisons qui n'ont rien à voir avec le sentiment que vous avez que les gens ne peuvent être compris qu'après la plus délicate des enquêtes. Mais je suis perturbé par la manière dont vous racontez votre histoire. Votre histoire est truffée d'affirmations selon lesquelles Terry est «tout simplement» comme ceci ou comme cela — pragmatique, importune, dominatrice, non différenciée, volubile, légère, moqueuse. Chacun de ces traits n'aurait-il pas son explication dans l'histoire de Terry ou dans la vôtre, que vous projetez sur elle? Et comment se fait-il que vous soyez «tout simplement» inapte au mariage? Trahissez Terry si vous le voulez, mais ne trahissez pas votre vision de ce qui fait marcher les êtres humains.

Vous dites que vous êtes moins freudien que je ne l'imagine. Vous avez essayé de me faire comprendre à quel point Terry vous donne le sentiment d'être vulnérable, désemparé, immature. Vous vous sentez perdu dans votre profession aussi; les documents que je vous ai fait parvenir sur Bowen, Miller et les autres vous en ont fait prendre conscience. Le problème que pose Bowen — l'individu peut-il ou non préserver son identité?— est celui que vous devez affronter dans toutes les dimensions de votre vie. Dans votre travail, vous manifestez les mêmes réactions excessives qu'à la maison. Lorsque le monde s'en prend à Freud, vous adoptez une orthodoxie tout à fait disproportionnée par rapport à ce que vous croyez vraiment.

Le côté obscur de Freud, la conscience constante qu'il a de failles profondes chez l'être humain, peur et envie qui suintent à la surface — à tout cela vous croyez sincèrement. Mais les détails de la pensée de Freud semblent aujourd'hui indéfendables, et ce sont ces détails qui ont rendu la psychanalyse si spéciale à vos yeux: pulsions honteuses, défenses révélatrices, origine des symptômes remontant à un moment particulier dans l'histoire du patient — lorsque le pouding a été brûlé et que Herr Direktor a manifesté son mépris des subalternes indignes. Non, laissé à vous-même, vous auriez pu prendre vos distances par rapport à la psychanalyse classique.

Au moment toutefois où Terry s'est intéressée à ce qui vous intéressait — où elle a adopté les causes des penseurs du milieu du siècle dont vous avez étudié l'œuvre —, ces théoriciens, dont l'originalité vous avait charmé, ont fini par vous paraître d'un optimisme naïf. Leur foi simple — Miller pour la connexité, Kaiser pour le langage direct, Nagy pour la justice, Bowen pour l'espièglerie — a fini par sembler ne plus éclairer l'énigme qu'est la manière dont nous choisissons nos partenaires et les raisons qui nous font les quitter. Même s'ils ont l'intention de nous aider à affronter notre solitude existentielle, ces psychiatres acharnés la nient. La perspective essentialiste est la plus absurde de toutes: la complexité des choix humains peut s'expliquer par le mélange d'humeurs dans lequel baignent les neurones. Face à ces «alternatives» inadéquates et face à l'enthousiasme dynamique de Terry, vous vous êtes trouvé à mettre dans le même panier votre situation et les pulsions inconscientes de rapine et de meurtre, bref à vous replier dans le freudisme. Maintenant que vous avez pris plus de distance par rapport à Terry, vous mettez en doute votre conversion. Pendant toutes ces années où vous vous êtes fait le champion de la psychanalyse, ne faisiez-vous pas que donner une voix au désespoir et à l'isolement? Vous ne connaissez plus votre propre esprit.

Vous pouviez auparavant vous exprimer. Vous croyez que vous le pourrez de nouveau, une fois que vous serez seul. Terry est une force trop puissante, trop enveloppante, trop importune. La seule idée de mettre fin à cette relation vous rend plus hardi. Et pourtant vous hésitez. À votre âge, vous ne voulez pas de psychothérapie. Des années de psychanalyse vous ont appris ce que Freud a dit à Ferenczi: en fin de compte, l'individu doit agir. Vous êtes donc disposé à écouter un conseil.

■ ■ ■

À mes yeux, il est évident que vous devriez rester avec Terry — du moins pour un certain temps encore.

Comment cela est-il évident pour moi? Vous proposerai-je une autre perspective pour remplacer la vôtre, comme s'il s'agissait entre nous d'une simple conversation? Ou cela signifie-t-il que vous devriez agir en fonction de ce que je vous dis? Vous m'avez appris que l'évidence est souvent le résultat d'un aveuglement ou d'une théorie erronée. Peut-être est-il particulièrement probable que je me trompe lorsqu'il s'agit de vous conseiller, vous. Je ne me doutais pas du tout que vous étiez malheureux en ménage; cette mauvaise perception de ma part me peine et m'inquiète. Est-ce le fait de l'inattention sélective? Étions-nous tous deux complices dans cette inconscience de votre désespoir?

J'étais conscient que vous vous étiez retiré dans la vie d'un administrateur professionnel, et ce changement aurait sans doute dû me mettre la puce à l'oreille. Lorsqu'ils prennent de l'âge, certains fuient le champ de bataille de l'enseignement pour se faire doyens; j'ai traité des professeurs brillants qui m'ont dit pouvoir accepter sans peine le fait qu'ils n'apporteraient plus jamais au monde leur contribution intellectuelle, et j'ai eu l'impression qu'ils comprenaient clairement ce qui comptait pour eux. Je vous ai traité comme si vous étiez l'un de ces doyens. Je ne me suis pas rendu compte que les dernières années de votre vie, celles qui se sont écoulées depuis la parution de *Pieces of Resistance*, constituent ce que Tillie Olsen appelle un silence — une aliénation non naturelle de votre vocation. Je crains d'avoir éludé des vérités importantes et de ne pas avoir été à la hauteur en tant que votre ami. J'aimerais bien l'être cette fois-ci.

Dans un sens, je me sens à l'aise de vous donner un conseil: je ne crains pas du tout que vous vous sentiez submergé par mon autorité. Je le serais plutôt par la vôtre. Cet équilibre du pouvoir — le conseiller tout humble devant le conseillé — m'empêche de tomber dans le pétrin que Freud a connu. Je vois le conseil comme un bon moyen de vous rejoindre, parce qu'il est une forme de communication des plus banales entre amis.

Vous n'êtes pas, dirais-je, si différent du «vous» que j'avais imaginé. Vous appréciez la perspective, la continuité, le sens de l'obligation. Vous croyez que les gens devraient exercer un plus grand contrôle dans les affaires de cœur. Vous vivez une relation substantielle, qu'il vous est difficile de poursuivre ou de rompre. Vous êtes autonome, plein de ressources. Vous connaissez certes les règles, mais vous souhaitez être une exception. Je me sens libre de vous conseiller.

* * *

Je commencerai par rejeter des parties de votre récit. Je ne crois pas au sentiment d'urgence que vous avez exprimé, au besoin de partir avant que les désastres du vieillissement frappent et que votre obligation se décuple. Le sentiment d'urgence est presque toujours une identification projective, une tentative d'induire l'écoutant à partager l'idée que vous vous faites de la magnitude de votre affliction. L'âge ne justifie pas la précipitation.

Je ne crois pas non plus que votre choix de Terry ait été une erreur. La durée de votre union démontre en partie la justesse de votre choix, tout comme le fait le chagrin de vos amis lorsque vous parlez de rupture. Personnellement, j'ai toujours eu le sentiment que Terry vous convient parfaitement. Je considère vos affirmations — urgence d'agir et mauvais appariement — comme des tentatives d'éviter la clarté de pensée et de discours.

Comment pourrai-je voir derrière la façade de votre relation? Je commencerai peut-être par vous demander ce que vous voulez, puisqu'il me faut comprendre votre récrimination (un bon contexte et une épouse énergique, drôle et attirante ne suffisent pas). Vous ne m'avez jamais paru être le genre d'homme qui recherche la solitude. Même aujourd'hui — lorsque vous parlez de la collègue séduisante qui n'a pas tenté de vous modeler et lorsque vous vous plaignez de ce que l'admiration de Terry pour vous soit peu crédible — vous laissez entendre que vous souhaitez une relation profondément satisfaisante.

La réponse facile est que vous voulez le bonheur. Cette réponse est à la fois incomplète — vous voulez aussi la justice, l'authenticité de l'identité, l'espace, la reconnaissance, l'enthousiasme et d'autres avantages offerts par la relation — et compliquée. Je suppose que vous me dites n'avoir connu qu'un bonheur superficiel. Vous m'avez appris la valeur du bonheur superficiel en tant que force, de capacité d'avancer dans la vie et de savourer certains de ses détails malgré un sentiment sous-jacent de vide ou de peur. Vous trouvez en fait du plaisir dans un contexte agréable. Vous êtes souvent de bonne humeur, ce qui explique en partie que j'aie pu ignorer votre malaise. Vous laissez entendre que, n'eût été l'entorse de Terry, vous auriez pu rester inconscient de votre propre mécontentement. Vous vous sentez désespéré, mais seulement occasionnellement, et c'est pourquoi vous avez mis du temps avant de tout mettre sur le compte de votre mariage. Notre récente conversation sur le conseil et sur l'étrange expérience que vous avez vécue à la réception — durant laquelle la relation conjugale semblait être le seul sujet de conversation pour tout le monde — ont fait que votre situation vous a semblé plus urgente.

Quelle raison avons-nous de nous attendre à ce que les relations qui apportent un bonheur superficiel apportent aussi un bonheur profond? Voilà le dilemme que présentent aux psychothérapeutes les personnes qui réussissent dans la vie. Vous vivez dans l'abondance, mais qu'y a-t-il pour vous dans cette abondance?

Freud a compris la grande contradiction que représente le fait de se trouver entre la dévotion et la passion: «Lorsqu'ils aiment, ils ne désirent pas; lorsqu'ils désirent, ils sont incapables d'amour.» Le mariage moderne porte le fardeau du désir, désir dont on a présumé au fil des siècles qu'il se produisait ailleurs, de telle sorte que le mari ou la femme qui fournissait un bon contexte avait assumé tout son rôle. C'est l'observation que Germaine Greer a faite: au Moyen Âge l'amour romantique était adultère et rebelle, et des tensions sont générées lorsqu'une relation doit répondre à la fois aux besoins de l'amour et de l'establishment.

Depuis la révolution sexuelle du milieu de ce siècle, nous avons trouvé des solutions à la partie de ce problème qui s'exprime sous forme d'opposition entre amour et désir sexuel: thérapie sexuelle, «jouets sexuels», mariage libre, jeux de rôles sexuels dans lesquels les partenaires jouent les pervers ou les rebelles. Si ces solutions sont inefficaces (si elles sont trop évidentes, dans le sens où Freud l'entendait lorsqu'il avait critiqué les conseils prodigués par le jeune neurologue à la divorcée), il reste la psychanalyse, dont l'un des buts est de réconcilier amour et désir sexuel.

Peut-être que la contradiction entre l'affection et la passion nous obsède moins qu'autrefois. Parfois, il faut choisir, et chaque option a ses avantages. D'une façon ou d'une autre, il est probable que l'individu puisse avoir des relations sexuelles suffisamment satisfaisantes. Ni Freud ni George Orwell n'ont prévu à quel point le sexe pourrait être retiré de ce qu'ils croyaient être son décor naturel — le soi primitif et rebelle. Comme vous le dites, de bonnes relations sexuelles ne sont souvent que du «contexte», une dimension routinière d'une société conformiste.

Dans votre union, vous bénéficiez à la fois de la passion sexuelle et du contexte, et pourtant vous voulez encore plus. Compte tenu du sexe et de l'affection, vous vous demandez si vous aimez ou non — ou si l'on peut dire de vous que vous existez un tant soit peu dans votre mariage superficiellement idéal. Les relations devraient mettre l'identité en valeur, la rehausser; mais vous craignez que votre relation vous ait diminué. C'est là une récrimination fréquente au sujet non seulement du mariage mais aussi de notre culture: l'un et l'autre étouffent les passions qui vont au-delà du purement sexuel et de l'instinct d'acquisition, et étouffent l'identité. Nous sommes tous dans le ventre de la baleine — du moins, c'est ce dont vous avez parfois l'impression.

* * *

Tandis que je cherche quelque chose à quoi me raccrocher, je me prends à être curieux au sujet de votre plainte selon laquelle l'effet néfaste de Terry s'étend à votre carrière. Je me souviens de votre recommandation thérapeutique: lorsque la vie amoureuse est paralysée, faites porter la discussion sur le travail. Vous avez, me dites-vous, l'impression que votre réussite professionnelle a été mal acquise et qu'elle vous est étrangère. Vous avez perdu la voix. Je me souviens d'une discussion que nous avons eue il y a de nombreuses années sur l'interprétation que fait Cavell du *Roi Lear*, où vous avez dit que le silence de Cordélia — «Que fera Cordélia? Aimer et se taire.» — était sa voix parfaite. Vous êtes un amant du silence, ce qui explique pourquoi le bavardage de Terry vous irrite et aide peut-être aussi à comprendre votre attirance pour les modes plus passifs de psychanalyse. Mais le silence n'est pas votre voix parfaite; pas plus que ne l'est vraiment la voix de l'administrateur ou du défenseur de la foi.

Lorsque j'étais étudiant, vous avez essayé de m'inculquer vos propres objectifs: écouter attentivement, adopter une attitude fictive généreuse, parler sans duplicité tout en tenant compte des attentes du patient. Je me demande si vous n'auriez pas renoncé à ces objectifs après votre divorce avec Leslie. Souvent, durant les périodes de crise, nous abandonnons les objectifs difficiles à atteindre pour nous contenter d'objectifs plus conventionnels. Peut-être l'analyste qui vous a dit que vous iriez mieux une fois remarié vous a-t-il rendu un mauvais service; vous alliez mieux superficiellement, mais pas profondément.

Moi aussi, j'ai négligé de tenir compte de votre silence — votre renoncement à la vocation inspirée mais absurde d'éclairer notre profession au moyen de fables originales fondées sur des critiques d'obscurs théoriciens. Vous avez continué d'écrire, comme conservateur de la psychanalyse, et j'ai trouvé raisonnable votre perspective dans ce rôle. Comme Lionel Trilling, vous croyez que, malgré ses graves défauts, «la psychologie freudienne est la seule représentation systématique de l'esprit humain qui, en fait de subtilité et de complexité, d'intérêt et de pouvoir tragique, mérite de se tenir à part de la masse chaotique des intuitions psychologiques que la littérature a accumulées au fil des siècles». Vous défendez le freudisme comme un rempart contre le darwinisme et l'autopsychologie, et contre les nombreuses écoles de thérapie familiale qui ignorent notre aveuglement délibéré. Vous défendez le mystère, qui m'a intéressé, à une époque où règnent la gestion intégrée des soins de santé, une rectitude politique simpliste, des théories thérapeutiques fondées sur pas grand-chose et la psychobiologie.

Vous ne parlez toutefois plus avec mystère. Autrefois, vous auriez fait à notre discipline le plaisir de distiller ce qu'il y a de sombre chez Freud et auriez joyeusement entrepris de miner cette tentative. C'est cela la blessure que vous mettez sur le compte de votre mariage: une perte d'identité, exprimée sous forme de perte d'ambiguïté.

Il est difficile pour les autres d'évaluer l'érosion subtile de l'identité. Il n'y a rien de mal à se contenter du contexte, à accepter le rôle du vieux chef d'État qui est loué en public et rejeté en privé. Rien de mal à jouer les Lear et à passer le flambeau à des collègues qui ne vous aiment que superficiellement, si c'est cela que vous voulez. Mais vous ne pouvez pas passer le flambeau et continuer de vouloir le pouvoir et (ce qui est plus pertinent ici) l'amour vrai. En ce qui concerne votre travail, je propose la possibilité que Terry soit votre Cordélia — une femme qui préfère rester silencieuse sur votre aphonie plutôt que de faire l'éloge de ce que vous-même ne respectez pas. Le silence de Terry se manifeste par des conseils incessants sur des choses insignifiantes.

J'essaie de trouver un sens à l'autre petit bout de texture que vous m'avez fourni, le bavardage de Terry, bien que je ne croie pas entièrement ce que vous m'avez dit à ce sujet. Vous ayant vus tous deux interagir, je doute que les recommandations de Terry soient si incessantes que vous le dites. Si c'était le cas, je voudrais savoir pourquoi. Peut-être Terry vous demande-t-elle de parler, comme je le ferais à sa place, comme je le fais maintenant.

Depuis des années, vos nouvelles m'habitent, comme d'autres perspectives originales: le récit du voyage à Waverly de Murray Bowen; la curiosité de Harry Stack Sullivan à propos de l'origine ethnique des nurses, l'œil d'aigle de David Dicks pour trouver de la romance dans un mariage entre chien et chat, l'oreille attentive de Hellmuth Kaiser pour repérer la duplicité, la sollicitude de Leston Havens pour les patients possédés et impressionnants, la vérification faite par Ivan Nagy sur le comptabilité des cigognes et des humains, la célébration par Jean Baker Miller de la connexité chez les ménagères peu appréciées, la foi manifestée par Carl Whitaker dans les grands-tantes et les agneaux préférés, l'inquiétude de Karen Hornsby pour une enfant de huit ans trop généreuse. Chaque grand thérapeute apporte sa contribution: une voix, une perspective et une histoire caractéristique. Vos fables rassemblées constituent votre contribution. Elles offrent la voix du scepticisme généreux, la perspective de l'éclectisme agnostique, et l'histoire de l'affirmation et de l'effort pour la miner. Pour vous comme pour moi, il y a beaucoup en psychothérapie qui soit imparfait et admirable.

Ces dernières années, lorsque nous avons discuté de ce que j'appelle maintenant votre silence, vous me parliez de la vulnérabilité de la discipline. Attaquée, la psychothérapie a besoin d'une simple justification, pas d'ambiguïté. Mais à l'époque où vous avez écrit vos nouvelles, vous avez fait référence dans la préface, sur le ton de la plaisanterie, au livre sur Adler dans lequel Kierkegaard, prophétique, dénonce l'Église danoise. À cette époque, vous croyiez comme lui que la réforme protège, que la critique soutient. Je suppose que vous avez vos propres raisons d'avoir gardé le silence pendant des années. Un problème non réglé durant votre premier mariage, peut-être. Ou l'apparition d'une légère dépression chronique datant de la séparation d'avec Leslie et vous faisant penser que le monde est beaucoup moins paradoxal que douloureux. Ou encore un attachement excessif à la loyauté: puisque Leslie n'a pas été loyale envers vous, vous le serez envers votre profession. Votre silence révèle que vous êtes profondément malheureux.

Voici l'une des manières dont je construis votre histoire. Vous vous êtes remis très lentement et pas complètement de la rupture avec Leslie. La souffrance qu'a provoquée la fin de ce premier mariage a fait que vous étiez peu disposé à vous lier. Ce que vous demandiez de Terry, c'était un répit de l'intensité. Terry a accédé à vos vœux, comme nous l'avons tous fait. Nous avons tous respecté votre décision de renoncer à votre objectif d'autrefois, d'aborder avec légèreté les questions sérieuses. Votre repli — dans l'orthodoxie, dans le contexte — a eu des effets complexes. À cause de celui-ci, vous vous êtes senti indigne et, en même temps, il vous a valu honneurs et abondance, de telle sorte que l'écart entre la manière dont vous vous percevez et la manière dont le monde vous traite est devenu excessivement large. Dans ces circonstances, qui saurait comment vous traiter dans un mariage? Peut-être avez-vous utilisé les forces que suscitent une relation — identification projective, inattention sélective — pour faire de Terry un cruel miroir, qui reflète votre vide et s'en moque. Ou peut-être lisez-vous des messages désagréables dans le comportement naturellement enjoué de Terry.

L'un des moments de votre récit qui m'a paru avoir de la texture est celui où Terry vous a humilié devant les enfants pour ensuite vous récompenser par le sexe — ou est-ce vous qui l'avez ainsi récompensée? Je considère votre rencontre charnelle comme ce dont vous dites vous méfier à la maison: de la communication.

Vous vous sentez le plus enclin à la passion lorsque vous avez été compris, par le biais de l'humiliation.

Les relations sont de drôles de phénomènes. Elles n'existent, comme vous dites, que dans l'imagination et pourtant elles mettent en jeu des forces absolument irrésistibles. Les relations sont à la fois facultatives et nécessaires, arbitraires et inéluctables. Elles expriment l'identité tout en exigeant une certaine renonciation à l'identité. Elles fournissent à l'individu un espace de croissance et un espace de régression — dans lequel il s'abandonne aux forces profondes et aveugles. Les ingénieurs civils parlent parfois de «barrières immatérielles»; ce sont les panneaux d'arrêt et les feux rouges qui n'ont un effet sur les conducteurs que par leur symbolisme. Les relations comportent aussi de telles barrières; vous pouvez les franchir n'importe quand, mais à un certain risque et à un certain prix. Pendant presque toute votre union vous avez été conscient de cette immatérialité et l'avez chérie. Vous vous êtes dit que vos valises étaient faites et que vous pouviez partir n'importe quand. Peut-être que votre empressement aujourd'hui à passer à l'action résulte de ce que vous prenez de plus en plus conscience du fait que c'est cette immatérialité qui est illusoire.

Vous n'êtes pas quelqu'un qui est capable de partir. Pour vous, la maxime de Carl Whitaker tient toujours: un mariage ne finit jamais. Vous n'avez pas tout à fait réussi à quitter Leslie, et il est certain que Terry continuera de vous habiter. Chaque fois que vous verrez les enfants, vous penserez à elle. Les vieilles connaissances avec qui vous aimeriez peut-être badiner amoureusement n'existeront que par contraste avec Terry. Vous êtes lié, marié pour le meilleur et pour le pire. L'espoir illusoire d'un départ vous a soutenu dans le mariage mais vous a aussi permis de reporter tout engagement total. Puisque vous ne réaliserez jamais votre fantasme de partir, peut-être le moment est-il venu de l'abandonner. Le moment est au remariage.

Le moment pourrait aussi être venu de vous «remarier» à votre vocation. Voici un chemin qui peut mener à ce remariage: restez avec Terry et écrivez comme vous le faisiez jadis, avec espièglerie et sans trop vous préoccuper de votre réputation. Vous voudrez peut-être renoncer à la direction d'une organisation ou deux, afin d'être plus libre de faire ce que vous voulez, être fou. En vous conseillant de transformer vos besoins de cette façon, je ne prétends pas être désintéressé. Votre voix me manque. J'espère que vous m'avez consulté parce que vous voulez une réponse ancrée dans la partialité. J'aimerais entendre votre voix. Je vous imagine très bien en train de produire une œuvre empreinte de maturité, comme la musique de chambre de Beethoven, épurée et allusive.

J'ai énoncé mon propre fantasme; j'espère être suffisamment attentif au vôtre, je veux dire à celui que vous avez au sujet du mariage. Je vous soupçonne d'avoir fait le même choix en amour que dans votre travail. Vous avez pris une retraite prématurée, choisi le contexte, puis décidé, dans la panique, que vous n'avez pas l'amour. Les deux sphères se chevauchent; lorsque vous dévaluez votre travail, vous craignez que Terry n'exprime un manque de respect qui fasse écho au vôtre.

Êtes-vous déprimé? Les «petits signes» sont là: votre légère paranoïa (je veux dire, mis à part votre méfiance des éloges de Terry, l'impression que vous avez eue que tout ce qui se disait à la réception vous était destiné et le sentiment que vous avez que Terry a toujours des intentions cachées — léger délire d'interprétation), votre cynisme, votre habitude de vous replier dans le travail et dans la vie familiale, votre préoccupation au sujet de la mort et du côté sombre de l'être humain, le fait que vous n'appréciez plus la bonne humeur de Terry. À un certain niveau, ce sont là des dimensions de votre sérieux, même si je pourrais bien considérer votre sérieux aussi comme un «petit signe» de dépression. Tandis que nous méditerons sur l'idée que les gens sont «tout simplement» comme ceci ou comme cela, je voudrai soulever la possibilité que vous soyez tout simplement déprimé et que la magie de votre mariage revienne dès que votre dépression réagira au traitement. À tout le moins, vous me semblez plongé dans un état d'autocritique qui possède sa propre inertie. Vous sentant indigne, vous interdisez à Terry de s'adresser à vous directement.

En réfléchissant à la lecture du *Roi Lear* que fait Cavell, je veux vous poser cette question sur votre mariage: que se passe-t-il si nous présumons que chacun sait tout? C'est une question que j'ai tendance à poser lorsque j'évalue des couples. Les mortels (vous me l'avez assez rappelé) ne peuvent garder de secrets. Certainement pas vous ni Terry. Vous avez des yeux pour voir, des oreilles pour entendre, et une sensibilité particulière à la révélation de l'identité qui suinte par tous vos pores.

Vous avez eu une crise de confiance, peut-être à cause de vos écrits professionnels, ou tout simplement de votre dépression, ou encore d'un facteur de stress dont j'ignore tout. Dans votre honte, vous avez demandé à Terry de tenir un discours empreint de duplicité, ce qu'elle a accepté de faire. Il en a résulté un flot de conseils insignifiants, au lieu des conseils plus profonds que vous aviez enjoint à Terry de ne pas faire. Comme Cordélia, la Terry apparemment loquace reste loyalement silencieuse sur l'essentiel. Vous et Terry avez en réalité convenu de manifester une inattention sélective et d'ignorer le doute de vous-même. Ce genre de marché corrompu ou pessimiste est fréquent et très dommageable pour les mariages. En demandant à Terry de ne pas vous entendre et de ne pas vous approcher, vous exigez qu'elle fasse vœu de dyssémie.

Ma fiction fournit un fondement à une opinion, celle que j'ai toujours: avant de songer plus avant à quitter Terry, il serait utile que vous poussiez à sa limite votre difficulté actuelle. (Il pourrait même être utile de converser avec elle. Tout comme la différenciation permet que l'on se comporte de manière puérile dans un ménage, une période de conversation ouverte pourrait ouvrir la voie au silence.) Vous voulez la liberté existentielle; il y a une chance que vous la trouviez à la maison — dans la mesure où quiconque peut la trouver un jour.

Jusqu'à quel point l'autonomie est-elle essentielle? Je veux vous rappeler l'argument de Jean Baker Miller en faveur de la connexité, et la croyance de Carl Whitaker, selon qui il n'est pas mauvais de se faire dorloter. Je ne suis pas influencé par votre assertion voulant que votre relation déforme votre identité: le but d'une relation est d'être (dans une faible mesure) possédé. Ou, si vous commencez à ressentir le dorlotement comme étouffant, vous voudrez peut-être permettre à Terry de voir et de parler clairement — et peut-être analyser de nouveau la manière dont vous la voyez.

Peut-être êtes-vous amoureux après tout. Souvent je pense que ce sont notre propre désir et notre propre dévotion que nous sommes le plus enclins à ignorer. Le fait que Lear soit aveugle à la constance de Cordélia n'est pas plus important que le fait qu'il ne tienne pas compte de son propre amour pour sa fille silencieuse. Depuis votre rupture avec Leslie, vous avez craint de vous lier, de perdre une partie de votre identité. Vous avez donc pratiqué l'inattention sélective pour ce qui est de ce que vous éprouvez pour Terry ou de ce que vous savez être capable d'éprouver pour elle. Je me demande si vous pouvez recouvrer la liberté de vous lier et de goûter la passion, en exerçant vos pouvoirs de différenciation, en voyant Terry d'un nouvel œil.

Cavell écrit: «L'attestation de votre pouvoir autonome de perception peut venir de la reconnaissance de la splendide autonomie ou altérité de l'autre, du simple émerveillement devant la présence réelle d'une personne dont vous teniez peut-être l'existence pour acquise.» Cavell fait référence au point de vue d'Emerson, mais son thème est également celui de Murray Bowen, et celui que vous m'avez appris. C'est en admirant ceux qui nous sont proches que nous gagnons en identité. Si vous parvenez à vous permettre de vous émerveiller de la réalité de la présence de Terry, peut-être la transe amoureuse s'affirmera-t-elle de nouveau.

Voici ma fiction: le bavardage de Terry est une forme de silence respectueux, qui mérite une réaction respectueuse. À l'époque où je fréquentais la faculté de médecine, lorsque je travaillais avec mon premier patient psychiatrique externe, je vous ai mentionné quelque chose que je m'étais senti obligé de dire durant une séance. Vous avez souri, puis avez cité Leston Havens: lorsque le thérapeute en formation se sent obligé de dire quelque chose, il doit rester silencieux parce que la psychothérapie doit toujours se fonder sur des actes libres et non obligés. Vous me taquiniez sur les limites de ma perspective; c'est une plaisanterie que j'ai prise à cœur. En ce qui concerne votre crise d'aujourd'hui, je ne dirais rien si je pouvais envisager d'autres fictions — par exemple, que vous avez épousé Terry pour une raison toute limitée: pour mieux supporter la trahison d'intimité commise par Leslie. Dans cette version, rien ne permet de croire que ce succédané de mariage devrait durer tandis que vous auriez parfaitement raison de rechercher ce que vous savez maintenant clairement que vous voulez, un vrai mariage.

Après avoir cité Havens et m'avoir vu manifester par un signe de tête que j'étais d'accord avec lui, vous avez dit le contraire: le thérapeute qui se sent obligé de dire quelque chose devrait le faire, parce que le discours en thérapie doit être spontané. Et la juxtaposition des impératifs — se taire lorsqu'on se sent obligé de parler; parler lorsqu'on se sent obligé de le faire — m'a fait penser aux types de compulsion. L'interprétation qui s'impose à moi aujourd'hui concerne la perte de votre voix et le silence agité de Terry. Je suis porté à trouver un moyen de formuler cette histoire.

Je dirai: vous avez raison. Aucune personne étrangère ne peut donner de conseil. Vous vous souvenez de ce que Freud a écrit à Ferenczi au sujet du choix dans les relations: «On ne peut certainement pas porter de jugement en la matière, pas pour le compte des autres. En rien sommes-nous plus différents les uns des autres.»

J'espère que vous sourirez, ayant reconnu que la citation est tirée d'une lettre que Freud a écrite dans le cours de sa longue campagne pour convaincre Ferenczi d'épouser Frau Gizella Pálos. Et si vous souriez, je continuerai. En espérant emprunter un peu de votre voix espiègle d'autrefois, je dirai: ne devriez-vous pas vous tourner vers Terry? Le hic, c'est peut-être que Terry ne vous conseille pas suffisamment. Ma voix s'estompera, je regarderai au-delà de vous et me dirai à moi-même: j'ai souvent souhaité que vous écriviez d'autres nouvelles sur les paradoxes du mariage.

Peut-être aussi me contenterai-je de vous regarder droit dans les yeux et de vous donner un conseil: restez!

■ ■ ■

Autre hypothèse: vous n'êtes pas Lou. Je ne vous ai jamais rencontré auparavant. Vous êtes un inconnu à la recherche d'un conseil dans une affaire de cœur. La personne que vous êtes deviendra apparente dans votre discours. Ce que vous devez faire me semblera évident.

Et pourtant, mille obstacles s'élèveront entre nous: le caractère peu fiable de l'évidence, mon idiosyncrasie d'observateur, votre désir d'être traité comme une exception. Les chances sont-elles contre vous? Êtes-vous tout simplement déprimé? Êtes-vous possédé ou êtes-vous maître de vous-même? Vos problèmes seront plus graves que ceux que j'ai imaginés. Les relations ne sont pas des entités autonomes, elles sont influencées par la maladie, les ennuis financiers, les injustices de pouvoir, les contraintes religieuses, les stigmates des expériences passées, la complexité du mode de vie et du travail, les besoins des enfants. Les désirs rivalisent avec les obligations. La race, la classe sociale, l'origine ethnique et l'orientation sexuelle joueront des rôles de premier plan dans votre histoire, et dans ma consultation je devrai en tenir compte, puisque le conseil doit se fonder sur les normes sociales et sur les probabilités.

On ne peut jamais être trop bien préparé pour une tâche comme la mienne et, en même temps, la préparation a ses inconvénients. Même s'il peut se fonder sur la tradition, le meilleur conseil, comme le meilleur jazz, est improvisé. Enfin, en l'occurrence, rien ne peut remplacer la tâche qui consiste à vous cerner, tâche qui se poursuivra durant toute notre rencontre. Vous serez à la fois franc et faux, ouvert et fermé, différencié et modelé par le contexte. Même lorsque vous serez assis devant moi, je devrai vous imaginer.

Comme tout un chacun, vous menez une vie, pour citer Cavell, «de séparation absolue et de communion sans fin, de banalité et de sublimité» — mots qui me font penser à ce qu'a dit Havens de son père qui se trompait en trouvant «l'ordinaire ennuyeux alors qu'il est en fait souvent extraordinaire». Vos récriminations peuvent sembler insignifiantes; souvent, le destin des relations est de s'échouer sur de minuscules galets. L'insignifiant mérite l'attention parce que nous sommes des créatures qui élaborent, qui donnent du sens. C'est la sublimité de votre vie — votre caractère extraordinaire — que je ferais bien de ne pas oublier.

Vous vous assiérez et me raconterez une histoire. Nous nous regarderons l'un l'autre, avec nos systèmes nerveux génétiquement différents, qui se sont développés chacun à sa manière, et nous tenterons de découvrir si nous pouvons nous rencontrer d'une manière qui soit utile.

On sonne. Au lieu de me servir du portier électrique, je traverse la salle d'attente et j'ouvre la porte. C'est vous. En citant en même temps la célèbre phrase tirée de *Portnoy et son complexe*, nous nous saluons: «Maintenant nous pouvons peut-être commencer, oui?»

NOTES

Chapitre 1: *Un conseil*

9 — Tout cet ouvrage coule à partir de la première phrase, sa source, que j'ai en tête depuis déjà quelques années. Les possibilités de l'usage de la deuxième personne — le «vous» singulier — dans la narration descriptive ont attiré mon attention durant un cours estival d'écriture donné par W. P. Kinsella à l'université de l'Iowa. Jay McInerney, dont le *Bright Lights, Big City* a un protagoniste à la deuxième personne, m'a permis d'allonger ma liste d'exemples. Pour y puiser un encouragement autant que des techniques, avant et durant la rédaction de cet ouvrage, j'ai lu *Si par une nuit d'hiver un voyageur...* d'Italo Calvino, *Aura* de Carlos Fuentes, *Cowboys Are My Weekness* de Pam Houston, *Self-Help* de Lorrie Moore, *Buffalo Soldiers* de Robert O'Connor, *A Model Childhood* de Christa Wolf, toute une série de nouvelles ainsi que *Écrit sur le corps* (Plon, 1993) de Jeannette Winterson. Dans le livre de Winterson, la technique la plus frappante est celle où l'auteur ne révèle pas le sexe du narrateur. Cette voix est presque certainement celle d'une lesbienne, mais, en laissant ouverte la possibilité que ce soit celle d'un hétérosexuel atypique, l'auteur illustre clairement que bien des choses peuvent nous demeurer cachées, même au sujet d'une personne dont la vie intérieure est un livre ouvert. Ce thème de l'altérité de la personne connue intimement est commun à bon nombre des ouvrages susmentionnés. Il est mis en valeur par l'affirmation selon laquelle le protagoniste est censé être «vous», geste présomptueux qui suscite chez le lecteur une oscillation entre l'empathie et la distance par rapport à une vie imaginaire particulière.

9 — et chaque fois qu'un psychiatre pond un best-seller: P. D. Kramer, *Prozac: Le bonheur sur ordonnance?* (First, 1994).

11 — Les deux réponses possibles à cette question sont fausses: Comme de nombreux autres, ce sentiment est recyclé. Il m'a été communiqué il y

a longtemps par Naomi Rothwell, coauteur avec Joan Doniger de *The Psychiatric Halfway House* (Charles C. Thomas, Springfield, Ill., 1966). Pour connaître un point de vue plus récent sur les enfants endeuillés, voir l'article de E. B. Weller, R. A. Weller *et al*, «Should Children Attend Their Parents' Funeral?» (*Journal of the American Academy of Child and Adolescent Psychiatry*, 27, p. 559-562, 1988), et celui de M. A. Fristad, R. Jedel *et al*, «Psychosocial Functionning in Children After the Death of a Parent» (*American Journal of Psychiatry*, 150, p. 511-513, 1993).

12 — «Rien ne m'est plus pénible...»: Tirée d'une conférence prononcée par Sullivan en 1944, cette phrase est citée *in extenso* dans l'une des notes de bas de page que je préfère dans toute la littérature psychiatrique, aux pages 201-203 du livre de H. S. Sullivan, *The Psychiatric Interview* (W. W. Norton, New York, 1954).

13 — «Celui qui a des yeux pour voir...»: Sigmund Freud, «Fragment of an Analysis of a Case of Hysteria» (1905), *The Standard Edition of the Complete Psychological Works of Sigmund Freud* (Hogarth Press, Londres, 1953, vol. 7, p. 1-122). Freud fait ici écho à Ézéchiel.

Chapitre 2: *Al fresco*

20 — Harry Stack Sullivan (...) savoir comment les autres nous perçoivent: Sullivan, *The Psychiatric Interview.*

Chapitre 3: *Vous cerner*

31 — L'«attitude fictive» dans le travail de Sullivan est discutée dans *Participant Observation* (Jason Aronson, New York, 1976, 1983), de L. Havens.

32 — La chronique en question d'Ann Landers a été publiée le 30 janvier 1995. En ce qui concerne le changement de contenu des guides destinés aux femmes, voir l'article de A. R. Hochschild, «The Commercial Spirit of Intimate Life and the Abduction of Feminism: Signs from Women's Advice Books» (*Theory, Culture and Society*, II, p. 1-24, 1994).

34 — l'«atteinte du bonheur humain»: S. Cavell, *À la recherche du bonheur: Hollywood et la comédie du remariage* (Cahiers du Cinéma).

38 — La pièce de théâtre de Kaiser (*Emergency: Seven Dialogues Reflecting the Essence of Psychotherapy in an Extreme Adventure*), ses réflexions à la Kierkegaard («The Universal Symptom of the Psychoneuroses»), ainsi qu'une brève biographie sont rassemblées dans *Effective Psychotherapy: The Contribution of Hellmuth Kaiser* (L. B. Fierman,

éd., Free Press, New York, 1965). La pièce a été publiée pour la première fois en 1962; les réflexions sont posthumes. Un bref essai de Kaiser (mentionné plus loin) a paru en 1955 et figure dans l'anthologie. Comme Sullivan, de son vivant Kaiser était surtout connu par son enseignement.

40 — «contre-projection»: Havens, *Participant Observation.* Voir également L. Havens, *Making Contact: Uses of Language in Psychotherapy* (Harvard University Press, Cambridge, MA, 1986).

42 — L'analogie habituelle est celle de l'enfant qui ne peut patiner...: M. Tolpin, «Corrective Emotional Experience: A Self Psychological Evaluation» dans *The Future of Psychoanalysis* (A. Goldberg, éd., International University Press, New York, 1980, p. 56).

42 — L'amour, pas une passion d'opéra: Fait étonnant, la théorie psychothérapique a très peu à offrir comme pensée systématisée sur la passion, sauf par le biais de concepts tels que l'obsession et la dépendance. Cette absence de cadre est en fait le thème d'ouvrages sur le sujet, comme celui de E. S. Person, *Dreams of Love and Fateful Encounters: The Power of Romantic Passion* (W. W. Norton, New York, 1988).

CHAPITRE 4: *Bienvenue au Club!*

48 — «Pourquoi me choisir, moi?»: Sullivan, *The Psychiatric Interview.*

51 — «seuls ceux qui sont déjà mariés peuvent vraiment se marier»: Cavell, *À la recherche du bonheur: Hollywood et la comédie du remariage* (Cahiers du Cinéma).

54 — «ne s'applique que dans les contextes»: *Ibid.*

CHAPITRE 5: *Pièges évidents*

58 — essai sur la psychologie «extravagante»: «"Wild" Psycho-Analysis» (1910), *The Standard Edition of the Complete Psychological Works of Sigmund Freud* (Hogarth Press, Londres, 1957, vol. 11, p. 219-227).

59 — Horace Frink: L. Edmunds, «His Master's Choice» (*John Hopkins Magazine*, avril 1998, p. 40-49).

59 — Sándor Ferenczi: *Correspondance: 1914-1919 — Sigmund Freud, Sándor Ferenczi* (Calmann-Lévy, 1996).

62 — Leo Szilard (...) Allen Wheelis: L. Szilard, *The Voice of the Dolphin and Other Stories* (Simon and Schuster, New York, 1961); A. Wheelis, *The Illusionless Man* (W. W. Norton, New York, 1966).

63 — tout petit volume; L. J. Adler, *Pieces of Resistance* (Scribners, New York, 1983).

64 — «Mlle Lucy R.»: Sigmund Freud, «Miss Lucy R.», dans *Études sur l'hystérie* (PUF, 1966) de S. Freud et J. Breuer. Pour ce qui est des gouvernantes, voir M. J. Peterson, «The Victorian Governess: Status Incongruence in Family and Society», dans *Suffer and Be Still: Women in the Victorian Age* (M. Vivinus, éd., Indiana State University Press, Bloomington, 1972, p. 3-19).

66 — inattention sélective: Voir H. S. Sullivan, *Clinical Studies in Psychiatry* (W. W. Norton, New York, 1956); Sullivan, *The Psychiatric Interview;* Havens, *Participant Observation;* L. J. Adler, «Selective Inattention: Overlooked Concepts in the Metapsychology of Harry Stack Sullivan» (*American Psychiatrist*, 65, p. 1356-1363, 1969).

67 — «Mon Dieu, oui!» et «il faut pratiquement faire en sorte»: Sullivan, *Clinical Studies in Psychiatry.*

67 — En ce qui concerne l'histoire personnelle de Sullivan, voir H. S. Perry, *Psychiatrist of America: The Life of Harry Stack Sullivan* (Harvard University Press, Cambridge, MA, 1982).

68 — Séminaire des années 1940: *A Harry Stack Sullivan Case Seminar*, R. G. Kvarnes, éd. (W. W. Norton, New York, 1976).

70 — «Balivernes! Vous étiez heureux avec elle.»: Sullivan, *Clinical Studies in Psychiatry.*

70 — «Mais comment avez-vous pris cette décision?»: Sullivan, *The Psychiatric Interview.*

71 — «Si la psychanalyse ne facilite pas aussi...»: A. Phillips, *Terrors and Experts* (Harvard University Press, Cambridge, MA, 1996).

72 — Dorothy Schiff: J. Potter, *Men, Money and Magic: The Story of Dorothy Schiff* (Coward, McCann & Geoghegan, New York, 1976).

Chapitre 6: *Conversation entre hommes*

78 — la «méthode de la rotation»: S. Kierkegaard, «The Rotation Method: An Essay in the Theory of Social Prudence», *Either/Or*, vol. 1 (Princeton University Press, Princeton, 1959, p. 279-296). *Ou bien... ou bien* (Gallimard, 1984).

Chapitre 7: *Sophie*

87 — «Pourquoi êtes-vous si fâché contre moi?»: W. Bion, cité par G. Gabbard et O. Kernberg dans «My Hardest Case», *Clinical Case Conference: American Psychiatric Association Annual Meeting*, Miami, FL, mai 1995.

89 — Murray Bowen: M. Bowen, *Family Therapy in Clinical Practice* (Jason Aronson, New York, 1978); M. Bowen, «Theory in the Practice of Psychotherapy» et «Family Reaction to Death», dans *Family Therapy: Theory and Practice*, P. J. Guerin, éd. (Gardner Press, New York, 1976, p. 42-89 et 335-348); M. E. Kerr et M. Bowen, «Background Aspects of Differenciation» (audiocassette), *Bowen-Kerr Interview Series N° 20*, Georgetown Family Center; The AFTA (American Family Therapy Association) *Newsletter N° 44*, été 1991; *The Family Therapy Networker*, mars-avril 1991; entrevue avec LeRoy Bowen (veuve de M. Bowen), juillet 1996.

CHAPITRE 8: *Un retour*

95 — La description de l'évolution de Bowen se fonde sur les sources citées ci-dessus.

97 — «psychopathologie universelle» (...) «fusion»: Les citations de Kaiser sont tirées de son essai intitulé «The Problem of Responsability in Psychotherapy» (1955), publié dans Kaiser, *Effective Psychotherapy*, p. 1-13; Bowen connaissait Kaiser sur le plan personnel et en tant que collègue, mais il est impossible de savoir jusqu'à quel point il connaissait les théories de Kaiser; aucune des œuvres de ce dernier n'a été publiée en anglais avant sa démission de la clinique Menninger, en 1954.

99 — Le samedi 10 février 1967: «On Differenciation of Self», dans Bowen, *Family Therapy in Clinical Practice*, p. 467-528. En ce qui concerne cette date, au cours de mon entrevue avec LeRoy Bowen, la veuve de Murray, celle-ci a déclaré ne pas se souvenir d'avoir participé à ce voyage dramatique à Waverly; elle considérait le travail de Murray sur sa famille comme graduel et répété, ce qui soulève la possibilité que le récit que fait Murray de ce week-end soit en réalité une dramatisation.

CHAPITRE 9: *Allégeance*

106 — Carl Rogers: Voir P. D. Kramer, «Introduction», dans C. R. Rogers, *On Becoming a Person* (Houghton Mifflin, Boston, 1965, p. ix-xv) (*Le Développement de la personne*, Dunod, 1968); B. Thorne, *Carl Rogers* (Sage Publications, Londres, 1992).

106 — qu'il attribuait à Kierkegaard: Une grande partie de la psychothérapie américaine n'est en fait que du Kierkegaard simplifié, importé par des analystes européens dissidents, tels Kaiser et Horney. Cette simplification ne rend pas compte du fait que Kierkegaard, par le biais de ses nombreux pseudonymes, incarne le soi multiple, fluctuant et insaisissable;

ce que la psychothérapie américaine a adopté de lui, c'est la notion d'un «soi authentique» qui peut être trouvé et développé. Bien entendu, on peut faire remonter l'individualisme existentialiste jusqu'à Emerson et Thoreau.

107 — Emerson: Les citations et l'histoire sont tirées de *Selections from Ralph Waldo Emerson*, S. E. Whicher, éd. (Houghton Mifflin, Boston, 1960) et de l'édition Library of America de R. W. Emerson, *Essays and Lectures*. L'idée que je me suis faite de ce qu'il faut retenir des œuvres d'Emerson et de Thoreau a été influencée par trois ouvrages de Stanley Cavell: *The Senses of Walden*, édition augmentée (University of Chicago Press, Chicago, 1972, 1981); *Une Nouvelle Amérique encore inapprochable: de Wittgenstein à Emerson* (L'Éclat, 1991); *A Pitch of Philosophy* (Harvard University Press, Cambridge, MA, 1994).

CHAPITRE 10: *Autonomie et connexité*

110 — on accuse Emerson d'être inhumainement individualiste: Voir Q. Anderson, *The Imperial Self* (Knopf, New York, 1971) et *Making Americans* (Harcourt Brace Jovanovich, New York, 1992). Au sujet des citations d'Emerson, voir la note ci-dessus.

111 — Les Grecs anciens accordaient beaucoup de valeur à l'ataraxie: Voir M. Nussbaum, *Therapy of Desire* (Princeton University Press, Princeton, NJ, 1994).

112 — «cette certitude intérieure...»: K. Horney, *Neurosis and Human Growth;* mais voir l'apport de Horney plus relativiste sur le plan culturel dans son livre *La Personnalité névrotique de notre temps*, (L'Arche, 1953).

113 — Jean Baker Miller: J. B. Miller, *Toward a New Psychology of Women* (Beacon Press, Boston, 1976). D'autres renseignements sur la pensée de Jean Baker Miller proviennent de J. V. Jordan, A. G. Kaplan *et al*, *Women's Growth in Connexion* (Guilford Press, New York, 1991); J. B. Miller, «Women's Psychological Development: Connections, Disconnections, and Violations», *American Psychiatric Association Annual Meeting*, New York, mai 1996; entrevue avec J. B. Miller, mai 1996.

114 — «C'est faire preuve de maturité» et citations suivantes: H. M. Lynd, *On Shame and the Search for Identity* (Harcourt, Brace, New York, 1958). En adoptant le nom d'Erik Erikson (il s'appelait en fait Erik Homburger), qui signifie Erik fils d'Erik, le psychanalyste Erikson a posé un geste spectaculaire relativement à la valeur et à la possibilité de l'autonomie.

114 — Buber avait donné des conférences: The William Alanson White Memorial Lectures, à la Washington School of Psychiatry. M. Buber,

«Distance and Relation», «Elements of the Interhuman», et «Guilt and Guilt Feelings» (*Psychiatry*, 20, p. 97-129, 1957), reproduits dans M. Buber, *The Knowledge of Man* (George Allen & Unwin, Londres, 1965).

115 — «pronoms de base...»: M. Buber, *Je et tu* (Aubier, 1992), paraphrasé dans I. Boszormenyi-Nagy et G. M. Spark, *Invisible Loyalties* (Harper & Row, New York, 1973).

115 — Baudelaire: Lynd, *On Shame and the Search for Identity.*

115 — «n'est pas logique...»: H. S. Sullivan, *The Fusion of Psychiatry and Social Science* (W. W. Norton, New York, 1964).

118 — l'approche «relationnelle»: S. J. Bergman et J. L. Surrey, «Couples Therapy: A Relational Approach», *Works in Progress* (n° 66, Stone Center Working Paper Series, Wellesley, MA, 1994).

120 — «La différenciation, ce n'est pas...»: J. L. Surrey, «The Relational Self in Women: Clinical Implications», dans Jordan, Kaplan *et al*, *Women's Growth in Connexion*, p. 35-43.

121 — «Vous irez mieux...»: Adler, *Pieces of Resistance.* Cette histoire peut aussi être considérée comme un commentaire sur le cas de Melanie, dans Buber, *The Knowledge of Man*, où un psychanalyste guérit une femme en la convainquant qu'elle excelle dans l'art des relations interpersonnelles. Voir ci-dessous, chapitre 20.

125 — Phyllis Rose: P. Rose, *Parallel Lives* (Knopf, New York, 1983).

127 — Carl Whitaker: Voir C. Whitaker, *Midnight Musings of a Family Therapist*, M. O. Ryan, éd. (W. W. Norton, New York, 1989), et C. Whitaker, «The Hindrance of Theory in Clinical Work» dans *Family Therapy: Theory and Practice* (P. J. Guerin, éd., p. 154-164).

CHAPITRE 11: *Impératifs*

132 — Un éditeur s'est intéressé: le poète Peter Davidson.

139 — Erica Jong: E. Jong, *La Peur de l'âge: ne craignons pas nos 50 ans* (Grasset et Fasquelle, 1996).

140 — «Si vous êtes assis sur la banquette arrière...»: W. Witherell et D. Evrard, *The Athletic Skier* (The Athletic Skier, Salt Lake City, 1993); la règle des 80-20 est également tirée de cet ouvrage.

CHAPITRE 12: *France et Francis*

152 — Vicki Hearne: V. Hearne, *Adam's Task: Calling Animals by Name* (Knopf, New York, 1986).

153 — cessez de porter les vêtements de votre partenaire: Comparez la proposition de mon collègue à ce texte rédigé par une femme se remettant d'une union lesbienne ratée: «Dès le départ, les gens nous confondaient souvent. Nous attribuions ces méprises au fait que nous avions la même taille et la même couleur de cheveux, mais la vérité, c'est que nos identités respectives étaient peu à peu en train de se fondre en une seule identité.» K. Duggan, «I Earned This Divorce» (*New York Times*, 25 juillet 1996, p. A23).

157 — Un ami psychologue: J. Blum, *Living with Spirit in a Material World* (Fawcett Columbine, New York, 1988).

157 — «La chance, c'est le courage»: J. C. Oates, *What I Lived For* (Dutton, New York, 1994).

CHAPITRE 13: *Force majeure*

166 — Des recherches le confirment: Elles sont résumées dans M. Karpel, *Evaluating Couples* (W.W. Norton, New York, 1994). Voir plus particulièrement M. Weissman, «Advances in Psychiatric Epidemiology: Rates and Risks for Major Depression» (*American Journal of Public Health*, 77, p. 445-451, 1987).

CHAPITRE 14: *Enfant de Bohème*

177 — «jus cérébral réjouissant»: Voir P. E. Meehl, «Hedonic Capacity: Some Conjectures» et «"Hedonic Capacity" Ten Years Later: Some Clarifications» dans *Anhedonia and Affect Deficit States*, D. C. Clark et J. Fawcette, éd. (PMA Publishing, New York, 1987, p. 33-50).

CHAPITRE 15: *Lux et Veritas*

185 — «Lux et Veritas»: Adler, *Pieces of Resistance*.

187 — «la personne paranoïaque ne s'ouvre pas ni ne se ferme elle-même...»: «Martin Buber» dans *Carl Rogers Dialogues*, H. Kirschenbaum et V. L. Henderson, éd. (Houghton Mifflin, Boston, 1989); M. Buber, *The Knowledge of Man*.

CHAPITRE 16: *Regard sans équivoque*

189 — Regard sans équivoque: Expression tirée du poème de Jane Kenyon, «Having It Out with Melancholy», dans J. Kenyon, *Constance* (Graywolf Press, St. Paul, MN, 1993) et J. Kenyon, *Otherwise* (Graywolf Press, St. Paul, MN, 1996).

CHAPITRE 17: *Signaux contradictoires*

204 — par Stephen Nowicki fils et par Marshall Duke: S. Nowicki, Jr. et M. P. Duke, *Helping the Child Who Doesn't Fit In* (Peachtree, Atlanta, 1992).

208 — les psychologues ont examiné les difficultés: R. Rosenthal, J. A. Hall *et al*, *Sensitivity to Nonverbal Communication* (John Hopkins University Press, Baltimore, 1979).

209 — trouble d'Asperger, dont l'une des caractéristiques est le discours pédant: M. Ghaziuddin et L. Gersteing, «Pedantic Speaking Style Differentiates Asperger Syndrome from High-Functioning Autism», dans *Journal of Autism and Developmental Disorders* (26, p. 585-595, 1996).

210 — des singes isolés: Voir, par exemple, C. O. Anderson et W. A. Mason, «Competitive Social Strategies in Groups of Deprived and Experience Rhesus Monkeys», *Developmental Psychobiology* (11, p. 289-299, 1978) et M. A. Novak, «Social Recovery of Monkeys Isolated for the First Year of Life: Long-term Assessment», *Developmental Psychology* (15, p. 50-61, 1979).

215 — Dans son autobiographie, il écrit: A. Miller, *Au fil du temps — une vie* (Grasset et Fasquelle, 1988).

CHAPITRE 18: *La blonde et l'oisif*

221 — La paranoïa a été l'un des premiers troubles mentaux qu'a analysés Freud: S. Freud, «Extracts from the Fliess Papers: Draft H: Paranoia» dans *The Standard Edition of the Complete Psychological Works of Sigmund Freud* (Hogarth Press, Londres, 1966, vol. 1, p. 206-212). L'histoire de la jeune fille et du pensionnaire en est tirée. J'ai choisi cet exemple (des difficultés inhérentes à l'utilisation par Freud de la projection comme outil d'analyse) parce qu'il est succinct et qu'il montre comment les problèmes sont apparents «dès le départ»; dans les œuvres que Freud a écrites beaucoup plus tard, le concept de projection, surtout en ce qui concerne la paranoïa, est exposé aux mêmes difficultés.

223 — «nous observons un monde qui ne peut être vu...»: L. Havens, «What Is Psychiatry All About?», *Benjamin Rush Award Lecture*, *American Psychiatric Association Annual Meeting*, Miami, FL, mai 1995.

224 — La psychanalyse ne croit plus qu'il existe un noyau central discernable: Voir S. A. Mitchell, *Hope and Dread in Psychoanalysis* (Basic Books, New York, 1993).

224 — le visage «impassible»: E. Z. Tronick, «Emotions and Emotional Communication in Infants», *American Psychologist* (44, p. 59,66, 1989).

228 — Henry Dicks: H. Dicks, *Marital Tensions* (Routledge & Kegan Paul, Londres, 1967).

234 — Mais le travail de Reiss indique: Voir, par exemple, D. Reiss, «Genetic Influence on Family Systems: Implications for Development», *Journal of Marriage and the Family* (57, p. 543-560, 1995); S. McGuire, J. M. Neiderhiser, D. Reiss, E. M. Hetherington et R. Plomin, «Genetic and Environmental Influences on Self-Worth and Competence in Adolescence: A Study of Twins, Full Siblings, and Step-Siblings», *Child Development* (65, p. 785-799, 1994); ainsi que R. Plomin, D. Reiss, E. M. Hetherington et G. W. Howe, «Nature and Nurture: Genetic Contributions to Measures of the Family Environment», *Developmental Psychology* (30, p. 32-43, 1994).

237 — «aptitude pour le mariage»: H. V. Dicks, «Fitness for Mariage», dans *Psychosomatic Disorders in Adolescents and Young Adults*, J. Hambling et P. Hopkins, éd. (Pergamon Press, Oxford, 1965).

Chapitre 19: *Un cadeau*

243 — même les puristes y iront de leur conseil: La forme la plus abstraite de la psychanalyse contemporaine est sans doute la variante «intersubjective» de l'autopsychologie, qui exige de l'analyste qu'il ne fasse pratiquement appel qu'à l'empathie comme outil; mais là encore des cas de possession suscitent des interventions qui ressemblent à s'y méprendre à des conseils. Voir P. D. Kramer, «Empathic Immersion», dans *Empathy in Medical Practice: Beyond Pills and Scalpel*, H. Spiro, M. G. M. Curnen *et al*, éd. (Yale University Press, New Haven, 1993, p. 174-189).

244 — «offense mentale» et «possession psychologique»: L. Havens, *Coming to Life* (Harvard University Press, Cambridge, MA, 1993), et L. Havens, *Learning to Be Human* (Addison-Wesley, Reading, MA, 1994).

244 — Judith Lewis Herman: J. L. Herman, *Trauma and Recovery* (Basic Books, New York, 1992).

245 — il est plus probable que l'homme recourra à la violence: J. C. Babcok, J. Waltz *et al*, «Power and Violence: The Relation Between Communication Patterns, Power Discrepancies, and Domestic Violence», *Journal of Consulting and Clinical Psychiatry* (61, p. 40-50, 1993).

246 — avalés par une baleine: *Havens, Learning to Be Human.*

252 — La spécialité de Leston Havens: Havens, *Making Contact.* Havens, comme Stanley Cavell, est un admirateur du philosophe du langage ordinaire J. L. Austin, à qui il emprunte le concept de langage performatif.

253 — Nous croyons que les enfants qui ont été maltraités: B. A. van der Kolk, «The Compulsion to Repeat the Trauma», *Psychiatric Clinics of North America* (12, p. 389-441, 1989).

254 — les bébés singes préféreront: H. F. Harlow et R. R. Zimmerman, «Affectional Responses in the Infant Monkey», *Science* (130, p. 421-432, 1959). La théorie de l'attachement, en grande partie élaborée à partir des recherches de John Bowlby, occupe désormais une place de choix dans la psychothérapie contemporaine.

256 — «Elle n'était pas en possession d'elle-même... et l'histoire de Jeanne: Havens, *Making Contact*.

257 — «Nous nous rendons tous de temps à autre coupables...»: Havens, *Learning to Be Human*.

258 — «souhaite faire plaisir à l'autre...»: *Ibid.*

259 — «Arrangez-vous pour ne posséder...»: *Ibid.* J'entends certaines notes de Thoreau dans ce passage, et d'autres passages des écrits de Havens.

260 — à se ménager un espace de sécurité: L. Havens, *A Safe Place: Laying the Groundwork for Psychotherapy* (Harvard University Press, Cambridge, MA, 1989).

262 — une façon toute nouvelle de lire *Le Roi Lear*: «The Avoidance of Love: A Reading of *King Lear*», dans S. Cavell, *Must We Mean What We Say?* (Scribner, New York, 1969). La lecture de l'histoire biblique d'Isaac, qui ressemble à la version de Thomas Mann, est tirée de S. Cavell, *A Pitch of Philosophy*.

263 — «Deux fois... sur son lit de mort»: Havens, *Coming to Life*.

CHAPITRE 20: *L'équité*

269 — «thérapie contextuelle»: Voir I. Boszormenyi-Nagy et G. M. Spark, *Invisible Loyalties*; I. Boszormenyi-Nagy et B. R. Krasner, *Between Give and Take* (Brunner/Mazel, New York, 1986); I. Boszormenyi-Nagy, *Foundations of Contextual Therapy: Collected Papers of Ivan Boszormenyi-Nagy* (Brunner/Mazel, New York, 1987); A. van Heusden et E. van den Eerenbeemt, *Balance in Motion* (Brunner/Mazel, New York, 1987); B. R. Krasner et A. J. Joyce, *Truth, Trust, and Relationships* (Brunner/Mazel, New York, 1995). En juin 1996, Ivan Boszormenyi-Nagy et Barbara Krasner m'ont généreusement accordé une entrevue sur laquelle s'appuie une partie de ce chapitre.

270 — Melanie: Buber, «Guilt and Guil Feelings» et *The Knowledge of Man*.

273 — «la liberté accrue de revendiquer»: Boszormenyi-Nagy et Krasner, *Between Give and Take.*

274 — «Vivre c'est rencontrer»: Buber, *Je et Tu.*

275 — «Pinkerton Sings»: Adler, *Pieces of Resistance.*

278 — L'un des motifs qu'invoquent les femmes: A. Hochschild, *The Second Shift* (Viking, New York, 1989).

280 — vu que l'on s'intéresse depuis un quart de siècle: Si l'on compte à partir de la publication de R. L. Trivers, «The Evolution of Reciprocal Altruism», *Quarterly Review of Biology* (46, p. 35-57, 1971), suivie de près par la parution de E. O. Wilson, *Sociobiology: A New Synthesis* (Harvard University Press, Cambridge, MA, 1975).

280 — Frans de Waal: F. de Waal, *Good Natured* (Harvard University Press, Cambridge, MA, 1996); la citation de James Q. Wilson est tirée de cet ouvrage.

281 — Robert Wright: R. Wright, *The Moral Animal* (Pantheon, New York, 1994).

281 — Walter Burkert: W. Burkert, *Creation of the Sacred: Tracks of Biology in Early Religions* (Harvard University Press, Cambridge, MA, 1996).

CHAPITRE 21: *L'art du marché*

284 — un mariage sans tempêtes: Carol Anderson et Diane Holder, cité dans Karpel, *Evaluating Couples.*

288 — ce que le «je» sait du «tu» est «simplement tout»: Buber, *Je et tu.*

291 — hommes et femmes sont différents: «Marooned on Gilligan's Island», dans K. Pollitt, *Reasonable Creatures* (Knopf, New York, 1994).

292 — John Mordechai Gottman: J. M. Gottman, *What Predicts Divorce? The Relationship Between Marital Processes and Marital Outcomes* (Lawrence Erlbaum Associates, Hillsdale, NJ, 1994).

293 — Barbara Krasner: *Entrevue*, juin 1996.

294 — «discours de dialogue... discours signifiant»: Buber, *The Knowledge of Man.*

294 — Les chercheurs qui se penchent sur la typologie conjugale: Gottman, *What Predicts Divorce?*

297 — les relations servent de décor à l'agression: Voir, par exemple, O. F. Kernberg, *Love Relations* (Yale University Press, New Haven, 1995).

CHAPITRE 22: *Mercredi, 10 heures*

307 — «L'une dit»: Kaiser, «Emergency», dans *Effective Psychology.*

313 — Tillie Olsen: T. Olsen, *Silences* (Delacorte, New York, 1978).

315 — mais qu'y a-t-il pour vous...?: «Qu'y a-t-il pour moi?» se demande Havens dans L. Havens, «What Is Psychiatry All About?»

315 — Lorsqu'ils aiment, ils ne désirent pas: C'est ainsi que Freud résume un problème essentiel dans S. Freud, «On the Universal Tendancy to Debasement in Love» (1912), *The Standard Edition of the Complete Psychological Works of Sigmund Freud* (vol. II, Hogarth Press, London, 1957); cette citation et le passage de *La Femme Eunuque* (Robert Laffont, 1998) de Germaine Greer sont cités dans S. Cavell, «Two Cheers for Romance», dans *Passionate Attachments: Thinking About Love,* W. Gaylin et E. S. Person, éd. (Free Press, New York, 1988).

317 — «la psychologie freudienne est la seule...»: L. Trilling, *The Liberal Imagination* (Viking, New York, 1950-1951).

323 — «L'attestation de votre pouvoir autonome...»: Cavell, *A Pitch of Philosophy.*

323 — «On ne peut certainement pas porter de jugement...»: Freud à Ferenczi, 27 novembre 1918, dans *Correspondance: 1914-1919 — Sigmund Freud, Sándor Ferenczi* (Calmann-Lévy, 1996). Freud parle du mariage d'Otto Frank.

325 — «de séparation absolue...»: Cavell, *A Pitch of Philosophy.*

INDEX

TABLE DES MATIÈRES

LES ÉDITIONS DE L'HOMME

Ouvrages parus aux Éditions de l'Homme

Affaires et vie pratique

* **1001 prénoms, leur origine, leur signification,** Jeanne Grisé-Allard
100 stratégies pour doubler vos ventes, Robert L. Riker
* **Acheter et vendre sa maison ou son condominium,** Lucille Brisebois
* **Acheter une franchise,** Pierre Levasseur
* **Les assemblées délibérantes,** Francine Girard
* **La bourse,** Mark C. Brown
* **Le chasse-insectes dans la maison,** Odile Michaud
* **Le chasse-insectes pour jardins,** Odile Michaud
* **Le chasse-taches,** Jack Cassimatis
* **Choix de carrières — Après le collégial professionnel,** Guy Milot
* **Choix de carrières — Après le secondaire V,** Guy Milot
* **Choix de carrières — Après l'université,** Guy Milot
Clicking, Faith Popcorn
* **Comment cultiver un jardin potager,** Jean-Claude Trait
Comment rédiger son curriculum vitæ, Julie Brazeau
Comment voir et interpréter l'aura, Ted Andrews
* **Comprendre le marketing,** Pierre Levasseur
La conduite automobile, Francine Levesque
La couture de A à Z, Rita Simard
Des pierres à faire rêver, Lucie Larose
* **Des souhaits à la carte,** Clément Fontaine
* **Devenir exportateur,** Pierre Levasseur
* **Écrivez vos mémoires,** S. Liechtele et R. Deschênes
* **L'entretien de votre maison,** Consumer Reports Books
* **L'étiquette des affaires,** Elena Jankovic
* **Faire son testament,** Me Gérald Poirier et Martine Nadeau
* **Fleurs de villes,** Benoit Prieur
* **Fleurs sauvages du Québec,** Estelle Lacoursière et Julie Therrien
* **La généalogie,** Marthe F.-Beauregard et Ève B.-Malak
* **Gérer ses ressources humaines,** Pierre Levasseur
La graphologie, Claude Santoy
* **Le guide Bizier et Nadeau,** R. Bizier et R. Nadeau
* **Le guide de l'auto 98,** J. Duval et D. Duquet
* **Guide des arbres et des plantes à feuillage décoratif,** Benoit Prieur
* **Guide des fleurs pour les jardins du Québec,** Benoit Prieur
* **Le guide des plantes d'intérieur,** Coen Gelein
* **Guide des plantes pour la maison,** Benoit Prieur
* **Guide des voitures anciennes,** J. Gagnon et Colette Vincent
* **Guide du jardinage et de l'aménagement paysager au Québec,** Benoit Prieur
* **Guide du potager,** Benoit Prieur
Le guide du savoir-écrire, Jean-Paul Simard
* **Le guide du vin 98,** Michel Phaneuf
* **Guide gourmand 97 — Les 100 meilleurs restaurants de Montréal,** Josée Blanchette
* **Guide gourmand — Les bons restaurants de Québec — Sélection 1996,** D. Stanton
Guide pratique des vins d'Italie, Jacques Orhon
* **Guide Prieur saison par saison,** Benoit Prieur
* **Les hémérocalles,** Benoit Prieur
L'île d'Orléans, Michel Lessard
* **J'aime les azalées,** Josée Deschênes
* **J'aime les bulbes d'été,** Sylvie Regimbal
J'aime les cactées, Claude Lamarche
* **J'aime les conifères,** Jacques Lafrenière
* **J'aime les petits fruits rouges,** Victor Berti
J'aime les rosiers, René Pronovost
* **J'aime les tomates,** Victor Berti
* **J'aime les violettes africaines,** Robert Davidson

J'apprends l'anglais..., Gino Silicani et Jeanne Grisé-Allard
Le jardin d'herbes, John Prenis
* **Lancer son entreprise**, Pierre Levasseur
* **La loi et vos droits**, Me Paul-Émile Marchand
Ma grammaire, Roland Jacob et Jacques Laurin
* **Le meeting**, Gary Holland
Le nouveau guide des vins de France, Jacques Orhon
* **Nouveaux profils de carrière**, Claire Landry
L'orthographe en un clin d'œil, Jacques Laurin
* **Ouvrir et gérer un commerce de détail**, C. D. Roberge et A. Charbonneau
* **Le patron**, Cheryl Reimold
* **Le petit Paradis**, France Paradis
* **La planification fiscale étape par étape**, Diane Blais et Michel Lanteigne
* **Prévoir les belles années de la retraite**, Michael Gordon
Le rapport Popcorn, Faith Popcorn
* **Les secrets d'une succession sans chicane**, Justin Dugal
La taxidermie moderne, Jean Labrie
* **Les techniques de jardinage**, Paul Pouliot
Techniques de vente par téléphone, James D. Porterfield
* **Tests d'aptitude pour mieux choisir sa carrière**, Linda et Barry Gale
* **Tout ce que vous devez savoir sur le condominium**, Robert Dubois
Une carrière sur mesure, Denise Lemyre-Desautels
L'univers de l'astronomie, Robert Tocquet
Un paon au pays des pingouins, B. Hateley et W. H. Schmidt
La vente, Tom Hopkins

Cuisine et nutrition

* **À la découverte des vins et des boissons artisanales du Québec**, Rudy Le Cours
Les aliments et leurs vertus, Jean Carper
Les aliments pour rester jeune, Jean Carper
Les aliments qui guérissent, Jean Carper
Le barbecue, Patrice Dard
* **Bien manger sans se serrer la ceinture**, Marie Breton
* **Biscuits et muffins**, Marg Ruttan
Bon appétit!, Mia et Klaus
Les bonnes soupes du monastère, Victor-Antoine d'Avila-Latourrette
Bonne table, bon sens, Anne Lindsay
Bonne table et bon cœur, Anne Lindsay
* **Bons gras, mauvais gras**, Louise Lambert-Lagacé et Michelle Laflamme
Le boulanger électrique, Marie-Paul Marchand
* **Le cochon à son meilleur**, Philippe Mollé
* **Cocktails de fruits non alcoolisés**, Lorraine Whiteside
Combler ses besoins en calcium, Denyse Hunter
Comment nourrir son enfant, Louise Lambert-Lagacé
La congélation de A à Z, Joan Hood
Les conserves, Sœur Berthe
* **Crème glacée et sorbets**, Yves Lebuis et Gilbert Pauzé
Cuisine amérindienne, Françoise Kayler et André Michel
La cuisine au wok, Charmaine Solomon
* **La cuisine chinoise traditionnelle**, Jean Chen
La cuisine des champs, Anne Gardon
La cuisine, naturellement, Anne Gardon
* **Cuisiner avec le four à convection**, Jehane Benoit
Cuisine traditionnelle des régions du Québec, Institut de tourisme et d'hôtellerie du Québec
Le défi alimentaire de la femme, Louise Lambert-Lagacé
* **Délices en conserve**, Anne Gardon
Des insectes à croquer, Insectarium de Montréal et Jean-Louis Thémis
* **Les desserts sans sucre**, Jennifer Eloff
Devenir végétarien, V. Melina, V. Harrison et B. C. Davis
* **Du moût ou du raisin? Faites vous-même votre vin**, Claudio Bartolozzi
* **Faire son pain soi-même**, Janice Murray Gill
* **Faire son vin soi-même**, André Beaucage
* **Le guide des accords vins et mets**, Jacques Orhon
Harmonisez vins et mets, Jacques Orhon
Le juste milieu dans votre assiette, Dr B. Sears et B. Lawren

* **Le livre du café,** Julien Letellier
Mangez mieux, vivez mieux!, Bruno Comby
* **Menus et recettes du défi alimentaire de la femme,** Louise Lambert-Lagacé
* **Les muffins,** Angela Clubb
* **La nouvelle boîte à lunch,** Louise Desaulniers et Louise Lambert-Lagacé
La nouvelle cuisine micro-ondes, Marie-Paul Marchand et Nicole Grenier
La nouvelle cuisine micro-ondes II, Marie-Paul Marchand et Nicole Grenier
Les passions gourmandes, Philippe Mollé
* **Les pâtes,** Julien Letellier
* **La pâtisserie,** Maurice-Marie Bellot
Plaisirs d'été, Collectif
* **Poissons, mollusques et crustacés,** Jean-Paul Grappe et l'I.T.H.Q.
* **Les recettes du bien-être absolu,** Dr Barry Sears
Réfléchissez, mangez et maigrissez!, Dr Dean Ornish
La sage bouffe de 2 à 6 ans, Louise Lambert-Lagacé
* **Soupes et plats mijotés,** Marg Ruttan et Lew Miller
Telle mère, telle fille, Debra Waterhouse
Les tisanes qui font merveille, Dr Leonhard Hochenegg et Anita Höhne
Une cuisine sage, Louise Lambert-Lagacé
* **Votre régime contre l'acné,** Alan Moyle
* **Votre régime contre la colite,** Joan Lay
* **Votre régime contre la cystite,** Ralph McCutcheon
* **Votre régime contre la sclérose en plaque,** Rita Greer
* **Votre régime contre l'asthme et le rhume des foins,** R. Newman Turner
* **Votre régime contre le diabète,** Martin Budd
* **Votre régime contre le psoriasis,** Harry Clements
* **Votre régime pour contrôler le cholestérol,** R. Newman Turner
* **Les yogourts glacés,** Mable et Gar Hoffman
Votre destinée dans les lignes de la main, Michel Morin

Plein air, sports, loisirs

* **30 ans de photos de hockey,** Denis Brodeur
* **L'ABC du bridge,** Frank Stewart et Randall Baron
* **Almanach chasse et pêche 93,** Alain Demers
L'arc et la chasse, Greg Guardo
* **Les armes de chasse,** Charles Petit-Martinon
L'art du pliage du papier, Robert Harbin
La basse sans professeur, Laurence Canty
La batterie sans professeur, James Blades et Johnny Dean
Beautés sauvages du Québec, H. Wittenborn et A. Croteau
Les bons cigares, H. Paul Jeffers et Kevin Gordon
Le bridge, Viviane Beaulieu
Carte et boussole, Björn Kjellström
Le chant sans professeur, Graham Hewitt
* **Charlevoix,** Mia et Klaus
La clarinette sans professeur, John Robert Brown
Le clavier électronique sans professeur, Roger Evans
Le golf après 50 ans, Jacques Barrette et Dr Pierre Lacoste
* **Les clés du scrabble,** Pierre-André Sigal et Michel Raineri
Corrigez vos défauts au golf, Yves Bergeron
* **Le curling,** Ed Lukowich
* **De la hanche aux doigts de pieds — Guide santé pour l'athlète,** M. J. Schneider et M. D. Sussman
* **Devenir gardien de but au hockey,** François Allaire
* **Les éphémères du pêcheur québécois,** Yvon Dulude
* **Exceller au softball,** Dick Walker
* **Exceller au tennis,** Charles Bracken
* **Les Expos,** Denis Brodeur et Daniel Caza
La flûte à bec sans professeur, Alain Bergeron
La flûte traversière sans professeur, Howard Harrison
* **Les gardiens de but au hockey,** Denis Brodeur
Le golf au féminin, Yves Bergeron et André Maltais
Le grand livre des sports, Le groupe Diagram
Les grands du hockey, Denis Brodeur

Le guide complet du judo, Louis Arpin
Le guide complet du self-defense, Louis Arpin
* **Le guide de la chasse,** Jean Pagé
* **Guide de la forêt québécoise,** André Croteau
* **Le guide de la pêche au Québec,** Jean Pagé
Guide de mise en forme, P. Anctil, G. Thibault et P. Bergeron
* **Le guide des auberges et relais de campagne du Québec,** François Trépanier
* **Guide des jeux scouts,** Association des Scouts du Canada
Le guide de survie de l'armée américaine, Collectif
Guide d'orientation avec carte et boussole, Paul Jacob
Guide pratique de survie en forêt, Jean-Georges Deschenaux
La guitare électrique sans professeur, Robert Rioux
La guitare sans professeur, Roger Evans
L'harmonica sans professeur, Alain Lamontagne et Michel Aubin
* **Les Îles-de-la-Madeleine,** Mia et Klaus
* **Initiation à l'observation des oiseaux,** Michel Sokolyk
* **Jacques Villeneuve,** Gianni Giansanti
* **J'apprends à nager,** Régent la Coursière
* **Le Jardin botanique,** Mia et Klaus
* **Je me débrouille à la chasse,** Gilles Richard
* **Je me débrouille à la pêche,** Serge Vincent
* **Jeux pour rire et s'amuser en société,** Claudette Contant
Jouer au golf sans viser la perfection, Bob Rotella et Bob Cullen
Jouons au scrabble, Philippe Guérin
Le karaté Koshiki, Collectif
Le karaté Kyokushin, André Gilbert
Le livre des patiences, Maria Bezanovska et Paul Kitchevats
* **Manon Rhéaume,** Chantal Gilbert
Manuel de pilotage, Transport Canada
Le manuel du monteur de mouches, Mike Dawes
Le marathon pour tous, Pierre Anctil, Daniel Bégin et Patrick Montuoro
* **Mario Lemieux,** Lawrence Martin
La médecine sportive, Dr Gabe Mirkin et Marshall Hoffman
* **La musculation pour tous,** Serge Laferrière
* **La nature en hiver,** Donald W. Stokes
* **Nos oiseaux en péril,** André Dion
* **Les papillons du Québec,** Christian Veilleux et Bernard Prévost
Parlons franchement des enfants et du sport, J. E. LeBlanc et L. Dickson
* **La photographie sans professeur,** Jean Lauzon
Le piano jazz sans professeur, Bob Kail
Le piano sans professeur, Roger Evans
La planche à voile, Gérald Maillefer
La plongée sous-marine, Richard Charron et Michel Lavoie
Pour l'amour du ciel, Bernard R. Parker
* **Les Québécois à Lillehammer,** Bernard Brault et Michel Marois
* **Racquetball,** Jean Corbeil
* **Racquetball plus,** Jean Corbeil
* **Rivières et lacs canotables du Québec,** Fédération québécoise du canot-camping
S'améliorer au tennis, Richard Chevalier
* **Le saumon,** Jean-Paul Dubé
Le saxophone sans professeur, John Robert Brown
* **Le scrabble,** Daniel Gallez
Les secrets du blackjack, Yvan Courchesne
Le solfège sans professeur, Roger Evans
* **Sylvie Fréchette,** Lilianne Lacroix
La technique du ski alpin, Stu Campbell et Max Lundberg
Techniques du billard, Robert Pouliot
* **Le tennis,** Denis Roch
* **Tiger Woods,** Tim Rosaforte
* **Le tissage,** Germaine Galerneau et Jeanne Grisé-Allard
Tous les secrets du golf selon Arnold Palmer, Arnold Palmer
La trompette sans professeur, Digby Fairweather
* **Les vacances en famille: comment s'en sortir vivant,** Erma Bombeck
Villeneuve — Ma première saison en Formule 1, J. Villeneuve et G. Donaldson
Le violon sans professeur, Max Jaffa
Voir plus clair aux échecs, Henri Tranquille et Louis Morin
Le volley-ball, Fédération de volley-ball

Psychologie, vie affective, vie professionnelle, sexualité

20 minutes de répit, Ernest Lawrence Rossi et David Nimmons
1001 stratégies amoureuses, Marie Papillon
À dix kilos du bonheur, Danielle Bourque
L'adultère est un péché qu'on pardonne, Bonnie Eaker Weil et Ruth Winter
* **Aider mon patron à m'aider,** Eugène Houde
Aimer et se le dire, Jacques Salomé et Sylvie Galland
À la découverte de mon corps — Guide pour les adolescentes, Lynda Madaras
À la découverte de mon corps — Guide pour les adolescents, Lynda Madaras
L'amour comme solution, Susan Jeffers
* **L'amour, de l'exigence à la préférence,** Lucien Auger
* **L'amour en guerre,** Guy Corneau
Les anges, mystérieux messagers, Collectif
Apprendre à dire non, Marcelle Lamarche et Pol Danheux
L'approche émotivo-rationnelle, Albert Ellis et Robert A. Harper
L'art de parler en public, Ed Woblmuth
L'art d'être parents, Dr Benjamin Spock
Attention, parents!, Carol Soret Cope
Balance en amour, Linda Goodman
Bélier en amour, Linda Goodman
Bientôt maman, Janet Whalley, Penny Simkin et Ann Keppler
* **Le bonheur au travail,** Alan Carson et Robert Dunlop
Cancer en amour, Linda Goodman
Capricorne en amour, Linda Goodman
Ces chers parents!..., Christina Crawford
Ces gens qui vous empoisonnent l'existence, Lillian Glass
* **Ces hommes qui méprisent les femmes... et les femmes qui les aiment,** Dr Susan Forward et Joan Torres
Ces visages qui en disent long, Jeanne-Élise Alazard
Changer en douceur, Alain Rochon
Changer ensemble — Les étapes du couple, Susan M. Campbell
Changer, oui, c'est possible, Martin E. P. Seligman
Les clés du succès, Napoleon Hill
Comment aider mon enfant à ne pas décrocher, Lucien Auger
Comment communiquer avec votre adolescent, E. Weinhaus et K. Friedman
Comment contrôler l'inquiétude et l'utiliser efficacement, Dr E. M. Hallowell
Comment faire l'amour sans danger, Diane Richardson
* **Comment parler en public,** S. Barrat et C. H. Godefroy
Comment s'amuser à séduire l'autre, Lili Gulliver
Comment s'entourer de gens extraordinaires, Lillian Glass
Communiquer avec les autres, c'est facile!, Érica Guilane-Nachez
Le complexe de Casanova, Peter Trachtenberg
* **Comprendre et interpréter vos rêves,** Michel Devivier et Corinne Léonard
La côte d'Adam, M. Geet Éthier
Découvrez votre quotient intellectuel, Victor Serebriakoff
Découvrir un sens à sa vie avec la logothérapie, Viktor E. Frankl
Le défi de vieillir, Hubert de Ravinel
* **De ma tête à mon cœur,** Micheline Lacasse
La dépression contagieuse, Ronald M. Podell
La deuxième année de mon enfant, Frank et Theresa Caplan
Devenez riche, Napoleon Hill
* **Dieu ne joue pas aux dés,** Henri Laborit
Les douze premiers mois de mon enfant, Frank Caplan
Les dynamiques de la personne, Denis Ouimet
Dynamique des groupes, Jean-Marie Aubry
En attendant notre enfant, Yvette Pratte Marchessault
* **Les enfants de l'autre,** Erna Paris
Les enfants de l'indifférence, Andrée Ruffo
* **L'enfant unique — Enfant équilibré, parents heureux,** Ellen Peck
L'Ennéagramme au travail et en amour, Helen Palmer
Entre le rire et les larmes, Élisabeth Carrier
* **L'esprit du grenier,** Henri Laborit
Êtes-vous faits l'un pour l'autre?, Ellen Lederman
* **L'étonnant nouveau-né,** Marshall H. Klaus et Phyllis H. Klaus
Être soi-même, Dorothy Corkille Briggs
* **Évoluer avec ses enfants,** Pierre-Paul Gagné

Exceller sous pression, Saul Miller
* **Exercices aquatiques pour les futures mamans,** Joanne Dussault et Claudia Demers
Fantaisies amoureuses, Marie Papillon
La femme indispensable, Ellen Sue Stern
La force intérieure, J. Ensign Addington
Le fruit défendu, Carol Botwin
Gémeaux en amour, Linda Goodman
Le goût du risque, Gert Semler
Le grand dauphin blanc, Bruno Saint-Cast
* **Le grand manuel des cristaux,** Ursula Markham
La graphologie au service de votre vie intime et professionnelle, Claude Santoy
Guérir des autres, Albert Glaude
Le guide du succès, Tom Hopkins
Histoire d'une femme traquée, Gaëtan Dufour
L'histoire merveilleuse de la naissance, Jocelyne Robert
Horoscope chinois 1999, Neil Somerville
Les initiales du bonheur, Ronald Royer
L'insoutenable absence, Regina Sara Ryan
J'ai commis l'inceste, Gilles David
* **J'aime,** Yves Saint-Arnaud
J'ai rendez-vous avec moi, Micheline Lacasse
Jamais seuls ensemble, Jacques Salomé
Je crois en moi et je vais mieux!, Christ Zois et Patricia Fogarty
Je réinvente ma vie, J. E. Young et J. S. Klosko
* **Le journal intime intensif,** Ira Progoff
Le langage du corps, Julius Fast
Lion en amour, Linda Goodman
Le mal des mots, Denise Thériault
Maman a raison, papa n'a pas tort..., Dr Ron Taffel
Maman, bobo!, Collectif
Les manipulateurs sont parmi nous, Isabelle Nazare-Aga
Ma sexualité de 0 à 6 ans, Jocelyne Robert
Ma sexualité de 6 à 9 ans, Jocelyne Robert
Ma sexualité de 9 à 12 ans, Jocelyne Robert
La méditation transcendantale, Jack Forem
Le mensonge amoureux, Robert Blondin
Mère à la maison et heureuse! Cindy Tolliver
* **Mon enfant naîtra-t-il en bonne santé?,** Jonathan Scher et Carol Dix
Parent responsable, enfant équilibré, François Dumesnil
Parle, je t'écoute..., Kris Rosenberg
Parle-moi... j'ai des choses à te dire, Jacques Salomé
Parlez-leur d'amour, Jocelyne Robert
Parlez pour qu'on vous écoute, Michèle Brien
Pas de panique!, Dr R. Reid Wilson
Père manquant, fils manqué, Guy Corneau
Petit bonheur deviendra grand, Éliane Francœur
Les peurs infantiles, Dr John Pearce
Peut-on être un homme sans faire le mâle?, John Stoltenberg
* **Les plaisirs du stress,** Dr Peter G. Hanson
Poissons en amour, Linda Goodman
Pour entretenir la flamme, Marie Papillon
Pourquoi l'autre et pas moi? — Le droit à la jalousie, Dr Louise Auger
Le pouvoir d'Aladin, Jack Canfield et Mark Victor Hansen
Le pouvoir de la couleur, Faber Birren
Préparez votre enfant à l'école dès l'âge de 2 ans, Louise Doyon
* **Prévenir et surmonter la déprime,** Lucien Auger
Le principe de Peter, L. J. Peter et R. Hull
Psychologie de l'enfant de 0 à 10 ans, Françoise Cholette-Pérusse
* **La puberté,** Angela Hines
La puissance de la vie positive, Norman Vincent Peale
La puissance de l'intention, Richard J. Leider
Qui a peur d'Alexander Lowen?, Édith Fournier
Réfléchissez et devenez riche, Napoleon Hill
La réponse est en moi, Micheline Lacasse
Les rêves, messagers de la nuit, Nicole Gratton
Rompre pour de bon!, Joyce L. Vedral
Ronde et épanouie!, Cheri K. Erdman

S'affirmer au quotidien, Éric Schuler
S'affirmer et communiquer, Jean-Marie Boisvert et Madeleine Beaudry
S'aider soi-même davantage, Lucien Auger
Sagittaire en amour, Linda Goodman
Scorpion en amour, Linda Goodman
Se comprendre soi-même par des tests, Collaboration
Se connaître soi-même, Gérard Artaud
Secrets d'alcôve, Iris et Steven Finz
Les secrets de la flexibilité, Priscilla Donovan et Jacquelyn Wonder
Les secrets de l'astrologie chinoise ou le parfait bonheur, André H. Lemoine
* **Se guérir de la sottise,** Lucien Auger
S'entraider, Jacques Limoges
* **La sexualité du jeune adolescent,** Dr Lionel Gendron
La sexualité pour le plaisir et pour l'amour, D. Schmid et M.-J. Mattheeuws
Si je m'écoutais je m'entendrais, Jacques Salomé et Sylvie Galland
* **Superlady du sexe,** Susan C. Bakos
Taureau en amour, Linda Goodman
Le temps d'apprendre à vivre, Lucien Auger
Tics et problèmes de tension musculaire, Kieron O'Connor et Danielle Gareau
Tirez profit de vos erreurs, Gerard I. Nierenberg
Tout se joue avant la maternelle, Masaru Ibuka
* **Travailler devant un écran,** Dr Helen Feeley
Un autre corps pour mon âme, Michael Newton
* **Un monde insolite,** Frank Edwards
* **Un second souffle,** Diane Hébert
Verseau en amour, Linda Goodman
* **La vie antérieure,** Henri Laborit
Vieillir au masculin, Hubert de Ravinel
Vierge en amour, Linda Goodman
Vivre avec un cardiaque, Rhoda F. Levin
Vos enfants consomment-ils des drogues?, Steve Carper et Timothy Dimoff
Votre enfant est-il trop sensible?, Janet Poland et Judi Craig
Votre enfant est-il victime d'intimidation?, Sarah Lawson
Vouloir c'est pouvoir, Raymond Hull
Vous valez mieux que vous ne pensez, Patricia Cleghorn

---

* Pour l'Amérique du Nord seulement.
(98/09)

Transcontinental
IMPRESSION
IMPRIMERIE GAGNÉ

IMPRIMÉ AU CANADA